Verantwortlich handeln –
Schutz und Hilfe bei Kindeswohlgefährdung

Verantwortlich handeln –
Schutz und Hilfe bei Kindeswohlgefährdung

Saarbrücker Memorandum

Herausgeber:

Deutsches Institut für Jugendhilfe und Familienrecht (DIJuF) e.V.

Die Autorinnen und Autoren:

Prof. Dr. Hans-Jörg Albrecht, Udo Blank,
Prof. Dr. Günther Deegener, Prof. Dr. Dieter Filsinger,
Paul Haben, Prof. Dr. Christine Langenfeld,
Dr. Thomas Meysen, Thomas Mörsberger,
Prof. Dr. Dr. h.c. Reinhard Wiesner

Bundesanzeiger
Verlag

Bibliografische Information Der Deutschen Bibliothek
Die Deutsche Bibliothek verzeichnet diese Publikation in der Deutschen Nationalbibliografie;
detaillierte bibliografische Daten sind im Internet über <http://dnb.ddb.de> abrufbar.

ISBN 3-89817-394-1

© 2004 Bundesanzeiger Verlagsges.mbH., Köln

Lektorat: Uschi Schmitz-Justen
Herstellung: Gerhard Treinen
Satz: starke+partner, Willich
Druck und buchbinderische Verarbeitung: BOSS Druck, Kleve

Printed in Germany

Inhaltsübersicht

Geleitwort

von Michael Burkert

Anfang 2003 erregten schwere Fälle von Kindesmisshandlung und sexuellem Missbrauch in Saarbrücken bundesweit Aufsehen.

Ein Kinderschänderring war durch die Aussagen eines Kindes nach und nach aufgedeckt worden. Dieses Kind, vom Jugendamt des Stadtverbandes Saarbrücken betreut und zusammen mit der leiblichen Mutter in einem selbst gewählten Pflegeverhältnis jahrelang untergebracht, hat schwer gelitten.

Hat das Jugendamt richtig gehandelt? Hat es zu lange gewartet? Hat die Zusammenarbeit der Behörden richtig funktioniert? Hätten weitere Verbrechen verhindert werden können? Diese Fragen wurden zu Recht in der Öffentlichkeit gestellt.

Durch die zeitgleiche Diskussion über die Arbeit der Jugendämter in anderen Bundesländern wurde die Brisanz und Schwierigkeit dieses Themas deutlich.

Staat und Gesellschaft müssen alles tun, um Kindesmisshandlung und Kindesmissbrauch zu verhindern. Kindesschutz ist Aufgabe der Eltern oder der Erziehungsverantwortlichen. Die staatlichen Institutionen haben da einzugreifen, ihr Wächteramt zu erfüllen, wo das Elternrecht ungenügend wahrgenommen wird, wo Eltern überfordert sind, wo Kinder leiden oder in ihrer Entwicklung negativ beeinflusst werden. Darüber wird es wohl kaum Kontroversen geben. Aber: Jeder Einzelfall ist anders gelagert und muss in seiner Einzigartigkeit differenziert betrachtet werden. Grundbedingung dafür ist eine professionelle Arbeit der Jugendämter u. a. mit Verfahrensregeln, dem Vier-Augen-Prinzip bei Gefährdungsmitteilungen, der Einhaltung von Entscheidungsstandards in Teams auch unter Beteiligung von Vorgesetzten, der Trennung von Vormundschaften und erzieherischer Betreuung, mit Dokumentationsverfahren, Beschwerde- und Qualitätsmanagement.

Reicht dieses aber aus? Können damit zukünftig solche Fälle verhindert werden?

Um diese komplexen Fragen zu erörtern, habe ich im Mai 2003 mit Unterstützung des Stadtverbandstages eine Kommission einberufen, für die hochkarätige Experten aus dem gesamten Bundesgebiet gewonnen werden konnten.

Ausgelöst durch die Saarbrücker Ereignisse und generelle Kritik an der Arbeit von Jugendämtern bundesweit wurde von der Kommission Folgendes erwartet:

- dass Vorschläge zur weiteren Verbesserung des Schutzes von Kindern und Jugendlichen erarbeitet werden,
- dass der Konflikt zwischen Kinderrecht, Elternrecht und staatlichem Wächteramt, nicht zuletzt durch das neue Kinder- und Jugendhilferecht (SGB VIII) der 90er Jahre bearbeitet wird und Handlungsempfehlungen für die unterschiedlichen Ebenen entwickelt werden,
- dass Hinweise zur Prävention, Aufdeckung und Therapie von Kindern im Zusammenhang mit sexuellem Missbrauch und der Vernachlässigung von Kindern entwickelt werden,

- dass Möglichkeiten der Jugendhilfe auch im Zusammenwirken mit anderen, insbesondere der Polizei, diskutiert und Verbesserungsvorschläge erarbeitet werden.

Bereits der Titel des Kommissionsberichts macht deutlich: Im Mittelpunkt stehen Fragestellungen, die besondere Bedeutung für die Praxis haben.

Der Bericht gibt wichtige Hinweise für den Umgang mit Gefährdungsmitteilungen und liefert Anhaltspunkte zur Formulierung von Standards und Leitlinien im Jugendamt. Hierzu gehören spezielle Dokumentationsverfahren, Risikoanalysen, die in regelmäßigen Abständen geprüft werden, Beurteilungskriterien für Kindesschutz und verbindliche Verfahrensstandards im Innen- wie im Außenverhältnis der Behörde sowie Verfahren, um die Wirksamkeit der eingeleiteten Hilfen zu überprüfen.

Sie können die Arbeit im Einzelfall erleichtern, indem sie auffordern und ermutigen zu differenziertem und reflektierten Betrachten und zum Austausch mit Kollegen und Vorgesetzten, um letztendlich effektive und effiziente Hilfe für Kinder und Familien zu leisten.

Kindesschutz bedeutet auch, die Unterstützung von Familien in allen gesellschaftlichen Bereichen auszubauen. Ich wünsche mir, dass dieser Bericht sowohl in der Fachöffentlichkeit als auch in der Politik seine Wirkungen erzielt. Hierzu soll die durch das Deutsche Institut für Jugendhilfe und Familienrecht (DIJuF) e. V. als Herausgeber ermöglichte Veröffentlichung im Bundesanzeiger Verlag dienen.

Für den Stadtverband Saarbrücken erwarte ich nun in den Diskussionen mit den engagierten Mitarbeitern des Jugendamts, den freien Trägern, den Partnerbehörden, mit der Polizei, den Gerichten und den fachlichen sowie politischen Gremien weitere Umsetzungsschritte, die diesem Leitziel verpflichtet sind. Unter Achtung der Unterschiedlichkeit der Aufgaben und Befugnisse ist dies eine Verpflichtung für alle.

Ich danke der Kommission unter dem Vorsitz von *Thomas Mörsberger*, Vorsitzender des Deutschen Instituts für Jugendhilfe und Familienrecht und Leiter des Landesjugendamts Baden, für die außerordentlich wichtige und engagierte Arbeit.

Die Erstellung dieses Berichts war nur durch die engagierte Mitarbeit jedes Kommissionsmitglieds möglich. Neben den zeitintensiven beruflichen Verpflichtungen der Expert/inn/en wurde ein Werk erstellt, das wichtige Impulse für die Fortentwicklung der Jugendhilfe geben wird.

Michael Burkert

Präsident des Stadtverbandes Saarbrücken

Kapitel 1

Warum dieses Memorandum?

Auftrag und Selbstverständnis der Kommission, die wichtigsten Ergebnisse, Schlussfolgerungen

von Thomas Mörsberger

Im Zusammenhang mit der Aufdeckung des sexuellen Missbrauchs an dem kleinen M. aus Saarbrücken wurde in der Öffentlichkeit kritisch nachgefragt, ob nicht das zuständige Jugendamt sehr viel früher die eklatanten Missstände bei der Pflegefamilie, die mittlerweile zu Tage getreten waren, hätte entdecken müssen. Allerdings war es letztlich dieses Jugendamt, das die entscheidenden Hinweise gab, durch die dann auch der Mord an dem damals seit über einem Jahr vermissten Pascal Z. aufgeklärt werden konnte. Pascal Z. war – wie wir inzwischen mit an Sicherheit grenzender Wahrscheinlichkeit wissen – im Umfeld derer, die den kleinen M. missbraucht hatten, umgebracht worden.

Auf großes Unverständnis stieß die Meldung, dass die Pächterin und Hauptverdächtige im Fall Pascal Z. offenbar durch das Jugendamt über längere Zeit als Pflegemutter „akzeptiert" worden war. Zwar wurde zugleich bekannt, dass diese Hauptverdächtige auch als Schöffin in gerichtlichen Verfahren tätig gewesen war, aber man schüttelte angesichts der zunehmend bekannt werdenden Zustände in der Tosa-Klause den Kopf, dass nicht schon früher interveniert worden war.

Der Verdacht, dass hier möglicherweise dienstliche Pflichten verletzt worden sein könnten, war so stark, dass die Behördenspitze Führungskräfte des Jugendamts in andere Funktionen versetzte. Es sollte unvoreingenommen geprüft werden, ob Fehler gemacht wurden, und zwar auch unabhängig von der Frage, ob dies nun einzelnen Bediensteten des Jugendamts zum Vorwurf gemacht werden müsste.

Unsicherheiten nicht nur in Saarbrücken

Gleichwohl wurde deutlich, dass es in Fällen (des Verdachts) von Kindesmisshandlung, -vernachlässigung und -missbrauch erhebliche Unsicherheiten gibt hinsichtlich der fachlichen Handlungsstandards. Bei Nachfragen in anderen Jugendämtern und auch überregionalen Fachorganisationen musste konstatiert werden, dass nicht in jeder Hinsicht Klarheit bezüglich der Pflichtenstellung der zuständigen Fachkräfte besteht, auch nicht hinsichtlich der Aufgabenstellung des Jugendamts in diesem Zusammenhang, sowohl juristisch wie auch fachlich-methodisch, dass es also nicht nur um das Jugendamt des Stadtverbandes Saarbrücken gehen könnte.

Im März 2003 kündigte deshalb der Stadtverbandspräsident an, er wolle „mehr als nur rückhaltlose Aufklärung", sondern die aufgetauchten grundsätzlichen Fragen in einer Expertenkommission „Kinderschutz und Kinderzukunft" bearbeiten lassen, um damit in der langfristig anzulegenden Aufarbeitung Unterstützung zu erfahren. Für die Zusammensetzung war ihm wichtig, dass dieses Gremium parteiübergreifend sei und saarländische sowie bundesweit tätige Fachleute darin vertreten seien.

Auftrag und Zusammensetzung der Kommission

Die Kommission sollte die fachlichen Grundsatzfragen, die damals thematisiert worden waren, aufgreifen, ggf. ergänzen, soweit erforderlich systematisieren und sofern möglich beantworten. Es sollten fundierte fachliche (und juristische) Hinweise gegeben werden, damit die für diesen Problembereich in besonderer Weise verantwortlichen Stellen auf sicherer Basis neue Initiativen entwickeln können, die den Schutz der Kinder vor Misshandlung, Vernachlässigung und Missbrauch in Zukunft effektiver und nachhaltiger machen.

Berufen wurden in die Kommission

*   *Udo Blank*, Pfarrer, Leiter des Diakonischen Werks an der Saar, Neunkirchen
*   Prof. Dr. *Günther Deegener*, Diplom-Psychologe und psychologischer Psychotherapeut, Klinik für Kinder- und Jugendpsychiatrie und Psychotherapie der Universitätskliniken Homburg und Deutscher Kinderschutzbund, Vorsitzender des Landesverbandes Saarland, Homburg
*   Prof. Dr. *Dieter Filsinger*, Pädagoge und Soziologe, Rektor der Katholischen Hochschule für Soziale Arbeit, Saarbrücken
*   *Paul Haben*, Polizeibeamter, Direktor der Landespolizeidirektion Saarland, Saarbrücken
*   Prof. Dr. *Christine Langenfeld*, Juristin, Georg-August-Universität, Professorin für Öffentliches Recht, Göttingen
*   *Thomas Mörsberger*, Jurist, Vorsitzender des Deutschen Instituts für Jugendhilfe und Familienrecht, Heidelberg, und Leiter des Landesjugendamts Baden, Karlsruhe
*   Prof. Dr. Dr. h. c. *Reinhard Wiesner*, Jurist, Bundesministerium für Familie, Senioren, Frauen und Jugend, Leiter des Referats Kinder- und Jugendhilfe, Berlin

In ihrer konstituierenden Sitzung im Mai 2003 wählten die Kommissionsmitglieder *Thomas Mörsberger* zum Vorsitzenden, Prof. Dr. *Dieter Filsinger* zu seinem Stellvertreter.

Ausgangspunkt für die Beratungen der Kommission, die sich insgesamt zu sechs Sitzungen in Saarbrücken traf, waren die Vorgänge im Zusammenhang mit dem Missbrauch an dem kleinen M. und dem Mord an Pascal Z. Im Weiteren ging es aber nicht um eine Bewertung des Behördenhandelns, sondern zuerst um eine Bestandsaufnahme der Fragestellungen, die in Saarbrücken wie anderswo im Hinblick auf die Thematik Kindesmisshandlung von den Fachkräften des Jugendamts, aber auch von Politiker-Seite wie allgemein in der Öffentlichkeit als klärungsbedürftig eingestuft wurden. Insbesondere sollte die Arbeit der Kommission auf die Zukunftsperspektiven ausgerichtet sein („Kinderschutz und Kinderzukunft"). Einig war man sich von vornherein, dass es nicht Aufgabe der Kommission sein könne, die Vorgänge in Saarbrücken zu bewerten, schon gar nicht, ob bzw. durch wen hier vorwerfbare Fehler gemacht wurden.

Man verständigte sich auf Themen, die dann in diesem Sinne von den einzelnen Mitgliedern – zum Teil in Ko-Autorenschaft – aufgearbeitet und diskutiert wurden, um sie zuletzt in den Schlussbericht einzubringen. Auch wenn zuletzt die Einzelbeiträge in der Verantwortlichkeit der jeweiligen Autoren liegen, war festzustellen, dass in den grundsätzlichen Fragen Einvernehmen besteht, in einigen wenigen Punkten allenfalls die Akzente anders gesetzt wurden.

Im Verlaufe der Diskussionen in der Kommission kam man auch überein, dass es hilfreich sei, zu zwei speziellen Themen zusätzlich zwei Beiträge von Rechtsexperten einzuholen, nämlich zur Frage der „Strafbarkeitsrisiken in der Arbeit mit Problemfamilien" durch den Direktor des Max-Planck-Instituts für ausländisches und internationales Strafrecht, Prof. Dr. *Hans-Jörg Albrecht* (Freiburg i. Br.), und zur Frage der besonderen Pflichtenstellung des Jugendamts bei Pflegefamilien durch den Fachlichen Leiter des Deutschen Instituts für Jugendhilfe und Familienrecht, Dr. *Thomas Meysen* (Heidelberg).

Bei der Bearbeitung der Themen wurde bald erkannt, dass es angesichts der bislang ungelösten oder zumindest schwer zu überschauenden Fragestellungen weniger um Vorschläge gehen konnte, wie man im Einzelnen die Arbeit im Jugendamt weiterentwickeln sollte. Vielmehr sollte es um grundsätzliche Orientierungen, juristische Hinweise und Denkanstöße gehen.

Wichtigste Ergebnisse; Schlussfolgerungen

Am 5. März 2004 wurde der Schlussbericht (als „Saarbrücker Memorandum") zunächst den verantwortlichen Gremien des Stadtverbandes, dann der Presse vorgestellt. Er stieß auf großes Interesse. Das Deutsche Institut für Jugendhilfe und Familienrecht und der Bundesanzeiger Verlag boten deshalb an, das Memorandum durch eine Buchveröffentlichung einer breiteren Öffentlichkeit bekannt zu machen. Die Struktur des Berichts wurde für diese Veröffentlichung leicht verändert, die Beiträge noch einmal überarbeitet, ergänzt und aktualisiert.

Initiiert vom Stadtverband Saarbrücken und der Katholischen Hochschule für Sozialwesen fand dann am 17. Juni 2004 im Saarbrücker Stadtschloss eine große Fachveranstaltung statt, bei der die Inhalte, Ergebnisse (und auch Wirkungen) des Memorandums nochmals, aber nun in größerem Kreis ausführlich und freimütig diskutiert wurden.

Es kristallierte sich – trotz lebhafter Diskussion in Detailfragen – heraus, dass es in der Zielrichtung und auch in zentralen Postulaten im Zusammenhang mit der Thematik Kindeswohlgefährdung in Fachkreisen letztlich nur wenige Kontroversen gibt. Diese Erfahrung entspricht den – ausdrücklich von allen Mitgliedern der Kommission getragenen – Schlussfolgerungen, auch wenn naturgemäß in den

Einzelbeiträgen des Memorandums unterschiedliche Schwerpunktsetzungen und Nuancierungen erkennbar sind.

Die Schlussfolgerungen der Kommission:

1. Staat und Gesellschaft müssen mehr als bislang dafür tun, um die Misshandlung von Kindern zu verhindern. Das ist nicht nur eine Frage einzelner öffentlicher Institutionen, sondern eine Aufforderung an alle, die in dieser Hinsicht Einfluss nehmen können. (*Mörsberger*, Kap. 2, S. 25 [27])

2. Kindesschutz ist nach den Vorgaben des Grundgesetzes zunächst Aufgabe der Eltern im Rahmen ihrer (vorrangigen) Elternverantwortung (Art. 6 Abs. 2 Satz 1 GG). Im staatlichen Wächteramt manifestiert sich aber eine staatliche Schutzpflicht zugunsten des Kindes, auch wenn sie gegenüber der elterlichen Erziehungsverantwortung nachrangig gilt (Art. 6 Abs. 2 Satz 2 GG). (*Langenfeld/Wiesner*, Kap. 3, S. 45 [48 ff., 51 ff.])

3. Die staatliche Schutzpflicht erstreckt sich nicht nur auf die Gestaltung der gesetzlichen Grundlagen, sondern vor allem auch auf deren wirksamen Vollzug durch Verwaltung und Gerichtsbarkeit. Hinsichtlich ihrer Ausgestaltung hat der Gesetzgeber einen weiten Gestaltungsspielraum. Er muss allerdings das Verhältnismäßigkeitsprinzip beachten. Daraus folgt die Notwendigkeit, Normen und Vollzug den sich ändernden Lebenssachverhalten und wissenschaftlichen Erkenntnissen anzupassen. Zudem müssen zwischen den mit Kindesschutz befassten Institutionen Kooperationsformen gesichert sein bzw. entwickelt werden, die eine sachgerechte Wahrnehmung der Schutzaufgaben gewährleisten. (*Langenfeld/Wiesner*, Kap. 3, S. 45 [51 ff.])

4. Im Vordergrund der Überlegungen müssen die (potenziell) von Misshandlung betroffenen Kinder und Jugendlichen stehen. In aller Regel beruht Kindeswohlgefährdung auf komplexen Problemlagen in den jeweiligen Familien. Was jeweils die erforderliche bzw. wünschenswerte Hilfe ist, kann deshalb nur für den Einzelfall beurteilt und entschieden werden. Sie besteht in den meisten Fällen darin, dass den vorrangig Verantwortlichen, also in der Regel den Eltern, Beratung und Unterstützung angeboten wird. Oft sind aber auch Interventionen erforderlich, ggf. verbunden mit Eingriffen durch die Familiengerichtsbarkeit in das (vorrangige) Elternrecht (siehe §§ 1666 bzw. 1666 a BGB, Anrufung durch das Jugendamt gem. § 50 Abs. 3 SGB VIII). Hierbei ist stets zu beachten, dass der (aktuelle, aber auch ein später vielleicht notwendiger) Zugang der Betroffenen zu Hilfeangeboten nicht erschwert wird (vgl. u. a. § 64 Abs. 2 VIII). (*Langenfeld/Wiesner*, Kap. 3, S. 45 [65 ff.]; *Mörsberger*, Kap. 4, S. 83 [89 ff.])

5. Das Personal derjenigen Stellen, die mit Kindesmisshandlung befasst werden, muss fachlich entsprechend qualifiziert sein. Das System der Hilfen ebenso wie das anderer dem Kindesschutz verpflichteter Stellen bedarf darüber hinaus einer angemessenen, dem Bedarf entsprechenden quantitativen

personellen Ausstattung. Verfassungsrechtliche Garantien können nicht „nach Maßgabe des Haushalts" relativiert werden. Bei der gegenwärtigen Personalausstattung der Jugendämter bestehen zudem beträchtliche regionale Unterschiede, was nicht nur mit den unterschiedlichen örtlichen Gegebenheiten erklärt werden kann. Im Interesse eines effektiven Kindesschutzes, insbesondere zur Wahrung des Untermaßverbots, wären Empfehlungen der Spitzenverbände über die Personalausstattung hilfreich. (*Langenfeld/Wiesner*, Kap. 3, S. 45 [69 ff.]; *Blank/Deegener*, Kap. 5, S. 113 [151 ff.])

6. Damit Eltern und Kinder in Krisensituationen jederzeit Zugang zum Hilfesystem haben, bedarf es nicht nur adressatengerechter Informationen über das Hilfespektrum, sondern auch technischer und personeller Vorkehrungen, die die Erreichbarkeit der Einrichtungen und Dienste zu jeder Tages- und Nachtzeit sicherstellen. (*Langenfeld/Wiesner*, Kap. 3, S. 45 [71 f.]; *Blank/Deegener*, Kap. 5, S. 113 [133 ff.])

7. Hilfeansätze sind dann Erfolg versprechend und nachhaltig, wenn sie sich nicht nur an den festgestellten Defiziten in der Abwehr von Gewaltverhältnissen orientieren, sondern auch und insbesondere an den konkreten Ressourcen, soweit sie erkennbar werden. Allerdings bedarf es dabei jeweils einer (in Abständen immer neu vorzunehmenden) Risikoanalyse und -abwägung, also einer Einschätzung, inwieweit im Einzelfall physische und psychische Belastungen für ein Kind (auf Dauer) zumutbar bzw. verantwortbar sind bzw. ob eine Herausnahme des Kindes (oder die Wegweisung eines Gewalttätigen aus seiner Wohnung) mit den spezifischen psychischen Risiken dem Verbleib im familiären Umfeld vorzuziehen ist. (*Mörsberger*, Kap. 2, S. 25 [30 ff.]; *Langenfeld/Wiesner*, Kap. 3, S. 45 [64])

8. Zur Sicherung der fachlichen Qualität empfiehlt es sich, in den zuständigen Stellen fachliche Standards zum Verfahren wie zu den Beurteilungskriterien zu formulieren und sich über verbindliche Kriterien zur Einschätzung der Kindeswohlgefährdung zu verständigen, die von allen professionell Beteiligten akzeptiert werden. Hierzu gehören verbindliche Standards der Zusammenarbeit bezüglich der zu schaffenden Gremien, der beteiligten Professionen, der Arbeitsziele und der Arbeitsaufgaben, um so eine kooperative, im Dialog zwischen den Beteiligten entstehende Qualitätsentwicklung zu ermöglichen. Dazu gehört allerdings die Bereitschaft aller Beteiligten, sich auf einen solchen Prozess vorurteilsfrei, aufrichtig, kritikfähig, offen und lernbereit einzulassen; dies umfasst auch die Initiierung qualitätssichernder Maßnahmen im Jugendamt durch externe Institutionen oder Kommissionen. (*Mörsberger*, Kap. 4, S. 83 [98 f., 107 f.]; *Blank/Deegener*, Kap. 5, S. 113 [120 ff.])

9. Statt formalistischer Vorgaben, die den individuellen Erfordernissen des Einzelfalls nicht gerecht werden, sollte durch organisatorische Vorgaben gewährleistet sein, dass Mitarbeiter/innen in Fällen von Kindeswohlgefähr-

dung nach professionellen Maßstäben handlungsfähig sind. Notwendige allgemeine Vorgaben sollten regelmäßig auf ihre Funktionsfähigkeit hin überprüft werden, Anleitung und kritische Begleitung müssen gewährleistet sein, die Ressourcen des Kooperationsfelds (interdisziplinärer fachlicher Austausch) genutzt werden. Das macht die Hilfen wirksamer, dient aber auch der Wirtschaftlichkeit des Mitteleinsatzes. (*Mörsberger*, Kap. 4, S. 83 [98 ff.]; *Blank/Deegener*, Kap. 5, S. 113 [151 ff.])

10. Die Zusammenarbeit von Pflegefamilien mit dem Jugendamt sowie deren Kontrolle folgt nach der Konzeption des Kinder- und Jugendhilferechts einem partnerschaftlichen Grundgedanken. Sie trägt damit dem grundrechtlichen Schutz der Pflegefamilie aus Art. 6 Abs. 1 GG Rechnung. Bei Anhaltspunkten für eine Kindeswohlgefährdung in der Pflegefamilie gelten für die Kinder- und Jugendhilfe grundsätzlich die gleichen Handlungsanforderungen für die Risikoabschätzung wie für bei Eltern lebende Kinder und Jugendliche. (*Meysen*, Kap. 6, S. 157 [162 ff.])

11. Der Beteiligung der Kinder und Jugendlichen, die bei Pflegeeltern leben, also dem persönlichen Kontakt mit der zuständigen Fachkraft kommt im Rahmen der Begleitung der Pflegeverhältnisse durch die Kinder- und Jugendhilfe eine besondere Bedeutung zu. Diese darf bei der erstrebenswert engen und vertrauensvollen Zusammenarbeit mit den Pflegeeltern nicht aus dem Auge verloren werden. Auch der Einbezug der Herkunftseltern und die Frage nach einer Förderung des Kontakts mit ihren fremduntergebrachten Kindern ist als wesentlicher Bestandteil im Hilfeprozess zu berücksichtigen. (*Meysen*, Kap. 6, S. 157 [169 ff.])

12. Zur Beseitigung besonderer Gefährdungsfaktoren bzw. zur Entlastung traumatisierter Kinder sollten die zuständigen Institutionen eng zusammenarbeiten, sich dabei aber in der Unterschiedlichkeit ihrer Aufgaben und Befugnisse gegenseitig respektieren. Die Unterschiedlichkeit kann eher als Chance denn als Nachteil gesehen werden. (*Mörsberger*, Kap. 2, S. 25 [39 ff.])

13. So ist es Sache der Polizei, mit allen ihr zulässigen und praktisch möglichen Mitteln Gewalttäter dingfest zu machen bzw. bei akuter Bedrohung die aktuell erforderlichen Schutzmaßnahmen zu ergreifen (Ermittlungsverfahren mit Beweissicherung, Herausnahme des Kindes bei akuter Gefahr, Wegweisung bzw. Platzverweis zu Lasten der gewalttätigen Person, Inobhutnahme des Kindes durch das Jugendamt, Einschaltung der Staatsanwaltschaft). Demgegenüber sollte die Jugendhilfe konsequent darum besorgt sein, den Zugang zu (möglicherweise) betroffenen Kindern und ihren Familien aufzubauen *und* zu sichern, um die Ressourcen der vorrangig Verpflichteten – soweit vorhanden – zu nutzen bzw. herauszufordern. Ähnliche Funktionen übernehmen in vielfältiger Weise Träger der freien Jugendhilfe. Das ändert nichts daran, dass es immer wieder Fälle gibt, bei denen das Wohl des Kindes oder Jugendlichen nur durch Eingriffe (des Familiengerichts) in die Rechte der Eltern oder in

besonders gravierenden Fällen auch durch Einschaltung der Polizei gesichert werden kann. (*Haben*, Kap. 8, S. 229 [239 ff.]; *Mörsberger*, Kap. 2, S. 25 [40 f.])

14. Kooperation zwischen Jugendhilfe und Polizei ist besonders erfolgreich, wenn sie von gegenseitigem Respekt getragen wird, die gesetzlichen Rahmenbedingungen von beiden Seiten als fachlich notwendig akzeptiert werden und ein Miteinander gefunden wird, das dem Rechnung trägt. Es kann und darf niemand von einem Kooperationspartner erwarten, dass er gegen seine gesetzlichen Vorgaben verstößt, wie z.B. das Legalitätsprinzip der Polizei oder den Vertrauensschutz der Jugendhilfe. Eine Verletzung dieser Grundsätze wäre ein Zeichen von fehlender Professionalität. (*Blank/Deegener*, Kap. 5, S. 113 [146 ff.]; *Haben*, Kap. 8, S. 229 [241 ff.])

15. Die Möglichkeiten der Familiengerichtsbarkeit, der insbesondere in Extremfällen die Rolle zukommt, die ggf. erforderlichen Eingriffsmaßnahmen anzuordnen bzw. Auflagen zu erteilen, sind eng begrenzt. Die Zusammenarbeit zwischen Jugendämtern und Familiengerichten sollte jedoch nicht darauf beschränkt sein, sich in extremen Fällen die „Genehmigung" für ein hartes Eingreifen zu holen. Stattdessen sollten die Familienrichter ihre Entscheidungsspielräume verstärkt zu abgestuften Eingriffs-Entscheidungen nutzen und damit ein besseres Zusammenspiel der verschiedenen Systeme fördern. Jugendamt und Familiengericht bilden eine Verantwortungsgemeinschaft zum Schutz des Kindes. (*Langenfeld/Wiesner*, Kap. 3, S. 45 [74 ff., 77 f.]; *Mörsberger*, Kap. 4, S. 83 [93 ff.]; *Blank/Deegener*, Kap. 5, S. 113 [139 ff.])

16. Die Kooperation des Jugendamts mit Trägern der freien Jugendhilfe muss ebenfalls fallgerecht gestaltet werden. Werden für bestimmte Fallkonstellationen Mitteilungspflichten vereinbart, so darf diese Pflicht nicht so ausgestaltet sein, dass die konkrete Arbeit behindert würde. (*Mörsberger*, Kap. 4, S. 83 [104 f.])

17. Die Beziehungen zwischen dem Jugendamt und den Helfer/inne/n unterschiedlicher Professionen sind von der Verschiedenheit der Institutionen ebenso geprägt wie von wirtschaftlicher Abhängigkeit und unterschiedlichsten Interventionsmöglichkeiten und -formen im konkreten Einzelfall. Für die Kooperation der beteiligten Institutionen bedarf es daher einer klaren transparenten Struktur, da sich hier Partner mit Unterschieden in Bezug auf Struktur, Selbstverständnis, Aufgabenstellung, Verfahrensweisen und Professionen begegnen. (*Blank/Deegener*, Kap. 5, S. 113 [133 ff.])

18. Die Kommission empfiehlt, dass die Kooperationen und die ihnen zugrunde liegenden Strukturen und Verabredungen der Öffentlichkeit vorgestellt werden. Dieses sollte unabhängig von konkreten Fällen, misslungenen Hilfen (die es immer geben wird) oder Skandalen geschehen, um so der Jugendhilfe mit allen ihren Beteiligten die Chance für eine sachliche, verantwortbare

öffentliche Diskussion über Chancen und Grenzen von Hilfemaßnahmen zu ermöglichen. (*Blank/Deegener*, Kap. 5, S. 113 [148 ff.])

19. Für ältere Kinder kommt auch der Schule in diesem Zusammenhang eine herausragende Bedeutung zu, hat sie doch – als eigenständige Erziehungsinstanz – in der Regel direktere Einwirkungsmöglichkeiten auf die Betroffenen als das „ferne" Jugendamt. Lehrer/innen in der Schule haben daher oftmals weit bessere Informationen über die Wünsche, Bedürfnisse und Probleme ihrer Schüler/innen, die es ihnen ermöglichen, Hilfen für gefährdete Kinder und Jugendliche zu initiieren. Dazu bedarf es eines regelmäßigen Austauschs und einer vertrauensvollen Zusammenarbeit mit den Fachkräften im Jugendamt und bei Trägern der freien Jugendhilfe. (*Mörsberger*, Kap. 4, S. 83 [91 ff.])

20. Die Aufgaben des Jugendamts als Sozialleistungsträger sind im Interesse eines effektiven Kindesschutzes von den Aufgaben des Jugendamts zur Wahrnehmung der elterlichen Sorge (als Vormund oder Pfleger) organisatorisch und personell zu trennen. (*Langenfeld/Wiesner*, Kap. 3, S. 45 [76 f.])

21. Die Sicherung von Vertraulichkeit, wie sie insbesondere in den Bestimmungen des Sozialdatenschutzes des SGB VIII zum Ausdruck kommt, ist für Schutz und Hilfe bei Kindeswohlgefährdung keine Beschränkung, sondern Bedingung fachlich-qualifizierten Handelns. Sie trägt dazu bei, dass die Schwelle zur Inanspruchnahme der notwendigen Hilfen nicht zu hoch ist. Allerdings bestehen in Fachkreisen unterschiedliche Auffassungen darüber, ob diese datenschutzrechtlichen Bestimmungen dem fremdnützigen Charakter des Elternrechts ausreichend Rechnung tragen. (*Langenfeld/Wiesner*, Kap. 3, S. 45 [68 f.]; *Mörsberger*, Kap. 4, S. 83 f. [94 ff.])

22. Die durch einige spektakuläre Strafverfahren bei vielen Mitarbeiterinnen und Mitarbeitern in Jugendämtern ausgelöste Angst vor haftungsrechtlichen Konsequenzen steht in keinem Verhältnis zum tatsächlichen strafrechtlichen Haftungsrisiko. Zudem trägt solche Angst nicht dazu bei, die als fachlich richtig erachtete Vorgehensweise zu wählen, sondern fördert ein Verhalten, dass sich im Zweifel eher an der eigenen Risikoabsicherung denn an Schutz und Hilfe für gefährdete Kinder orientiert. Für Sozialarbeiter gilt ebenso wie für andere Angehörige von Berufen mit vergleichbarer Ausrichtung (z.B. Psychologen), dass bei Prognose-Entscheidungen eine strafrechtliche Haftung für Unterlassen (Stichwort „Garantenpflicht") nur für extreme Ausnahmefälle in Betracht kommt. Die Erweiterung von Strafbarkeitsrisiken durch die Strafjustiz ist in diesem Feld offensichtlich eng verknüpft mit der Wahrnehmung von kriminalpolitischen Interessen und mit der Sensibilisierung für die Schutzbedürftigkeit bestimmter Opfergruppen. Systematische und theoretische Erwägungen spielen dabei eine eher untergeordnete Rolle. (*Mörsberger*, Kap. 4, S. 83 [107 f.]; *Albrecht*, Kap. 7, S. 183 [202 ff.])

23. Die gesetzlichen Bestimmungen zur Gewährleistung des erforderlichen Schutzes und der Hilfe zugunsten von Kindern werden insgesamt als ausreichend eingeschätzt. Der Ruf nach „strengeren" Gesetzen wird eher als Ablenkung gegenüber den zum Teil defizitären Ausstattungen bei den jeweiligen Institutionen interpretiert. Die Verstärkung präventiver und partizipativer Handlungsansätze steht der Notwendigkeit nicht entgegen, im Bedarfsfalle Hilfe so zu gestalten, dass Kontrollen zur Sicherung des Kindeswohls vorgesehen sind bzw. das Familiengericht angerufen wird oder auch die Polizei eingeschaltet wird, wenn akuter Gefährdung zu begegnen ist oder für weitere Schritte Beweise anders nicht gesichert werden können. Bei einzelnen Bestimmungen sollte allerdings geprüft werden, inwieweit nicht Klarstellungen angebracht sind und Fehlinterpretationen vermieden werden können, die zu Lasten des Kindeswohls gehen können. (*Langenfeld/Wiesner*, Kap. 3, S. 45 [65 ff.]; *Mörsberger*, Kap. 4, S. 83 [89 ff.])

24. Formale Anzeigepflichten (für jedermann) oder auch spezielle Meldepflichten für Ärzte, Psychotherapeuten und Sozialarbeiter (gegenüber amtlichen Hilfeinstitutionen und/oder Strafverfolgungsbehörden), wie sie in gewissen Abständen in Deutschland und auch in einigen anderen Staaten erwogen, zum Teil auch eingeführt, zum Teil später wieder abgeschafft wurden, werden als wenig hilfreich angesehen. Vielmehr sollte mehr dafür getan werden, dass die notwendige Kooperation der mit Kindeswohlgefährdung befassten Stellen (immer wieder neu) verstärkt bzw. gefördert wird. (*Albrecht*, Kap. 7, S. 183 [213 ff.])

25. Im Hinblick darauf, dass viele Tätigkeiten der Jugendämter einer rechtsaufsichtlichen Kontrolle nicht zugänglich sind und der Weg zu den Verwaltungsgerichten nur von einer Minderheit beschritten wird, sollte über andere Instrumente zum Schutz der Leistungsberechtigten und ihrer Rechte nachgedacht werden. Die Diskussion über „Beschwerdemanagement" sollte forciert werden. (*Langenfeld/Wiesner*, Kap. 3, S. 45 [72 f.])

26. Der Evaluation von Einrichtungen, Programmen und Interventionsprozessen muss künftig zur Verbesserung von Struktur-, Prozess- und Ergebnisqualität besondere Aufmerksamkeit gewidmet werden. Die kontinuierliche, systematische, d.h. methodisch kontrollierte und nachvollziehbare Dokumentation und Evaluation der Kinder- und Jugendhilfepraxis, muss als Qualitätsstandard betrachtet werden. Zu empfehlen sind sowohl Verfahren der Selbst- als auch der Fremdevaluation. (*Filsinger*, Kap. 9, S. 251 [278 f.])

27. Evaluation ist Voraussetzung und Chance, die Reflexions- und Handlungsfähigkeit der Professionellen durch empirische Informationen zu unterstützen; sie kann beitragen zur Transparenz von (Hilfe-)Prozessen und Ergebnissen und letztlich auch Antworten auf Fragen nach Wirksamkeit und Nachhaltigkeit geben, die vor dem Hintergrund knapper Ressourcen verstärkt zu stellen sind. Zu erwarten sind somit Hinweise für eine bessere Allokation der vor-

handenen finanziellen und personellen Ressourcen. In diesem Zusammenhang sind Bewertungskriterien sowohl empirisch aufzuklären als auch in den Einrichtungen zu verhandeln. Eine rein betriebswirtschaftliche Betrachtungsweise ist hierbei nicht angemessen. (*Filsinger*, Kap. 9, S. 251 [278 f.])

28. Professionelles Handeln hat es mit komplexen, nicht-standardisierbaren Problemstellungen zu tun, die nur in Kooperation („Koproduktion") mit den Betroffenen bearbeitbar sind. Es ist immer ein „Handeln mit Risiko". Professionelle müssen unter zumeist prekären Bedingungen anamnestisch und diagnostisch tätig werden, d.h., eine eigenständige Fallanalyse als Voraussetzung für eine Hilfeplanung/Intervention leisten. Professionalität im Kontext von Misshandlung ist zentral zu bestimmen über die Fähigkeit zur (multiperspektivischen) Fallanalyse, über die Fähigkeit zur Gestaltung von „Arbeitsbündnissen" und nicht zuletzt über die Fähigkeit zur Expertise, d.h. zur Darstellung und Begründung des eigenen Urteils. (*Mörsberger*, Kap. 2, S. 25 [38 ff.])

29. Die Struktur der zu bearbeitenden Probleme erfordert ein hohes Maß an Autonomie der Professionellen und zugleich an „(Selbst-)Reflexivität". Die Verpflichtung zur Selbstkontrolle (z.B. durch Supervision, kollegiale Beratung, Evaluation), zur kontinuierlichen Fort- und Weiterbildung und die Bereitschaft und Fähigkeit zu interdisziplinärer Zusammenarbeit gehören zu den Standards der Berufsausübung. Professionelles Handeln ist aber auch auf entgegenkommende Rahmenbedingungen und Strukturen in den Einrichtungen der Kinder- und Jugendhilfe angewiesen. (*Filsinger*, Kap. 10, S. 283 [290 ff.])

30. Im grundständigen Studium der Sozialarbeit sind kindheits- und familientheoretische Kenntnisse und der Stand der sozialwissenschaftlichen Kindheits- und Familienforschung zu vermitteln, vor deren Hintergrund erst eine Auseinandersetzung mit Interventions- und Präventionskonzepten des Kindesschutzes stattfinden kann. Zentral ist die Vermittlung bzw. Aneignung von Konzepten der sozialpädagogischen Fallanalyse. Bereits im grundständigen Studium müssen ausreichend Möglichkeiten zur Einübung in das sozialpädagogische Fallverstehen (Fallanalysen) zur Verfügung stehen, aus denen Fähigkeiten zur prognostischen Entscheidung und zur Risiko- bzw. Folgenabschätzung entwickelt werden können. (*Filsinger*, Kap. 10, S. 283 [285 ff.])

31. Die disziplin- bzw. professionsspezifische Fort- und Weiterbildung sollte ergänzt werden durch regelmäßige interdisziplinär und interprofessionell angelegte Fortbildungen für die in dem in Rede stehenden Handlungsfeld tätigen Professionen und Berufsgruppen (Staatsanwälte, Jugend- und Familienrichter, Polizei, [Grundschul-]Lehrer/innen, Ärzt/inn/e/n, Therapeut/inn/en u.a.), durch die die notwendige Kooperation verbessert werden kann. Besonders Erfolg versprechend erscheinen Projekte, die Fort- und Weiterbildung mit Praxis-, Organisations-/Personal- und Qualitätsentwicklungsvorha-

ben bzw. auch mit Praxisforschungs- und Evaluationsprojekten verbinden. (*Filsinger*, Kap. 10, S. 283 [295 ff.])

32. Zur Sicherung eines regional bedarfsgerechten und qualitativ hochwertigen Fort- und Weiterbildungsangebots sollten regionale Verbünde (Fort- und Weiterbildungsnetzwerke) geschaffen werden, die nicht nur das Angebot – orientiert an regionalen/lokalen Problem- und Bedarfslagen – abstimmen, sondern auch für die Qualitätssicherung und Qualitätsentwicklung von Fort- und Weiterbildungsangeboten Sorge tragen. (*Filsinger*, Kap. 10, S. 283 [295 ff.])

33. Sollen Schutz und Hilfe bei Kindeswohlgefährdung gewährleistet werden, verlangt dies nicht nur den Blick auf den Einzelfall, sondern auch insgesamt auf die Situation von Kindern in unserer Gesellschaft, ihre Entwicklungsmöglichkeiten und Teilhabechancen. Voraussetzung hierfür ist die umfassende Teilhabe an und der ungehinderte Zugang zu den sozialen, ökonomischen, ökologischen und kulturellen Ressourcen der Gesellschaft. (*Filsinger*, Kap. 9, S. 251 [253 ff.])

34. Unsere Gesellschaft muss mehr Rücksicht nehmen auf Grundbedürfnisse von Kindern. Nicht nur Kinder müssen lernen, sich an Verhältnisse und Gegebenheiten anzupassen. Die Erwachsenen sind verantwortlich dafür, dass die Verhältnisse und Gegebenheiten möglichst so gestaltet werden, dass sie den Bedürfnissen von Kindern gerecht werden, notfalls mit der Folge, dass eigene Ansprüche reduziert werden müssen. (*Filsinger*, Kap. 9, S. 251 [269 ff.])

35. Kinder sind unabdingbar auf emotionale Zuwendung in Primärbeziehungen und auf die Zugehörigkeit zu tragenden Gemeinschaften angewiesen. Deshalb kommt der Familie zentrale Bedeutung zu. Sie ist die „Basisinstitution der Entstehung von Formen menschlicher Gegenseitigkeit", eine Elementarform des Sozialen. Vor dem Hintergrund ökonomischer und sozialer Wandlungsprozesse und gewachsener Ansprüche an die Familie ist aber von einer tendenziellen Überforderung von Eltern/Familien auszugehen, insbesondere unter der Bedingung eines Mangels an ökonomischem, kulturellem und sozialem Kapital. (*Filsinger*, Kap. 9, S. 251 [261 ff.])

36. Eine gezielte Lebenslagenpolitik zugunsten von Kindern und ihren Familien muss daher hohe Priorität haben. Dazu gehören Maßnahmen zur angemessenen materiellen Ausstattung von Familien, die es Frauen und Männern ermöglichen, ihre Sorge-, Sozialisations- und Erziehungsaufgaben (Entwicklung von „Daseinskompetenzen") angemessen wahrzunehmen. Der Armutsvermeidung, d.h. der Vermeidung von Unterversorgung in zentralen Lebensbereichen (Einkommen, Wohnen, Bildung, Gesundheit u.a.), ist hohe politische Priorität beizumessen. (*Filsinger*, Kap. 9, S. 251 [269 ff.])

37. Weitere Maßnahmen zur Vereinbarkeit von Ausbildung/Beruf und Elternschaft/Familie für beide Geschlechter sind unabdingbar. Dazu gehört insbe-

sondere der Ausbau von Betreuungseinrichtungen für Kinder bis zu drei Jahren und im Grundschulalter und bedarfsgerechte, kostenfreie Angebote von familienergänzenden Angeboten der Betreuung und Erziehung. (*Filsinger*, Kap. 9, S. 251 [273])

38. Besonders dramatisch wirken sich Überforderungssituationen für Säuglinge und Kleinkinder aus, weil sie nicht auf sich aufmerksam machen können, wenn Eltern sie nicht adäquat versorgen (können). Deshalb sollte geprüft werden, inwieweit so genannte frühe Hilfen ausgebaut werden können – auch in Zusammenarbeit mit Hebammen, Kliniken und Kinderärzt/inn/en (und den zuständigen Kostenträgern, also insbesondere den Krankenkassen). (*Mörsberger*, Kap. 4, S. 83 [89 ff.])

39. Konzepte der Elternarbeit (Elternbildung), wie sie etwa von Familienbildungsstätten vertreten werden, aber auch Ehe-, Familien-, Erziehungs- und Lebensberatungsstellen, müssen neue Anstrengungen unternehmen, damit sie auch die Adressaten tatsächlich erreichen, die einen besonderen Unterstützungsbedarf haben. Offene Angebote für Mütter, Kinder und ganze Familien, die eine nachbarschaftlich orientierte soziale Infrastruktur herstellen, nach dem „Laien-mit-Laien-Prinzip", also in Richtung Selbsthilfe und Empowerment, sollten ausgebaut werden. (*Filsinger*, Kap. 9, S. 251 [273 ff.])

40. Professionelle Leistungsangebote sollten so ausgerichtet sein, dass die Kompetenzen der Eltern zum Tragen kommen können. Gerade kulturelle Unterschiede in den Familien stellen hier eine besondere Herausforderung dar. (*Filsinger*, Kap. 9, S. 251 [269 ff.])

41. Bildung ist nicht nur Kapital auf den Arbeitsmärkten, sondern auch eine zentrale Ressource in der Lebensbewältigung. Sie bestimmt zentral die Lebenschancen und Lebensmöglichkeiten von (jungen) Menschen. Nicht zuletzt ist Bildung Voraussetzung für eine humane Gestaltung des gesellschaftlichen Zusammenlebens. Insofern muss die besondere Aufmerksamkeit auf die Bekämpfung der „Bildungsarmut", insbesondere auch bei Kindern und Jugendlichen mit Migrationshintergrund, gerichtet werden. Anstrengungen der Schule und anderer (außerschulischer) Bildungsinstitutionen können allerdings nur dann fruchtbar sein, wenn die familialen Verhältnisse entgegenkommend sind, also nicht durch übergroße Belastungen deren Handlungs- und Gestaltungsspielräume einschränken. (*Filsinger*, Kap. 9, S. 251 [269 ff.])

42. Künftig stärker zu fördern sind Gelegenheitsstrukturen für außerschulische und außerfamiliäre Lern- und Bildungsprozesse, etwa in der Arbeit mit Kindern und Jugendlichen. Nicht zuletzt um der Überforderung von Familien entgegenzuwirken bzw. deren Potenzial zur Geltung bringen zu können, bedarf es der sozialpädagogischen Unterstützung der Schule und der Förderung außerschulischer Lern- und Bildungsgelegenheiten, vor allem aber auch eines (neuen) Arrangements zwischen den Instanzen, die für das Aufwachsen

von Kindern und Jugendlichen Verantwortung tragen bzw. deren Verantwortung einzufordern ist. (*Filsinger*, Kap. 9, S. 251 [269 ff.])

43. Zur Verbesserung der Lebensbedingungen, insbesondere von sozial benachteiligten Kindern, Jugendlichen und ihren Familien bedarf es einer gezielten integrierten Stadtteil- und Quartiersentwicklung im Rahmen einer gemeinwesenorientierten Stadtpolitik, die zentral die Lebenswelt, die sozialen Verhältnisse und die soziale Infrastruktur im Blick hat. Prozessen der bewussten Auseinandersetzung mit den sozialen Beziehungen, der Erschließung von Ressourcen, insbesondere der Aktivierung informeller Unterstützungsressourcen und der Stützung sozialer Milieus kommt in diesem Zusammenhang eine große Bedeutung zu. Gemeinwesenarbeit als Arbeitsprinzip ist ein bewährtes Programm. Der soziale Nahraum wird jedoch nur dann als Ressource wirksam werden können, wenn eine bedarfsgerechte Ausgestaltung der Rahmenbedingungen erfolgt. (*Filsinger*, Kap. 9, S. 251 [277 f.])

44. Wenn Jugendhilfe präventiv, wirkungsvoll und nachhaltig handeln will, muss sie in den Lebensfeldern ihrer potenziellen Adressaten präsent sein und ihre Adressaten als Akteure ernst nehmen. Zielsetzung muss sein, ihre Leistungen als integralen Bestandteil von Gemeinwesen zu entwickeln, was eine regional und dezentral an Sozialräumen ausgerichtete Weiterentwicklung ihrer Angebotsstrukturen erfordert. (*Filsinger*, Kap. 9, S. 251 [277 f.])

45. Das größte Defizit in der Arbeit zum Schutz gefährdeter Kinder besteht weniger darin, dass nicht genügend Problembewusstsein bestünde. Vielmehr bedarf es besonderer Initiativen, dass Fachkräfte, die in welcher Weise auch immer mit Kindern zu tun haben, besser in ihrer Wahrnehmungs- und Beurteilungsfähigkeit geschult werden. Besonnenes Handeln kann dann ebenso vorsichtige Zurückhaltung bedeuten wie entschlossene Intervention – je nach den Erfordernissen des Einzelfalls. (*Mörsberger*, Kap. 2, S. 25 [30 ff.]; *Filsinger*, Kap. 10, S. 283 [290 ff.])

Kapitel 2

Schutz und Hilfe bei Kindeswohlgefährdung

Eine Problemskizze

von Thomas Mörsberger

I. Empörung nach dem Bekanntwerden von Kindesmisshandlung ist verständlich und berechtigt. Aber Empörung allein genügt nicht

Es geht um eine erschreckende Realität, wenn wir – über die Medien oder im beruflichen Kontext – allzu oft von grausamen Gewalttaten gegen Kinder erfahren, von Misshandlungen, von sexuellem Missbrauch. Nicht selten wird berichtet, wie Kinder im Stich gelassen wurden, gedemütigt, gepeinigt oder in gröbster Form vernachlässigt. Wir sind empört, fragen nach den Schuldigen, können nicht verstehen, warum ein Vater sein Kind so schlimm misshandelt hat, eine Mutter ihren Säugling hat verhungern lassen, sich ein erwachsener Mensch an einem kleinen Mädchen oder Jungen sexuell vergangen hat. Nicht nur aus der spontanen Wut heraus wollen wir, dass solche Taten gesühnt werden. Aber wir wissen sehr genau, dass solch eine Reaktion es nicht verhindern wird, dass sich Taten dieser Art wiederholen.

Der Anknüpfungspunkt dieses Memorandums ist ein anderer. Es soll um die Frage gehen, was beachtet und getan werden muss, um Fehlentwicklungen und Bedingungen, die Gewalt gegen Kinder hervorrufen oder zumindest fördern können, zu verhindern bzw. zu verändern, eben so weit wie möglich Schutz und Hilfe bei Kindeswohlgefährdung zu gewährleisten.

Im Mittelpunkt steht dabei der Umstand, dass Gewalt gegen Kinder auch und sogar überwiegend im häuslichen Umfeld vorkommt,[1] bis hin zu Fällen wie dem des kleinen M., der von Vertrauenspersonen misshandelt und missbraucht wurde. Wir wissen zwar, dass die schrecklichen Gewalttaten, wie sie in Saarbrücken im Zusammenhang mit dem Fall des kleinen M. aufgedeckt wurden, keine seltenen Einzelfälle sind, sondern auch an anderen Orten in ähnlicher Weise immer wieder passieren. Diese traurige Erkenntnis soll das Problem aber nicht relativieren. Im Gegenteil: Noch entschiedener müssen wir vorgehen gegen solche Taten, müssen jedenfalls alles tun, dass es zu solchen Taten möglichst erst gar nicht kommt.

Das kann aber nur gelingen, wenn wir die Dinge differenziert betrachten, nüchtern und realistisch unsere praktischen Möglichkeiten prüfen und überlegen, wie denn Kinder vor solcher Gewalt geschützt werden können, wie man ihnen helfen kann, wenn sie schreckliche Erfahrungen zu verarbeiten haben, und wie man langfristig darauf hinwirken kann, dass dann, wenn Hilfe gebraucht wird, sie auch zur Verfügung steht, und zwar in fachlich kompetenter Form.

Es ist ermutigend, dass in der Öffentlichkeit seit Jahren die Bereitschaft gewachsen zu sein scheint, sich mit dem Thema Gewalt gegen Kinder intensiver auseinander zu setzen. Aber es gibt nach wie vor auch jenes von *Gisela Zenz* Ende der 70er Jahre beschriebene sozialpsychologische Phänomen, dass man sich der Konfron-

---

1 Vgl. dazu die Hinweise bei Kinderschutz-Zentrum Berlin (Hrsg.), Kindesmisshandlung – Erkennen und Helfen, 2002.

tation mit dieser Realität entzieht, indem man blindlings nach Sündenböcken sucht.[2] Da man sich darüber im Klaren ist, dass viele der Gewalttaten auf Überforderung oder krankhafter Neigung beruhen, sucht man sich heutzutage – unterstützt durch plakative Zuschreibungen von Seiten der Medien – gerne „die zuständigen Behörden, die das doch hätten verhindern müssen", seien damit nun Polizei, Justiz, Jugendämter, Gerichtsgutachter oder andere öffentliche Stellen gemeint. So wichtig es ist, kritisch auch insofern nach möglichen Schwachstellen zu fahnden, sollte die Energie zugleich in Richtung effektiver Maßnahmen zum Schutz von Kindern gegen brutale Gewalt oder grobe Vernachlässigung gelenkt werden.

Der allgemeine Appell an öffentliche Verantwortung reicht da nicht. Es muss geklärt sein, wer in diesem Zusammenhang für was verantwortlich ist, was wessen Aufgabe ist. Gefragt sind zudem Strategien auf allen Ebenen, eine stärkere Vernetzung der zuständigen Institutionen, aber auch Respekt vor deren Unterschiedlichkeit in ihren Aufgaben. Nicht zuletzt bedürfen aber auch Begriffe der Klärung, so sie für den Themenkomplex Misshandlung, Vernachlässigung, Missbrauch von Kindern bedeutsam sind.

II. Wann gehen wir von einer Kindeswohlgefährdung aus? Von den Schwierigkeiten, die Problematik begrifflich klar zu fassen

Die Kommission hat zum Ausgangspunkt ihrer Überlegungen und Empfehlungen den Begriff der Kindeswohlgefährdung gemacht („Schutz und Hilfe bei Kindeswohlgefährdung"), also nicht etwa den der Kindesmisshandlung.[3] Damit bringt sie zum Ausdruck, dass es ihr in erster Linie um die Verhinderung, erst in zweiter Linie um die Ahndung von Gewalt geht, auch wenn beide Aufgaben letztlich auf dasselbe Ziel gerichtet sind.

Sie greift einen Rechtsbegriff auf, der in § 1 SGB VIII ausdrücklich als eine der zentralen Zielbestimmungen der Kinder- und Jugendhilfe genannt ist. Danach soll Jugendhilfe zur Verwirklichung des Rechts des jungen Menschen auf Förderung seiner Entwicklung und auf Erziehung zu einer eigenverantwortlichen und gemeinschaftsfähigen Persönlichkeit insbesondere (...) Kinder und Jugendliche vor Gefahren für ihr Wohl schützen.

Dieses sehr allgemein formulierte Postulat sagt aber wenig darüber, wann konkret von einer Kindeswohlgefährdung in diesem Sinne auszugehen ist. Bei den wenigen Aufgabennormen des SGB VIII, in denen die Kindeswohlgefährdung ausdrückliches Tatbestandsmerkmal ist, kann man zwar aus dem systematischen Zusammenhang Konkretisierungen ableiten. Eine Definition bleibt aber ausge-

---

2 *Zenz*, Kindesmisshandlung und Kindesrechte, 1981, S. 58.
3 In der Fachliteratur wird heute vielfach der Begriff Kindesmisshandlung als Oberbegriff verwendet für alle Formen von Gewalt gegen Kinder, also auch in Form von Vernachlässigung oder sexuellem Missbrauch.

sprochen schwierig. So sind die Kriterien zum Kindeswohl im Zusammenhang mit der Erteilung von Betriebserlaubnissen (§§ 45 ff. SGB VIII) naturgemäß andere als die bei der Inobhutnahme (§ 42 SGB VIII) und bei der Pflicht zur Anrufung des Familiengerichts gem. § 50 Abs. 3 SGB VIII wieder andere. Für die Familiengerichtsbarkeit selbst wiederum stehen bei der Auslegung des Bürgerlichen Gesetzbuchs – etwa § 1666 BGB – angesichts seiner spezifischen Funktion (als Entscheidungsinstanz) andere Gesichtspunkte im Vordergrund als für das Jugendamt (als Hilfeinstitution).

Das hat nicht zuletzt damit zu tun, dass sich die Kindeswohlgefährdung, anders als bei Tatbeständen des Strafrechts, nicht auf eine bestimmte Tathandlung bezieht oder klar definierbare Umstände, sondern eine (fachlich zu) wertende Konsequenz darstellt aus einer Summe von Taten, Umständen, pflichtwidrigen Unterlassungen, Einflussfaktoren oder Kompetenzdefiziten. Insbesondere ist die Gefährdung meistens – anders als man es für andere Gefahrenabwehrbereiche kennt – nicht etwa vorbei, wenn sie sich realisiert hat, vielmehr wird oftmals die Realisierung gerade erst zum Anlass, von einer (in Wahrheit nur weiterhin existierenden) Gefährdung auszugehen.

Betrachtet man jedenfalls die Fallkonstellationen im Einzelnen, in denen es um Gewalt gegen Kinder geht, so wird schnell deutlich, wie wichtig eine differenzierende Betrachtungsweise schon hinsichtlich der Gefährdung ist, also nicht erst für die Frage nach den praktischen Konsequenzen. Zwar wird immer wieder von spektakulären Gewalttaten berichtet, bei denen der Täter vorher nichts mit dem betreffenden Kind zu tun hatte, der ihm z.B. irgendwo aufgelauert hat. Aber die meisten Gewalttaten an Kindern passieren im direkten Umfeld des Kindes. Mitunter sind es sogar ausgerechnet die engsten Bezugspersonen, die sich hier an (ihren) Kindern vergehen, sei es durch körperliche Misshandlung allgemein oder die Misshandlung in Form des sexuellen Missbrauchs.

Großen Schaden erleiden Kinder aber nicht nur durch aktive Misshandlung, sondern auch allzu oft dadurch, dass sie nicht ausreichend versorgt werden, also die für sein Wohlergehen zuständigen Menschen es vernachlässigen. Fälle grober Vernachlässigung bis hin zur Todesfolge spielen in der öffentlichen Debatte um die Notwendigkeit verstärkten Schutzes und bedarfsgerechter Hilfe für Kinder sogar eine zentrale Rolle, nämlich hinsichtlich der Frage, ob von dritter Seite nicht rechtzeitig, d.h. früher, hätte interveniert werden können und müssen.[4] Gleichwohl ist Anknüpfungspunkt für die fachliche Diskussion in der Kinder- und Jugendhilfe (inwieweit im Zweifelsfall stärker hätte „eingegriffen werden müssen") weniger die konkrete Verletzung oder Schädigung, die ein Kind erleidet, sondern die „Kindeswohlgefährdung".

Das ist zum einen damit zu begründen, dass es in der Kinder- und Jugendhilfe geradezu wesensmäßig weniger um die Reaktion auf Verletzungen/Schädigungen

---

4 Ausführlich dazu *Mörsberger*, Kap. 4, S. 83 in diesem Buch.

von wichtigen Rechtsgütern geht, sondern ums Helfen, soweit möglich auch ums Verhindern.[5] Aber zum anderen muss es nicht immer diese Reihenfolge geben, nämlich dass zuerst die „Gefährdung" da ist und erst später, wenn nichts gegen die Gefährdung unternommen wurde oder nicht energisch genug, die Schädigung passiert. Vielmehr ist es in vielen – wenn nicht sogar den meisten – Fällen so, dass jedenfalls eine „Kindeswohlgefährdung" nicht vor der Schädigung, sondern erst infolge einer Schädigung konstatiert wird, nämlich wegen des Ausmaßes an Schädigung und der Grenze, die ein Kind verarbeiten bzw. kompensieren kann, um im Sinne der Ziele des Kindes- und Jugendhilfegesetzes Zugang zu bekommen zu seinem „Recht auf Förderung seiner Entwicklung und auf Erziehung zu einer eigenverantwortlichen und gemeinschaftsfähigen Persönlichkeit" (siehe § 1 SGB VIII).

Also hat man es mit Einschätzungen zu tun, mit Abwägungen, die von vielen Faktoren beeinflusst werden. So kann man auch nicht alleine auf die Art oder das Ausmaß von Gewaltanwendung abstellen, wenn die Frage im Raum steht, ob ein Kind aus der bisherigen Umgebung herausgenommen und in der Folge fremdplatziert werden sollte (oder auch die gewalttätige bzw. gefährdende Person – auf der Basis der länderspezifisch geregelten Polizeigesetze oder in zivilgerichtlichen Verfahren nach dem Gewaltschutzgesetz bzw. nach § 1666 a BGB – „des Platzes" verwiesen respektive aus der Wohnung gewiesen wird). Handelt es sich beim Gewalttätigen um eine Person, die dem Opfer nahe steht, so bietet die Tat für helfende Institutionen u. U. nur Anhaltspunkte für die Frage, ob jemand fähig ist, für (s)ein Kind alltägliche Sorge zu tragen. Die (Miss-)Handlung ist für sich genommen jedoch noch keine Antwort, und zwar *wegen* des betroffenen Kindes, also nicht etwa dem Kindeswohl zum Trotz. Damit ist die Komplexität des Themas evident. So sind und bleiben bekanntlich ja nicht selten Kinder ausgerechnet an jene Personen psychisch (überstark) gebunden, von denen sie gepeinigt werden. Selbst wenn das Kind sich wehren kann, bleibt es oftmals – wenn auch zweifelnd oder verzweifelnd – wie gelähmt dem dauerhaften Schuldgefühl ausgesetzt, es sei möglicherweise selbst schuld an der Gewalt, identifiziert sich ganz oder teilweise mit dem Aggressor, perpetuiert damit seinen Schmerz.

III. Ahnung, Verdacht, Wissen und Prognose. Jedenfalls ist wichtig, die spezifischen Risikofaktoren zu kennen und im Blick zu halten – und ansprechbar zu sein

In der Praxis der Jugendhilfe ist die größte Schwierigkeit im Umgang mit Kindeswohlgefährdung weniger die abstrakte Deduktion, was als Gefährdung im Sinne der jeweiligen gesetzlichen Bestimmungen anzusehen ist, sondern vielmehr die – alltägliche – Erfahrung, dass man zwar Misshandlung, Vernachlässigung oder

---

5   Einzelheiten siehe unten Abschnitt IV. und *Mörsberger*, Kap. 4, S. 83 (89 ff). in diesem Buch.

auch Missbrauch befürchten muss, vielleicht ahnt, möglicherweise Verdacht geschöpft hat, aber nicht genau weiß, was passiert ist, was derzeit passiert oder noch passieren könnte. Und: In der Einschätzung, was Kindeswohl konkret bedeutet, ist immer wieder die Alternative klar zu benennen und abzuwägen mit der Möglichkeit, dass das Problem von den „eigentlich" Verantwortlichen bewältigt werden sollte. „Im Zweifel" Kinder einfach aus ihrer vertrauten Umgebung herauszunehmen, kommt sowohl aus rechtsstaatlichen wie auch fachlichen Gesichtspunkten nicht in Betracht; die Effekte wären nicht absehbar. Es bedarf vielmehr mühsamer Detailarbeit.

1. Sachverhaltsermittlung und Helfen

Institutionen, die im Hinblick auf das Kindeswohl nur sehr begrenzte Handlungszuständigkeiten haben, neigen dazu, der Jugendhilfe vorrangig die gründliche und konsequente „Ermittlung" von Fakten anzuraten. Nur dann könne man die weitere Entwicklung bzw. die Frage der Interventionsnotwendigkeiten beantworten. Übersehen wird bei diesem Ratschlag aber, dass in der Sozialarbeit professionelles Handeln[6] nicht in zeitlicher Reihe schematisch aufgegliedert werden kann (Fakten klären, Diagnose, Hilfeangebot machen, Kontrakt usw.), sondern allzu oft die „Sachverhaltsermittlung" schon Teil der eigentlichen Hilfe ist bzw. sein kann.

In der Phase der Informationsgewinnung werden auch die Weichen gestellt, welche praktischen Veränderungsmöglichkeiten gemeinsam entwickelt werden könnten. Anders als in der Diagnose des Gutachters kann es nämlich sein, dass mit der Art der „Ermittlung" genau die Veränderungsmöglichkeit versperrt wird, die man mit der Bestellung eines Gutachtens bzw. auf der Basis umfassender Faktenermittlung eigentlich auf den Weg bringen wollte. Es kann sein, dass zwar „alles" bekannt wird über einen Fall, dass aber die aufgrund dieses Wissens erstellte Prognose ihre Wirkung verfehlt, weil durch die Art und Weise, wie die „Sachverhalts-Ermittlungen" vorgenommen wurden, die Kooperationsbereitschaft und Veränderungschancen verschüttet wurden.

2. Zugang sichern

Wenn nicht verhindert werden konnte, dass Kinder misshandelt, vernachlässigt oder missbraucht wurden, so ist von anderen Stellen leicht gesagt, dass dies doch sicher zu verhindern gewesen wäre, wenn früher und/oder anders interveniert worden wäre. Bei aller Notwendigkeit, dass im Nachhinein immer auch kritisch zu fragen ist, was falsch „gelaufen" ist und anders hätte gemacht werden müssen, so sollte man auch die Tatsache berücksichtigen, dass im Alltag eines Jugendamts viele Fälle Anlass für Hilfen sind, bei denen sich die Verhältnisse trotz mancher

---

6   Zur Thematik professionelles Helfen allgemein *C. Wolfgang Müller*, Wie Helfen zum Beruf wurde, Band 1, Eine Methodengeschichte der Sozialarbeit 1883 – 1945, 3. Aufl. 1991.

Gefahrenanzeichen, Ahnungen oder auch Verdachtsmomente im Laufe der Zeit positiv entwickeln.

Demgegenüber haben es die Strafverfolgungsorgane und das Familiengericht, aber auch Gutachter und mitunter behandelnde Ärzte regelmäßig mit besonders ausweglos erscheinenden Fällen zu tun. Sie gehen von einer strukturell völlig anderen Ausgangslage aus. Insbesondere aber werden sie in der Regel mit der Frage der Kindeswohlgefährdung erst im Nachhinein konfrontiert. Die Fälle liegen sozusagen auf dem Tisch, während sich die Jugendhilfe angesichts seiner umfassenden Aufgabenstellung im Sinne des Kinder- und Jugendhilferechts erst um den erforderlichen Zugang zu den Betroffenen bemühen muss.

Liest man Stellungnahmen zu negativ verlaufenen Hilfefällen, so erscheint es meist recht plausibel, wenn vorgeworfen wird, „man hätte die Gefahr eigentlich schon damals erkennen müssen". Fair ist solche „Beurteilung vom Ergebnis her" aber sicher nicht. Hat sich die Gefährdung realisiert, sind im Nachhinein ohne Schwierigkeiten „Anzeichen" zu entdecken, die das spätere Geschehen erklärlich machen und z.B. eine Herausnahme des Kindes nahe gelegt hätten. Für eine Herausnahme hätte allerdings auch absehbar sein müssen, dass die Alternative in jedem Fall die bessere gewesen wäre. Das aber lässt sich u.U. erst nach Jahrzehnten belegen, obwohl wir natürlich allgemeine Einschätzungen haben.

3.   Grenzen der Einschätzbarkeit

Wie immer in solchen Zusammenhängen Beurteilungen aussehen, so handelt es sich jedenfalls um Prognoseentscheidungen. Und da ist man später fast immer klüger als vorher. Zudem ist in der Mehrzahl der Fälle eben nicht ohne weiteres festzustellen, ob dieses oder jenes Fehlverhalten in massivster Weise das Kindeswohl gefährdet, ob es um temporäre Überforderung, eine aktuelle Krise, ein partielles Defizit geht oder um akute Gefährdung. Die spektakulären Fälle wirken oft aufrüttelnd, weil sie ein Problem deutlich machen. Aber sie geben noch keinen Hinweis, wie im jeweiligen Einzelfall richtig reagiert werden sollte. Denn das ist unbestritten: Immer dann, wenn Gefahr droht oder Gewalt geschehen ist, Kinder einfach aus der Familie herauszunehmen, fremd zu platzieren, das würde den Kindern nicht gerecht. Aber was sind die geeigneten Mittel, um die Gefährdungen genau zu ermitteln, wirksam zu schützen bzw. zu helfen?

Insofern ist die Definition des Begriffs „Kindeswohlgefährdung" eine schwierige Sache. Nicht eine tatbestandsmäßige Handlung als solche gibt Aufschluss über ihre Bedeutung für das Kindeswohl, sondern in der Regel, wie oben dargelegt, erst der gesamte Kontext, das familiäre Klima, die (möglicherweise positiven) Ressourcen der Eltern, die Verarbeitungsfähigkeit des Kindes („Resilienz") und nicht zuletzt die Frage, ob langfristig eine Fremdplatzierung voraussichtlich weniger Schaden als Nutzen bringen wird. Zu guter Letzt muss dann auch noch darauf hingewiesen werden, dass für diese Entscheidung – zumindest bei fehlendem Einverständnis der Eltern – nicht etwa das Jugendamt, sondern das Familiengericht zuständig ist. Noch schwieriger und für Außenstehende oft nicht nachvollziehbar sind die Fälle, da Misshandlung passiert ist, aktuell noch passiert und sogar absehbar längere Zeit andauert, dies aber gleichwohl nicht zu einem massiven Eingriff führt. Schnell ist man dann mit dem Vorwurf zur Hand, „das Jugendamt" schütze die Gewalt.

4. Risikofaktoren

Alle Bedenken und Schwierigkeiten dürfen andererseits natürlich nicht zu der Konsequenz verleiten, sich zurückzuhalten und zu resignieren. Vielmehr kommt es maßgeblich darauf an, dass die Beurteilungsfähigkeit der einzelnen Mitarbeiter/innen gefördert wird, dass sie sensibilisiert sind in der Wahrnehmung der besonders relevanten Risikofaktoren und sie – fachlich-methodisch und juristisch – vorbereitet sind auf die möglicherweise notwendigen praktischen Vorgehensweisen (gegenüber den Betroffenen, aber auch anderen Institutionen).

Dass den Fachkräften in den Jugendämtern die besonderen Risikofaktoren vertraut sind, ist deshalb besonders wichtig, weil sich die besonderen Gefahrenmomente oftmals nicht nur aus einem einzelnen Symptom ergeben, sondern erst durch das Zusammenwirken mehrerer Faktoren, durch besondere Konstellationen. Die Faktoren im Umfeld des Kindes sind dabei ebenso wichtig wie die Konstitution des Kindes, die Defizite ebenso wie die Ressourcen.

Die Ursachen für die Existenz solcher Faktoren sind zunächst zweitrangig; jedenfalls müssen sie jeweils in ihren Auswirkungen auf die Perspektiven eines Kindes wahrgenommen werden. Es muss eben in den Blick genommen werden, ob sich z.B. bestimmte Gewalterfahrungen traumatisierend verfestigen, ob kriminogene Lebensverhältnisse eine positive Verarbeitung erschweren, inwieweit der Verlust wichtiger Bezugspersonen nicht aufgearbeitet wurde und nun möglicherweise therapeutische Mittel eingesetzt werden sollten, ob die sozialen Verhältnisse negative Entwicklungen verstärken, ob eine Drogenabhängigkeit der Bezugspersonen im konkreten Einzelfall als zu gefährlich für ein Kind einzustufen, das Risiko nicht einschätzbar ist.

5. Beispiel Drogenabhängigkeit

Der Risikofaktor Drogenabhängigkeit ist besonders typisch für jene Fallkonstellationen, bei denen es zwar typologisch eine Vielzahl von Risiken gibt, gleichwohl in jedem Einzelfall geschaut werden kann und muss, inwieweit es nicht doch Ressourcen oder besondere Verhaltensvarianten gibt, die es nicht nur erlauben, sondern sogar geboten erscheinen lassen, Kinder in der Obhut solcher Personen zu belassen, auch wenn eine regelmäßige Überprüfung erforderlich ist, ob die wahrgenommenen Fähigkeiten im Sinne von Schutzmechanismen zugunsten von

Kindern tatsächlich (noch) wirksam sind. Diese differenzierte Betrachtungsweise hat in so vielen Fällen (zugunsten der Kinder) Erfolg, dass es unverantwortlich wäre, die verbleibenden Risiken nicht in Kauf zu nehmen. Für Außenstehende sind das allerdings oftmals die Fälle, in denen durch das stetige „Ringen" um den Erhalt der Bezugspersonen der Eindruck erweckt wird, das Jugendamt betreibe eine zu weiche bzw. wankelmütige Politik.

6. Wirkungen des Helfens

Dem Begriff der Kindeswohlgefährdung kommt im jugendhilferechtlichen Zusammenhang eine Besonderheit zu, die auf den ersten Blick wie eine Tautologie wirkt, aber letztlich im Zusammenhang gesehen Sinn macht: So verlangt § 50 Abs. 3 SGB VIII eben nicht die Anrufung des Familiengerichts, wenn die Voraussetzungen einer Kindeswohlgefährdung durch das Gericht wahrscheinlich als gegeben angesehen werden. Vielmehr hat es selbst zu beurteilen, ob es ein Einschreiten des Gerichts „zur Abwendung einer Gefährdung des Wohls des Kindes ... für erforderlich hält".

Wird das Familiengericht aber angerufen (durch das Jugendamt oder durch eine andere Stelle oder durch Privatpersonen), so hat es zu prüfen, inwieweit die Voraussetzungen der §§ 1666[7] und 1666 a BGB[8] vorliegen, hat dabei aber nicht nur den Begriff der Kindeswohlgefährdung zu subsumieren, sondern muss auch die praktische Wirkung der gerichtlichen Intervention wie auch der anschließenden veränderten Lebensverhältnisse in die Prüfung einbeziehen. Prognostische Aspekte sind also nicht nur auf die voraussichtliche Entwicklung des Kindes im bisherigen Umfeld zu prüfen, sondern auch im Hinblick auf die durch Leistungen der Jugendhilfe (realistisch) zu erwartenden Veränderungen.

7. Helfer oder Rechthaber?

Nicht selten bleibt es in Einzelfällen bei Ahnungen, bei Verdachtsmomenten, kann etwa ein als sicher anzunehmender sexueller Missbrauch nicht nachgewiesen werden, will das betreffende Opfer vielleicht auch keine weitere Sachverhaltsklärung, keine Strafverfolgung oder auch nur intensivere Betreuung, aus welchen Gründen auch immer. In diesen – nicht seltenen – Fällen gelten für die

---

7   In § 1666 BGB („Gerichtliche Maßnahmen bei Gefährdung des Kindeswohls") heißt es in Absatz 1: „Wird das körperliche, geistige oder seelische Wohl des Kindes oder sein Vermögen durch missbräuchliche Ausübung der elterlichen Sorge, durch Vernachlässigung des Kindes, durch unverschuldetes Versagen der Eltern oder durch das Verhalten eines Dritten gefährdet, so hat das Familiengericht, wenn die Eltern nicht gewillt oder nicht in der Lage sind, die Gefahr abzuwenden, die zur Abwendung der Gefahr erforderlichen Maßnahmen zu treffen."

8   § 1666 a BGB (Grundsatz der Verhältnismäßigkeit; Vorrang öffentlicher Hilfen) verlangt: „Maßnahmen, mit denen eine Trennung des Kindes von der elterlichen Familie verbunden ist, sind nur zulässig, wenn der Gefahr nicht auf andere Weise, auch nicht durch öffentliche Hilfen, begegnet werden kann" (Abs. 1). In Absatz 2 heißt es dann: „Die gesamte Personensorge darf nur entzogen werden, wenn andere Maßnahmen erfolglos geblieben sind oder wenn anzunehmen ist, dass sie zur Abwendung der Gefahr nicht ausreichen."

Kinder- und Jugendhilfe andere Maxime als z.B. für andere Stellen: Es bleibt auch und gerade in solchen Fällen wichtig, nicht in „Rechthaberei" zu verfallen, sondern sich weiterhin für das Opfer zur Verfügung zu halten, als möglicher Ansprechpartner. Dies kann nämlich u.U. die entscheidende Hilfe sein, auch wenn eine andere Form dem professionellen Helfer sinnvoller erschiene. Vielleicht wird sie ja später möglich. Die Jugendhilfe ist deshalb in ihren Angeboten auch gehalten, für Opfer von Gewalt nicht etwa Bedingungen zu stellen, sondern zur Verfügung zu bleiben. Dass sie die Grenzen ihrer Möglichkeiten im Blick halten müssen, sollte ihren Akteuren wie auch der Öffentlichkeit immer wieder bewusst gemacht werden.

IV. Schützen und/oder Helfen: Unterschiedlichkeit dieser Aufgaben als Chance sehen

Immer wieder wird die Kinder- und Jugendhilfe mit dem Vorwurf konfrontiert, sie kümmere sich zu sehr um die Entwicklung von Leistungsangeboten, betone übermäßig den Dienstleistungscharakter und das Freiwilligkeitsgebot, verleugne sozusagen ihre „andere Seite", kurzum: Sie vernachlässige die Aufgabe, Kinder und Jugendliche effektiv zu schützen. Die Schuld an dieser Entwicklung wird entweder dem SGB VIII gegeben, das die Leistungskataloge zu sehr in den Vordergrund gestellt habe, oder aber dem Trend in der Praxis, die schlichtweg die „anderen Aufgaben" der Jugendhilfe ignoriere, also das dritte Kapitel des SGB VIII, die „Schutzfunktion" der Jugendhilfe. In diesen Auseinandersetzungen werden die Begriffe Schutz einerseits und Hilfe andererseits gegenübergestellt, auch gegeneinander ausgespielt. Für die Erwartungen in der Öffentlichkeit wie auch für die Identität der Kinder- und Jugendhilfe, letztlich auch für konzeptionelle Weiterentwicklungen ist es unentbehrlich, im Zusammenhang mit der Thematik Kindesmisshandlung diese beiden Funktionen genauer zu definieren.

1. Bedeutung je nach Regelungszusammenhang. Gemeinsamkeiten

Im schon erwähnten § 1 SGB VIII sind beide Funktionen zum Teil direkt aufeinander bezogen, wenn es in Absatz 3 heißt, dass Jugendhilfe u.a. „Kinder und Jugendliche vor Gefahren für ihr Wohl schützen" soll. Allerdings liegt es nahe, den Begriff Jugend-*Hilfe* hier lediglich als Bezeichnung für eine Institution („die Jugendhilfe") zu verstehen, nicht als Identitätsmerkmal in Abgrenzung zu ihrer Schutzfunktion.

Werden in anderen Gesetzen „Schutz" und „Jugend" im Zusammenhang verwendet, ergeben sich Regelungsgehalt und -funktion durch ihre sehr konkret formulierten Gefährdungstatbestände: Beim Jugendarbeitsschutzgesetz geht es um Regelungen gegen Gefährdungen am Arbeitsplatz, spezifiziert auf Jugendliche,

beim Schutz der Jugend in der Öffentlichkeit (JÖSchG) u.a. um jugendgefähr-
dende Veranstaltungen oder Schriften und andere Medien. Die einzelnen Regelungen sind rechtssystematisch betrachtet ausschließlich ordnungsbehördlicher
Natur, haben zumindest originär keine Hilfefunktion.

Anders ist es beim so genannten erzieherischen Kinder- und Jugendschutz gem.
§ 14 SGB VIII, der mit pädagogischen Mitteln junge Menschen „befähigen" soll,
„sich vor gefährdenden Einflüssen zu schützen und sie zu Kritikfähigkeit, Ent-
scheidungsfähigkeit und Eigenverantwortlichkeit sowie zur Verantwortung
gegenüber ihren Mitmenschen führen" (Abs. 2 Nr. 1) und auch Eltern „besser
befähigen" soll, „Kinder und Jugendliche vor gefährdenden Einflüssen zu schützen" (Abs. 2 Nr. 2). Hier wird also ein für die Kinder- und Jugendhilfe typischer
Bogen geschlagen zwischen Schutz und Hilfe: Durch Unterstützung, Förderung,
Hilfe sollen sowohl die für die Erziehung der Kinder zuständigen Eltern als auch
die Kinder direkt befähigt werden, selbst für ihren Schutz zu sorgen, sich zu wehren gegen Gefahren. Sie sollen stark gemacht werden, sich selbst zu helfen und
sich zu schützen. Hier werden die Gemeinsamkeiten zwischen Schutz- und der
Hilfefunktionen evident. Hilfe ist das Instrument, Schutz das Ziel. Es gibt also
Zusammenhänge, wie man abstrakt ohnehin sagen kann, dass Schutz immer auch
Hilfe ist, aber auch, dass effektive Hilfe den besten Schutz darstellen kann.
Gleichwohl sind beide Funktionen nicht identisch.

2.   Unterschiede und Wesensmerkmale

Wenn in politischen Debatten nun aber immer wieder die Pflicht zu Schutz und
Hilfe gegeneinander ausgespielt werden, sollte man sich doch wenigstens darüber
verständigen, was den Wesensunterschied zwischen Schutz einerseits und Hilfe
andererseits ausmacht. Das hat nicht nur juristische Bedeutung, sondern hat maßgebliche Auswirkung auf die fachlich-methodische Orientierung, auf die Hand-
lungsebene.

So empfiehlt sich auch, statt der substantivischen Form (Schutz; Hilfe) die Ver-
ben zum Gegenstand der Betrachtung zu machen: schützen und helfen. Und wo
liegt der wesentliche Unterschied? Wer einen anderen schützt, der Be-Schützer
also, handelt eigenständig zugunsten des Gefährdeten, organisiert die Abwehr
gegen die (mögliche oder aktuelle) Bedrohung selbst. Wer einem anderen hilft,
der setzt an dessen Aktivität und Potenzial an, versucht ihn zu stärken, handelt
nicht an seiner statt, sondern „unter"stützt ihn.

Diese im allgemeinen Sprachgebrauch gängige Unterscheidung entspricht aber
auch den begriffshistorischen, den etymologischen Wurzeln: Das Wort „Schüt-
zen" ist verwandt mit „Schütten" (Auf-schütten eines Abwehrwalls gegen
Feinde), ist auch verwandt mit dem Begriff „Ab-schotten", also wiederum einem
Begriff im Sinne von Abwehr (das „Schott" gegen möglicherweise eindringendes
Wasser). Das geschützte Objekt, ob Gegenstand oder Person, wird letztlich als

statisch angesehen. Der Begriff des Helfens ist sprachhistorisch nicht genau ableitbar, bedeutet aber im allgemeinen Sprachgebrauch ein Verhalten, das auf Unterstützung der Selbst-Tätigkeit eines anderen gerichtet ist, synonym verwendet werden kann mit „unterstützen" oder „fördern", der andere wird tendenziell als (potenziell) dynamisch eingestuft, nicht – wie beim Schutz – als statisch.

So mag man die Wirkungen mancher Hilfe als schützende beschreiben, die Abwehr von Gefahren, die man als Schutzmaßnahmen bezeichnen kann, als hilfreich. Aber „im Zweifel" entspricht die Einbeziehung des Betroffenen im Sinne des Helfens eher den Wesensmerkmalen der Jugendhilfe, schützende Aktivitäten entsprechen eher der Aufgabenstellung von Ordnungsbehörden.

3. Schutz für Kinder durch Hilfe für Eltern?

Wie schon im Zusammenhang mit dem so genannten erzieherischen Kinder- und Jugendschutz gem. § 14 SGB VIII beschrieben, werden die Unterschiede und die Zusammenhänge zwischen Hilfe und Schutz im Bereich der Kinder- und Jugendhilfe so deutlich wie wohl anderswo kaum, weil hier auch die Adressaten unterschiedlich sind: Man hilft Eltern, um Kinder zu schützen. Das ist mehr als ein Wortspiel; es kennzeichnet geradezu das Wesen der Kinder- und Jugendhilfe.

Allerdings kommen wir damit auch wieder an die besonderen Schwierigkeiten, die sich stellen, wenn es nämlich gerade die Eltern sind, die – durch pflichtwidriges Tun oder Unterlassen – die Gefährdung des Kindeswohls verkörpern. Aber selbst wenn sie die Gefährdung darstellen, müssen wir in aller Regel davon ausgehen, dass sie zugleich ein unentbehrliches Potenzial für ihre Kinder darstellen, das wir nicht übergehen dürfen. Praktisch heißt das: In die Erwägung, welche Vorgehensweise die bessere ist, darf ich nicht vorschnell eingreifen, aber auch nicht zu lange warten. So ist es wohl spektakulär im Frühjahr 2003 im Saarland innerhalb weniger Wochen in beiden Extremen passiert: Jedenfalls aus der Sicht im Nachhinein ist in Saarbrücken zu zögerlich gehandelt worden, in einem anderen Fall in Saarlouis vorschnell.

Was im Einzelfall zu tun ist, wenn wir davon erfahren, dass Kinder gefährdet sind bzw. gefährdet sein könnten, muss professionell durch die dafür zuständigen Stellen geprüft werden. Es kann dabei nicht um Schutz *oder* Hilfe gehen, sondern um Schutz *und* Hilfe. Professionell heißt aber auch, die Unterschiede zu erkennen. Und sie als Chance zu nutzen.

V. Helfen geht nicht ohne Risiko

1. Wer bestimmt?

Suche ich mir Hilfe, gehe ich nicht davon aus, dass der Helfer mir daraufhin die Sache, um die es geht, aus der Hand nimmt und selbst bestimmt. Helfen ist immanent, dass es – jedenfalls von seinem Wesen her – nur eine Art Teilhabe an dem ist, was eines anderen Sache ist und von ihm gesteuert wird. Kein Mandant wird auf die Idee kommen, er könne nun nicht mehr für sich entscheiden, nachdem er einen Rechtsanwalt beauftragt hat, obwohl er seinem Streitgegner möglicherweise erklärt hat: „Ich übergebe die Sache meinem Anwalt." Und der Anwalt seinerseits geht auch nicht davon aus, er könne nun über seinen Mandanten verfügen (obwohl er vielleicht manches Mal denkt, dass das für seinen Mandanten zu günstigeren Ergebnissen führen würde). Dass Hilfe durch einen Arzt oft anders erlebt wird, ist Gemeinplatz. Nicht selten werden auch heute noch Patienten bei Überweisungen (!) zum Überbringer verschlossener Briefumschläge, obwohl deren Inhalt sie selbst betrifft. Rechtlich ist unumstritten, dass der Patient die Verfügungsgewalt behält, was mit ihm geschieht; tatsächlich aber wirkt sich das Informationsgefälle, die Kompliziertheit der medizinischen Diagnostik und Therapie so aus, dass er sich bestimmt fühlt. Die Frage, was an Kosten durch die Krankenversicherung übernommen wird, macht diese Zusammenhänge auch nicht einfacher.

Mitunter sieht dies in der sozialen Arbeit auch nicht anders aus, namentlich in der Kinder- und Jugendhilfe. Es irritiert schon, dass es tatsächlich gegenüber der früher üblichen Praxis als fortschrittliche Tendenz gewertet werden muss, wenn es heißt, der Klient müsse am Hilfeprozess „beteiligt" werden. Das klingt ganz so, als sei ihm die eigentliche Bestimmungsmacht mit dem Schritt ins Amtsgebäude entzogen worden. Immer wieder wird eine solche Haltung kritisiert, z. B. mit dem ironisierenden Begriff der „fürsorglichen Belagerung". Sie scheint dem Menschen ebenso eigen zu sein wie den Hilfesystemen, trotz oder wegen des ausgeprägten guten Willens. Man ist erinnert an den Zuruf von Vater oder Mutter, wenn ein Kind sich anschickt, gegen eine elterliche Order zu verstoßen: „Ich werd dir helfen!" Meist liebevoll gesagt, aber ohne Zweifel daran zu lassen, wer das Sagen hat. Ist das noch Helfen?

Diese Frage soll hier nicht weiter ausgeführt werden, hat sie doch viele Facetten. Gewiss ist auch Realität, dass mancher (oder jeder?) dann und wann überfordert ist, für sich selbst zu entscheiden. Das kann und darf aber nicht zu einer Verkennung dessen führen, was Helfen seinem Wesen nach ist und sich in den rechtlichen Grundlagen des Kinder- und Jugendhilferechts widerspiegelt im Sinne von Hilfe zur Selbsthilfe, aber auch (Selbst-)Bildung und Lernen.

2. Falsche Erwartungen an Helfer

Sich der grundsätzlichen Frage bewusst zu bleiben, dass Helfen – ist es nicht mit einer förmlichen Entmündigung (bzw. mit einer Betreuung ohne Einwilligungsvorbehalt[9]) verbunden – die Entscheidungskompetenz bei demjenigen belässt, dem geholfen wird, ist wichtig, weil sonst falsche Erwartungen an den Helfer geweckt werden. Seine Möglichkeiten sind nämlich begrenzt, solange er kein Bestimmungsrecht über den Klienten hat. Das aber heißt auch: Es besteht ein hohes Risiko, dass dieser Klient sich anders entscheidet als es sich der Helfer vorstellt.

Hier geht es um Schutz und Hilfe bei Kindeswohlgefährdung. Wir haben es zu tun mit der Problematik, dass wir Kindern helfen wollen, dies aber meist nur als Hilfe für die Eltern umsetzen können (und dürfen). Das ist ein komplizierter Zusammenhang, den man aber nicht einfach überspringen kann.

Helfe ich Eltern, muss ich mich auch an die Prinzipien des Helfens halten. Das heißt nicht, dass ich mich resigniert zurückziehen müsste, wenn Eltern nicht so wollen (oder können), wie sie sollten. Aber ich muss die Grenzen erkennen, die insofern gezogen sind, und zwar aus gutem Grund. Davon soll später die Rede sein. Jedenfalls aber darf es sich auch die Öffentlichkeit (und an ihrer Spitze oder an ihrem Ende Medien und Politik, je nachdem) nicht zu leicht machen und von Helfern Dinge verlangen, die nicht Sache von Helfern sein können und dürfen. Der eigentlich Verantwortliche kann und darf sich anders entscheiden, als es der Helfer für „richtig" empfindet. Deshalb ist und bleibt Helfen (notwendigerweise) mit Risiken verbunden.[10] Dass dann unter bestimmten Voraussetzungen, aber auch nur dann, eingegriffen werden kann in die Verfügungsbefugnis der direkt Verantwortlichen, also hier der Eltern, steht auf einem anderen Blatt, wird in den weiteren Kapiteln des Memorandums ausführlich dargestellt.

3. Risikominimierung durch Kooperation

In den öffentlichen Reaktionen auf das Thema Kindesmisshandlung hat man oft den Eindruck, als könne es eine einzige Instanz geben, die in diesem Zusammenhang dafür sorgen könnte und müsste, dass Kindesmisshandlung nach Möglichkeit nicht passiert, und wenn doch, entsprechend geahndet wird. Tatsächlich können Schutz und Hilfe aber nur optimiert werden, wenn jede insoweit tangierte Institution bzw. Person ihren spezifischen Beitrag leistet. Allerdings kommt dabei einer guten Kooperation maßgebliche Bedeutung zu. Kooperation aber ist leichter gefordert als umgesetzt. Wie überall besteht die Gefahr, dass sie verstanden wird

---

9   In der Terminologie des Betreuungsrechts, dem heute das frühere Rechtsinstitut der „Entmündigung" zugeordnet ist.
10 Unter psychoanalytischen Gesichtspunkten interessante Hinweise zu spezifischen methodischen Fehlern beim Helfen bei *Schmidbauer*, Wenn Helfer Fehler machen, 1997.

als eine Möglichkeit, Verantwortung abzuschieben.[11] Das Gegenteil muss immer wieder Ziel sein: Die unterschiedlichen Möglichkeiten und Kompetenzen sollten so zueinander gebracht werden, dass sie so wirksam wie möglich werden können.

Angesprochen sind mit der Forderung nach bestmöglicher Kooperation insbesondere die Stellen, die ohnehin mit Kindern und ihren Familien zu tun haben. Da sind zu nennen der Kindergarten, die Schule, Ärzte, Beratungsstellen, aber auch Stellen, die nicht nur für die „Bearbeitung" von Einzelfällen zuständig sind, also auch die Stadtplanung, die Arbeitgeber von Eltern und viele andere mehr. Dass der Hinweis auf die vielen Stellen nicht so verstanden werden soll, dass sich möglichst viele Stellen gleichzeitig mit einem Fall befassen, sollte selbstverständlich sein. In der Realität ist hier aber gleichwohl ein gravierendes Problem unübersehbar: Mitunter werden Betroffene in solchen Fällen geradezu umringt von den vielen, die sich guten Willens um sie kümmern wollen.[12] Kooperation ist nun mal kein Selbstzweck, bedarf insofern der kritischen Reflexion, die vor Ort und immer wieder erfolgen, ja sichergestellt sein muss.

VI. Kooperation zwischen Jugendhilfe und Polizei/ Strafjustiz: Respekt vor Unterschiedlichkeit der Aufgaben und Befugnisse erforderlich

Im Zusammenhang mit der Thematik Kindesmisshandlung/Kindeswohlgefährdung gibt es nicht nur eine hohe Erwartungshaltung an die Kinder- und Jugendhilfe und andere Hilfeinstanzen, sondern auch und besonders gegenüber der Polizei bzw. der Strafjustiz. Sowohl in ihrer Funktion als Institution der Gefahrenabwehr als auch als Hilfsorgan der Staatsanwaltschaft kommt der Polizei insoweit eine wichtige Funktion zu.[13] Insbesondere für Letztere sind Polizei und Strafjustiz darauf angewiesen, dass sie die für die Ermittlungen erforderlichen Informationen erhalten.

Diese ihre Funktion kann in der Praxis aber zu Konflikten führen, wenn es um Informationen geht, die Hilfeinstitutionen im Rahmen ihrer Arbeit anvertraut wurden. Mit Ärzten und Rechtsanwälten gibt es diese Konflikte seit jeher, sind die Abgrenzungen aber schon klarer „eingespielt". Anders sieht es manchmal immer noch in der Zusammenarbeit zwischen Jugendhilfe, Polizei bzw. Strafjustiz aus. Namentlich zwischen Jugendhilfe und Polizei bzw. Strafverfolgungsbehörden ist es in den vergangenen Jahrzehnten fast regelmäßig zu Konflikten und enttäuschten Erwartungen gekommen, weil man sich gegenseitig zu wenig die spezifischen Unterschiede vermittelt hat. Die Folge war, dass die Polizei sich

---

11 Systematische Darstellung zur Thematik Kooperation in der Kinder- und Jugendhilfe und zu den dabei verbreiteten Missverständnissen *van Santen/Seckinger*, Kooperation: Mythos und Realität einer Praxis. Eine empirische Studie zur interinstitutionellen Zusammenarbeit am Beispiel der Kinder- und Jugendhilfe, 2003.
12 Vgl. *Blank/Deegener*, Kap. 5, S. 113 (133 ff., 151 ff.) in diesem Buch.
13 Ausführlich dazu *Haben*, Kap. 8, S. 229 in diesem Buch.

durch das Vorgehen der Jugendhilfe in seiner Arbeit behindert sah, die Jugendhilfe permanent bedroht durch Auskunftsersuchen der Polizei, die diese mitunter
auf dem Wege der Beschlagnahme durchzusetzen wusste (ob zu Recht oder
Unrecht, sei an dieser Stelle dahingestellt).[14]

Werden in der Kooperation mit anderen Stellen den Beteiligten von vornherein
die Funktionsunterschiede deutlich gemacht, ist auch die Gefahr von Koopera-
tionsschwierigkeiten geringer. Mittlerweile ist vielerorts durch Gespräche am
runden Tisch Bewegung in die verhärteten Fronten gekommen. Dabei hat sich
bewährt, wenn zunächst mit der notwendigen Klarheit die Unterschiede in den
Aufgaben dargestellt und die Rahmenbedingungen anerkannt wurden, nicht
zuletzt die Befugnisgrenzen (auf Seiten der Polizei Zwänge z.B. durch das Legalitätsprinzip; auf Seiten der Jugendhilfe insbesondere durch die datenschutzrechtlichen Befugnisgrenzen).[15]

Die Erfahrungen der letzten Jahre lassen Optimismus aufkommen. Es wird auf
beiden Seiten erkannt, dass es „der Sache" gut tut, wenn man sich austauscht über
die mit dem Thema verbundenen Fragen, ohne deshalb mit den eigenen Arbeits-
prinzipien in Konflikt zu geraten. Gegenseitige Lernprozesse führen da weiter als
profilneurotische Besserwisserei. Nur setzt das voraus, dass gegenseitig auch
keine falschen Erwartungen aufgebaut werden. Vielleicht kann auch dieses
Memorandum in diesem Sinne einen Beitrag dazu leisten, dass unnötige Konfron-
tationen vermieden werden können.

VII. Auch Prävention hat ihre Grenzen – und ihren Preis

Wird vor Ort nachgedacht über effektive Maßnahmen gegen Gefährdungen des
Kindeswohls, wird – zu Recht – auf die Bedeutung von Prävention hingewiesen.
Aber vielfach bleibt offen, was denn genauer unter Prävention zu verstehen ist,
wird diese Vokabel zu einer Zauberformel hochstilisiert, die viel verheißt, aber so
etwas wie „natürliche" Grenzen hat.

Zunächst bedeutet Prävention wörtlich nichts anderes als: „das, was vorher
kommt", gemeinhin übersetzt mit Vorbeugen. Gleichwohl ist festzustellen, dass
sich – wenn es konkret wird – fast jeder etwas anderes darunter vorstellt. Für die
Polizei gehören seit vielen Jahren Kampagnen zur „Verbrechensvorbeugung"
zum Standardrepertoire von Initiativen zur Prävention. Im Wesentlichen ist damit
aber gemeint, dass der Bürger sich z.B. durch bauliche Maßnahmen oder Siche-
rungsvorkehrungen vor Einbruchsdiebstahl schützt. In der Medizin ist Prävention
wieder etwas anderes (Gesundheitsvorsorge), im Strafrecht ebenso (die abschre-
ckende Wirkung von Strafe auf den Einzelnen wird „Spezialprävention" genannt,
auf die Allgemeinheit „Generalprävention").

---

14 Zum Verhältnis Sozialgeheimnis und Beschlagnahme *Mörsberger*, in: Wiesner, SGB VIII, 2. Aufl. 2000,
    Vor § 61 Rn. 37.
15 Ausführlich hierzu *Blank/Deegener*, Kap. 5, S. 113 (146 ff.) in diesem Buch.

Die Bedeutung für die Kinder- und Jugendhilfe ist umstritten. Das hat wohl auch damit zu tun, dass die einen meinen, die Kinder- und Jugendhilfe sei – im Hinblick auf andere Stellen wie z. B. die Strafjustiz – für sich genommen eine präventiv wirkende Institution. Die anderen bestehen darauf, dass Prävention auch beinhalte, Inanspruchnahme von Leistungen der Jugendhilfe zu vermeiden. Das Problem ist nur, dass man in der Jugendhilfe zwar seit langer Zeit plausibel darlegen kann, präventive Maßnahmen könnten die Inanspruchnahme von Leistungen der Jugendhilfe überflüssig machen, nur stellt man allzu oft fest, dass diejenigen, die durch präventive Angebote erreicht werden, nicht dieselben sind, die später (kostenträchtige) Leistungen der Jugendhilfe in Anspruch nehmen (was nicht gegen diese Angebote spricht, aber gegen eine Hypostasierung).

Unabhängig davon, was nun als „eigentliche" Prävention gelten sollte, ist nicht zu verkennen, dass sie nur anzukommen scheint, wenn sie breit und großzügig angelegt ist. Das aber kostet, wenn umfassend konzipiert, ausgesprochen viel Geld aus öffentlichen Kassen, was aktuell nicht unbedingt für die Möglichkeit spricht, dass entsprechende Initiativen verwirklicht bzw. ausgebaut werden.

VIII. Fazit/Hinweise für die Praxis

1. Schutz und Hilfe bei Kindeswohlgefährdung ist und bleibt auch nach diesem Memorandum eine vielschichtige Thematik. Diese Komplexität, die hier einer breiteren Öffentlichkeit zugänglich gemacht werden soll, darf nicht dazu führen, dass wir uns der Aufgabe entziehen, die uns aufgetragen ist – weder durch Resignation noch durch vereinfachende Hauruck-Strategien. Die Vielschichtigkeit ist kein Hindernis für die Arbeit in der Praxis, sondern gerade sie birgt für den Kindesschutz die Chance, den Erfordernissen des Einzelfalls wirklich Rechnung zu tragen.

2. Die öffentliche Reaktion auf Fälle von Kindesmisshandlung sollten sich nicht in (berechtigter) Empörung erschöpfen, sondern hinwirken auf nachhaltige Unterstützung effektiver Strategien zugunsten von mehr Schutz und Hilfe für gefährdete Kinder und Jugendliche.

3. Kindeswohlgefährdung ist für die Kinder- und Jugendhilfe ein objektiv kaum definierbarer Tatbestand, sondern immer im Kontext der gesamten Lebensbedingungen und der Konstitution der betroffenen Kinder oder Jugendlichen zu sehen; gleichwohl ist dieser Begriff für die Kinder- und Jugendhilfe ein geeigneter Anknüpfungspunkt, weil mit ihm Aspekte der Prävention, der praktischen Unterstützung und der Prozesshaftigkeit des Helfens in den Blick kommen.

4. In der Kooperation zwischen den verschiedenen Institutionen sind die Unterschiede in Aufgabenstellung und Befugnissen zu respektieren. Die Unter-

schiede sollten aber weniger als Begrenzung, sondern vielmehr als Chance zugunsten von Hilfe und Schutz gesehen werden.

5. Im Zweifel hat die Frage der Wirkung von Hilfe bzw. Intervention den Vorrang gegenüber der Forderung nach Sachverhaltsermittlung.

6. Kooperation muss ausgebaut werden, sollte aber nicht missverstanden werden im Sinne einer Abschiebung von Verantwortung; eine zu große Anhäufung von Fallzuständigen sollte vermieden werden.

7. Die für Fälle von Kindeswohlgefährdung so wichtige vertrauensvolle Kooperation zwischen Jugendhilfe und Polizei/Strafjustiz hat sich in den letzten Jahren – unter Beachtung der unterschiedlichen Aufgaben und Befugnisse – signifikant gebessert. Zur weiteren Förderung dieser Kooperation empfiehlt sich aber, den Erwartungshorizont gegenseitiger Unterstützung klar abzustecken.

8. Weitere Initiativen als bislang im Sinne von Prävention sind wünschenswert, aber auch sehr aufwändig, da ihre Wirkungen nicht präzise bestimmbar sind.

9. Es wäre eine Illusion zu glauben, Kindesmisshandlung könnte in jedem Fall verhindert werden. Selbst wenn zuständige Stellen rechtzeitig über Gefährdungsfaktoren informiert sind, bleibt Schützen und Helfen notwendigerweise mit Risiken verbunden.

Kapitel 3

Verfassungsrechtlicher Rahmen für die öffentliche Kinder- und Jugendhilfe bei Kindeswohlgefährdungen und seine einfachgesetzliche Ausfüllung

von Prof. Dr. Christine Langenfeld/
Prof. Dr. Dr. h. c. Reinhard Wiesner

A. Konturierung der verfassungsrechtlichen Vorgaben für die öffentliche Kinder- und Jugendhilfe bei Kindeswohlgefährdungen

I. Vorbemerkung

Öffentliche Kinder- und Jugendhilfe umfasst alle Aufgaben, die auf die außerschulische Förderung und Erziehung des Kindes unter öffentlicher Verantwortung zielen. Darunter fallen Erziehungsleistungen, die unmittelbar dem Kind erbracht werden, aber auch Unterstützungs-, Beratungs-, Förder- und Eingriffsmaßnahmen, die sich an Dritte, vor allem die Eltern richten. Im Folgenden soll es um diejenigen Maßnahmen im Rahmen von Kinder- und Jugendhilfe gehen, die bei Gefährdung bzw. bei bereits eingetretener Schädigung des Kindeswohls getroffen werden. Verfassungsrechtliche Bezugspunkte sind hier zum einen das Elternrecht in Art. 6 Abs. 2 Satz 1 GG (dazu unten II.) und zum anderen das „staatliche Wächteramt"[1], das in Art. 6 Abs. 2 Satz 2 GG (dazu unten III.) verankert ist.

II. Inhalt und Eigenart des Elternrechts

1. Schutzbereich und Gegenstand des Elternrechts

Das Grundgesetz geht davon aus, dass die Eltern kraft Abstammung diejenigen Menschen sind, die dem Kind am nächsten stehen und als solche „die natürlichen Sachwalter für die Erziehung des Kindes".[2] Vor diesem Hintergrund weist die Verfassung in Art. 6 Abs. 2 Satz 1 GG die primäre Verantwortung für die Erziehung des Kindes den Eltern zu: „Pflege und Erziehung der Kinder sind das natürliche Recht der Eltern." Das „Naturgefühl der Eltern" wird so ins Rechtliche gewendet;[3] die Qualifikation des Elternrechts als „natürliches Recht" ist in diesem Sinne zu verstehen.[4] Dahinter steht kein naturrechtlich konzipierter Begriff vom Elternrecht, sondern die Erwartung, dass das Erziehungsziel der eigenverantwortlichen und gemeinschaftsfähigen Persönlichkeit (vgl. auch § 1 Abs. 1 SGB VIII – Kinder- und Jugendhilfe) am besten in der elterlichen Geborgenheit, im Rahmen der natürlichen Eltern-Kind-Beziehung erreicht werden kann.[5] Hier-

---

1   Der in der rechtswissenschaftlichen Literatur allgemein gebräuchliche Begriff des staatlichen Wächteramts ist unmittelbar auf die Formulierung in Art. 6 Abs. 2 GG zurückzuführen: „Pflege und Erziehung der Kinder sind das natürliche Recht der Eltern und die zuvörderst ihnen obliegende Pflicht. Über ihre Betätigung *wacht* die staatliche Gemeinschaft (Hervorhebung durch Verf.)." Der Begriff des Wächteramts bezeichnet den staatlichen Schutzauftrag zur Abwehr von Gefahren für das Kindeswohl und die Kindesentwicklung.
2   BVerfGE 34, 165 (184); 60, 79 (94).
3   *Jestaedt*, Staatliche Rollen in der Eltern-Kind-Beziehung, DVBl 1997, 693.
4   *Gröschner*, in: Dreier, Grundgesetz Kommentar, Band 1, 1996, Art. 6 Rn. 66; *Robbers*, in: v. Mangold/ Klein/Starck, Das Bonner Grundgesetz, Band 1, 4. Aufl. 1999, Art. 6 Rn. 183; *Erichsen*, Elternrecht – Kindeswohl – Staatsgewalt, 1985, S. 27 ff.
5   Mit § 1 Abs. 2 SGB VIII erfährt das Elternrecht seine Wiederholung auf der einfachgesetzlichen Ebene.

aus erfährt das Elternrecht (abweichend von demokratischen Legitimationsstrukturen) zugleich Legitimation und Begrenzung.

Das Elternrecht in Art. 6 Abs. 2 GG ist staatsgerichtet. Adressat des Elternrechts sind nicht Dritte, sondern die hoheitlich handelnde Staatsgewalt. Der Schutzbereich des Elternrechts umfasst Sorge und Pflege sowie Erziehung im Sinne einer formenden seelisch-geistigen Einwirkung auf die Kinder.[6] Die Ausübung dieses Einwirkungsrechts ist nicht an die Zustimmung der Kinder gebunden. Das elterliche Erziehungsrecht gibt somit eine einseitige, unmittelbare Bestimmungsmöglichkeit über einen anderen Menschen, das Kind. Hierin liegt zweifellos ein Kriterium von Herrschaft.[7] Diese „Herrschaft" ist wegen des Charakters des Elternrechts als Abwehrrecht grundsätzlich frei von staatlicher Erziehungsintervention. Sie wird abgesichert durch die den Eltern eingeräumte – und zur Ausübung des Erziehungsrechts erforderliche – Befugnis zur Vertretung des Kindes; die Eltern nehmen selbst die Rechte des Kindes wahr.[8]

2. Inhalt und Schranke des Elternrechts

a) Kindesrechte versus Elternrechte?

Diese Feststellungen führen zu der Frage nach der Konturierung von Inhalt und Schranken des elterlichen Erziehungsrechts. Welche Folgerungen ergeben sich aus der der verfassungsrechtlichen Ordnung des Grundgesetzes zugrunde liegenden Vorstellung von der Subjektstellung jedes Einzelnen, von Menschenwürde und Grundrechtsträgerschaft auch des Kindes, für die Ausgestaltung des Erziehungsrechts? Inwieweit ist elterliche „Herrschaft" gegenüber dem Kind also inhaltlich gebunden oder ist elterliche Gewalt auch gegenüber dem Kind in erster Linie elterliches Freiheitsinteresse und -recht? In der Tat ging die Qualifizierung der elterlichen Gewalt lange Zeit in diese Richtung. Die elterliche Gewalt schien als sachherrschaftlich konzipiert, das Kind dieser Gewalt anheim gegeben und unterworfen. Aus der verfassungsrechtlichen Perspektive bedeutete dies, das Elternrecht als Ausdruck der Persönlichkeitsentfaltung nicht der Kinder, sondern der Eltern zu verstehen: Elternrecht war „selbstbezogenes Freiheits- und Entfaltungsrecht der Eltern am Kind und dem Kind gegenüber."[9] Die Reaktion auf solche Sichtweise wendete das Verhältnis von Eltern und Kindern ins andere Extrem: Es wurde Rekurs genommen auf die Kindesgrundrechte, die in Stellung gebracht wurden gegenüber einseitiger elterlicher Bestimmungsmacht.[10] Dieser Weg führt freilich ebenso in die Sackgasse: Er spielt Eltern und Kinder gegeneinander aus, anstatt den treuhänderischen, den inhaltlich gebundenen Charakter des

---

6   *Jarass*, in: Jarass/Pieroth, GG, 6. Aufl. 2002, Art. 6 Rn. 32; *Ossenbühl*, Das elterliche Erziehungsrecht im Sinne des Grundgesetzes, 1981, S. 48.

7   *Böckenförde*, Elternrecht – Recht des Kindes – Recht des Staates. Zur Theorie des verfassungsrechtlichen Elternrechts und seiner Auswirkung auf Erziehung und Schule, Essener Gespräche zum Thema Staat und Kirche 14 (1980), S. 54 (60).

8   *Robbers*, in: v. Mangoldt/Klein/Starck, GG (Fn. 4), Art. 6 Rn. 148.

9   So treffend *Böckenförde*, Elternrecht – Recht des Kindes – Recht des Staates (Fn. 7), S. 62.

10 *Perschel*, Die Meinungsfreiheit des Schülers, 1962, S. 86; *Nevermann/Richter*, Rechte der Lehrer, Rechte der Schüler, Rechte der Eltern, 1977, S. 19.

Elternrechts, das im Wohl und Interesse des Kindes ausgeübt wird, in den Vordergrund zu stellen. Im Ergebnis muss dieser Ansatz zur Auflösung des Elternrechts führen, da die Wahrung der Kindesgrundrechte naturgemäß nicht den Eltern selbst, sondern einem permanenten Vormund (dem Staat) anvertraut werden müsste.

b) Grundlage und Inhalt des Elternrechts

Grundlage und Inhalt des Elternrechts sind die Persönlichkeitsentfaltung und das Interesse des Kindes. Das Kind bedarf der Erziehung, um sich als mündige Persönlichkeit zu entwickeln.[11] Das Kind ist von Natur aus hilfsbedürftig; es ist auf die elterliche Pflege und Erziehung angewiesen. Wird ihm diese Pflege und Erziehung vorenthalten, so verkümmert das Kind sich selbst überlassen und unfähig, sich frei zu entwickeln. Das Elternrecht besteht so „um willen" des Kindesrechts: „Pflege und Erziehung sind das natürliche Recht der Eltern und die zuvörderst ihnen obliegende Pflicht" (Art. 6 Abs. 2 Satz 1 GG). Das Elternrecht ist pflichtbestimmt; im Interesse des Kindes haben Eltern von ihrer Befugnis Gebrauch zu machen. Tragender Grund für das Elternrecht als solches wie auch seine inhaltliche Konturierung ist die Notwendigkeit der Freiheits- und Persönlichkeitsentfaltung des Kindes; elterliche Erziehung ist auf dieses Ziel hin auszurichten. Es liegt in der Konsequenz der Pflichtenstellung und Verantwortung der erziehenden Eltern gegenüber dem Kind, dass es die Eltern sind, die Leistungen nach dem SGB VIII zur Stärkung ihrer Erziehungskompetenz beanspruchen können[12] und nicht die Kinder und Jugendlichen selbst.

Abweichend von diesem Grundsatz können Kinder und Jugendliche unabhängig von ihrem Alter in Not- und Konfliktsituationen Beratungsleistungen in Anspruch nehmen, wenn die Beratung aufgrund einer Not- und Konfliktlage erforderlich ist und solange durch die Mitteilung an den Personensorgeberechtigten der Beratungszweck vereitelt würde (§ 8 Abs. 3 SGB VIII). Weiter ist das Jugendamt verpflichtet, ein Kind oder einen Jugendlichen in Obhut zu nehmen, wenn das Kind oder der Jugendliche um Inobhutnahme bittet (§ 42 Abs. 2 Satz 2 SGB VIII).[13]

In allen anderen Fällen entscheiden aber die Eltern über diejenigen Leistungen und Hilfen, die sie zur Erfüllung der ihnen obliegenden Erziehungsaufgabe in Anspruch nehmen möchten.[14] Die Kinder und Jugendlichen, die nicht nur ihre Persönlichkeit frei entfalten können, sondern entsprechend der Konzeption des Art. 6 Abs. 2 Satz 2 GG als Voraussetzung dazu „erzogen werden" sollen, sind

---

11 *Robbers*, in: v. Mangoldt/Klein/Starck, GG (Fn. 4), Art. 6 Rn. 145; *Badura*, in: Maunz/Dürig, Grundgesetz Kommentar, Stand: Februar 2003, Art. 6 Rn. 30.

12 Ob dem Kind bzw. dem Jugendlichen selbst ein Anspruch gegen die öffentliche Kinder- und Jugendhilfe auf Erziehung zustehen sollte, war eine der zentralen Streitfragen im Vorfeld der Verabschiedung des SGB VIII. Zum Streitstand ausführlich *Jestaedt*, in: Bonner Kommentar (BK-GG), Stand: Dezember 2003, Art. 6 Abs. 2 und 3 Rn. 321 f. – Gegen die Anspruchsinhaberschaft des Kindes *Wiesner*, Das Kinder- und Jugendhilfegesetz, FuR 1990, 325 (327); *ders.*, in: Wiesner, SGB VIII, 2. Aufl. 2000, § 1 Rn. 15 ff.

13 Zu der im Hinblick auf Art. 6 Abs. 2 Satz 1 GG erforderlichen restriktiven Auslegung dieser Bestimmung *Jestaedt*, in: BK-GG (Fn. 12), Art. 6 Abs. 2 und 3 Rn. 305.

14 *Robbers*, in: v. Mangoldt/Klein/Starck, GG (Fn. 4), Art. 6 Rn. 152.

insoweit nicht dispositionsbefugt. Gegen den Willen der Eltern können Hilfeleistungen an das betreffende Kind nur auf Anordnung durch das Familiengericht und bei Vorliegen einer Kindeswohlgefährdung gewährt werden. Insoweit greift das staatliche Wächteramt nach Art. 6 Abs. 2 Satz 2 GG (vgl. dazu näher unten III.).

Die Ausrichtung des elterlichen Erziehungsrechts auf die Persönlichkeitsentfaltung des Kindes bedeutet auch, dass mit zunehmendem Alter im Sinne des Heranführens an die Selbstständigkeit das Kind an den es betreffenden Entscheidungen beteiligt wird, dass seine Wünsche und Bedürfnisse gebührende Berücksichtigung finden und Bereiche selbstverantwortlichen Handelns eröffnet werden.[15] Dem entspricht es, dass gem. § 8 SGB VIII Kinder und Jugendliche entsprechend ihrem Entwicklungsstand an allen sie betreffenden Entscheidungen der öffentlichen Jugendhilfe zu beteiligen sind.

Das Elternrecht, das um der Persönlichkeitsentfaltung des Kindes willen besteht, wird in dem Maße überflüssig, wie das Kind in die Mündigkeit hineinwächst, d.h., selbst entscheidungsfähig wird.[16] Es handelt sich hier um eine inhaltliche Begrenzung und Bindung des elterlichen Erziehungsrechts. Diese Bindung ist sicher grundrechtlich indiziert: Das Persönlichkeitsrecht des Kindes verlangt die immanente Begrenzung des Elternrechts. Um eine echte Kollision von Grundrechten handelt es sich indes nicht: Die „Kollision" von Elternrecht und Kindesgrundrechten wandelt sich vielmehr in die Frage nach der näheren Bestimmung des sachlichen Schutzbereichs von Art. 6 Abs. 2 GG.[17] Diese Feststellung betrifft auch den Grundrechtsgebrauch: Mit zunehmender Einsichtsfähigkeit obliegt die Grundrechtsausübung nicht mehr den Eltern im Namen des Kindes, sondern dem Kind selbst: Es wird grundrechtsmündig.[18]

III. Recht des Staates gegenüber dem Elternrecht: das staatliche Wächteramt

In Art. 6 Abs. 2 Satz 1 GG heißt es: „Pflege und Erziehung sind das natürliche Recht der Eltern und die zuvörderst ihnen obliegende Pflicht." Der nachfolgende Satz 2 beinhaltet das staatliche Wächteramt. Er lautet: „Über ihre Betätigung wacht die staatliche Gemeinschaft." Der Begriff des staatlichen Wächteramts bezeichnet den staatlichen Schutzauftrag zur Abwehr von Gefahren für das Kindeswohl und die Kindesentwicklung.

---

15 BVerfGE 72, 122 (137); *Robbers*, Partielle Handlungsfähigkeit Minderjähriger im öffentlichen Recht, DVBl 1987, 709 (712).
16 *Robbers*, in: v. Mangoldt/Klein/Starck, GG (Fn. 4), Art. 6 Rn. 159; *Gröschner*, in: Dreier, GG (Fn. 4), Art . 6 Rn. 82.
17 So prägnant *Lipp*, Freiheit und Fürsorge: Der Mensch als Rechtsperson, 2000, S. 30.
18 *Schmitt-Kammler*, in: Sachs, GG, Art. 6 Rn. 60.

1. Problem und Notwendigkeit

„Erziehungsherrschaft" muss rechtlichen, auch durchsetzbaren Bindungen unterstellt werden. Sie kann sonst – im negativen Fall – zu einer das Kindeswohl vernachlässigenden Erziehungsmacht mutieren. Da das Kind selbst aus nachvollziehbaren Gründen nicht in der Lage ist, die Einhaltung der Grenzen elterlicher Erziehungsbefugnis einzufordern, ist der Staat hierzu berufen. Das staatliche Wächteramt gibt hierzu das rechtliche Instrumentarium; es trägt Sorge dafür, dass das Kind nicht zum bloßen Objekt (elterlicher) Herrschaftsgewalt wird.[19]

Inhärente Begrenzung des Elternrechts ist das Kindeswohl. Dort, wo das Kindeswohl gefährdet wird, endet das Primat der Eltern bei der Pflege und Erziehung der Kinder. Dies gilt unabhängig davon, ob die Eltern insoweit ein Verschulden trifft oder nicht.[20] Die Schutzpflicht des Staates zur Sicherung des Persönlichkeitsrechts des Kindes besteht unabhängig vom Vermögen der Eltern, ihren Elternpflichten nachzukommen. Das in Art. 6 Abs. 2 Satz 2 GG niedergelegte Wächteramt besteht also darin, die Einhaltung dieser Grenzen und die Erfüllung der Elternpflichten zu überprüfen und notfalls einzugreifen. Leitlinie hierbei ist allein das Wohl des Kindes, das das Wächteramt inhaltlich ausfüllt und zugleich legitimiert.[21] Hierbei dient das staatliche Wächteramt der Kompensation elterlichen Versagens, nicht aber der Kompensation außerhalb elterlichen Fehlverhaltens liegender Gefährdungen des Kindeswohls.[22]

Ob das Wächteramt in Art. 6 Abs. 2 Satz 2 GG eine Schranke des Elternrechts im herkömmlichen dogmatischen Sinne darstellt, kann an dieser Stelle nicht vertieft werden. Nur so viel: Sobald der Staat kindesschützende Maßnahmen gegen den Willen der Eltern ergreift, liegt hierin ein Eingriff in das Elternrecht im klassischen grundrechtsdogmatischen Sinne. Demgegenüber kann auch nicht eingewandt werden, dass das Wächteramt erst auf den Plan tritt, wenn Eltern sich in ihrem Verhalten nicht mehr am Kindeswohl orientieren und insofern nicht mehr von Art. 6 Abs. 2 Satz 1 GG geschützt sind. Denn die zu treffenden staatlichen Maßnahmen sind in aller Regel nicht geeignet, bereits geschehene Kindeswohlbeeinträchtigungen ungeschehen zu machen. Sie sind vielmehr in die Zukunft gerichtet und daran orientiert, wie weitere Gefährdungen des Kindeswohls vermieden werden können. Insofern können auch staatliche Maßnahmen zulässig sein, die nicht in direktem Bezug zu dem nicht grundrechtlich geschützten Fehlverhalten der Eltern stehen müssen, sondern weiter gehende Einschränkungen des

---

19 Vgl. statt aller *Böckenförde*, Elternrecht – Recht des Kindes – Recht des Staates (Fn. 7), S. 72.

20 BVerfGE 60, 79 (88 ff.); *Badura*, in: Maunz/Dürig, GG (Fn. 11), Art. 6 Rn. 140.

21 *Böckenförde*, Elternrecht – Recht des Kindes – Recht des Staates (Fn. 7), S. 73; *Jean d'Heur*, Verfassungsrechtliche Schutzgebote zum Wohl des Kindes und staatliche Interventionspflichten aus der Garantienorm des Art. 6 Abs. 2 Satz 2 GG, 1993, S. 84.

22 Art. 6 Abs. 2 Satz 2 GG ist keine Garantienorm in dem Sinne, dass auch Kindeswohlgefährdungen, die nicht durch die Eltern, sondern durch Dritte oder ganz allgemein durch Umwelteinflüsse ausgelöst werden, vom Staat zu bekämpfen bzw. zu verhindern sind; ganz h.M., vgl. nur *Jestaedt*, in: BK-GG (Fn. 12), Art. 6 Rn. 199; a. A. *Jean d'Heur*, Verfassungsrechtliche Schutzgebote zum Wohl des Kindes (Fn. 21), S. 39 ff., 78 ff., 84 ff., 296 ff. (Zusammenfassung).

Elternrechts vorsehen, die erforderlich sind, um weiteren Kindeswohlverletzungen vorzubeugen.[23]

2. Paradigma einer Schutzpflicht zugunsten von Kindern und Jugendlichen

„Im Wächteramt manifestiert sich eine staatliche Schutzpflicht zugunsten des Kindes."[24] Die Verpflichtung des Staates, die Pflege und Erziehung des Kindes sicherzustellen, folgt nach Ansicht des Bundesverfassungsgerichts nicht allein aus dem legitimen Interesse des Staates an der Erziehung des Nachwuchses, aus sozialstaatlichen Erwägungen oder etwa aus allgemeinen Gesichtspunkten der öffentlichen Ordnung, sondern „sie ergibt sich in erster Linie daraus, dass das Kind als Grundrechtsträger selbst Anspruch auf den Schutz des Staates hat."[25] Hier liegt auch der Anknüpfungspunkt für Maßnahmen zum Schutz von Kindern und Jugendlichen, bei denen das Wächteramt mangels elternrechtlichen Bezugs nicht zum Tragen kommt.

Hinsichtlich der konkreten Ausgestaltung der in Art. 6 Abs. 2 Satz 2 GG angesprochenen Schutzpflicht des Staates zugunsten von Kindern (und Jugendlichen) besteht für den Gesetzgeber indes ein weiter Gestaltungsspielraum, ein Ermessen, zu bestimmen, wie er einer Gefahr begegnen will. Hinsichtlich der zu ergreifenden Maßnahmen lässt die Verfassung also einen weiten Spielraum: „Die Reaktionen des Staates auf eine bestimmte Gefahr werden nicht vorab durch die Verfassung programmiert."[26] Ziel des Ermessens ist allerdings die effektive Erfüllung der Schutzpflicht. Im Ergebnis muss der verfassungsgebotene Mindeststandard an Grundrechtssicherheit gewährleistet sein. Dieses das Gestaltungsermessen begrenzende so genannte Untermaßverbot hat als Prüfungsmaßstab auch Eingang in die Rechtsprechung des Bundesverfassungsgerichts gefunden.[27]

Hat der Gesetzgeber sein Ermessen in bestimmter Weise betätigt und die Schutzpflicht konkretisiert, so wird diese ihrerseits durch das Gesetz mediatisiert mit der Folge, dass, wenn die Exekutive oder die Judikative das Schutzgesetz verletzen, sie damit auch das Grundrecht selbst verletzen können.[28] Denn ein wirksamer Grundrechtsschutz wird nicht nur durch die Existenz eines schutzpflichtkonfor-

---

23 Vgl. dazu *Jestaedt*, in: BK-GG (Fn. 12), Art. 6 Rn. 164.
24 *Jestaedt*, in: BK-GG (Fn. 12), Art. 6 Abs. 2 und 3 Rn. 175 unter Hinweis auf die Rechtsprechung des BVerfG in E 24, 119 (144); 60, 79 (88); 72, 122 (134) und insbesondere 55, 171 (179). Das BVerfG stellt der aus Art. 6 Abs. 2 Satz 2 GG folgenden Schutzpflicht das Recht auf Entfaltung seiner Persönlichkeit aus Art. 2 Abs. 1 GG zur Seite. Hieraus wird zu Recht der Schluss gezogen, dass sich etwaige subjektive Rechte des Kindes auf Erfüllung der Schutzpflicht nur aus den genannten Grundrechtspositionen, nicht aber unmittelbar aus Art. 6 Abs. 2 Satz 2 GG ergeben können; *Jestaedt*, in: BK-GG (Fn. 12), Art. 6 Abs. 2 und 3 Rn. 175 unter Hinweis auf BVerfGE 24, 119 (Leitsatz 4); 74, 102 (124 f.). An dieser Stelle zeigt sich die Atypizität des staatlichen Wächteramts als Schutzpflicht. Diese Diskussion kann an dieser Stelle freilich nicht vertieft werden.
25 BVerfGE 24, 119 (144).
26 *Isensee*, Das Grundrecht als Abwehrrecht und als staatliche Schutzpflicht, in: Isensee/Kirchhof, Handbuch des Staatsrechts (HStR), Band V, 2. Aufl. 2000, § 111 Rn. 164.
27 BVerfGE 88, 203 (254).
28 *Isensee*, in: HStR (Fn. 26), Rn. 163.

men Gesetzes gesichert, sondern vor allen Dingen durch dessen wirksamen, schutzpflichtkonformen Vollzug durch Verwaltung und Gerichtsbarkeit.[29] Im Bereich der Kinder- und Jugendhilfe ist diese Feststellung von besonderer Bedeutung, da das SGB VIII eine Fülle unbestimmter Rechtsbegriffe enthält, die der Verwaltung wie auch den Gerichten einen breiten Gestaltungsspielraum belassen. Regelmäßig werden sich Schutzpflichtverletzungen daher erst bei der konkreten Umsetzung der gesetzlichen Vorgaben im Einzelfall feststellen lassen.

Von zentraler Bedeutung gerade im Bereich der Kinder- und Jugendhilfe ist schließlich das Verständnis von der Schutzpflicht als ein an den Staat gerichteter Auftrag zum dynamischen Grundrechtsschutz.[30] Entscheidend ist die effektive Ausfüllung der Schutzpflicht durch die jeweils zum Handeln berufenen Rechtsanwendungsorgane. So hat der Gesetzgeber zu prüfen, ob aufgrund neuer Erkenntnisse gesetzliche Regelungen zu ändern bzw. weiterzuentwickeln sind. Zu Tage tretende Vollzugsdefizite sind – je nach ihrer Art – entweder durch entsprechende Änderungen der gesetzlichen Vorgaben oder aber durch Maßnahmen der Verwaltungsorganisation zu beheben.

3. Exkurs: Staatlicher Schutzauftrag für das Kind im Verhältnis zu Pflegeeltern[31]

Pflegeeltern können sich nicht auf das Elternrecht in Art. 6 Abs. 2 Satz 1 GG berufen.[32] Dementsprechend kommt – im Verhältnis zum abgeleiteten Erziehungsauftrag der Pflegeeltern – auch das Wächteramt[33] nicht zur Anwendung, welches im Kontext der Wahrnehmung des Elternrechts steht. Der staatliche Schutzauftrag für das Kind ergibt sich insoweit unmittelbar aus den Grundrechten des Kindes in Art. 2 Abs. 1 und 2 i. V. m. Art. 1 Abs. 1 GG.[34] In der Zusammenschau schützen diese Grundrechte die Entfaltungsfreiheit und das Persönlichkeitsrecht des Kindes sowie seine körperliche und seelische Unversehrtheit.[35] Dort, wo also die Elternverantwortung gelockert ist, etwa weil das Kind sich nicht in der Obhut seiner Eltern, sondern Dritter (nicht aber des Staates) befindet, ist der Staat – flankierend – zur Sicherung des Kindeswohls, welches durch die o. g. Grundrechte seine inhaltliche Konturierung erfährt, verpflichtet. Daneben bleibt die Verantwortung der leiblichen Eltern bzw. bei Sorgerechtsentzug die des Vormunds erhalten. Zur Sicherung des Kindeswohls außerhalb der elterlichen Verantwortung hat der Gesetzgeber eine Reihe von Vorkehrungen getroffen.

---

29 Ausdrücklich in diesem Sinne auch der Europäische Gerichtshof für Menschenrechte in dem in Fn. 25 geschilderten Fall (Tz. 88 des Urteils).

30 Vgl. nur *Isensee*, in: HStR (Fn. 26), Rn. 153.

31 Ausführlich dazu *Meysen*, Kap. 6, S. 157 in diesem Buch.

32 BVerfGE 79, 51 (60), *Gröschner*, in: Dreier, GG (Fn. 4), Art. 6 Rn. 73.

33 Wohl aber nimmt das Jugendamt, das ein gefährdetes Kind in eine Pflegefamilie vermittelt, gegenüber den Eltern das staatliche Wächteramt aus Art. 6 Abs. 2 Satz 2 GG wahr.

34 Art. 2 Abs. 1 und 2 GG lauten: „(1) Jeder hat das Recht auf freie Entfaltung seiner Persönlichkeit (...). (2) Jeder hat das Recht auf Leben und körperliche Unversehrtheit."
    Art. 1 Abs. 1 lautet. „(1) Die Würde des Menschen ist unantastbar. Sie zu achten und zu schützen ist Verpflichtung aller staatlichen Gewalt."

35 *Jestaedt*, in: BK-GG (Fn. 12), Art. 6 Rn. 306.

So bedürfen Pflegeeltern nach der gesetzlichen Systematik gem. § 44 Abs. 1 Satz 1 SGB VIII grundsätzlich einer Pflegeerlaubnis.[36] Auf diese Erlaubnis besteht grundsätzlich ein Anspruch (§ 44 Abs. 2 SGB VIII). Über die Erteilung der Pflegeerlaubnis soll gesichert werden, dass das Kind nur von geeigneten Pflegeeltern in Obhut genommen wird.

Insgesamt spielt die Pflegeerlaubnis in der Praxis allerdings so gut wie keine Rolle mehr, da es in den Fällen, in denen die Pflege durch den Vormund/Pfleger oder die Vermittlung der Pflegestelle durch das Jugendamt erfolgt, keiner Pflegeerlaubnis bedarf (§ 44 Abs. 1 Satz 2 Nr. 1 und 2 SGB VIII). So gut wie alle Pflegeverhältnisse im Rahmen von Hilfe zur Erziehung werden durch das Jugendamt gesteuert und das Gesetz geht davon aus, dass das Jugendamt nur eine geeignete Pflegestelle vermitteln wird. An die Eignung sind dabei keine übersteigerten Anforderungen zu stellen.[37] Wohl aber kann die Pflegeerlaubnis bzw. die Weitergewährung einer Hilfe zur Erziehung bei bestimmten Pflegepersonen auch in Fällen verweigert werden, in denen etwa die Herausnahme eines Kindes aus dem Elternhaus (noch) nicht in Betracht gezogen werden dürfte. Zu fordern ist, dass die räumlichen und wirtschaftlichen Verhältnisse bei den Pflegeeltern zumindest einem durchschnittlichen Standard entsprechen müssen und eine gesundheitliche oder sittliche Gefährdung des Pflegekindes ausgeschlossen sein muss.

Für den im Hilfeplan vereinbarten Hilfeprozess (§ 36 SGB VIII) und die dort vereinbarten Aufgaben der am Hilfeprozess Beteiligten ist der Schutz des Pflegekindes integraler Bestandteil. Gem. § 37 Abs. 3, § 44 Abs. 3 SGB VIII ist die Pflegestelle an Ort und Stelle durch das Jugendamt zu überprüfen. Dazu zählen vereinbarte Kontrollen sowie bei konkreten Anhaltspunkten für eine Kindeswohlgefährdung auch unangemeldete Besuche (§ 37 Abs. 3 SGB VIII). Bei der Pflege durch den Vormund bzw. Pfleger wird angenommen, dass die Auswahl und Kontrolle durch das Vormundschaftsgericht hinreichenden Schutz gegen Kindeswohlgefährdungen bietet. Die Praxis der vormundschaftsgerichtlichen Aufsicht lässt aber Zweifel darüber aufkommen, ob der Schutz des Kindes ausreichend gewährleistet ist (siehe dazu unten B. II. 5). Schließlich wird auch bei der Pflege durch nahe Verwandte das Erfordernis einer Pflegeerlaubnis vom Gesetzgeber verneint (§ 44 Abs. 1 Satz 2 Nr. 3 SGB VIII). Ob man in diesen Fällen das Bedürfnis nach besonderer Kontrolle pauschal ablehnen kann, ist allerdings zweifelhaft und sollte vom Gesetzgeber vor dem Hintergrund entsprechender Erfahrungen der Jugendämter mit derartigen Pflegeverhältnissen noch einmal überprüft werden.[38]

---

36 Zur rechtlichen Qualifikation der Erteilung einer öffentlich-rechtlichen Pflegeerlaubnis *Wiesner*, in: ders., SGB VIII (Fn. 12), § 44 Rn. 26 ff.; ausführlich zur Pflegeerlaubnis insgesamt *Schindler* JAmt 2004, 169.

37 *Wiesner*, in: ders., SGB VIII (Fn. 12), § 44 Rn. 34.

38 Siehe dazu auch *Wiesner*, in: ders., SGB VIII (Fn. 12), § 33 Rn. 30.

4. Schutz des Kindeswohls im internationalen Recht

Dass das Kindeswohl bei allen staatlichen Maßnahmen in den Vordergrund zu stellen ist, ergibt sich auch aus Art. 3 der UN-Kinderrechtekonvention[39]. Ebenso bindet Art. 8 der Europäischen Menschenrechtskonvention (EMRK)[40] staatliche Fürsorgemaßnahmen, die das Familienleben beeinträchtigen, an das Kindeswohl.[41] Zwischen den Interessen des Kindes und der Eltern ist ein angemessener Ausgleich herbeizuführen. Hierbei kann das Kindeswohl das Wohl der Eltern im Einzelfall überwiegen. Kein Elternteil ist berechtigt, Maßnahmen zu verlangen, die Gesundheit und Entwicklung des Kindes beeinträchtigen. Staatliche Maßnahmen, die eine vorübergehende oder dauerhafte Unterbringung des Kindes in einer Pflegefamilie oder in einem Heim vorsehen, stellen schwerwiegende Eingriffe in das in Art. 8 EMRK geschützte Familienleben dar. Solche Maßnahmen müssen durch gewichtige Gründe des Kindeswohls begründet und auch im Übrigen verhältnismäßig sein. Bei der Gewichtung der beteiligten Interessen von Eltern und Kindern verfügen die Staaten über einen gewissen Gestaltungsspielraum, der im Lichte der jeweiligen staatlichen Tradition in Hinblick auf die Rolle der Familie und die Einmischung des Staates in Familienangelegenheiten ausgefüllt wird. Leitlinie jeder Entscheidung ist freilich stets das Kindesinteresse.

Die Verpflichtung des Staates, Kinder und Jugendliche vor massiven Gefährdungen ihres körperlichen und seelischen Wohles zu schützen, leitet der Europäische Gerichtshof für Menschenrechte aus Art. 3 EMRK ab. Soweit es um lebensgefährdende Behandlungen geht, ist noch ergänzend Art. 2 EMRK heranzuziehen. Art. 3 EMRK enthält das Verbot der Folter und unmenschlicher und erniedrigender Behandlung. Dieses Verbot ist nicht nur im klassischen Sinne als Abwehrrecht gegenüber dem Staat zu verstehen, sondern verpflichtet den Staat auch, sich innerhalb des Schutzbereichs der Norm schützend vor Kinder und Jugendliche zu stellen, die entsprechenden Übergriffen seitens Privater – dies können die Eltern, aber

---

39 BGBl 1992 II, S. 990.
40 BGBl 1952 II, S. 685, 953.
41 Vgl. dazu aus der jüngeren Rechtsprechung EGMR, Urt. vom 13. Juli 2000, *Elsholz*, Nr. 25735/94 = DAVorm 2000, 679 (m. Bespr. *Liermann* Sp. 629, *Koeppel* Sp. 639 und *Kodjoe* Sp. 641) = EuGRZ 2002, 595 (Tz. 50); Urt. v. 11.10.2001, *Sommerfeld*, Nr. 31871/96 = EuGRZ 2001, 588 (Tz. 40). Zur Problematik ausführlich *Grabenwarter*, Europäische Menschenrechtskonvention, 2003, S. 227 ff. m.w. Nachw. zur Rechtsprechung des Europäischen Gerichtshofs für Menschenrechte.

auch Dritte sein – ausgesetzt sind.[42] Diese Schutzpflicht trifft im Rahmen ihrer Aufgaben auch die Jugendämter als staatliche Behörden. Eine Verletzung dieser Schutzpflicht scheidet auch nicht ohne weiteres dann aus, wenn sich das Handeln der zuständigen Behörden auf der Linie der zu einem bestimmten Zeitpunkt allgemein üblichen Praxis bewegt.[43]

An dieser Stelle werden durchaus Parallelen zu der im deutschen Recht verankerten Figur der Schutzpflicht sichtbar, wie sie bereits im Vorangegangenen erörtert worden ist.[44] Danach ist wirksamer Grundrechtsschutz – hier der wirksame Schutz des Kindeswohls – nicht nur abhängig von der Existenz schutzpflichtkonformer Gesetze, sondern vor allen Dingen von deren effektivem Vollzugs durch Verwaltung und Gerichtsbarkeit. Darüber hinaus verlangt schutzpflichtkonformes Verhalten der staatlichen Rechtsanwendungsinstanzen die stete Überprüfung der Wirksamkeit der ergriffenen Maßnahmen im Hinblick auf das zu schützende Grundrecht und gegebenenfalls eine Anpassung des gesetzlichen Rahmens oder der Verwaltungs- bzw. Gerichtspraxis an die veränderten Schutzbedürfnisse. Ein

---

42 So der Gerichtshof sehr deutlich im Fall E. u. a. gegen das Vereinigte Königreich, Urt. vom 26. November 2002, Nr. 33218/96 (Tz. 88; die Entscheidung ist verfügbar im Internet unter www.echr.coe.int/eng/judgments.htm). Dem Urteil des Gerichtshofs lag ein Fall zugrunde, in dem vier Kinder über einen Zeitraum von insgesamt ca. 20 Jahren (1969 bis 1989) von dem Lebensgefährten der Mutter auf das Brutalste sexuell missbraucht und misshandelt worden sind. Der Missbrauch setzte jeweils bereits im Alter von fünf bis sechs Jahren ein. Im Jahre 1977 wurde der Lebensgefährte der Mutter wegen sexuellen Missbrauchs zweier der Kinder zu zwei Jahren Haft auf Bewährung verurteilt. Die Bewährung wurde mit der Auflage an den Täter verbunden, getrennt von der Familie seiner Lebensgefährtin eine Wohnung zu nehmen. Die Mutter der missbrauchten Kinder weigerte sich hartnäckig, den Anschuldigungen gegen ihren Lebensgefährten Glauben zu schenken, obgleich dieser sie selbst eingestanden hatte. Auch der Täter selbst schien den Ernst seiner Verfehlungen nicht recht begreifen zu wollen. Ein kurz vor der Verurteilung angefertigter Sozialbericht empfahl deswegen, die Einhaltung der Bewährungsauflage durch den Täter streng zu überwachen. In der Folgezeit wurde die Familie mehrfach von Sozialarbeitern besucht. Sehr häufig wurde der Täter dort angetroffen. Zwar hegten die Sozialarbeiter den Verdacht, dass der Täter gegen die Bewährungsauflage verstieß, sie gingen der Sache aber nicht näher nach. In der Zwischenzeit verschlechterten sich die häuslichen Verhältnisse der Familie zusehends; der Haushalt verwahrloste vollständig; die Kinder kamen der Schulpflicht nur noch in eingeschränktem Umfang nach. Die Schule bemühte sich um Klärung der Vorfälle und organisierte ein entsprechendes Treffen, zu dem auch der zuständige Sozialarbeiter eingeladen wurde. Er nahm allerdings nicht teil; insgesamt trat er in keinerlei Kooperation mit der Schule ein. Wie sich später herausstellte, wurden die Kinder vom Lebensgefährten der Mutter zu Hause gehalten, um sie sexuell zu missbrauchen und zu misshandeln. Kurze Zeit später beging eine der Töchter einen Selbstmordversuch; bereits zuvor hatte sie versucht, aus dem Elternhaus zu entfliehen. Das Mädchen wurde daraufhin außerhalb des Elternhauses untergebracht. Auf der daraufhin stattfindenden Anhörung durch das so genannte „Children's Panel" konnte der Fall nicht umfassend geklärt werden, da es der zuständige Sozialarbeiter wiederum versäumte, das Panel über die Vorgeschichte des Kindes und seiner Familie aufzuklären. Zu keinem Zeitpunkt suchten die Sozialarbeiter das persönliche Gespräch mit den Kindern, die mittlerweile zwischen 12 und 16 Jahre alt waren, um sich ein umfassendes Bild von der familiären Situation zu verschaffen.

43 Laut einem von der beklagten Regierung vorgelegten Expertenbericht handelten die zuständigen Sozialarbeiter so, wie es den damaligen Standards entsprach (dieser Feststellung wurde freilich in einer weiteren Expertise, die von den Klägern beigebracht wurde, widersprochen). Probleme des sexuellen Missbrauchs seien damals mit der Bestrafung des Täters als erledigt betrachtet worden. Kenntnisse über den Umgang mit sexuellem Missbrauch seien unter den Sozialarbeitern nicht verbreitet gewesen. Eine entsprechende Sensibilisierung habe erst Ende der 70er Jahre/Anfang der 80er Jahre eingesetzt. Auch unangemeldete Hausbesuche seien damals nicht üblich gewesen. In einem weiteren Bericht kam dieselbe Expertin aber dann doch zu dem Schluss, dass eine Verfehlung der zuständigen Sozialarbeiter jedenfalls in der mangelnden Zusammenarbeit mit der Schule und darüber hinaus darin gelegen habe, dass die Einhaltung der Bewährungsauflage gegenüber dem Lebensgefährten der Mutter nicht hinreichend überwacht worden war.

44 Vgl. oben A. III. 2.

solcher Auftrag zu dynamischem Grundrechtsschutz besteht insbesondere dann, wenn Anhaltspunkte bestehen, dass die bislang ergriffenen Schutzmaßnahmen unzureichend sind.[45]

5. Adressaten – zur geteilten Verantwortung für den Kindesschutz

Adressaten des staatlichen Wächteramts im Bereich der Kinder- und Jugendhilfe sind neben den Trägern der öffentlichen Jugendhilfe auch die Familiengerichte. Der Gesetzgeber hat auch nach dem In-Kraft-Treten des Grundgesetzes an der bis dahin entwickelten institutionellen Aufgabenverteilung festgehalten. Danach sind sorgerechtliche Eingriffe den Gerichten auf der Grundlage der §§ 1666, 1666a BGB (bis zur Kindschaftsrechtsreform: Vormundschaftsgericht, seit dem 1. Juli 1998: Familiengericht) vorbehalten, während auf die Verbesserung der Erziehungskompetenz zielende Schutzmaßnahmen unterhalb der Eingriffs-schwelle der Kindeswohlgefährdung Aufgabe der Träger der öffentlichen Jugendhilfe auf der Grundlage des Jugendwohlfahrtsgesetzes, seit dem 1. Januar 1991 (in den neuen Bundesländern seit dem 3. Oktober 1990) des Sozialgesetz-buchs Achtes Buch – Kinder- und Jugendhilfe (SGB VIII) ist. Diese „Aufgaben-verteilung" ist verfassungsrechtlich nicht zu beanstanden, andererseits aber vom Grundgesetz nicht geboten, da der Eingriff in Grundrechte (bzw. das Aufzeigen von Schranken) nicht den Gerichten vorbehalten ist, sondern auf ausreichender rechtlicher Grundlage auch Verwaltungsbehörden zugänglich (Art. 19 Abs. 1 GG). Allerdings hat der Gesetzgeber bei der Ausgestaltung der jeweiligen Aufga-ben dafür zu sorgen, dass die jeweiligen Zuständigkeiten lückenlos ineinander greifen und, soweit die eine Institution an der Aufgabenerfüllung der anderen beteiligt wird, die jeweiligen Funktionen eindeutig geregelt werden mit dem Ziel, einen effektiven Kindesschutz zu gewährleisten.

6. Inhalt und Funktion

a) Akzessorischer Charakter

Das Wächteramt hat nur akzessorischen Charakter. Es stellt – um eine Formulie-rung des Staatsrechtlers *Böckenförde* aufzugreifen – eine „Erziehungstreuhand" dar, die dafür Sorge zu tragen hat, dass die rechtlichen Bindungen dieser Erzie-hung und die Grenzen möglicher Erziehungsziele und Erziehungsmethoden ein-gehalten werden." Nicht aber gibt das Wächteramt dem Staat eine mit dem elter-lichen Erziehungsrecht konkurrierende Erziehungsbefugnis. Es sind die Eltern, die primär für die Erziehung ihrer Kinder zuständig sind; ihnen steht das Erzie-hungsprimat zu. Dementsprechend hat das Wächteramt nur subsidiären Charak-ter.[46] Es tritt auf den Plan, wenn die Eltern selbst aus eigener Kraft nicht mehr in der Lage sind, die Erziehungsaufgabe für das Kind angemessen zu erfüllen und hieraus eine Gefährdung für das Kind erwächst. Hieraus ergibt sich, dass das

---

45 Vgl. den in Fn. 42 geschilderten Sachverhalt im Fall E. u. a. gegen das Vereinigte Königreich.
46 *Ossenbühl*, Das elterliche Erziehungsrecht (Fn. 6), S. 71; *Böckenförde*, Elternrecht – Recht des Kindes – Recht des Staates (Fn. 7), S. 74 ff.

Wächteramt dann nicht zum Tragen kommt, wenn es um Fragen des „gut" oder „besser" geht. Der Staat hat die elterlichen Erziehungsentscheidungen einschließlich der damit verbundenen Wertungen grundsätzlich zu respektieren.[47] Das Wächteramt ist kein Instrument zur Sicherung einer optimalen Förderung und Entwicklung des Kindes. Notwendig ist vielmehr ein schwerwiegendes, verschuldensunabhängiges Fehlverhalten der Eltern oder Dritter als Ursache für eine Gefährdung oder Schädigung des Kindeswohls, der die Eltern aus eigener Kraft nicht mehr wirksam entgegentreten können oder wollen (vgl. § 1666 Abs. 1 BGB). Erst dann tritt das staatliche Wächteramt auf den Plan; erst dann ist auch die eingreifende staatliche Intervention zulässig, die unabhängig vom elterlichen Willen stattfindet. Der Ansatzpunkt für entsprechende staatliche Maßnahmen ist daher stets ein objektiver Gefahrenzustand für die Kindesentwicklung und das Kindeswohl. Hierbei liegt die Eingriffsschwelle allerdings nicht erst bei der eingetretenen, sondern bereits bei der drohenden Gefahr. Der Begriff der Gefahr ist im Hinblick auf seinen Bezugspunkt, d.h. das Kindeswohl zu bestimmen.

b) Gefährdung des Kindeswohls

Nach der Rechtsprechung des Bundesgerichtshofs liegt eine Gefährdung des Kindeswohls i. S. d. § 1666 Abs. 1 Satz 1 BGB dann vor, wenn eine gegenwärtige oder zumindest unmittelbar bevorstehende Gefahr für die Kindesentwicklung abzusehen ist, die bei ihrer Fortdauer eine erhebliche Schädigung des körperlichen, geistigen oder seelischen Wohls des Kindes mit ziemlicher Sicherheit voraussehen lässt.[48] Diese Definition enthält eine Fülle unbestimmter Rechtsbegriffe, deren Konkretisierung nicht leicht fällt. Normativer Bezugspunkt dieser Konkretisierung ist die Menschenwürde des Kindes, sein Recht auf Leben und körperliche Unversehrtheit und die Wahrung seiner von der Eigentumsgarantie erfassten Vermögensbelange.[49] Die Stellung des Kindes als Rechtssubjekt verlangt „Achtung, Schutz und Förderung des selbstbestimmungsunfähigen Kindes in seiner Subjektstellung und Personalität, damit auch in den Entfaltungsbedingungen seiner Persönlichkeit."[50] Das hierauf bezogene Kindeswohl hat damit gleichermaßen Gegenwarts- und Zukunftsbezug: Umfasst ist sowohl der gegenwärtige Zustand wie auch der Prozess des Hineinwachsens des Kindes in die selbstbestimmte Persönlichkeit. Missachten Eltern grundlegende Rechte des Kindes, so gefährden bzw. schädigen sie das Kindeswohl; ihr Tun ist nicht vom Schutzbereich des Art. 6 Abs. 2 Satz 1 GG gedeckt. Das Wächteramt aus Art. 6 Abs. 2 Satz 2 GG tritt auf den Plan.[51]

---

47 *Robbers*, in: v. Mangoldt/Klein/Starck, GG (Fn. 4), Art. 6 Rn. 243.
48 BGH FamRZ 1956, 350; vgl. auch *Olzen*, in: MünchKommBGB, 4. Aufl. 2003, § 1666 Rn. 49.
49 *Schmitt-Kammler*, Elternrecht und schulisches Erziehungsrecht nach dem Grundgesetz, 1983, S. 24 f.; *Isensee*, in: HStR (Fn. 26), Rn. 15.
50 *Jestaedt*, in: BK-GG (Fn. 12), Art. 6 Abs. 2 und 3 Rn. 35.
51 *Jestaedt*, in: BK-GG (Fn. 12), Art. 6 Abs. 2 und 3 Rn. 136, der zutreffend feststellt, dass, da das Elternrecht in diesen Fällen nicht einschlägig ist, auch eine Kollision zwischen Kindes- und Elterngrundrechten entfällt. Zum vorgeblichen Problem einer Kollision von Eltern- und Kindesgrundrechten oben A. II. 2. a.

Die besondere Schwierigkeit bei der Auslegung des Begriffs des Kindeswohls ergibt sich aus seiner Offenheit gegenüber den sich wandelnden und auch unterschiedlichen Anschauungen über die Bedürfnisse eines Kindes in bestimmten Situationen. Der unbestimmte Rechtsbegriff des Kindeswohls ist Einfallstor für außerjuristische Erfahrungen und damit auch Erkenntnisse von Psychologie, Pädagogik, Pädiatrie etc. Hierbei ist es wichtig, eine gewisse Konsistenz in Hinblick auf die anzusetzenden Standards zu bewahren. Angesichts des sich ständig verändernden Diskussionsstands über die anzulegenden wissenschaftlichen Standards in Sozialpädagogik, Sozialarbeit und Psychologie ist es notwendig, dass Parameter zur Beurteilung des Kindeswohls erst eine gewisse Konsolidierung erfahren haben, bevor sie zur allgemeinen Maxime erhoben werden.[52] Schließlich ist bei der sicher notwendigen Berücksichtigung des gesellschaftlichen Milieus, in dem ein Kind aufwächst, dafür Sorge zu tragen, dass bestimmte grundlegende Standards im Hinblick auf das Kindeswohl und seine Sicherung in jedem Fall eingehalten werden.[53]

7. Modalitäten der Ausübung

a) *Verhältnismäßigkeit und Subsidiarität als Regulative*

Das Ausfüllen des Wächteramts steht dem Staat nicht frei. Bei von Eltern verursachten Kindeswohlbeeinträchtigungen ist er zum Einschreiten nicht nur berechtigt, sondern verpflichtet. Allerdings hat sich jede eingreifende staatliche Maßnahme, die in Ausübung des Wächteramts erfolgt und in das Elternrecht eingreift, am Verhältnismäßigkeitsgrundsatz zu orientieren.[54] Das Elternrecht ist so weit wie möglich zu wahren. Soweit sich der Staat unterhalb der Eingriffsschwelle bewegt, d.h. den Eltern Pflege- und Erziehungshilfen anbietet, findet hingegen eine Verhältnismäßigkeitsprüfung in Hinblick auf das Maß der Beeinträchtigung des Elternrechts nicht statt.[55]

Verhältnismäßigkeit bedeutet, dass die ins Auge gefassten Maßnahmen zum Schutze des Kindes geeignet, erforderlich und im Verhältnis zum Elternrecht angemessen sein müssen. Eingriffe sind deswegen so gering wie möglich zu halten. Maßnahmen nach Art. 6 Abs. 2 Satz 2 GG sind nur insoweit zulässig, als sie zur Erreichung des akzessorischen Zwecks des Wächteramts, d.h. zur Sicherung der Einhaltung der Rechtsbindungen und Grenzen elterlicher Erziehungsbefugnis, erforderlich sind. Dem Grundsatz der Subsidiarität des Wächteramts entspricht es, seine Maßnahmen – soweit das Kindeswohl nichts Abweichendes gebietet – „auf Herstellung oder Wiederherstellung eines verantwortungsgerech-

---

52 *Böckenförde*, Elternrecht – Recht des Kindes – Recht des Staates (Fn. 7), S. 77 f. unter Hinweis auf *Gernhuber*, Kindeswohl und Elternwille, FamRZ 1973, 229 (232).

53 *Jean d'Heur*, Verfassungsrechtliche Schutzgebote zum Wohl des Kindes (Fn. 21), S. 21 ff.

54 BVerfGE 24, 119 (145); *Pieroth*, in: Jarass/Pieroth, GG, Art. 6 Rn. 40.

55 Gemeint ist hier die Verhältnismäßigkeit als Schranke des Grundrechtseingriffs. Dies heißt selbstverständlich nicht, dass sich staatliches Handeln nicht grundsätzlich am Verhältnismäßigkeitsgrundsatz zu orientieren hat.

ten Verhaltens der natürlichen Eltern"[56] auszurichten. Nur wenn und soweit sich dies als unmöglich erweist, wird die staatliche „Erziehungsreserve" aktuell, d.h., es obliegt dem Staat, Entscheidungen zum Schutz des Kindeswohls auch unabhängig vom Willen der Eltern durchzusetzen oder gar selbst die unmittelbare Verantwortung für die Erziehung des Kindes ganz zu übernehmen.[57] Soweit also die Gefahr hierdurch für das Kindeswohl wirkungsvoll abgewendet werden kann, genießen unterstützende Maßnahmen[58] mit dem Ziel der Wiederherstellung des Elternprimats Vorrang vor eingreifenden Maßnahmen, die das Elternrecht beschneiden.[59] An dieser Stelle greifen der subsidiäre Charakter des Wächteramts und der Verhältnismäßigkeitsgrundsatz ineinander.

Verhältnismäßiges Handeln setzt eine möglichst breite Informationsbasis voraus, d.h., das Jugendamt ist gehalten, sich über die Situation der betroffenen Familie ein umfassendes Bild zu machen, um zu erkennen, welche Maßnahmen im konkreten Fall geeignet und erforderlich sind, die bestehenden Schwierigkeiten zu überwinden. Dies bedeutet freilich nicht, dass Maßnahmen des Jugendamts nur dann in Betracht kommen, wenn der Fall sozusagen „restlos" aufgeklärt ist. Das Jugendamt hat bei aller Bemühung um die Aufklärung des Sachverhalts[60] vielmehr alles zu unterlassen, was die Vertrauensbeziehung zwischen ihm und den betroffenen Familien, die Grundlage erfolgreicher Kinder- und Jugendhilfe ist, trüben könnte. So kann es im Einzelfall durchaus geboten sein, auf weitere Nachforschungen, insbesondere bei Dritten, vorerst zu verzichten, um den Erfolg von etwaigen Hilfemaßnahmen nicht von vornherein zu gefährden, die sich dann ihrerseits als ungeeignet und mithin als unverhältnismäßig erweisen würden. Die Tragfähigkeit der vorhandenen Informationsbasis als Grundlage für die Einleitung von Kinder- und Jugendhilfemaßnahmen zu beurteilen und vor allen Dingen einzuschätzen, ob die mangelnde Bereitschaft der Eltern, bei der Aufklärung des Sachverhalts mitzuwirken, eine noch stärkere Gefährdung des Kindeswohls bewirkt, ist Aufgabe der zuständigen Sozialarbeiter, die über die entsprechende professionelle Kompetenz verfügen.

Die Grundsätze von Akzessorietät bzw. Subsidiarität fordern die Ausrichtung des Wächteramts auf die möglichste Wahrung des Elternprimats, soweit dies mit der

---

56 BVerfGE 24, 119 (145).

57 *Robbers*, in: v. Mangoldt/Klein/Starck, GG (Fn. 4), Art. 6 Rn. 248.

58 Die Debatte darüber, inwieweit auch freiwillige Angebote der Kinder- und Jugendhilfe einen Eingriff in das Elternrecht darstellen, sei an dieser Stelle ausgeblendet. Zur Frage, ob allein die Freiwilligkeit der Inanspruchnahme von Leistungen deren Eingriffscharakter entfallen lässt, siehe *Ossenbühl*, Das elterliche Erziehungsrecht (Fn. 6), S. 93. Sofern allerdings die Nichteinhaltung von Hilfeplänen, in deren Rahmen Leistungen erbracht werden, mit Sanktionen belegt wird, wird man einen Eingriff bejahen müssen, da von dem auf Gegenseitigkeit ausgerichteten Leistungsangebot des Staates doch eine erhebliche Bedrängungswirkung ausgeht. Für derartige Maßnahmen bedarf es wegen des Gesetzesvorbehalts jedenfalls einer gesetzlichen Grundlage.

59 *Pieroth*, in: Jarass/Pieroth, GG (Fn. 6), Art. 6 Rn. 40.

60 So ist den Eltern mit Nachdruck nahe zu legen, dass es auf ihre Mitwirkung bei der Aufklärung des Sachverhalts entscheidend ankommt, und dass die Verweigerung von Informationen zur Verschärfung der familiären Probleme, und zwar insbesondere zu Lasten der betroffenen Kinder, für deren Wohl sie als Eltern verantwortlich sind, führen wird. Siehe dazu auch unten B. I. 2.

Verpflichtung zum Schutz des Kindeswohls vereinbar ist. Dies kann freilich nur gelingen, indem Eltern veranlasst bzw. in die Lage versetzt werden, ihrer elterlichen Verantwortung wieder in einer dem Kindeswohl entsprechenden Weise nachzukommen. Kinder- und Jugendhilfe kann nur funktionieren, wenn alle Beteiligten, namentlich die Eltern, mitwirken. Geschieht dies nicht, ist der Staat nicht nur berechtigt, sondern auch verpflichtet, von seinen Eingriffsbefugnissen zum Schutz des Kindeswohls Gebrauch zu machen.

Insofern bedingt der Vorrang möglichst schonender Maßnahmen das nachdrückliche Einfordern von Verantwortungsübernahme bei den Eltern durch die zuständigen staatlichen Instanzen. Die Ausgestaltung des Gesetzes als Sozialleistungsgesetz und dessen Einordnung in das Sozialgesetzbuch hat den für das Kinder- und Jugendhilferecht spezifischen Schutzauftrag, der den anderen Büchern des Sozialgesetzbuchs im Hinblick auf ihre Systemfunktion wesensfremd ist, in den Hintergrund treten lassen. Gestützt wurde dieser Wandel auch durch ein falsches Verständnis des damals propagierten „Perspektivenwechsels in der Kinder- und Jugendhilfe". Mit dem SGB VIII sollte ein breites Spektrum von familienunterstützenden Hilfen etabliert werden, durch deren Inanspruchnahme staatliche Eingriffe nach Möglichkeit vermieden werden sollten. Keineswegs wurden damit staatliche Eingriffe durch staatliche Leistungen ersetzt. Zusammen mit der Debatte um die so genannte Dienstleistungsorientierung entstand mancherorts das Missverständnis, das Jugendamt habe nun darauf zu warten, bis Eltern und andere Leistungsberechtigte Leistungen in Anspruch nehmen. Andererseits ist bei der Erbringung pädagogischer Leistungen das eigentliche Ziel, die Eltern (wieder) zu befähigen, ohne fremde Hilfe ihrer Verantwortung nachzukommen, nicht immer konsequent genug verfolgt worden. Die häufig propagierte Freiwilligkeit bei der Inanspruchnahme von Leistungen ist im Hinblick auf das Schutzinteresse des Kindes und das staatliche Wächteramt zwangsläufig relativ.

Zwar dürfen Eltern Leistungen nicht aufgedrängt werden, zu fordern ist aber, dass die Jugendämter ihre Erwartungen an die Eltern durch klare Vereinbarungen mit den Betroffenen präzise formulieren („sie in die [Eltern-]Pflicht nehmen"). Den Eltern muss deutlich sein, dass mangelnde Kooperation Konsequenzen hat. Im Fall der Kindeswohlgefährdung hat das Jugendamt insoweit – abgesehen von vorläufigen Maßnahmen in akuten Notsituationen – allerdings nur die Möglichkeit der Anrufung des Familiengerichts. Hier liegen freilich, wie die Praxis zeigt, erhebliche Probleme. Von einer wirklich geteilten Verantwortung, einer „Verantwortungsgemeinschaft" (vgl. dazu unten B. III.) zwischen Familiengerichten und den Jugendämtern für den Kinder- und Jugendschutz kann gegenwärtig nicht die Rede sein.[61]

Das Einfordern von Verantwortung – hier der elterlichen Verantwortung – nimmt den Einzelnen als Bürger des Gemeinwesens ernst. Es entmündigt ihn nicht, son-

---

61 Zu der insoweit beispielgebenden Zusammenarbeit zwischen Jugendamt und Familiengericht im Stadtverband Saarbrücken vgl. unten B. III.

dern respektiert das Individuum als Persönlichkeit, die für sich selbst, aber vor allen Dingen auch für das Kind Verantwortung zu tragen hat. Es ist ein Missverständnis von Sozialstaatlichkeit, wenn der Einzelne in erster Linie als Empfänger von Leistungen gesehen wird, anstatt ihm deutlich zu machen, dass auch hier das Prinzip von Leistung und Gegenleistung gilt. Diese Feststellung verkennt nicht, dass die Maßstäbe dessen, was im Einzelfall eingefordert werden kann, sehr unterschiedlich sind. Denn eines muss deutlich sein: Gestellte Anforderungen müssen sich stets an der Leistungsfähigkeit des Einzelnen orientieren. Sie dürfen aber andererseits nicht von vornherein mangelnde Leistungsfähigkeit unterstellen, wo Leistungsbereitschaft, aber auch Vertrauen in die eigenen Fähigkeiten fehlen. Diese Defizite auszugleichen, ist Kern von Sozialstaatlichkeit in einem auf Mündigkeit und Selbstbestimmung des Einzelnen aufbauenden Gemeinwesen, einer Sozialstaatlichkeit, die zugleich fördert und fordert. Dies sollte auch die Kinder- und Jugendhilfe in stärkerem Umfang als bisher in den Vordergrund ihrer Bemühungen stellen.

b) Informationsbeschaffung und Abschätzung des Gefährdungsrisikos

Der Schutz personenbezogener Daten, namentlich im Bereich der Kinder- und Jugendhilfe, ist Bedingung fachlich qualifizierten Handelns. Andererseits können qualifizierte Entscheidungen der zuständigen staatlichen Instanzen, sei es unterstützender, sei es eingreifender Art, nur auf der Grundlage hinreichender Informationen über das familiäre Erziehungsgeschehen verantwortlich getroffen werden. Dies liegt in der Natur des Wächteramts. Dessen verhältnismäßige Ausübung setzt notwendig voraus, dass Informationen bei Bestehen von konkreten Anhaltspunkten für eine Kindeswohlgefährdung – soweit erforderlich – beschafft werden können.[62] Dies bedeutet auch konkret, dass die Erhebung von Daten auch gegen den Willen der Betroffenen bereits zur Entscheidung über die Vorfrage, ob eine Kindeswohlgefährdung vorliegt, die entweder mit den Eltern oder gegebenenfalls durch Anrufung des Familiengerichts abgewendet werden muss, zulässig sein muss. Die datenschutzrechtlichen Bestimmungen des SGB VIII (§§ 61 ff.) sind insoweit zu eng bzw. nicht hinreichend klar gefasst. Insofern besteht also Reformbedarf.[63]

Hierbei wird keineswegs verkannt, dass die Achtung vor der informationellen Selbstbestimmung der Betroffenen und Vertrauensschutz die „Geschäftsgrundlage" jeder sozialpädagogisch orientierten, helfenden und unterstützenden Beziehung zwischen Jugendamt und betroffenen Eltern/Kindern sind. Jeder Eingriff in das Recht der Eltern auf informationelle Selbstbestimmung und ihr Erziehungsrecht kann wegen des Vertrauensverlusts den Zugang professioneller Helfer zu Eltern und Kind gefährden. Es ist deswegen in jedem Fall abzuwägen, ob von einer Befugnis zur Datenerhebung gegen den Willen der Betroffenen Gebrauch

---

62 So wohl auch *Jestaedt*, in: BK-GG (Fn. 12), Art. 6 Abs. 2 und 3 Rn. 186; ebenso die Empfehlungen zur Festlegung fachlicher Verfahrensstandards in den Jugendämtern bei akut schwerwiegender Gefährdung des Kindeswohls, vorgelegt vom Deutschen Städtetag – Stand: 1. April 2003, JAmt 2003, 226 (231).

63 Vgl. dazu im Einzelnen unten B. I. 2.

gemacht wird. Die Jugendhilfe muss alles unterlassen, was die Akzeptanz ihrer Hilfeangebote mindern könnte. Orientierungspunkt bei dieser Abwägung ist das Kindeswohl. Der Erhalt der Vertrauensbasis zwischen Eltern und Sozialarbeitern ist (deshalb) kein absoluter Wert. Andererseits ist zu prüfen, ob nicht im Einzelfall der Vertrauensverlust zwischen Eltern, Kind und Jugendamt durch die Datenerhebung bei Dritten so schwer wiegt, dass hieraus eine noch größere Gefährdung des Kindeswohls erwächst. Hier und nicht etwa im Recht der Eltern auf informationelle Selbstbestimmung liegt der entscheidende verfassungsrechtliche Gesichtspunkt für die Bestimmung des Ausmaßes staatlicher Informationsbeschaffung: Das Recht der Eltern bzw. eines Elternteils auf informationelle Selbstbestimmung tritt demgegenüber regelmäßig zurück. Insoweit unterliegen die Eltern vergleichbaren Bindungen wie bei der Ausübung des Elternrechts selbst: Hieraus folgt, dass die Berufung auf das Recht auf informationelle Selbstbestimmung nicht möglich ist, wenn damit schutzwürdige Interessen des Kindes gefährdet werden.

c) Sonderproblem: Die Herausnahme eines Kindes aus der Familie (Art. 6 Abs. 3 GG)

Die Herausnahme des Kindes nach Art. 6 Abs. 3 GG ist eine besonders weitgehende Maßnahme, die die tatsächliche räumliche Trennung des Kindes von seiner Familie bedeutet.[64] Art. 6 Abs. 3 GG ist in seinem Anwendungsbereich lex specialis zu Art. 6 Abs. 2 Satz 2 GG. Eine Wegnahme des Kindes von seiner Familie ist nur aufgrund einer gesetzlichen Grundlage zulässig und auch nur dann, wenn entweder ein Versagen der Erziehungsberechtigten oder sonst wie eine drohende Verwahrlosung des Kindes feststellbar ist.[65] Eine Herausnahme ist nur gerechtfertigt bei einer akuten und schwerwiegenden Gefährdung des Kindeswohls. Eine solche liegt dann vor, wenn die körperliche, seelische oder geistige Entwicklung des Kindes so weit unter der normalen Entwicklung bleibt, dass, um weitere Fehlentwicklungen zu vermeiden, eine Trennung von dem bisherigen familiären Umfeld unerlässlich ist.[66]

---

64 Nicht zu verwechseln ist die Herausnahme des Kindes aus der Familie mit der Herausnahme des Kindes oder des Jugendlichen ohne Zustimmung der Personensorgeberechtigten gem. § 43 SGB VIII. Diese Maßnahme beruht auf Art. 6 Abs. 2 Satz 2 GG, da § 43 SGB VIII das Jugendamt nur ermächtigt, Kinder von Dritten oder aus Einrichtungen zu entfernen, bei bzw. in denen sie sich mit Zustimmung des Personensorgeberechtigten aufhalten; er ermächtigt jedoch nicht dazu, Kinder aus der Familie herauszunehmen. Zur insoweit bestehenden Schutzlücke vgl. näher unten B. I. 1. a. E.

65 *Gröschner*, in: Dreier, GG (Fn. 4), Art. 6 Rn. 90.

66 *Badura*, in: Maunz/Dürig, GG (Fn. 11), Art. 6 Rn. 141.

B. Umsetzung verfassungsrechtlicher Vorgaben für die staatliche Kinder- und Jugendhilfe bei Kindeswohlgefährdungen

I. Schutzmaßnahmen auf der Grundlage des SGB VIII – Kinder- und Jugendhilfe

1. Gesetzliche Ausgestaltung der Aufgaben

Bereits in der Eingangsnorm des Sozialgesetzbuchs Achtes Buch (SGB VIII) wird der Schutz von Kindern vor Gefahren für ihr Wohl als eines der Ziele der öffentlichen Jugendhilfe benannt (§ 1 Abs. 3 Nr. 3 SGB VIII). Der Schutz von Kindern und Jugendlichen ist damit ein generelles Ziel, das implizit Bestandteil aller Aufgaben der Kinder- und Jugendhilfe nach dem SGB VIII ist, andererseits in verschiedenen Leistungen (§ 2 Abs. 2 SGB VIII) und anderen Aufgaben (§ 2 Abs. 3 SGB VIII) explizit verwirklicht wird. Dazu gehören insbesondere

- der erzieherische Kinder- und Jugendschutz (§ 14 SGB VIII),
- die vorläufigen Maßnahmen zum Schutz von Kindern und Jugendlichen wie Inobhutnahme von Kindern und Jugendlichen (§ 42 SGB VIII) und Herausnahme des Kindes oder des Jugendlichen ohne Zustimmung des Personensorgeberechtigten (§ 43 SGB VIII),
- der Schutz von Kindern und Jugendlichen in Familienpflege und in Einrichtungen (§ 44 bis 48 a SGB VIII),
- die Beratung und Unterstützung von Pflegern und Vormündern (§ 53, insbesondere § 53 Abs. 3 SGB VIII).

Darüber hinaus hat der Schutzaspekt besondere Bedeutung bei der Gewährung und Erbringung von Hilfen zur Erziehung, insbesondere in solchen Fallgestaltungen, in denen die Erziehungsfähigkeit der Eltern bzw. des maßgeblichen Elternteils nicht unerheblich eingeschränkt ist, eine Herausnahme des Kindes aus der elterlichen Familie aber nicht angezeigt erscheint oder die Eltern damit nicht einverstanden sind. Eine solche Risikolage ist typisch für Hilfebedarfe, bei denen sozialpädagogische Familienhilfe als ambulante Form der Hilfe in „Multiproblemfamilien" geleistet wird (§§ 27, 31 SGB VIII). Trotz fachlicher Unterstützung der Eltern kann die Gefährdung des Kindes durch andere Einflüsse auf das Familiensystem, die durch das Jugendamt nicht beeinflussbar und häufig auch schwer feststellbar sind, während des Hilfeprozesses zunehmen. In Rechnung gestellt werden muss auch, dass sich der verantwortliche Elternteil durch die fachliche Unterstützung entlastet fühlt und häufig seine Verantwortung (teilweise) auf die Fachkraft delegiert, ohne dass eine solche Delegation ausdrücklich thematisiert oder gar zwischen Fachkraft und Eltern(-teil) vereinbart wird. Eine im rechtlichen Sinne entlastende Wirkung für den Elternteil hätte sie ohnehin nicht, weil

Recht und Pflicht zur Erziehung – vorbehaltlich einer familiengerichtlichen Entscheidung – den Eltern personengebunden zugeordnet sind und bleiben.

Legt man bei der Prüfung der Normen des SGB VIII den verfassungsrechtlichen Maßstab der Wirksamkeit an, so lassen sich im Hinblick auf die Ausgestaltung des Normenprogramms keine Mängel feststellen. Dabei muss allerdings in Rechnung gestellt werden, dass die Normen des SGB VIII als Grundlage für die Gewährung und Erbringung personenbezogener sozialer Dienstleistungen der Verwaltung hinsichtlich der Ausführung und Umsetzung regelmäßig einen breiten Gestaltungsspielraum lassen, der der Spezifik personenbezogener Dienstleistungen – insbesondere ihrem partizipativen Charakter[67] – geschuldet sein mag. Verfassungsrechtliche Verstöße lassen sich daher letztendlich erst bei der Umsetzung des Normenprogramms im Einzelfall feststellen. Die Schutzpflicht enthält nämlich nicht nur einen Gesetzgebungsauftrag, sondern auch einen Vollzugsauftrag (siehe dazu oben III. 2.). Um dem Gebot der Effektivität zu entsprechen, muss der Staat für die praktische Umsetzung einer Schutznorm Sorge tragen. Daraus resultiert eine spezifische Verantwortung für die kommunalen Gebietskörperschaften als örtliche Träger der Jugendhilfe im Hinblick auf eine schutzpflichtkonforme Umsetzung des SGB VIII (siehe dazu oben III. 2.).

Eine Schutzlücke kann jedoch in der Ausgestaltung von § 43 SGB VIII identifiziert werden. Die Befugnis des Jugendamts zur Herausnahme von Kindern wird dort auf die Wegnahme von anderen Personen und Einrichtungen beschränkt, lässt also eine Wegnahme des Kindes von seinen Eltern nicht zu. Eine solche Befugnis kann auch nicht § 42 SGB VIII entnommen werden, da der Begriff der Inobhutnahme ausdrücklich nur die Unterbringung des Kindes, nicht aber seine Wegnahme von anderen Personen einschließt (§ 42 Abs. 1 SGB VIII). Die Befugnis in § 42 SGB VIII setzt nämlich entweder die Eigeninitiative des Kindes oder Jugendlichen voraus (Abs. 2) oder aber eine Zuführung seitens der Polizei, die ein Kind in einer Gefahrensituation kraft eigenen Rechts vom Ort der Gefährdung entfernen darf (Abs. 3). Dies bedeutet, dass das Jugendamt und seine Fachkräfte nicht befugt sind, ein Kind seinen Eltern wegzunehmen.[68] Im Hinblick auf den Schutz des Kindes vor Gefahren erscheint die generell abstrakte Differenzierung bei der Wegnahmebefugnis danach, ob sich ein Kind bei seinen Eltern oder bei dritten Personen aufhält, nicht gerechtfertigt. Zwar haben Mitarbeiter des Jugendamts in keinem Fall die Befugnis, unmittelbaren Zwang anzuwenden, sieht man einmal von der möglichen Rechtfertigung im Fall der Nothilfe (§ 34 StGB) ab. Dennoch erfordert die Wegnahme des Kindes von seinen Eltern ohne deren Zustimmung nach geltendem Recht stets die Einschaltung der Polizei und erschwert damit den Schutz von Kindern, die sich bei ihren Eltern aufhalten, gegenüber denen, die sich an einem dritten Ort aufhalten, unangemessen. Ein

---

67 Vgl. dazu *Wiesner*, in: ders., SGB VIII (Fn. 12), vor § 11 Rn. 41 ff., § 27 Rn. 46 ff., § 36 Rn. 50, BVerwG ZfJ 2000, 310.
68 So auch *Münder* u. a., FK-SGB VIII, 4. Aufl. 2003, § 42 Rn. 15; *Ollmann* FamRZ 2000, 261 (264); *Röchling*, in: LPK-SGB VIII, 2. Aufl. 2003, § 42 Rn. 58; *Wiesner*, in: ders., SGB VIII (Fn. 12), § 43 Rn. 2.

sachlicher Differenzierungsgrund ist nicht erkennbar. Deshalb sollte die Befugnis zur Wegnahme des Kindes in § 43 SGB VIII auch auf die Wegnahme von den Eltern erweitert werden.

2. Recht des Jugendamts zur Informationsbeschaffung

Soll das staatliche Wächteramt seiner Aufgabe, Schäden und Gefahren vom Kind abzuwenden, nachkommen können, bedarf es eines Informationsrechts (für das Jugendamt) schon vor eingetretener Verletzung – gerade auch, damit es nicht primär eingreifend, sondern unterstützend und helfend wirken kann. Verfassungsrechtlich ist ein solches Recht begründbar, wenn „begründete Anhaltspunkte für einen Gefahrenzustand für die Kindesentwicklung bzw. das Kindeswohl gegeben sind."[69]

Die bloße Normierung eines Informations*rechts* für das Jugendamt unter den genannten Voraussetzungen dürfte indes seiner aus dem staatlichen Wächteramt abgeleiteten Pflichtenstellung zum Schutz des Kindes nicht ausreichend gerecht werden. Liegen nämlich solche Anhaltspunkte für eine Kindeswohlgefährdung vor, so wird dem Jugendamt grundsätzlich kein Handlungsermessen dahin gehend eingeräumt werden können, ob es die Gefährdungslage des Kindes weiter klärt. Mit der Befugnis des Jugendamts wird daher regelmäßig eine *Verpflichtung* verbunden werden müssen, von dieser Befugnis auch Gebrauch zu machen. Die Informationspflicht dient dem Ziel, zu klären, ob und ggf. wie akut das Risiko einer Kindeswohlgefährdung tatsächlich ist und welchen Beitrag zur Gefahrenabwehr die Eltern bereit und in der Lage sind, zu leisten. Aus dieser Risikoabschätzung wird das Jugendamt dann die im Einzelfall geeignete und verhältnismäßige „Schutzstrategie" entwickeln (Herausnahme des Kindes, Anrufung des Familiengerichts, Angebot von Hilfe und Unterstützung).

Ein solches Recht und eine daraus resultierende Pflicht zur Informationsbeschaffung ist derzeit im SGB VIII nicht explizit geregelt. Wegen der Grundrechtsrelevanz ist aber eine ausdrückliche gesetzliche Regelung notwendig. Recht und Pflicht des Jugendamts zur Informationsbeschaffung folgt auch nicht aus der Befugnis zur Datenerhebung (§ 62 SGB VIII). Diese setzt vielmehr ein solches Recht voraus – wie übrigens auch die Pflicht zur Einschaltung des Familiengerichts nach § 50 Abs. 3 SGB VIII. Denn die letztere Pflicht besteht nur dann, aber immer dann, wenn nach der Einschätzung des Jugendamts eine Gefährdung des Kindeswohls besteht, die Eltern aber nicht bereit oder in der Lage sind, die Gefährdung abzuwenden. Unter diesen Voraussetzungen ist das Gericht dann auf der Grundlage der §§ 1666, 1666 a BGB verpflichtet, die erforderlichen Maßnahmen zu treffen. Im Rahmen der zu treffenden gesetzlichen Maßnahmen wird auch die Pflicht der Eltern zur Mitwirkung bei der Einschätzung des Gefahrenrisikos, die Pflicht des Jugendamts zur Einschaltung anderer Institutionen (Polizei,

---

69 *Böckenförde*, Elternrecht – Recht des Kindes – Recht des Staates (Fn. 7). S. 79; vgl. auch *Jestaedt*, in: BK-GG, Art. 6 Abs. 2 und 3 Rn. 185, 186.

Gesundheitsamt etc.) sowie die Pflicht der Leistungserbringer zur Mitwirkung bei der Gefahrenabwehr zu regeln sein.

3. Regelungen des Sozialdatenschutzes

Die im SGB X formulierten Vorschriften zum Sozialdatenschutz werden in §§ 61ff. SGB VIII bereichsspezifisch verschärft. Dafür sprechen zunächst plausible, nachvollziehbare Gründe, da die Kinder- und Jugendhilfe – wie kein anderer Leistungsbereich – von der Gewährung und Erbringung personenbezogener sozialer Dienstleistungen geprägt ist, deren Wirksamkeit von der Kenntnis der persönlichen Lebenssituation und der Belastungen und Risiken abhängt: Die Situation ist insofern vergleichbar mit der des Patienten beim Arztbesuch. Zur Feststellung des Hilfebedarfs müssen hilfesuchende Personen intime Vorgänge preisgeben. Dazu werden sie aber nur bereit sein, wenn sie sicher sein können, dass die von ihnen offenbarten persönlichen Angaben „diskret behandelt" werden. Datenschutz ist somit eine Voraussetzung für die Wirksamkeit der Jugendhilfe und deshalb ein Qualitätsmerkmal.

Andererseits muss bei der rechtlichen Bewertung anvertrauter Daten im Zusammenhang mit der Gewährung und Erbringung erzieherischer Hilfen berücksichtigt werden, dass dabei nicht nur das Recht der Eltern(teile) auf informationelle Selbstbestimmung zu würdigen ist, sondern dabei immer auch die schutzwürdigen Interessen des Kindes Berücksichtigung finden müssen. Auch bei der Ausgestaltung des Datenschutzes im Kinder- und Jugendhilferecht muss daher die Pflichtenposition des Elternrechts bzw. dessen fremdnütziger Charakter gebührenden Ausdruck finden: Dies bedeutet, dass sich ein Elternteil dann und so lange nicht auf sein Recht auf informationelle Selbstbestimmung berufen darf, solange damit schutzwürdige Interessen des Kindes, insbesondere sein Wohl, gefährdet wären.[70]

Die Datenschutzvorschriften des SGB VIII werden dem fremdnützigen Charakter des Elternrechts und dem Schutzauftrag zugunsten des Kindes nicht hinreichend gerecht. So kommt § 62 Abs. 3 Nr. 1 SGB VIII (Datenerhebung ohne Mitwirkung des Betroffenen) nur in den Fällen zur Anwendung, in denen das Jugendamt eine gesetzliche Befugnis zur Datenerhebung ohne Mitwirkung der Betroffenen hat und der Betroffene durch die Verweigerung seiner Mitwirkung die Durchführung der jugendhilferechtlich vorgesehenen Maßnahmen vereiteln könnte. Nr. 1 gilt jedoch nach allgemeiner Auffassung nicht für die Fälle nach §§ 1666, 1666 a BGB und § 50 Abs. 3 SGB VIII.[71] Um dem Jugendamt dennoch eine sachgerechte Erfüllung seiner Aufgaben zu ermöglichen, wird auf § 62 Abs. 3 Nr. 2 Buchst. d SGB VIII zurückgegriffen, der die Datenerhebung ohne die Mitwirkung der Betroffenen in den genannten Fällen erlaubt, in denen die jeweilige Aufgabe ihrer Art nach eine Erhebung bei anderen für eine „gerichtliche Entschei-

---

70 Siehe auch oben III. 6. b
71 *Münder* u. a., FK-SGB VIII/kJHG, 3. Aufl. 1998, § 62 Rn. 12; *Mörsberger*, in: Wiesner, SGB VIII (Fn. 12), § 62 Rn. 20 f.

dung" erfordert.[72] Zweifelhaft ist, ob von dieser Befugnis auch die Möglichkeit der Datenerhebung im Vorfeld einer gerichtlichen Entscheidung, etwa zur Abschätzung des Gefährdungsrisikos für das Kindeswohl in einem konkreten Fall umfasst ist.

Nicht erfasst ist auch der Fall einer Datenerhebung unabhängig vom Willen der Betroffenen in den Fällen, in denen die Erhebung der Daten bei den Betroffenen den Zugang zur Hilfe letztlich vereiteln würde. Insgesamt sind die in § 62 Abs. 3 Nr. 2 SGB VIII aufgeführten Tatbestände, die dem Jugendamt zur Erfüllung seiner Aufgaben (§ 62 Abs. 1 SGB VIII) die Erhebung von Daten auch gegen den Willen der Betroffenen gestatten, deutlich zu eng gefasst. Eine entsprechende Ergänzung des § 62 SGB VIII um eine klare Befugnisnorm für die geschilderten Fallgestaltungen erscheint daher geboten.

Auch der besondere Vertrauensschutz in § 65 SGB VIII berücksichtigt die Interessen und den Schutz des Kindes nicht ausreichend. Nicht selten verfügt die zuständige Fachkraft über anvertraute Informationen, die auf gravierende Gefährdungsrisiken schließen lassen (wie z.B. Gewalt in der Familie, Suchtkrankheit). Solche Indikatoren gehen verloren, wenn die im Jugendamt zuständige Fachkraft ihre Zuständigkeit wegen Arbeitplatzwechsels, Urlaub oder Krankheit abgibt. Sie gehen auch verloren, wenn etwa durch den Umzug der Eltern bzw. des Elternteils die örtliche Zuständigkeit an ein anderes Jugendamt wechselt. Aus der Praxis werden immer wieder Fälle bekannt, bei denen Eltern durch Wohnortwechsel versuchen, „Spuren zu löschen" und damit eine angemessene Risikoeinschätzung im Gefahrenfall zu erschweren oder sogar zu vereiteln. Deshalb erscheint es im Hinblick auf einen effektiven Kindesschutz erforderlich, die Befugnis zur Weitergabe anvertrauter Daten auch auf den individuellen bzw. internen und den institutionellen bzw. externen Wechsel der Zuständigkeit zu erweitern, wenn dem Mitarbeiter Sozialdaten anvertraut worden sind, aus denen sich Anhaltspunkte für eine Kindeswohlgefährdung ergeben.

4. Regelungen zur Gewährleistung der Strukturqualität

a) Finanzielle Ausstattung

„Was das gebotene Mittel (zur Abwendung einer Gefährdung des Kindeswohls, Anm. d. Verf.) ist, kann nicht vom Aufwand, nur vom Kindeswohl und vom Elternrecht her bestimmt werden." Dieses Zitat aus dem Bericht des Rechtsausschusses zum Entwurf eines Gesetzes zur Neuregelung des Rechts der elterlichen Sorge[73] macht (auch) deutlich, dass wirksame Jugendhilfe zuallererst eine entsprechende Finanzausstattung der örtlichen Träger und eine Etatisierung der Mittel im Jugendhilfehaushalt voraussetzt, damit diese ihrer Gesamtverantwortung (§ 79 Abs. 2 SGB VIII) nachkommen können. Die zur Verfügung gestellten Mittel müssen nicht nur ausreichen, um gesetzlich eingeräumte Rechtsansprüche zu

---

72 Wie Fn. 71.
73 BT-Drucks. 8/2788 vom 27. April 1979, S. 60.

erfüllen bzw. solche Aufgaben wahrzunehmen, die von Amts wegen erfüllt werden müssen. Darüber hinaus müssen auch für die Wahrnehmung derjenigen Aufgaben, die nach pflichtgemäßem Ermessen zu erfüllen sind, angemessene Mittel bereitgestellt werden, damit eine Ermessensausübung im Einzelfall überhaupt ermöglicht wird. Ein weiter Bereich präventiver Hilfeangebote ist im SGB VIII nur als Ermessensleistung ausgestaltet. Gerade diese Leistungen sind bei Haushaltsengpässen zuerst von Kürzungen bedroht, was im Ergebnis zur Erhöhung des Gefährdungsrisikos für Kinder führt. Verschärft wird die Situation auch von einer Praxis der Budgetierung von Haushaltsmitteln in vielen Jugendämtern, der aber nicht der reale, durch Instrumente der Jugendhilfeplanung ermittelte Bedarf zugrunde liegt, sondern ein radikal gekürzter Haushaltsansatz (Deckelung).

b) Personalausstattung

Soweit Aufgaben der Jugendhilfe mit eigenem Personal der Jugendämter und nicht durch die Finanzierung von Einrichtungen und Diensten anderer Leistungserbringer erfüllt werden, hat die Gebietskörperschaft dafür zu sorgen, dass die einzelnen Aufgaben sachgerecht und „rechtzeitig" erfüllt werden. Dem Zeitmoment kommt bei der Erfüllung des Schutzauftrags besondere Bedeutung zu, weil der Zeitablauf das Gefährdungsrisiko häufig vergrößert und damit der Schutzauftrag nicht mehr in gebotenem Maße erfüllt oder gar vereitelt wird. Die im Zusammenhang mit der Dauer gerichtlicher Verfahren diskutierte Frage der Konsequenzen solcher Entscheidungen für das kindliche Zeitempfinden und die kindliche Entwicklung gilt ohne weiteres auch für Verwaltungsverfahren des Jugendamts.[74]

Effektiver Kindesschutz muss dynamisch ausgestaltet sein.[75] Die Schutzanforderungen müssen wechselnden Herausforderungen standhalten. Im Hinblick auf die raschen Veränderungen humanwissenschaftlichen Wissens hat der Gesetzgeber regelmäßig zu prüfen, ob aufgrund neuer Erkenntnisse gesetzliche Regelungen zu ändern bzw. weiterzuentwickeln sind. Vergleichbares gilt auch für ihren Vollzug. Deshalb haben die Anstellungsträger die Fortbildung ihrer Mitarbeiter/innen sicherzustellen und insbesondere dafür Sorge zu tragen, dass Mitarbeiter/innen Gelegenheit erhalten, sich in regelmäßigen Abständen mit neuen Erkenntnissen sowie über neue Verfahren und Methoden in den einzelnen fachlichen Disziplinen, insbesondere der Sozialarbeit und Sozialpädagogik, aber auch der interdisziplinären Kooperation sowie mit neuen rechtlichen Entwicklungen vertraut zu machen (§ 72 Abs. 3 SGB VIII).

Notwendig erscheinen allgemeine Empfehlungen hinsichtlich der Personalausstattung in den Jugendämtern. Die Untersuchung von *Münder* u. a. kommt im Hinblick auf die gegenwärtige Praxis zu einem ernüchternden Ergebnis, wenn sie „insbesondere bezüglich des sozialpädagogischen Basisdienstes – üblicherweise Allgemeiner Sozialdienst (ASD) – sehr unterschiedliche Betreuungsdichten bezogen auf die Wohnbevölkerung und sehr unterschiedliche Aufgabenzu-

---

74 Vgl. *Heilmann*, Kindliches Zeitempfinden und Verfahrensrecht, 1998; BVerfG NJW 2001, 961.
75 Siehe oben III. 2.

schnitte" feststellt: „Diese reichen von ausschließlich sozialpädagogischen Aufgaben im Bereich der Jugendhilfe bis hin zur klassischen Aufgabenvielfalt des Allgemeinen Sozialdienstes mit nur einem Anteil Jugendhilfeaufgaben. Ausgeprägte Standards hinsichtlich der Organisationsformen und der Personalausstattung in den Jugendämtern sind nicht erkennbar."[76] Dieser Befund ist dem Selbstverständnis kommunaler Selbstverwaltung geschuldet, die sich auf ihre Personal- und Organisationshoheit beruft.[77] Diese genießt zwar verfassungsrechtlichen Schutz, unterliegt aber dem Gesetzesvorbehalt (Art. 28 Abs. 2 Satz 1 GG: „im Rahmen der Gesetze"). Im Hinblick auf den ebenfalls verfassungsrechtlich ausgestalteten Schutzauftrag des Staates sind die Kommunen zur Entwicklung und regelmäßigen Überprüfung von Standards verpflichtet. Hier dürfte auch der Gesetzgeber den ihm verfügbaren Gestaltungsspielraum zur Effektivierung des Schutzauftrags bisher nicht ausgeschöpft haben.

c)   Adressatenorientierung der Einrichtungen und Dienste

Einrichtungen und Dienste müssen so ausgestaltet sein, dass sie von den Hilfesuchenden auch leicht erreicht werden können. Dies gilt für die Kinder- und Jugendhilfe im Hinblick auf das Alter der Adressaten, die häufig belastete Lebenssituation der Familie und die geringe gesellschaftliche Akzeptanz pädagogischer Hilfestellung in besonderer Weise: Zum einen muss durch Maßnahmen der Öffentlichkeitsarbeit für Eltern, aber auch für Kinder und Jugendliche in einer für sie verständlichen Weise dafür Sorge getragen werden, dass die verschiedenen Hilfeangebote überhaupt allgemein bekannt sind, damit sie im Bedarfsfall auch tatsächlich in Anspruch genommen werden können (Krisenberatung, Kinderschutzzentren, Notaufnahmestellen etc.). Sowohl für Ratsuchende in Krisensituationen als auch für Einrichtungen und Dienste außerhalb der Jugendhilfe wie Polizei, ärztliche Notdienste, Kliniken und andere Gesundheitsdienste muss die Erreichbarkeit des Jugendamts bzw. eines qualifizierten Mitarbeiters/einer Mitarbeiterin zu jeder Tages- und Nachtzeit gewährleistet sein. Nur so kann sichergestellt werden, dass Kindern und Jugendlichen rechtzeitig und wirksam der notwendige Schutz gewährt bzw. die notwendigen Maßnahmen zur Abwendung der Gefährdung des Kindeswohls eingeleitet werden.

d)   Organisation der Einrichtungen und Dienste

Die Aufgaben des Jugendamts sind durch eine Doppelfunktion gekennzeichnet, d.h., das Jugendamt ist auf einer Seite Sozialleistungsbehörde, die personenbezogene soziale Dienstleistungen auf der Grundlage der §§ 11 bis 41 SGB VIII gewährt (§ 2 Abs. 2 SGB VIII). Sie ist darüber hinaus eine Behörde, die so genannte andere Aufgaben (§ 2 Abs. 3 SGB VIII) wahrnimmt, die nicht zur Disposition des Einzelnen stehen. Unter diesen nimmt die Pflegschaft und Vormundschaft des Jugendamts eine Sonderstellung ein, weil das Jugendamt hier in der

---

76 *Münder/Mutke/Schone*, Kindeswohl zwischen Jugendhilfe und Justiz, Professionelles Handeln in Kindeswohlverfahren, 2000, S. 347.
77 *Waechter*, Kommunalrecht, 2. Aufl. 1995, Rn. 92 ff.

Funktion des Sorgeberechtigten auftritt, der vom Familiengericht bzw. Vormundschaftsgericht nach einem entsprechenden Entzug bzw. einer Einschränkung der elterlichen Sorge zur Wahrnehmung dieser Aufgabe bestellt worden ist (§ 1773 BGB).

Auf der einen Seite hat das Jugendamt die Aufgabe, die Sorgeberechtigten bei der Wahrnehmung ihrer Erziehungsaufgabe zu unterstützen, gleichzeitig übt es aufgrund der gerichtlichen Bestellung die Funktion des Sorgeberechtigten ganz oder teilweise selbst aus. In den meisten Fällen, in denen das Jugendamt zum Vormund oder Pfleger bestellt worden ist, wird dem Kind oder dem Jugendlichen (in der Regel) vom selben Jugendamt Hilfe zur Erziehung geleistet. Die Aufgaben des Jugendamts als Sozialleistungsbehörde sind wesensverschieden von denen des Jugendamts als Vormund oder Pfleger und müssen daher personell und organisatorisch voneinander getrennt werden. Werden sie in einer Organisationseinheit oder in „Personalunion" von einer Mitarbeiterin bzw. einem Mitarbeiter erfüllt, so gewährt das Jugendamt die Leistungen sich selbst als Vormund/Pfleger. Die eigenständige Funktion des Sorgeberechtigten als Herr/Frau des Verfahrens tritt dadurch in den Hintergrund, die Schutz-, Kontroll- und Abwehrfunktion des Elternrechts gegenüber der Tätigkeit von Behörden wird zur Disposition gestellt.[78]

e) *Verfahren zur Kontrolle der Rechtmäßigkeit des Verwaltungshandelns*

Zur Strukturqualität gehört auch die Bereitstellung von Verfahren, die es Hilfesuchenden ermöglicht, das Verhalten der Behörden auf ihre Rechtmäßigkeit überprüfen zu lassen (Rechtsweg zu den Gerichten, Beschwerde- und Schlichtungsstellen bei den Behörden für nicht justiziable Akte, unabhängige Kommissionen).

Dieser Aspekt ist im Bereich des Kindesschutzes besonders relevant, weil hier sowohl das Übermaßverbot (im Hinblick auf Eingriffe in das Elternrecht) wie das Untermaßverbot (im Hinblick auf den Schutz des Kindes) zu beachten sind und die Entscheidung des Jugendamts sich in dem insoweit begrenzten „Korridor" bewegen muss. Hinzu kommt, dass die Rechtsweggarantie (Art. 19 Abs. 4 GG) im Bereich des Kinder- und Jugendhilferechts weitgehend leer läuft, da ein Teil der Tätigkeiten des Jugendamts (z.B. die Mitwirkung im gerichtlichen Verfahren) nicht justiziabel ist, vor allem aber, weil nur ein geringer Teil der Hilfesuchenden so selbstbewusst ist, dass er förmliche Rechtsbehelfe ergreift. Schließlich muss auch darauf hingewiesen werden, dass die Aufgaben der Kinder- und Jugendhilfe von den kommunalen Gebietskörperschaften im Rahmen kommunaler Selbstverwaltung wahrgenommen werden, also nur eine Rechtsaufsicht des Staates besteht. Die in den Ländern zuständigen Aufsichtsbehörden gehören der allgemeinen Verwaltung (Innenverwaltung) an und fühlen sich damit der kommunalen Selbstverwaltung häufig stärker verpflichtet als dem staatlichen Kontrollauftrag.

---

78 *Kaufmann* DAVorm 1998, 481; *Mollik/Opitz/Kunkel*, in: LPK-SGB VIII, 2. Aufl. 2003, § 55 Rn. 7; *Wiesner*, in: ders., SGB VIII (Fn. 12), § 55 Rn. 91; *Zenz* ZfJ 2002, 457.

Damit bleiben jedenfalls faktisch weite Teile des jugendamtlichen Handelns ohne gerichtliche bzw. aufsichtsbehördliche Kontrolle. Diese Situation verschiebt die Machtbalance zwischen Behörde und Hilfesuchenden und verschlechtert die Position der leistungsberechtigten Eltern und damit auch ihrer (schutzbedürftigen) Kinder. Die vorbeugende Funktion der Kontrolle des Verwaltungshandelns durch unabhängige Gerichte bzw. die Aufsichtsbehörden ist damit weitgehend verloren gegangen. Bezieht man schließlich noch ein, dass es bei der Gewährung personenbezogener Dienstleistungen mangels eindeutiger Beschreibung des Leistungsumfangs im Gesetz nicht ohne weiteres evident wird, wenn die Behörde durch Minderleistung den Anspruch nicht mehr erfüllt, so wird deutlich, dass der Vollzug des Kinder- und Jugendhilferechts erhebliche Risiken für einen effektiven Kindesschutz bietet. Hier ist über Instrumente nachzudenken, die die Funktion des Leistungsberechtigten und damit auch den Schutz des Kindes stärken (Ombudsmann, Verbandsklage etc.). Zu denken wäre auch an Schaffung institutioneller Vorkehrungen in den Jugendämtern zur Bearbeitung von Beschwerden in Form eines „Beschwerdemanagements", welches eine zuverlässige und auch für den Außenstehenden transparente Bearbeitung von Eingaben sichert.

5. Regelungen zur Gewährleistung der Prozessqualität

Die Gewährung von personenbezogenen sozialen Dienstleistungen bzw. die Erfüllung anderer Aufgaben der Jugendhilfe kann nur bedingt über so genannte Konditionalprogramme und Entscheidungen der öffentlichen Verwaltung gesteuert werden, da der Leistungserfolg und damit die Wirksamkeit der Leistung erst durch die Kooperation der Leistungsadressaten herbeigeführt werden kann (so genannte Koproduktion personenbezogener sozialer Dienstleistungen). Deshalb müssen Verfahren zur Anwendung kommen, die nicht nur eine formale Beteiligung der „Betroffenen" sicherstellen, sondern gewährleisten, dass diese in vollem Umfang in dem Prozess der Situationsklärung, der Situationsdeutung und der Auswahl der geeigneten und gebotenen Hilfe einbezogen werden. „Verhandlungsfähig" sind dabei von vornherein nur solche Hilfealternativen, die aus fachlicher Sicht geeignet und vertretbar sind; damit bleibt die Verantwortung für die fachliche Eignung der ausgewählten Maßnahmen bei den Fachkräften des Jugendamts. Für das Verfahren sieht das SGB VIII das Instrument des Hilfeplans (§ 36 SGB VIII) vor, dessen Potenzial in der Praxis aber bei weitem nicht ausgeschöpft wird.

Gleichzeitig muss aber auch das Mitwirkungspotenzial der hilfesuchenden Personen realistisch eingeschätzt werden, dies gilt insbesondere im Hinblick auf die Fähigkeit und den Willen Personensorgeberechtigter, sich an der Abwendung einer Gefährdung des Kindeswohls zu beteiligen. Hier bedarf es einer möglichst zuverlässigen Risikoeinschätzung durch die zuständige Fachkraft, gestützt auf kollegiale Beratung und Supervision. Soweit Anhaltspunkte für eine Gefährdung des Kindeswohls erkennbar sind, aus fachlicher Sicht aber die Unterstützung der Familie zur Abwehr der Gefährdung ausreichend erscheint, sind mit der Familie genaue Absprachen zu treffen (Hilfekontrakt), deren Einhaltung regelmäßig zu prüfen ist. Gleichzeitig sind Konsequenzen für den Fall aufzuzeigen, dass die Vereinbarungen nicht eingehalten werden.

Die einzelnen Hilfeprozesse sind in regelmäßigen Abständen daraufhin zu über-prüfen, ob die vereinbarten Ziele eingehalten bzw. ob die den Vereinbarungen zugrunde liegenden Annahmen für die jeweiligen Vereinbarungen noch „stim-mig" sind oder neue Vereinbarungen getroffen werden müssen (so schon § 36 Abs. 2 Satz 2 Halbsatz 2 SGB VIII).

Abgeschlossene Hilfefälle – und zwar erfolgreich wie erfolglos beendete Hilfen – sind von den zuständigen Fachkräften zu evaluieren. Die Erkenntnisse müssen zur Weiterentwicklung der vorhandenen Schutzkonzepte genutzt werden. Der dynamische Charakter der staatlichen Schutzpflicht für das Kind und der bei der Wahrnehmung des staatlichen Wächteramts zu beachtende Verhältnismäßig-keitsgrundsatz erfordern eine begleitende Evaluation der von den zuständigen Stellen getroffenen Maßnahmen im Hinblick auf ihre Wirksamkeit. Hierzu bedarf es der Entwicklung fachlicher Standards, an denen die Effektivität von Hilfe- und Schutzmaßnahmen zuverlässig und transparent gemessen werden kann. Ziel der Evaluation ist eine zielgenauere Allokation personeller und finanzieller Mittel. Hierfür besteht gerade in Zeiten knapper Ressourcen wegen der unverändert bestehenden staatlichen Schutzaufgabe eine dringende Notwendigkeit.

Voraussetzung für eine begleitende Evaluation ist die Dokumentation aller Ver-fahren und Verfahrensschritte als Geschäftsgrundlage für die beteiligten Perso-nen, für begleitende Beratung und Supervision, für die Kontrolle von Vorgesetz-ten, aber auch für den Fall verwaltungs-, zivilgerichtlicher (insbesondere haftungsrechtlicher) oder strafgerichtlicher Verfahren.

II. Schutzmaßnahmen des Familiengerichts

1. Das Normenprogramm der §§ 1666, 1666 a BGB

Das Normenprogramm der §§ 1666, 1666 a BGB war wiederholt Gegenstand gesetzlicher Änderungen und verfassungsrechtlicher Prüfung.[79] Es ist zuletzt im Rahmen des Kinderrechteverbesserungsgesetzes aktualisiert und um das Instru-ment der so genannten Wegweisung („Go-Order") erweitert worden.[80] Anhalts-punkte für verfassungsrechtliche Bedenken gegen die Ausgestaltung des Nor-menprogramms sind nicht erkennbar. Die Unbestimmtheit der Eingriffsschwelle (Gefährdung des Kindeswohls) ist gerade im Interesse eines Kindesschutzes, der jeder Fallkonstellation gerecht werden muss, hinzunehmen.[81]

---

79 Z.B. BVerfGE 60, 79.
80 Vgl. dazu BT-Drucks. 14/8131, S. 8.
81 Siehe dazu oben III. 5. b; vgl. *Heilmann/Salgo*, Der Schutz des Kindes durch das Recht, in: Helfer/Kempe/ Krugman, Das misshandelte Kind, 2002, S. 955, 962 f.

2. Strukturqualität in den Familiengerichten

Vergleichbar mit den Anforderungen an Fachkräfte im Jugendamt muss auch im Bereich der Richterschaft gewährleistet werden, dass die für Maßnahmen der Gefahrenabwehr zuständigen Richter/innen über die allgemeine juristische Ausbildung hinaus über spezifische Kenntnisse und Fertigkeiten verfügen, insbesondere über rechtliche Kenntnisse in den Nachbarbereichen, wie dem Kinder- und Jugendhilferecht, aber vor allem über Kenntnisse in den Sozialwissenschaften und der Psychologie sowie insbesondere in der Vernehmung von Kindern und Jugendlichen. Die Gerichtsorganisation muss gewährleisten, dass Familiengerichte mit Notdiensten besetzt werden, die im Gefahrenfall umgehend einstweilige Anordnungen treffen können. Schließlich müssen Gerichte personell so ausgestattet sein, dass auch „endgültige Entscheidungen" innerhalb eines Zeitraums getroffen werden, der dem kindlichen Zeitempfinden entspricht bzw. Kinder und Jugendliche nicht dem Risiko einer weiteren Gefährdung aussetzt.[82]

Die Studie von *Münder* u. a. kommt in ihrer Evaluation zu folgendem Fazit:

„Vormundschafts- und FamilienrichterInnen am Amtsgericht sind EinzelrichterInnen. Vor allem für die zum Zeitpunkt der Untersuchung noch zuständigen VormundschaftsrichterInnnen stellten Kindeswohl-Fälle zumeist nur einen kleinen Ausschnitt ihres Dezernats dar. Die Unbestimmtheit der Gesetzesnormen im Kontext der Kindeswohlgefährdung schafft auch für sie erhebliche Interpretations- und Gestaltungsspielräume. Die RichterInnen können in solchen Fällen nicht gesetzliche Vorgaben realisieren und Entscheidungen aus der bloßen Anwendung von Gesetzen auf feststellbare Tatbestände ableiten. Auch RichterInnen sind zur Entscheidungsfindung in diesem Feld auf außerrechtliche, sozialpädagogische und psychologische Bewertungsprozesse angewiesen. Dies führte bei RichterInnen selbst zu der Einschätzung, dass es sich bei Kindeswohl-Verfahren um eher ‚unjuristische' Tätigkeit handelt und sie im Verlauf des Verfahrens außerjuristische Bezugspunkte brauchen.

Hinzu kommt, dass es im Bereich des § 1666 BGB bisher keine entwickelte Rechtsdogmatik gibt, weil die Entscheidungen, die zu treffen sind, zumeist sehr spezifische Einzelaspekte der Lebens- und Gefährdungslage von Kindern und Jugendlichen zu berücksichtigen haben. Die Steuerungsfunktion des § 1666 BGB ist deshalb äußerst gering, weil sich die Lebenslage von Kindern und Familien nicht problemlos unter einen fest definierten Gefährdungsbegriff subsumieren lässt, sondern in jedem Einzelfall komplexe Abwägungsprozesse erforderlich werden. Dem Gericht wird die verantwortliche Risikoabwägung für Kind und Eltern (bezogen auf Eingriff bzw. Nichteingriff) für jeden Einzelfall und damit letztlich die konkrete Grenzziehung zwischen Elternrecht, Kindeswohl und staatlichem Wächteramt überantwortet. Das im Bereich der Jugendhilfe gesetzlich geforderte ‚Zusammenwirken mehrerer Fachkräfte' (§ 36 SGB VIII) findet auf

---

82 Vgl. *Heilmann*, Kindliches Zeitempfinden (Fn. 74).

der justiziellen Seite durch die Zuständigkeit einer EinzelrichterIn keine Entsprechung. Die strukturellen Faktoren ‚Einzelgericht‘, ‚unjuristische Tätigkeit‘ und ‚Fehlende Rechtsdogmatik‘ bedeuten in ihrem Zusammenwirken große Unsicherheiten für die Verfahrensgestaltung und mehr noch für die Entscheidungen des Gerichts. In der derzeitigen Gestaltung der justiziellen Zuständigkeit für Kindeswohl-Verfahren liegt damit tendenziell eine strukturelle Überforderung des (Einzel-)Gerichts.“[83]

3. Mitwirkung des Jugendamts im familiengerichtlichen Verfahren

Die Mitwirkung des Jugendamts im familiengerichtlichen Verfahren dient dem Ziel, die Entscheidungsqualität durch das Einbringen zusätzlicher Aspekte zu verbessern. Dies setzt eine enge Kooperation und die Entwicklung von Verfahren der Beteiligung voraus. Der Beitrag des Jugendamts ist orts- und personenbezogen unterschiedlich und hängt weitgehend von dem jeweils praktizierten Konzept ab. Er reicht von einem Bericht über die angebotenen und erbrachten Hilfen bis zu einem Entscheidungsvorschlag für das Gericht. Bei der Auswertung gemeinsamer Fortbildungstagungen für Fachkräfte in Jugendämtern und Familienrichter, die im Auftrag von BMFSFJ und BMJ durch das Deutsche Institut für Jugendhilfe und Familienrecht durchgeführt worden sind, wird festgestellt, dass die Zusammenarbeit auch zehn Jahre nach Einführung des SGB VIII von deutlich divergierenden Auffassungen geprägt ist.[84] Der Gesetzgeber ist daher aufgerufen, den Auftrag bzw. die Funktion der Mitwirkung des Jugendamts im gerichtlichen Verfahren deutlicher zu formulieren mit dem Ziel, den Kindesschutz wirksamer zu gestalten.[85]

4. Bestellung des Jugendamts zum Vormund/Pfleger

Die Abwehr von Gefahren für das Kindeswohl erfolgt, wenn die Eltern nicht bereit oder in der Lage sind, die Gefährdung abzuwenden, auf der ersten Stufe durch sorgerechtliche Maßnahmen, insbesondere die Einschränkung oder den Entzug der elterlichen Sorge (§§ 1666, 1666 a BGB) und die Kompensation dieser Einschränkung bzw. des Entzugs durch die Bestellung eines Vormunds bzw. Pflegers (§ 1697 BGB). Dieser (Einzelvormund bzw. -pfleger, Vereinsvormund bzw. -pfleger, Jugendamt als Vormund bzw. als Pfleger) ist aber von seiner Aufgabenstellung her autonom. Da die Gefahr für das Kindeswohl in der Regel allein durch die Bestellung eines Vormunds oder Pflegers aber noch nicht abgewendet ist, sondern zusätzlich pädagogische oder therapeutische Hilfen gewährt werden müssen, erscheint es zweifelhaft, ob die Pflegerbestellung rechtlich gesehen ausreicht, um die Inanspruchnahme der notwendigen pädagogischen und therapeutischen Hilfen für das Kind sicherzustellen. Es sollte deshalb im Gesetz oder aber

---

83 *Münder/Mutke/Schone*, Kindeswohl zwischen Jugendhilfe und Justiz (Fn. 76), S. 361.
84 Vgl. Deutsches Institut für Jugendhilfe und Familienrecht (Hrsg.), Zusammenarbeit zwischen Familiengericht und Jugendämtern bei der Verwirklichung des Umgangs zwischen Kind und Eltern nach Trennung und Scheidung, 2003, Einleitung, S. 7.
85 So auch *Wabnitz* ZfJ 2000, 336.

bei der Bestellung im Einzelfall die Verpflichtung des Vormunds/Pflegers zum Ausdruck gebracht werden, die für das Wohl des Kindes erforderlichen Hilfen in Anspruch zu nehmen.

5. Überwachung des Vormunds oder Pflegers

Rechtlich gesehen stehen Pfleger und Vormünder unter einer doppelten Aufsicht, der des Vormundschaftsgerichts (§ 1837 BGB) sowie der des Jugendamts (§ 53 Abs. 3 SGB VIII). Ist das Jugendamt selbst Vormund oder Pfleger, so untersteht es nur der Aufsicht des Vormundschaftsgerichts. Für die Wahrnehmung dieser Aufgaben bedarf es nicht nur entsprechend befähigten Personals, sondern auch spezifischer fachlicher Konzepte. Diese Aufgabe ist im Vormundschaftsgericht dem Rechtspfleger anvertraut (§ 14 RPflG), der über keine spezifischen Kenntnisse im sozialpädagogischen Bereich verfügt. Um dem Gesetzesauftrag gerecht werden zu können, sollten die für diese Aufgabe zuständigen Rechtspfleger zu entsprechenden Fortbildungsmaßnahmen verpflichtet werden.

III. „Verantwortungsgemeinschaft" von Familiengerichten und Jugendamt für das Kindeswohl

Adressaten des Wächteramts sind sowohl die Jugendämter als Behörden der Träger der öffentlichen Jugendhilfe als auch die Familiengerichte.[86] Deren Aufträge ergeben sich aus unterschiedlichen Rechtsgrundlagen. Die gesetzlich vorgegebene Aufgabenteilung schafft für beide Institutionen einerseits eine Entlastung, birgt aber auch die Gefahr mangelnder Kooperation mit der Folge, dass der gemeinsam zu erfüllende Auftrag, nämlich der effektive Kindesschutz, nicht lückenlos gewährleistet ist.

Materiell-rechtlich sind die Aufgaben der Jugendämter (insbesondere Hilfe zur Erziehung nach §§ 27 ff. SGB VIII) von denen der Familiengerichte (§§ 1666, 1666 a BGB) deutlich getrennt. Verfahrensrechtlich wird über § 50 Abs. 1 SGB VIII i. V. m. § 49 a FGG die Mitwirkung des Jugendamts in familiengerichtlichen Verfahren sichergestellt. In der Praxis wird aber immer wieder von Schwierigkeiten in der Kooperation berichtet, was mit dem unterschiedlichen Aufgabenverständnis zusammenhängen mag. So kritisieren manche Familienrichter/innen, dass sich Jugendämter viel zu spät an die Gerichte wenden würden, nämlich dann, wenn nur noch der Entzug der elterlichen Sorge in Betracht kommt. Andererseits beklagen Mitarbeiter/innen von Jugendämtern, dass die Familiengerichte so hohe Hürden für sorgerechtliche Maßnahmen aufbauen würden, dass sie – um mit ihren „Anträgen" nicht abgewiesen zu werden – erst nach Ausschöpfung aller Hilfealternativen das Gericht anrufen, obwohl vielfach schon früher abzusehen ist, dass eine Kooperation mit den Eltern nicht erreicht werden kann. Schließlich wird auch immer wieder beobachtet, dass Eltern „vor dem Richter" eher bereit sind,

---

86 Siehe dazu oben III. 4.

Hilfen in Anspruch zu nehmen, als im Gespräch mit Sozialarbeiter/inne/n im Jugendamt.

Im Interesse eines effektiven Kindesschutzes erscheint es sinnvoll, das sozialpädagogische Potenzial des Jugendamts besser mit der Autorität des Familiengerichts zu verzahnen. An vielen Orten gibt es bereits in einem sehr frühen Stadium des familiengerichtlichen Verfahrens Kontakte zwischen den Fachkräften des Jugendamts und dem zuständigen Familienrichter, bei denen verschiedene Alternativen des Kindesschutzes diskutiert werden. Zum Teil sind Familienrichter/innen auch in diesem Stadium bereit, Eltern zu Gesprächen zu laden und auf diese Weise für die Mitwirkung an der Ausgestaltung einer Hilfe zur Erziehung zu gewinnen. Allerdings könnte die Flexibilität, die u. a. § 52 FGG der Zusammenarbeit zwischen Familiengericht und Jugendamt bietet, vielerorts durchaus noch stärker genutzt werden.

Um das Verfahren im Jugendamt besser mit dem des Familiengerichts zu synchronisieren, erscheint es sinnvoll, „vor Ort" zu einer möglichst weitgehenden Verständigung über die Auslegung des Begriffs „Gefährdung des Kindeswohls" zu kommen. Wünschenswert wäre die Erarbeitung gemeinsam akzeptierter Standards für die Anwendung dieses unbestimmten Rechtsbegriffs, die der Subsumtion im Einzelfall und damit der richterlichen Unabhängigkeit immer noch ausreichenden Raum lässt.

Auch wenn solche Formen der Kooperation kein Patentrezept für alle Fälle sein können, so scheinen sie doch vielfach geeignet, um einen effektiven Schutz für das Kind sicherzustellen. Aus einem Gespräch mit Richtern am Familiengericht Saarbrücken wurde deutlich, dass auch dort solche Formen informeller Klärung bzw. der Vorbereitung weiterer Schutzmaßnahmen mit Erfolg praktiziert werden – ohne dass damit die richterliche Unabhängigkeit gefährdet wäre. Angesichts ermutigender Erfahrungen in Saarbrücken und andernorts erscheint es wünschenswert, solche Verfahren möglichst flächendeckend zu installieren. Da die Bereitschaft beider Institutionen, ja der im Einzelfall handelnden Personen zur Zusammenarbeit die unabdingbare Voraussetzung für ihre Wirksamkeit ist, sollte dies möglichst aufgrund von Absprachen und Vereinbarungen zwischen dem einzelnen Jugendamt und dem zuständigen Familiengericht, nicht auf gesetzlicher Basis geschehen. Möglicherweise könnten die Jugend- und die Justizressorts in den Ländern diesen Prozess durch gemeinsame Empfehlungen und eine Evaluation der Praxis unterstützen.

C. Fazit/Hinweise für die Praxis

1. Kindesschutz ist Aufgabe der Eltern im Rahmen ihrer (vorrangigen) Elternverantwortung (Art. 6 Abs. 2 Satz 1 GG) und des Staates im Rahmen seines gegenüber der elterlichen Erziehungsverantwortung nachrangigen staatlichen Wächteramts (Art. 6 Abs. 2 Satz 2 GG).

2. Im staatlichen Wächteramt manifestiert sich eine staatliche Schutzpflicht zugunsten des Kindes. Hinsichtlich ihrer Ausgestaltung hat der Gesetzgeber einen weiten Gestaltungsspielraum, er muss aber das so genannte Untermaßverbot als untere Grenze (Mindeststandard) beachten.

3. Die staatliche Schutzpflicht erstreckt sich nicht nur auf die Gestaltung der gesetzlichen Grundlagen, sondern vor allem auch auf deren wirksamen Vollzug durch Verwaltung und (freiwillige) Gerichtsbarkeit. Dabei ist die dynamische Dimension der Schutzpflicht zu beachten, also die Pflicht, Normen und Vollzug sich ändernden Lebenssachverhalten und wissenschaftlichen Erkenntnissen anzupassen.

4. Bei Kindern in Pflegeverhältnissen (und in Heimen) tritt neben die Elternverantwortung eine flankierende Schutzpflicht des Staates, die sich nicht aus seinem staatlichen Wächteramt, sondern unmittelbar aus den Grundrechten des Kindes (Art. 1 Abs. 1, Art. 2 Abs. 1 u. 2 GG) ergibt.

5. Die aus dem staatlichen Wächteramt fließende Schutzpflicht trifft die Träger der öffentlichen Jugendhilfe (insbesondere das Jugendamt als deren Behörde) sowie die Familiengerichte. Sie enthält – nach dem Grundsatz der Verhältnismäßigkeit – sowohl eine helfende und unterstützende als auch eine in die Elternverantwortung eingreifende Dimension.

6. Der mit der Reform des Kinder- und Jugendhilferechts propagierte und nicht selten missverstandene Perspektivenwechsel der Kinder- und Jugendhilfe hat – unterstützt durch die Debatte über die so genannte Dienstleistungsorientierung – die eingreifende Dimension des Schutzauftrags vielerorts zu stark in den Hintergrund treten lassen.

7. Zur Wahrnehmung des Schutzauftrags bedarf das Jugendamt der Befugnis zur Informationsbeschaffung, die sich in Fällen von (vermuteter) Kindeswohlgefährdung zu einer Informationspflicht verdichtet. Diese ist gegenwärtig im Sozialgesetzbuch Achtes Buch – Kinder- und Jugendhilfe (SGB VIII) nicht klar geregelt. Dies gilt in gleicher Weise für die aus der Elternverantwortung abzuleitende Verpflichtung der Eltern zur Mitwirkung an der Risikoeinschätzung als Voraussetzung für die Wahl des adäquaten Mittels zur Gefahrenabwehr.

8. Darüber hinaus tragen die Regelungen des Sozialdatenschutzes dem fremdnützigen Charakter des Elternrechts nicht ausreichend Rechnung. Das Recht

auf informationelle Selbstbestimmung (der Eltern) bedarf insoweit einer verhältnismäßigen Begrenzung durch die Befugnis zur Weitergabe von Daten bei Anhaltspunkten für eine Kindeswohlgefährdung.

9. Die Wahrnehmung der gesetzlich normierten Schutzpflicht verlangt eine ausreichende Finanz- und Personalausstattung der Jugendämter. Verfassungsrechtliche Garantien können nicht „nach Maßgabe des Haushalts" relativiert werden.

10. Bei der gegenwärtigen Personalausstattung der Jugendämter besteht ein enormes regionales Gefälle, das nicht mit den unterschiedlichen örtlichen Gegebenheiten erklärt werden kann. Im Interesse eines effektiven Kindesschutzes, insbesondere zur Wahrung des Untermaßverbots, erscheinen Empfehlungen der Spitzenverbände über die Personalausstattung notwendig.

11. Damit Eltern und Kinder in Krisensituationen jederzeit Zugang zum Hilfesystem haben, bedarf es nicht nur adressatengerechter Informationen über das Hilfespektrum, sondern auch technischer und personeller Vorkehrungen, die die Erreichbarkeit der Einrichtungen und Dienste zu jeder Tages- und Nachtzeit sicherstellen.

12. Die Aufgaben des Jugendamts als Sozialleistungsträger sind im Interesse eines effektiven Kindesschutzes von den Aufgaben des Jugendamts zur Wahrnehmung der elterlichen Sorge (als Vormund oder Pfleger) organisatorisch und personell zu trennen.

13. Im Hinblick darauf, dass viele Tätigkeiten der Jugendämter einer rechtsaufsichtlichen Kontrolle nicht zugänglich sind und der Weg zu den Verwaltungsgerichten nur von einer Minderheit beschritten wird, sollte über andere Instrumente zum Schutz der Leistungsberechtigten und ihrer Rechte nachgedacht werden.

14. Kollegiale Beratung und sorgfältige Dokumentation der einzelnen Verfahrensschritte sind fachliche Standards, die insbesondere bei der Arbeit der sozialen Dienste mit „Risikofamilien" von besonderer Bedeutung sind.

15. Der dynamische Charakter der staatlichen Schutzpflicht für das Kind und der bei der Wahrnehmung des staatlichen Wächteramts zu beachtende Verhältnismäßigkeitsgrundsatz erfordern eine Evaluation der getroffenen Schutz- und Hilfemaßnahmen im Hinblick auf ihre Wirksamkeit. Hierzu bedarf es der Entwicklung fachlicher Standards. Ziel der Evaluation ist eine zielgenauere Allokation (knapper!) personeller und finanzieller Mittel.

16. Auch bei den Gerichten muss gewährleistet sein, dass Familienrichter/innen über die allgemeine juristische Ausbildung hinaus über spezifische Kenntnisse, insbesondere in den Sozialwissenschaften und der Psychologie, verfügen. Dies gilt in entsprechender Weise auch für Rechtspfleger/innen, die die Aufsicht über Vormünder und Pfleger führen.

17. Ein „neuralgischer" Punkt bei der Wahrnehmung des Schutzauftrags ist die Zusammenarbeit zwischen Familiengerichten und Jugendamt. Angesichts des unterschiedlichen professionellen Vorverständnisses über die jeweilige Rolle und struktureller Unterschiede zwischen Familiengericht und Jugendamt bedarf es einer engen Kooperation über den Einzelfall hinaus. Durch eine Verständigung über Kriterien, die eine Kindeswohlgefährdung konstituieren, könnten diskrepante Einschätzungen im Einzelfall vermieden bzw. vermindert werden. Durch eine Beteiligung der Familienrichter/innen an der Risikoeinschätzung in einem sehr frühen Stadium des Verfahrens könnten richterliche Autorität und sozialpädagogisches Potenzial besser miteinander verzahnt werden. In Saarbrücken gibt es dafür vielversprechende Ansätze.

Kapitel 4

Zur Aufgabenstellung des Jugendamts bei Vernachlässigung, Misshandlung und sexuellem Missbrauch von Kindern und Jugendlichen

Besondere Anforderungen. Missverständnisse um Datenschutz und Garantenpflicht

von Thomas Mörsberger

I. Einleitung

Kinder bedürfen des besonderen Schutzes; er sollte gewährleistet sein. Sind sie auf Hilfe angewiesen, muss alles getan werden, dass sie ihnen zukommt. Heutzutage ist dies unbestritten, während vor noch nicht allzu langer Zeit, nämlich bis ins 19. Jahrhundert hinein, Kinder keine eigene Rechtsposition hatten und mehr oder weniger der Willkür ihrer Eltern ausgeliefert waren.[1] Sie waren darauf angewiesen, dass sie in der Familie gut behandelt wurden. Hatten sie ihre Familie verloren, waren sie auf das Mitgefühl und Engagement einzelner Mitmenschen angewiesen, kümmerten sich – wenn sie Glück hatten – karitative Stellen um sie.

In unserer heutigen Verfassungsordnung haben Kinder und Jugendliche einen Anspruch auf Schutz und Hilfe.[2] Kommen Eltern dieser zunächst ihnen obliegenden Pflicht nicht nach, ist die „staatliche Gemeinschaft", wie es in Art. 6 Abs. 2 Satz 2 GG heißt, gefordert. Der Gesetzgeber hat dieses so genannte „Wächteramt des Staates" in verschiedenen gesetzlichen Vorgaben konkretisiert. Besondere Bedeutung kommt dabei dem Jugendamt zu, dessen Leitziele, Aufgabenstellung und Befugnisgrenzen im Sozialgesetzbuch Achtes Buch (SGB VIII) – Kinder- und Jugendhilfe – formuliert sind. Ausdrücklich wird dort auch auf die verfassungsrechtliche Selbstverpflichtung des Staates Bezug genommen (Art. 6 Abs. 2 GG wird wortgleich in § 1 Abs. 2 SGB VIII wiederholt).

Diese allgemeinen Zielsetzungen bleiben naturgemäß abstrakt, bedürfen der Konkretisierung, Interpretation und fachgerechten Umsetzung in effektive und effiziente Praxis. Schon bei den zentralen Begrifflichkeiten, mit denen dieses Memorandum überschrieben ist („Schutz und Hilfe bei Kindeswohlgefährdung"), ist es sehr schwierig, die notwendigen Differenzierungen überschaubar zu machen. Umso wichtiger ist es, dass die Institution Jugendamt klar benennen kann, was ihre normativen Vorgaben, die Leitlinien ihres Handelns, die fachlich-methodischen Prinzipien und die organisatorischen Rahmenbedingungen sind.

Im Folgenden soll daher – ausgehend von den kritischen Fragen in der Öffentlichkeit bzw. den Medien – die Aufgabenstellung des Jugendamts dargelegt werden, zunächst allgemein, jedoch insbesondere im Zusammenhang mit dem Thema Kindesmisshandlung bzw. Kindeswohlgefährdung.[3] Es werden dann weitere Fragenkomplexe angesprochen, die für die Praxis von Jugendämtern sowohl in fachlich-konzeptioneller als auch in organisatorischer und in juristischer Hinsicht von besonderer Bedeutung sind. Im Mittelpunkt stehen dabei Fragen des Datenschutzes, Fragen zu Rolle und Pflichtenstellung des Jugendamts gegenüber Pflege-

---

1 *Aries*, Geschichte der Kindheit. Mit einem Vorwort von *H. v. Hentig*, 1975; *de Mause*, Hört ihr die Kinder weinen? Eine psychogenetische Geschichte der Kindheit, 1979 m. w. Nachw.

2 *Langenfeld/Wiesner*, Kap. 3, S. 45 in diesem Buch.

3 Im Weiteren wird der Begriff der Kindesmisshandlung als Oberbegriff verwendet, also sowohl für den Fall aktiver Verletzung/Schädigung eines Kindes in körperlicher und/oder seelischer Hinsicht als auch den der Vernachlässigung im Sinne pflichtwidriger Unterlassung, aber ebenso für den Fall sexuellen Missbrauchs. Der Begriff kann, muss im Einzelfall aber nicht deckungsgleich mit einem strafrechtlichen Tatbestand sein.

familien sowie zur strafrechtlichen Haftung. Bei den letztgenannten Fragen wird insbesondere Bezug genommen auf die Beiträge zu Strafbarkeitsrisiken in der Sozialarbeit[4] und zur Pflichtenstellung des Jugendamts bei einem Aufwachsen von Kindern und Jugendlichen in Pflegefamilien.[5] Die – aus der Sicht des Jugendamts – behandelten Fragen zur Notwendigkeit verstärkter Kooperation mit anderen betroffenen Stellen werden auch an anderer Stelle des Memorandums – aus anderer Perspektive – und ergänzt durch weitere Hinweise auf fachlich-methodische Aspekte ebenso thematisiert[6] wie die grundsätzlichen Fragen zur Kooperation zwischen Jugendhilfe und Polizei.[7]

II. Zur „Institution Jugendamt" allgemein

1. Entwicklungsgeschichte

Für das, was wir heute Kinder- und Jugendhilfe nennen, nimmt in Deutschland das Jugendamt eine zentrale Stellung ein. Das war schon zu Zeiten des Reichsjugendwohlfahrtsgesetzes (RJWG)[8] wie auch des späteren Jugendwohlfahrtsgesetzes (JWG)[9] so. Im Prinzip hat sich daran mit dem In-Kraft-Treten des SGB VIII als Teil des Kinder- und Jugendhilfegesetzes Anfang der 90er Jahre nichts geändert. Sehr wohl haben sich aber im Laufe der Zeit die Vorstellungen (und Erfahrungen) darüber weiterentwickelt, was sich in der Erziehung als gut und richtig empfiehlt (oder jedenfalls: was nicht), was Familien an Unterstützung und Beratung brauchen bzw. wie in Krisensituationen am wirkungsvollsten geholfen werden kann. Das hatte Auswirkungen auf die Kinder- und Jugendhilfe insgesamt. Geändert hat sich aber auch ganz allgemein das Selbstverständnis moderner Verwaltung im Sinne einer stärker bürgerorientierten Institution; ist der Umgangsstil zwischen denen, die in der Behörde arbeiten und denen, die ihre Leistungen in Anspruch nehmen, anders geworden. Da das Jugendamt Teil öffentlicher Verwaltung ist, hat sich auch aus diesem Grund in seinem Selbstverständnis und Auftreten nach außen viel verändert.

Geändert hat sich aber nicht nur das Selbstverständnis des Jugendamts, sondern es wurde durch gesetzliche Veränderungen auch der institutionelle Rahmen angepasst und das Aufgaben- bzw. Leistungsspektrum der Kinder- und Jugendhilfe erweitert bzw. modifiziert. Im heute geltenden SGB VIII ist der Gesamtkomplex der Kinder- und Jugendhilfe systematisiert worden, sind die Funktionen öffentlicher Jugendhilfe präziser als in den Vorläufergesetzen RJWG und JWG

---

4   *Albrecht*, Kap. 7, S. 183 in diesem Buch.
5   *Meysen*, Kap. 6, S. 157 in diesem Buch.
6   *Blank/Deegener*, Kap. 5, S. 113 in diesem Buch.
7   Aus Sicht der Polizei *Haben*, Kap. 8, S. 229; unter dem Blickwinkel der Kooperation *Blank/Deegener*, Kap. 5, S. 113 jeweils in diesem Buch.
8   Vom 9. Juli 1922.
9   Vom 11. August 1961.

beschrieben, sind die Inhalte, Formen und Bedingungen des Helfens detaillierter als früher geregelt. Die einzelnen Aufgaben und Zuständigkeiten der Institution Jugendamt sind aufgelistet, aber auch die Grenzen ihrer (Eingriffs-)Befugnisse klar geregelt. Geblieben aber ist die Institution Jugendamt, die nach wie vor – oder sogar in verstärktem Maße – für die vielen Tätigkeitsfelder der Kinder- und Jugendhilfe eine Bündelungsfunktion hat, aber auch einen eigenen Handlungsauftrag gegenüber jungen Menschen und ihren Familien.[10]

Dieser Handlungsauftrag ergibt sich allerdings nicht nur durch die aktuellen gesetzlichen Vorgaben und auch nicht alleine aus fachlicher Orientierung. Andere Faktoren kommen hinzu, wenn z.B. die Entwicklung der öffentlichen Haushalte Einschnitte in die Leistungspalette oder die Personalausstattung verlangt. Der Handlungsauftrag kann aber nicht beliebig interpretiert werden, also gewissermaßen nach Haushaltslage, sondern muss – in Anwendung der allgemein formulierten Normen des SGB VIII – dem gerecht werden, was tatsächlich für Schutz und Hilfe zugunsten von Kindern als erforderlich anzusehen ist. Das heißt nicht, dass nicht auch nach Rationalisierungsmöglichkeiten in der Arbeitsorganisation gesucht werden dürfte; im Ergebnis muss aber das gewährleistet bleiben, was von Gesetzes wegen Pflicht ist.

2. Erwartungsdruck

Das Handlungsprofil des Jugendamts ist auch beeinflusst durch Erwartungsdruck in der Öffentlichkeit. Dabei spielt eine große Rolle, inwieweit das – allerdings sehr verbreitete – Bild, das man von der traditionsreichen Institution Jugendamt hat, noch dem entspricht, was rechtlich und fachlich-konzeptionell Selbstverständnis heutiger Jugendämter ist.

Da die Institution Jugendamt sehr viel älter ist als ihre aktuellen rechtlichen Vorgaben, ihr Wirken im Alltag des Durchschnittsbürgers aber nur selten in Erscheinung tritt, sind die Erwartungen der Öffentlichkeit an diese Institution geprägt durch die über Jahrzehnte tradierten Vorstellungen von ihr. Selbst wer mit dem Jugendamt aus irgendeinem Anlass schon einmal in Berührung gekommen ist, hat deshalb noch nicht unbedingt einen Überblick über die Vielfalt der zudem sehr unterschiedlichen Aktionsfelder und Leistungsspektren, die da reicht von der Kindergartenverwaltung bis zur Trennungs- und Scheidungsberatung, von der offenen Jugendarbeit bis zur Mitwirkung in jugendgerichtlichen Verfahren, von der Amtsvormundschaft bis zur Jugendhilfeplanung, von der Erziehungsberatung bis zur Heimerziehung.

Zudem sind die Erfahrungen durch Ungleichzeitigkeiten geprägt: Während Eltern z.B. nach guten Erfahrungen in der Erziehungsberatung wissen, dass man ihnen nicht einfach Kinder wegnimmt, wenn es mal „drunter und drüber geht", vielmehr

---

10 Ausführlich dazu u.a. *Wiesner*, in: ders., SGB VIII, 2. Aufl. 2000, Einl Rn. 15 ff.

gemeinsam nach Lösungen für aktuelle Probleme gesucht wird, droht die Groß-
mutter dem renitenten Enkel möglicherweise immer noch damit, dass er bei unge-
hörigem Verhalten „ins Heim gesteckt" werde. Das hat sie vor Jahren, als Heime
noch „Anstalten" waren, so erlebt. Und der Enkel merkt sich, was man vom
Jugendamt zu erwarten hat.

3. Aufgabenstellung (zu) weit gefasst

Bei alledem spielt allerdings ein sozialpsychologisches Phänomen mit, das nicht
zu unterschätzen ist. So wie man bei der Verfolgung von Straftaten nach der Institution Polizei ruft, bei Krankheiten nach dem Arzt, so im Fall von Missständen
und Defiziten bei allem, was mit Kindern und Jugendlichen zu tun hat, nach dem
Jugendamt. Der Unterschied ist nur, dass seit jeher das Profil der Polizei und das
des Arztes relativ klar umrissen ist, auch die Grenzen ihrer Zuständigkeiten und
Befugnisse bekannt sind (bei der Polizei z.B. die Belehrungspflicht, dass man die
Aussage verweigern darf, wenn man sich selbst belasten könnte oder das Prinzip,
dass eine Verhaftung nur unter strengen Voraussetzungen in Betracht kommt,
beim Arzt z.B. das Wissen, dass er keinen Erfolg garantieren kann, dass er der
Schweigepflicht unterliegt und dass die Behandlung freiwillig ist). Währenddes-
sen sind die Vorstellungen darüber, wie das Jugendamt ggf. vorgehen kann und
darf, was seine tatsächlichen (rechtlichen und praktischen) Möglichkeiten sind,
ziemlich unklar.

Geprägt ist das Bild des Jugendamts nicht zuletzt dadurch, dass es entwicklungs-
geschichtlich tatsächlich zur einen „Hälfte" aus polizeilichen Funktionen erwach-
sen ist (z.B. jugendliche „Störer" von der Straße zu holen), zur anderen aus der
Tradition der Fürsorge und Armenpflege.[11] Allerdings sah man zu früheren Zeiten auch keinen wesensmäßigen Unterschied zwischen dem Straf- und dem Erzie-
hungssystem, anders als heute, da man an anderen Leitbildern orientiert ist.

Während also andere Behördenzweige mittlerweile sehr klar konturierte Aufgabenbereiche haben, ist das Aufgabenspektrum des Jugendamts weit bzw. unklar.
Daran sind allerdings Formulierungen im Gesetz nicht ganz unschuldig. Wenn es
in § 1 SGB VIII heißt, jeder junge Mensch habe ein „Recht auf Förderung seiner
Entwicklung und auf Erziehung zu einer eigenverantwortlichen und gemeinschaftsfähigen Persönlichkeit" (Abs. 1) und die Jugendhilfe solle zur Verwirklichung dieses Rechts „Kinder und Jugendliche vor Gefahren für ihr Wohl schützen" (Abs. 3 Nr. 3), so wird ein Erwartungshorizont aufgebaut, von dem man sich
fragen muss, ob er nicht auf Unmögliches, zumindest auf Überforderung zielt.

---

11 Ausführlich zur Geschichte des Jugendamts *Hasenclever*, Jugendhilfe und Jugendgesetzgebung seit 1900,
1978; *C. Wolfgang Müller*, Jugendamt. Geschichte und Aufgaben einer reformpädagogischen Einrichtung,
1994.

4. Erfolgsgeschichte durch klare Hilfeorientierung

Nun mag man angesichts dieser weiten Formulierungen sagen, dass damit ja auch ein großer Interpretations- bzw. Ermessensspielraum gesichert sei. Dagegen spricht aber, dass rechtsstaatliche Prinzipien verlangen, dass klar sein muss, was eine Behörde darf und was nicht. Ein Jugendamt darf – auch im Interesse seiner Verlässlichkeit – nicht nur nach situativen Kriterien arbeiten. Immerhin kann sie maßgeblichen Einfluss auf das Geschehen in einer Familie nehmen, im Guten wie im Schlechten. Deshalb muss sie berechenbar bleiben, sonst wird sie letztlich ineffektiv. Entsprechend müssen die Befugnisse geklärt, also begrenzt sein. Mit Befugnissen sind heute auch nicht mehr nur Voraussetzungen gemeint, die es dem Jugendamt erlauben, möglicherweise gegen den Willen von Eltern Schutzvorkehrungen zu treffen, sondern auch, wie es mit Informationen, die es über Betroffene bekommen hat, umgehen darf.

Trotz der Vielfalt der Aufgaben und der Komplexität seines normativen Rahmens kann die Institution Jugendamt auf eine Erfolgsgeschichte zurückblicken. Das hat insbesondere mit der konsequenten Hinwendung zur Hilfeorientierung zu tun. Die Hilfeorientierung ist deshalb eine Erfolgsgeschichte, weil es wirksamer ist, da anzusetzen, wo Menschen Probleme *haben,* als da, wo sie möglicherweise ein Problem *sind.* Auch bei Kindeswohlgefährdung zeigt die Erfahrung, dass wir es seltener mit bösem Willen zu tun haben als vielmehr mit Überforderung. Gleichwohl gibt es schwierige Grenzfälle.

III. Die besondere Aufgabenstellung des Jugendamts im Hinblick auf Kindeswohlgefährdung

In der Systematik des SGB VIII ist zu unterscheiden zwischen Leistungen (§ 2 Abs. 2 SGB VIII) und so genannten „anderen Aufgaben" (§ 2 Abs. 3 SGB VIII). Hinsichtlich der Aufgabenstellung des Familiengerichts einerseits (insbesondere im Zusammenhang mit sorgerechtlichen Maßnahmen nach §§ 1666, 1666 a BGB) und der Mitwirkungsverpflichtung des Jugendamts gem. § 50 SGB VIII andererseits (insbesondere dergestalt, dass es das Familiengericht anzurufen hat, wenn es dies „zur Abwendung einer Gefährdung des Wohls des Kindes oder des Jugendlichen für erforderlich hält"), wird eine „Verantwortungsgemeinschaft" von Familiengericht und Jugendamt für das Kindeswohl resümiert.[12]

Schwierigkeiten ergeben sich für die Jugendhilfe dadurch, dass die einzelnen Bestimmungen, aus denen die besondere Aufgabenstellung des Jugendamts abzuleiten ist, von sehr unterschiedlichem Normcharakter sind. Unverbindliche Beratungsangebote stehen neben Aufgaben, die nicht zur Disposition der Betroffenen stehen. „Offene Hilfen" einerseits stehen neben „Interventionen" andererseits.

---

12 *Langenfeld/Wiesner,* Kap. 3, S. 45 (75 ff.) in diesem Buch.

Mit dem Begriff der Intervention (wörtlich übersetzt: „Dazwischengehen") ist aber noch nichts gesagt darüber, ob sie im Einverständnis des Betroffenen erfolgt oder aber verbunden ist/wird mit Eingriffen in das Sorgerecht der Eltern durch das Familiengericht.

Die gesetzlichen Instrumentarien sind dabei nicht bezogen auf bestimmte Formen von Gefährdung bzw. Misshandlung (also leichte oder schwere Körperverletzung, sexueller Missbrauch usw.) und zielen auf keinen Handlungsautomatismus (wie er z.B. bei Strafverfolgungsbehörden durch das „Legalitätsprinzip" vorgegeben ist), sondern lassen denjenigen, die für die Gewährung der notwendigen Hilfen „zugunsten junger Menschen und Familien" (so die Formulierung in § 2 SGB VIII) zuständig sind, Entscheidungsspielräume. Sie sollen die Instrumentarien einsetzen, je nachdem, wie es nach einer fachlichen Prüfung im Blick auf langfristige Hilfe (ggf. Ab-Hilfe) notwendig und geeignet erscheint. Naturgemäß liegen in diesem Einschätzungsspielraum Chancen und Gefahren nahe beieinander. So bedarf es in jedem Einzelfall einer Risikoeinschätzung durch die zuständige Fachkraft.[13] Sie aber sollte zuverlässig gestützt sein durch fachlich kompetente Leitung, kollegiale Beratung und bei Bedarf auch durch „Coaching" und extern organisierte Supervision.[14]

Die Besonderheit dieser Aufgabenstellung liegt nun darin, dass, anders als in den meisten anderen Bereichen der Kinder- und Jugendhilfe, eine Art Wirksamkeitskontrolle nicht nur wünschenswert ist (nicht zuletzt aus Gründen der Effizienz), sondern verpflichtend. Zumindest bei akuter Gefährdung ist der „Erfolg" relativ klar messbar, jedenfalls für das Erste. Die langfristigen Auswirkungen sind ohnehin ein Thema für sich. Auch wenn es keine Erfolgsgarantie im Hinblick auf den Schutz von Kindern und Jugendlichen geben kann, stehen Fälle, bei denen Kindeswohlgefährdung konstatiert oder angenommen wird, unter einem anderen Legitimationszwang als Fälle, die dadurch charakterisiert sind, dass zwar ein bestimmter Hilfebedarf besteht, die Hilfe aber nicht zur „Rettung", sondern als Chance eingeleitet wird.

Mit dieser Beschreibung der besonderen Anforderungen in Fällen von Kindeswohlgefährdung übernimmt die Kinder- und Jugendhilfe teilweise ordnungsrechtliche Funktionen. Sie hat aber im Blick auf die im Gesetz genannten Ziele bei jeder Intervention vorrangig zu beachten, dass Veränderungs- bzw. auch Heilungspotenziale aufgegriffen und genutzt werden, die ordnungsbehördliche Funktion also nur mittelbare bzw. im Zweifel nachrangige Bedeutung hat bzw. haben darf.

Da diese Funktion positiv nur schwer einzugrenzen ist, empfiehlt sich eine Definition durch den Vergleich zu anderen Institutionen, die – mit anderer Aufgabenstellung als das Jugendamt – ebenfalls mit Gefährdungsfällen zu tun haben.

---

13 *Langenfeld/Wiesner*, Kap. 3, S. 45 (65 ff.) in diesem Buch.
14 Vgl. dazu auch *Filsinger*, Kap. 10, S. 283 in diesem Buch.

IV. Kooperation zwischen den Institutionen

Dass im Hinblick auf Kindeswohlgefährdung der Kooperation zwischen den zuständigen Stellen besondere Bedeutung zukommt, ist eine Art Binsenweisheit (was es nicht überflüssig macht, dieses Postulat immer wieder hervorzuheben). Erfahrungsgemäß gelingt sie aber am ehesten, wenn zunächst die unterschiedlichen Aufgaben, die unterschiedlichen Befugnisse und Profile – also das Grundsätzliche – herausgearbeitet und die Unterschiedlichkeiten auf Gegenseitigkeit respektiert werden. Aber natürlich liegen viele Probleme – wie anderswo auch – im Detail.

1. Helfen oder Entscheiden

Betrachten wir zunächst sehr allgemein und plakativ die Justiz in ihrem Unterschied zum System der Kinder- und Jugendhilfe, und zwar unabhängig davon, welcher Gerichtszweig tangiert ist, die Familiengerichtsbarkeit, die Strafjustiz oder das Verwaltungsgericht. Die Justiz hat originär nicht zu helfen, sondern – möglichst – richtig zu entscheiden, und zwar bezogen auf den Augenblick, in dem sie eingeschaltet wird, weniger bezogen auf die Wirkung, die ihre Entscheidung hat. Sie hat dafür zu sorgen, dass die Subsumtion der Sachverhalte unter die in Betracht kommenden gesetzlichen Tatbestände korrekt und nachvollziehbar ist und die Vorgaben der (jeweiligen) Prozessordnung beachtet werden/wurden. Das ändert nichts daran, dass Entscheidungen der Justiz sehr hilfreich sein können und sollen (im Sinne des Rechtsfriedens und der Rechtssicherheit). Auch dient es der Sache sicher, wenn der jeweilige Richter bzw. die jeweilige Richterin die Hilfeperspektive mit in den Blick nimmt. Aber Helfen ist nicht ihre originäre Aufgabe, hat deshalb im Zweifel auch zurückzustehen.

Anders ist die originäre Aufgabenstellung in der Kinder- und Jugendhilfe. Hier hat im Zweifel die Hilfefunktion den Vorrang. So hat sich die Kinder- und Jugendhilfe konsequenterweise um die Entwicklungsperspektive zu kümmern, nicht nur prognostisch einschätzend (was sehr wohl Teilaufgabe in der Justizentscheidung sein kann, ohne dass sich damit deren Funktion ändert), sondern auch praktisch handelnd, Einfluss nehmend.

Natürlich sind auch in der Kinder- und Jugendhilfe Entscheidungen zu treffen, nämlich wie am besten geholfen werden kann und soll. Während das Gericht mit seinen Entscheidungen aber – seiner Aufgabenstellung folgend – über Menschen bestimmt, hat die Kinder- und Jugendhilfe nicht über Menschen zu bestimmen, sondern ihnen zu helfen. Zumindest idealtypisch verbietet sich damit, für oder über sie zu bestimmen, eine Grundmaxime sozialer Arbeit. Zugleich liegt hier aber auch ein Grunddilemma sozialer Arbeit, wenn nämlich in eklatanter Weise erkennbar wird, dass jemand mit seinem Tun sich oder andere schädigt. Gelten dann andere Orientierungen? Was ist, wenn ein alter Mensch auf dem besten

Wege ist, sich selbst zu ruinieren, offenkundig gegen seine eigenen Interessen handelt, eine Betreuung[15] aber (noch) nicht eingerichtet ist? Erst recht stellt sich für Helfer diese Frage, wenn sie befürchten müssen, dass Kinder zu Opfern werden, weil die für sie verantwortlichen Erwachsenen ihre erzieherischen Pflichten – schuldhaft oder nicht – verletzen.

Zwar hat der Gesetzgeber für diese Fälle Möglichkeiten geschaffen, Hilfe und Schutz für betroffene Kinder auch gegen die klassischen Hilfeprinzipien zu vermitteln. Die entsprechenden Eingriffsbefugnisse sind aber in aller Regel nicht schon zum erforderlichen Zeitpunkt erteilt, sondern müssen erst initiiert werden.[16] In diesem Augenblick wird also nicht mehr nach den Prinzipien der Hilfe nur unterstützt, sondern wird praktisch über jemand entschieden, über ihn bestimmt. Nur sind solche Funktionen keine originären für die Kinder- und Jugendhilfe, sondern gewissermaßen solche auf treuhänderischer Basis, auf Widerruf, bedürfen der besonderen Legitimation. Und sicherlich ist äußerste Vorsicht geboten, mit dieser „Waffe" allzu vorschnell zu hantieren. Es steht nämlich nicht nur die Glaubwürdigkeit im Einzelfall auf dem Spiel, sondern auch die Glaubwürdigkeit des Systems der Kinder- und Jugendhilfe, das in seiner Wirksamkeit abhängig ist von dieser Glaubwürdigkeit.

2. Zum Begriff Kindeswohl

So hat der Begriff des Kindeswohls – juristisch, aber insbesondere im Handlungskonzept – in der Kinder- und Jugendhilfe eine andere Bedeutung als in der Justiz, ob nun in der Straf- oder Familiengerichtsbarkeit. Für die Jugendhilfe bedeutet er, dass sie mit den möglichen und geeigneten Mitteln – trotz aller damit notwendig verbundenen Risiken – versuchen muss, dass die Verantwortlichen zur Verwirklichung des Kindeswohls beitragen. Für die Justiz dagegen hat der Begriff Kindeswohl eine andere Funktion: Er ist nicht Handlungs-, sondern Entscheidungskriterium. Wenn angesichts einer Vielzahl von unterschiedlichen Interessen verschiedene Varianten der Entscheidung denkbar sind, dann ist das Kindeswohl vorrangig zu beachten, jedenfalls in den meisten Zusammenhängen, in denen Justiz mit Jugendhilfe zu tun hat (also nicht etwa einer Prozesspartei Recht gibt, weil diese sich ungerecht behandelt fühlt, weniger Schuld auf sich geladen hat usw.). Anders formuliert: Kindeswohl ist (letztlich) für die Jugendhilfe ein Ziel, für die Justiz dagegen eine Messlatte für die Aufgabenerfüllung (indem nämlich in der Entscheidung erkennbar wird, dass die richterliche Entscheidung sich im Interessenausgleich vorrangig am Kindeswohl orientiert hat. Andernfalls kann sie im Instanzenweg aufgehoben werden).

Die Jugendhilfe aber steht dafür, dass im weiteren Entwicklungsprozess die konkreten Hilfen so angesetzt werden, dass es auch tatsächlich mit dem Kind oder

---

15 Nach §§ 1896 ff. BGB.
16 Siehe insbesondere die Pflicht zur Anrufung des Familiengerichts gem. § 50 Abs. 3 SGB VIII.

Jugendlichen in die richtige Richtung geht. Nicht nur im Augenblick der richterlichen Entscheidung, sondern immer dann, wenn es nötig erscheint. Noch ein Unterschied, aber als notwendige Konsequenz: In Umsetzung der gesetzlichen Aufgaben können sich für die helfenden Institutionen – auf der Basis entsprechender Handlungskonzepte – „Aufträge" ergeben. Nicht so für die Justiz. Für sie gibt es keine „Aufträge".

In der Kinder- und Jugendhilfe ist Kindeswohl das Ziel dessen, was insgesamt Leistungsangebote nach dem SGB VIII und auch andere Aufgaben leisten können. Das heißt z.B. auch, dass die Kinder- und Jugendhilfe klären muss, was Rolle und Auftrag ist, wenn sie Probleme in einer Familie wahrnimmt. Gibt es dazu den entsprechenden Kontrakt? Ist es geklärt, auf welcher Basis gearbeitet wird? In der Justiz werden keine Kontrakte vorausgesetzt, sondern allenfalls als Ergebnis angestrebt, etwa im Vergleich. Der Kontakt der Justiz zu Betroffenen läuft nicht über einen Vertrag mit der Justiz, er entsteht aus anderen rechtlichen Ursprüngen. Das ist keine Bewertung, sondern nur eine Beschreibung.

Unterschiede zwischen Jugendhilfe und Justiz gibt es aber nicht nur in der Aufgabenstellung, sondern auch in den jeweiligen Befugnissen. Die Unterschiede in den Befugnissen besagen etwas zum Profil der verschiedenen Institutionen. Die Kinder- und Jugendhilfe hat hier sehr viel „Freiheit" zu befragen, Informationen zu speichern und zu verarbeiten. Zum Ausgleich muss dieser Raum geschützt werden. Anders die Justiz: Sie hat die Pflicht, auf entsprechende Fakten sanktionierend zu reagieren, sozusagen mit verbundenen Augen. Dafür sind ihre Befugnisse (in den Vorgaben der Verfahrensordnungen) streng begrenzt.

Allerdings wird das in der Öffentlichkeit und auch bei Teilen der Justiz oftmals nicht in seiner Funktionalität gesehen. Es wird nicht gesehen, dass der Rahmen von Hilfe auch geschützt werden muss, um die Funktionalität von Hilfemöglichkeiten nicht einzuschränken.

3. Bei Klienten für die Kooperation werben

Wenn hier betont wird, dass für eine gelingende Kooperation zunächst unerlässlich ist, die unterschiedlichen Profile kenntlich zu machen und zu respektieren, folgt daraus nicht etwa der Appell, Kooperation zögerlich zu betreiben. Im Gegenteil: Die Wege zur Kooperation sollten stärker geebnet werden, allerdings insbesondere in der Weise, dass für sie geworben wird, auch und insbesondere bei den Klient/inn/en selbst, also bei denjenigen, um die es geht. Professionalität besteht eben nicht nur darin, offensiv alles in die Waagschale zu werfen, was an eigener Kompetenz vorgeführt werden kann, sondern auch die Grenzen der eigenen Kompetenzen und praktischen Möglichkeiten einzugestehen.

So verbietet sich auch, andere Stellen hinter dem Rücken der Betroffenen „einzuschalten", sofern man sich nicht nur allgemeinen Rat holt. Vielmehr ist Professionalität auch daran zu messen, dass mit den Klient/inn/en daran gearbeitet wird, dass sie sich in freier Entscheidung auf die Einbeziehung anderer Stellen einlassen. Auch wenn dies nicht immer gelingt, bleibt das Bemühen um diesen Weg unerlässlich. Auf die Möglichkeiten und Schwierigkeiten im Konkreten, im schwierigen Detail also, soll hier nicht weiter eingegangen werden.[17]

V. Bedeutung des Datenschutzrechts – Missverständnisse

1. Wirksame Hilfe bedarf des geschützten Raums

Datenschutzrecht ist ein relativ neues Rechtsgebiet. Obwohl rechtlich fundiert durch ein umfangreiches Regelwerk und grundlegende Aussagen des Bundesverfassungsgerichts, mittlerweile auch im Bewusstsein der Öffentlichkeit fest verankert, haftet ihm bis heute der „Geruch" an, es handle sich um ein zwar gut gemeintes, aber in mancher Hinsicht überzogenes Recht. Man hat den Eindruck, dass die Bewertung letztlich davon abhängt, ob man jeweils ein Interesse hat, an bestimmte Informationen über andere heranzukommen oder aber ob man selbst darüber bestimmen will, was mit den selbst aus bestimmten Anlässen preisgegebenen Informationen geschehen soll. Besonders eindrucksvoll wird dies erkennbar, wenn sich die Medien mit dem Thema „Datenschutz" befassen. Sie haben naturgemäß ein hohes Interesse an viel Information, aber oftmals ein ebenso hohes Interesse daran, dass Informationsquellen geheim bleiben. Aber auch im privaten Umkreis kann man diese Unterschiedlichkeit der Einschätzung beobachten, also je nach Interessenlage bzw. Perspektive. Es kommt hinzu, dass der Datenschutz auch immer wieder dadurch in Misskredit gebracht oder gar missbraucht wird, um sich Arbeit zu sparen, sich nicht „in die Karten gucken zu lassen" oder aus purer „Geheimniskrämerei", dass er bürokratisch gehandhabt wird (z. B. in der Entwicklung oft unnötiger Einwilligungsformulare). Insbesondere widersprechen solche Praktiken einem der zentralen Prinzipien des Datenschutzes, nämlich dem Transparenzgebot.[18]

Das Bundesverfassungsgericht hat mit der Ausformulierung eines aus der Verfassung abzuleitenden „Rechts auf informationelle Selbstbestimmung" eine klare Orientierung gegeben. Nach den Vorgaben des so genannten Volkszählungsurteils[19] heißt das aber, dass es – wenn auch in bestimmten Grenzen – dem Gesetzgeber überlassen bleibt, wann mit der Legitimation einer gesetzlichen Befugnis

---

17 Hierzu *Blank/Deegener*, Kap. 5, S. 113 in diesem Buch.
18 Ausführlich zu den Grundlagen des Datenschutzes in der Jugendhilfe *Mörsberger*, in: Wiesner, SGB VIII (Fn. 10), Vor § 61 Rn. 47 f., 52.
19 BVerfGE 65, 1.

mit „personenbezogenen Daten" auch anders verfahren werden darf als vom Bürger gewünscht. Insgesamt könnte man daraus schließen, dass in datenschutzrechtlichen Bestimmungen jeweils eine Abwägung getroffen wird, bei der die Interessen der Allgemeinheit denen des Einzelnen gegenüberstehen. So kann es nicht überraschen, wenn in Zeiten terroristischer Bedrohung die Bereitschaft wächst, den Zugriff von Sicherheitsorganen auf Datenbestände zu erleichtern. Sofern begründet werden kann, dass die Allgemeinheit bedroht wird, leuchtet es auch ein, dass der Einzelne seine individuellen Interessen zurückstellen muss.

2. Zu den Regelungen im Sozialgesetzbuch

Mit der Verabschiedung des SGB X und seinen differenzierten Regelungen zum „Sozialgeheimnis" (§ 35 SGB I i. V. m. §§ 67 ff. SGB X) Anfang der 80er Jahre hat auch das moderne Datenschutzrecht Einzug gehalten in die Normenwelt der sozialen Arbeit. Dabei konnte Bezug genommen werden auf eine alte Tradition der Verschwiegenheitspflicht helfender Berufe, angefangen mit dem Arztgeheimnis, das schon ein Element des hippokratischen Eids war und seit langem auch durch eine Strafandrohung für ein Zuwiderhandeln geschützt ist (§ 203 Abs. 1 StGB), über die Schweigepflicht des Rechtsanwalts bis hin zu Sozialarbeitern (seit 1975 ebenfalls per Strafandrohung zur Verschwiegenheit verpflichtet).

Diese Tradition aber fußt weniger auf einer Güterabwägung zwischen Individual- und Allgemeininteresse an der Weitergabe von Informationen, sondern entspringt vielmehr der Erkenntnis, dass es Bereiche gibt, bei denen es gerade im Interesse der Allgemeinheit liegt, dass der Bürger verlässlich weiß, wie mit preisgegebenen Informationen umgegangen wird. So wäre das Arztgeheimnis ja nicht über Jahrtausende zu einer selbstverständlichen Norm geworden, wenn es die Inkarnation individueller Freiheitsrechte wäre. Ähnlich ist es mit dem Beichtgeheimnis. Es geht primär eben nicht um den Schutz des Einzelnen, sondern um die Sicherung einer Funktionalität, die sich als sinnvoll und hilfreich erwiesen hat. Es nützt der Allgemeinheit mehr, wenn der Bürger Rat und Hilfe tatsächlich in Anspruch nimmt, weil er um die Verschwiegenheit des Arztes weiß, als wenn er diese Anlaufstelle meidet.

In einem Zeitungsinterview aus dem Januar 2004 antwortete die Geschäftsführerin eines örtlichen Kinderschutzbundes auf die Frage, worin sich ihre Arbeit von der des Jugendamts unterscheide: „Es gibt einen ganz wesentlichen Unterschied. Bei uns ist alles grundsätzlich vertraulich und geschieht nur in Absprache mit den Betroffenen. Unsere Klienten wissen das und dadurch genießen wir einen enormen Vertrauensvorschuss. Unsere Zahlen belegen dies. Vor rund 10 Jahren wurden uns Familien, in denen es Schwierigkeiten gibt, zum großen Teil von Außenstehenden gemeldet. Heute sind über die Hälfte unserer Klienten Selbstmelder.

Hilfe statt Kontrolle, Verstehen statt Verurteilen und Freiwilligkeit statt Zwang sind dabei unsere Grundprinzipien."[20]

Angesichts der Komplexität unserer gesellschaftlichen Ordnung wird es natürlich immer schwieriger, die in diesem Sinne „privilegierten" Bereiche klar abzugrenzen und nicht einen Staat der „Geheimniskrämerei" aufzubauen. Beim Beispiel Arzt wird es ja deutlich: Viele wichtige Informationen gibt er routinemäßig an die kassenärztliche Vereinigung weiter, damit seine Leistungen bezahlt werden. Im Krankenhaus ist auch oftmals nicht mehr festzustellen, wer eigentlich noch in der traditionellen Art im Kontakt zum Patienten steht und deshalb Zugang zu den relevanten Informationen haben darf oder gar muss. Aber das ändert nichts an der Notwendigkeit, das Grundprinzip zu sichern.

So ist auch kein Zufall, dass die oben erwähnten ersten sozialdatenschutzrechtlichen Normen insbesondere aus den Anforderungen der Sozialversicherung entwickelt worden sind. Zwar gilt das einschlägige SGB X auch für die Kinder- und Jugendhilfe, also ebenso wie für alle anderen Sozialleistungsträger (wie Renten- und Krankenversicherung). Aber in den Beratungen zu einem neuen Kinder- und Jugendhilferecht Ende der 80er Jahre wurde festgestellt, dass es angesichts spezifischer Anforderungen der Jugendhilfe auch besonderer (zusätzlicher) Bestimmungen zum „Sozialgeheimnis" bedarf. Demzufolge wurden damals mit §§ 61 ff. SGB VIII entsprechende Regelungen in das neue Kinder- und Jugendhilferecht integriert.[21]

3. Befugnisse und deren Grenzen

Obwohl auch für die Jugendhilfe gilt, dass strikte Diskretion bzw. eine strenge Beachtung des Datenschutzes integraler Bestandteil professionellen Handelns ist, also nicht rechtliche Einengung bedeutet, sondern Bedingung fachlich qualifizierten Handelns, gibt es natürlich immer wieder Konstellationen, in denen die zuverlässige Gewährleistung von Diskretion bzw. korrekter Einhaltung der datenschutzrechtlichen Bestimmungen zu einem Zielkonflikt werden können. Das gilt für die Kinder- und Jugendhilfe sogar noch mehr als für andere helfende Institutionen, da Ansprechpartner meist Erwachsene sind, es in der Jugendhilfe aber um den Schutz von Kindern geht.

Diese Erkenntnis ändert allerdings nichts daran, dass auch hier gilt: Es ist besser, man erfährt möglichst frühzeitig von Problemlagen, als ein Informationssystem zu pflegen, in dem zwar umgehend Informationen weitergegeben werden, aber die Zugänge und praktischen Anknüpfungspunkte verbaut werden. Das hat nichts zu tun mit einem mitunter unterstellten Pathos zugunsten des Freiwilligkeitsprinzips – zu Lasten der betroffenen Kinder. Es geht vielmehr um die Erfahrung, dass

---

20   Interview mit *Maren de Klerk* Badische Neueste Nachrichten vom 28. Januar 2004.
21   Weitere Nachweise bei *Maas*, in: Jans/Happe/Saurbier/Maas, Kinder- und Jugendhilferecht, 3. Aufl. 1998, Vorb § 61.

Verlässlichkeit und Fairness in der Vorgehensweise mehr erreichen als martialische Drohgebärden. Und es geht – auch hier – um differenzierte Betrachtung und besonnenes Handeln.

Ungeachtet einiger missverständlicher Formulierungen sind die Datenschutznormen des Sozialgesetzbuchs auf solch differenzierte Handlungserfordernisse abgestellt, entsprechen der Praxiserfahrung. Irritierend wirkt sich bis heute aus, dass sie in ihrer Systematik – historisch bedingt – durch drei unterschiedliche datenschutzrechtliche Konzeptionen geprägt sind: Der modernere und sachgerechteste Ansatz macht das Zweckbindungsprinzip zum Ausgangspunkt. Es stellt den Betroffenen in den Vordergrund, listet Übermittlungsbefugnisse als zu begründende Ausnahmefälle in überschaubarer Weise auf. Der ursprüngliche, inzwischen veraltete Ansatz aus der „Gründerzeit des Datenschutzes" lässt grundsätzlich alle Informationsströme zu, wenn sie „erforderlich sind zur Aufgabenerfüllung", verhakelt sich aber in vielen Konstellationen mit dem „Recht auf informationelle Selbstbestimmung" und verleitet dabei zu bürokratischen Regulierungen (z.B. § 69 SGB X). Der dritte Ansatz stammt noch aus Zeiten, als Diskretionspflichten allein aus dem Persönlichkeitsrecht abgeleitet wurden und davon ausgegangen wurde, dass die Daten je nach dem Grad ihrer Sensibilität differenziert betrachtet werden müssten. Beispiel für eine solche Regelung im SGB ist § 68 SGB X, der u.a. gegenüber der Polizei eine Übermittlung von Daten zulässt, die als weniger schützenswert gelten (was den Daten als solchen aber nicht „anzusehen" ist, z.B. die Adresse, die Anschrift des Arbeitgebers u.Ä.).

Jedenfalls aber gilt für die öffentliche Jugendhilfe das Grundmuster (im SGB I, SGB VIII und SGB X), dass die Abfrage persönlicher Informationen (Datenerhebung) begründbar sein muss im Hinblick auf Erfordernisse der Aufgabenstellung (des Jugendamts), und dass die Datenweitergabe bzw. -übermittlung immer zulässig ist, wenn sie dem Zweck entspricht, zu dem die Daten erfragt wurden oder der Betroffene sie preisgegeben hat. Das allzu oft strapazierte Rechtsinstitut der Einwilligung ist letztlich nichts anderes als eine aktualisierte Form des Zweckbindungsprinzips (der Betroffene als dazu Befugter bestimmt eine Zweckänderung). Zulässig ist die Datenweitergabe darüber hinaus, wenn es einen ausdrücklichen gesetzlichen Befugnistatbestand gibt (also z.B. § 73 SGB X bei schweren Straftaten). Diese Ausnahmetatbestände greifen allerdings nur dann, wenn nicht (als Rückausnahme) ein Fall besonderer Verschwiegenheitspflicht besteht, namentlich, wenn die Daten „zum Zweck persönlicher und erzieherischer Hilfe anvertraut worden sind" (§ 65 SGB VIII). Diese Verschwiegenheitspflicht besteht aber nicht, wenn besondere Rechtfertigungsgründe vorliegen (Einwilligung, Anrufungspflicht i. S. v. § 50 Abs. 3 oder ein Rechtfertigungsgrund i. S. v. § 203 StGB; siehe § 65 Abs. 1 Nr. 1 bis 3 SGB VIII). Übersehen wird dabei oft, dass hier eine Informationsweitergabe zwar zulässig wird, aber damit nicht gleichzeitig auch zur Pflicht wird.

Der Gesetzgeber hat mit den Bestimmungen zum Sozialgeheimnis ausdrücklich dafür sorgen wollen, dass eine Güterabwägung in der Regel nicht wie früher üblich im Einzelfall erfolgen soll. Vielmehr hat er selbst durch differenzierende Regelungen Klarheit und zugleich eine fachpolitische Orientierung gegeben.[22] Anlass für diese Regelungen war ausdrücklich, so ist den Gesetzesmaterialien zu entnehmen, durch klare Kriterien der informationellen Zusammenarbeit die unergiebigen Auseinandersetzungen, ja „Kleinkriege" zwischen Jugendhilfe, Polizei und Strafjustiz, zu beenden. Es ist erkannt worden, dass die Zusammenarbeit nicht unbedingt auf Einzelinformationen über bestimmte Personen angewiesen ist, sondern dass sich „runde Tische" für strategische Absprachen sehr wohl bewähren.

VI. Jugendamt und Kindeswohlgefährdung: Konzeptionelle und organisatorische Leitlinien

Man mag unterschiedlicher Meinung sein, inwieweit die Diskussion um das strafrechtliche Haftungsrisiko für Helfer in Fällen von Kindeswohlgefährdung der geeignete Anknüpfungspunkt ist zur Verbesserung der Chancen, betroffene Kinder vor Misshandlung zu schützen bzw. die Folgen solcher Gewalt zu verkraften.[23] Ohne Alternative aber ist die Forderung, dass diejenigen, die für Schutz und Hilfe bei Kindeswohlgefährdung zuständig sind, immer wieder (neu) kritisch zu prüfen haben, inwieweit die Organisation ihres Arbeitsbereichs und der fachlich-konzeptionelle Ansatz den Anforderungen der ihr gestellten Aufgaben gewachsen ist.

1. Qualitätsmanagement/kritische Selbstkontrolle

Unabhängig davon, ob man nun im derzeit üblichen Jargon von „Qualitätsmanagement" sprechen muss oder andere Formen bzw. Begriffe kritischer Selbstkontrolle bevorzugt, ist die Kinder- und Jugendhilfe ebenso wie andere Verantwortungsträger gefragt, sich – immer wieder – einer nüchternen Schwachstellenanalyse zu unterziehen. Die Frage, wie die notwendige Qualität in der Arbeit um Kindeswohlgefährdungen gesichert bzw. entwickelt werden kann, ist so komplex, dass sie hier nicht in toto abzuhandeln ist.[24] Nach den Beratungen in der Kommission, aber auch in anderen Fachgremien – z. B. in einer Arbeitsgruppe, die der Deutsche Städtetag im Hinblick auf Fragen strafrechtlicher Haftungsrisiken gebildet hatte[25] – ist

---

22 Eine andere Position vertreten dazu wohl die Empfehlungen des Städtetags (JAmt 2003, 226), wenn sie davon ausgehen, dass „Anhaltspunkte einer Kindeswohlgefährdung" dazu genügen, die Voraussetzungen eines gesetzlichen Notstands gem. § 34 StGB als erfüllt anzusehen, so dass bei einem Zuständigkeitswechsel „die zur Einschätzung des Gefährdungsrisikos notwendigen Daten" weitergegeben werden dürften. Schon der Wortlaut des § 34 StGB macht deutlich, zudem die gefestigte Rechtsprechung, dass hier sehr strenge Maßstäbe anzulegen sind (siehe dazu die Kommentarliteratur zu § 34 StGB).

23 Vgl. insbesondere *Albrecht*, Kap. 7, S. 183 in diesem Buch.

24 Weitere Hinweise dazu siehe *Blank/Deegener*, Kap. 5, S. 113 in diesem Buch.

25 Deutscher Städtetag JAmt 2003, 226; ausführlicher dazu unten VI. 5.

aber deutlich, dass in organisatorischer Hinsicht besonderer Handlungsbedarf besteht in der Zielrichtung, dass Alarmsignale für eine mögliche Gefährdung nicht übersehen werden bzw. die Brisanz wichtiger Warnungen im Alltag der Routinefälle bzw. im Dschungel administrativer Zuständigkeiten nicht untergeht.

Wie so oft erwächst aber mit einem solchen Postulat sogleich die Gefahr, wenn ausschließlich mit Mitteln der Bürokratie Gefahren der Bürokratie minimiert werden sollen, also Vorschriften erlassen werden, um sicherzustellen, dass in Zukunft nicht behauptet werden kann, man habe „solche möglichen Fälle" nicht im Blick gehabt. Orientierungsmaßstab sollte vielmehr sein, tatsächlich das Bewusstsein für die Probleme und die Wahrnehmungsfähigkeit für kompetentes Handeln zu erweitern. Zudem muss klar sein, was wer (mit welcher fachlichen Kompetenz) in schwierigen bzw. riskanten Fällen auf den Weg zu bringen hat.

Bürokratisches, eher auf den eigenen Schutz und weniger auf die Aufgabe bezogenes Agieren steht jedenfalls im Widerspruch zu modernem Qualitätsmanagement. Ganz allgemein heißt es in Fachbüchern der Organisationslehre, dass (wirkliche) Qualitätsverbesserung z.B. nur über die Partizipation aller Beschäftigten zu erzielen sei, ein partizipativer Führungsstil erforderlich ist. Das müsste erst recht für das Arbeitsfeld der sozialen Dienste gelten, in denen – notwendigerweise – in relativ starker Eigenverantwortung gehandelt wird, gehandelt werden muss. Delegation von Verantwortung an teilautonome Arbeitsteams sowie eine Atmosphäre von Offenheit und Vertrauen sind aber Voraussetzung für kontinuierliche Prozesse der kritischen Durchleuchtung und Verbesserung von Arbeitsmethoden und -routinen ebenso wie für die Entwicklung von Initiative und Konfliktpotenzial.[26]

2. Entscheidungsspielräume müssen bleiben

So sollten Leitungskräfte ihren Mitarbeiter/inne/n in erster Linie fachliche Orientierung und Unterstützung bieten, also nur begrenzt detaillierte Vorgaben formulieren, die angesichts der Vielfalt und Komplexität von Fallkonstellationen zwar Klarheit suggerieren, aber möglicherweise im Einzelfall nicht bedarfsgerecht sind, zu guter Letzt sogar das Haftungsrisiko der Mitarbeiter/innen erhöhen können. Es nützt auch niemandem, neue Anforderungen zu formulieren, denen die Fachkräfte angesichts der praktischen Möglichkeiten gar nicht gerecht werden können. Die Definition von Haftungskriterien ist jedenfalls etwas anderes als die Formulierung von Orientierungen und Zielvorstellungen. Was aber können objektivierbare Kriterien sein?

Natürlich sind in erster Linie ausdrückliche gesetzliche Vorgaben zu nennen. Fast immer lassen aber die Vorschriften Interpretationsspielräume. Dasselbe gilt für die Sachverhalte selbst, also z.B. in der Bewertung von Gefährdungsfaktoren.

---

26 *Oppen*, Stichwort: Qualitätsmanagement, in: Deutscher Verein (Hrsg.), Fachlexikon der sozialen Arbeit, 5. Aufl. 2002, S. 753.

Das typische Beispiel ist die für Jugendämter geltende Pflicht, unter bestimmten Voraussetzungen das Familiengericht anrufen zu müssen. Nach § 50 Abs. 3 SGB VIII kommt es nicht nur darauf an, dass eine Kindeswohlgefährdung vorliegt, sondern das Jugendamt hat einzuschätzen, ob ein Tätigwerden des Gerichts für erforderlich gehalten wird. Es muss also auch prüfen, ob möglicherweise die Einschaltung des Gerichts sogar hinderlich sein könnte, etwa im Hinblick auf die weitere Zusammenarbeit mit der Familie. Gerade in Grenzfällen kann hier mit einer vorschnellen (aber u. U. erfolglosen) Intervention mehr Übel als Gutes bewirkt werden. Nicht zuletzt ist immer zu bedenken, dass dieser Schritt dazu führen kann, Eltern in eben jene Resignation zu treiben, die für die Entwicklung ihrer Kinder am hinderlichsten überhaupt sein kann. Wer hier keine Risiken eingeht, wird kaum jemals schwierige Eltern erreichen.

Gesetzlich ist nicht exakt geregelt, unter welchen Voraussetzungen eine Pflicht besteht, dem Verdacht von Misshandlung nachzugehen. Sie ergibt sich nur indirekt aus der allgemeinen Aufgabenstellung, gewissermaßen im Rückschluss aus den Instrumentarien, die der jeweiligen Stelle rechtlich und tatsächlich zur Verfügung stehen. Aber gibt es dazu so etwas wie „Standards" oder „Regeln der Kunst" (bzw. „Technik"), wie sie üblicherweise im Haftungsrecht als Maßstab herangezogen werden?

3. Diskussion um Standards

„Standards" spielen heute in der Kinder- und Jugendhilfe in sehr verschiedenen rechtlichen Zusammenhängen eine Rolle. So stellen sie – ausdrücklich oder im Sinne gängiger Verwaltungspraxis – die Orientierung dar in der Aufsichtsfunktion der Landesjugendämter gem. §§ 45 ff. SGB VIII. Auch hier geht es letztlich um das Kriterium „Kindeswohl". Aber gerade in diesem Anwendungskontext ist evident, wie flexibel die Handhabung sein muss. Zum anderen zeigt sich hier, wie problematisch eine Standarddefinition für das Strafrecht wäre.

Heute ist „Standard" aus fiskalischen Gründen immer auch Minimum an Aufwand, deshalb ein zu schmaler Grad des Richtigen: Wer „zu aufwändig" agiert, verstößt gegen das Gebot der Wirtschaftlichkeit, wer unterhalb bleibt, kommt mit der Strafjustiz in Konflikt. Es darf bezweifelt werden, ob sich durch die Benennung von Standards mehr Klarheit in die Frage des strafrechtlichen Haftungsrisikos für die Fachkräfte der Jugendhilfe bei Fällen von Kindesmisshandlung bringen lässt. Praktisch benennbar bleiben aber zwei spezifische Risikofaktoren, die relativ klar zu umreißen sind:

• Ein besonderer – vermeidbarer – Risikofaktor ist gegeben, wenn überhaupt kein Bemühen stattfindet, obwohl besondere Gefährdungen erkennbar waren bzw. sind,

- ein zweiter, wenn der Verantwortungsübergang von der einen zu einer anderen Stelle nicht klar organisiert wird, Missverständnisse provoziert werden und/oder nicht mehr überschaubar ist, wer wann für was zuständig ist.

Man kann und muss versuchen, die Risiken beim Helfen zu minimieren. Aber es wäre ein verhängnisvolles Missverständnis, ginge man davon aus, dass sie gänzlich vermeidbar wären. Das nämlich widerspräche dem Wesen des Helfens, das davon ausgeht und ausgehen muss, dass letztlich Entscheidungsspielräume bei allen Beteiligten bleiben müssen, bei den Betroffenen, die nur unter bestimmten engen Voraussetzungen bevormundet werden dürfen, aber auch beim Helfer, der sonst zum letztlich unmenschlichen Apparat würde. Helfen ist notwendigerweise mit Risiken verbunden.

4. Risikominimierung als Ziel

Nicht nur wegen des möglichen Haftungsrisikos gehört aber zu professioneller Hilfe ebenso wie das Bewusstsein des Risikos der stetige Versuch, dieses Risiko zu minimieren. Dazu seien noch einige zentrale Postulate genannt:

- Wenn oben als besonderer Risikofaktor Missverständnisse durch gestörte Kommunikation genannt wurden, so folgt daraus auch die Notwendigkeit, die Grenzen der Machbarkeit zu benennen. Hier aber liegt eine traditionelle Schwachstelle der Sozialarbeit, die geeignet ist, fatale Missverständnisse zu fördern, namentlich falsche (weil überzogene) Erwartungen bei Klient/inn/en ebenso wie bei anderen Institutionen.

- Missverständnisse können eher vermieden werden, wenn zwischen Helfer und Klient früher und öfter – falls möglich – entsprechende Kontrakte vereinbart werden. Dann werden auch die Handlungspflichten klarer, denn sie ergeben sich aus dem konkret Vereinbarten, ggf. aus dem in solchen Fällen Üblichen. Aus dem Arzthaftungsrecht wissen wir, wie schwierig allerdings auch solche Fragen im Streitfall werden können.

- Das gilt aber nicht nur gegenüber Klient/inn/en, sondern auch im Dreiecksverhältnis zwischen ihnen, möglicherweise eingeschalteten Trägern der freien Jugendhilfe als Leistungserbringer und dem Träger der öffentlichen Jugendhilfe. Es ist ausgesprochen wichtig, dass alle Beteiligten voneinander wissen, wer was von wem erwartet, also wie im konkreten Fall die Arbeitsteilung aussehen soll. Wenn das nicht eindeutig geklärt ist, kann das Jugendamt durchaus in Erklärungsnot geraten. Es gilt dasselbe Prinzip wie bei der Aufsichtspflicht: Diejenige Instanz, die ursprünglich die Verantwortung hatte, muss im Zweifel darlegen, dass sie gegenüber demjenigen, dem sie eine Aufgabe überträgt, die Dinge klar geregelt und dargestellt hat.

- Ein Beispiel dafür, wie in der Öffentlichkeit (und dann auch in den Medien) falsche Vorstellungen über die Aufgaben der Jugendhilfe gefördert werden können, ist die Verwendung des Begriffs „Betreuung“. So gilt nach wie vor im Allgemeinen Sozialen Dienst vieler Jugendämter jede Familie, zu denen eine Fachkraft einmal aus irgendeinem Grund Kontakt aufgenommen hatte, als eine „von uns betreute" Familie. Die damit verbundene Erwartung der Öffentlichkeit ist die, dass dann wohl auch „regelmäßig jemand nach dem Rechten schaut". Geht es aber um die Garantenstellung, so muss allen Beteiligten zumindest halbwegs klar sein, was nun an Aufwand von Seiten der Fachkraft bzw. des Jugendamts zu erwarten ist und was nicht.

- Zu wenig Beachtung wird in der Beurteilung durch die Strafjustiz auf den Aspekt der Zugangsmöglichkeit zu Familien gelegt. Anders als die Strafjustiz und auch die Polizei besteht auf Seiten der Jugendhilfe nicht nur die Pflicht, adäquat und sorgfältig mit Kindern und Jugendlichen und ihren Familien umzugehen, wenn sie gewissermaßen „als Akte auf dem Tisch liegen". Die Kinder- und Jugendhilfe muss sich auch und insbesondere darum kümmern, dass überhaupt erst einmal der Zugang erreicht wird. Das hat zu tun mit der originären Methodik der Sozialarbeit, bei der eben Hilfe zur Selbsthilfe eine elementare Basis darstellt, also im Unterschied zu den anderen genannten Institutionen. Dieser Aspekt der Selbsthilfe wird in der Kinder- und Jugendhilfe flankiert durch den Aspekt der Bindung von Kindern und Jugendlichen an ihre Eltern und der Schwierigkeit, dass in solchen Zusammenhängen Hilfe immer auch verknüpft sein muss mit der Existenz oder Entwicklung von Beziehung. Solches kann nicht durch Maßnahmen oder dergleichen angeordnet werden; solche Anordnungen betreffen immer nur Rahmenbedingungen, niemals konkrete Hilfe. Es ist aber bekannt, dass „energisches" Eingreifen für die Kinder keineswegs immer hilfreich ist, sondern eher der psychischen Entlastung der Erwachsenen dient.

- Es ist mittlerweile ein offenes Geheimnis, dass es hinsichtlich des Schutzes von Kleinstkindern ein Systemdefizit gibt, das durch die Instrumentarien der Kinder- und Jugendhilfe nur sehr begrenzt kompensiert werden kann.[27] Hier ist die Politik gefordert, im Bereich des Gesundheitswesens neue Hilfe- und auch Kontrollstrukturen zu schaffen, sicherlich in enger Kooperation mit den Diensten und Einrichtungen der Kinder- und Jugendhilfe.

- Zuletzt ist auf die Bedeutung der Hilfe-Dokumentation hinzuweisen. Sie ist nicht nur unentbehrlich, um in möglichen Ermittlungsverfahren die eigenen Anstrengungen belegen zu können. Sie sind auch ein Instrument zur Selbstkontrolle und damit ein Indiz für die Professionalität, die moderne Sozialarbeit für sich beansprucht und auch in vielen Vorgaben des SGB VIII nicht erst gefordert, sondern als selbstverständlich vorausgesetzt wird. Ob die Realität dem entspricht, wird verallgemeinernd nicht festgestellt werden können. Allerdings gilt hier in besonderer Weise, dass es nicht genügt, Vorgaben zu formulieren. Meist haben Fachkräfte zwar gelernt, schwierige Krisengesprä-

---

27 Ausführlich dazu Verein für Kommunalwissenschaften (Hrsg.), It Takes Two to Tango. Frühe Kindheit an der Schnittstelle zwischen Jugendhilfe und Entwicklungspsychologie, 2004.

che zu führen; oft aber ist festzustellen, dass es in der Aus- und Fortbildung an Angeboten mangelt, entsprechende (besondere) Kompetenzen zu entwickeln.

5. Bedeutung des so genannten Städtetag-Papiers

Nach Vorberatung in einer interdisziplinär zusammengesetzten Arbeitsgruppe hat der Deutsche Städtetag Mitte des Jahres 2003 „Empfehlungen zur Festlegung fachlicher Verfahrensstandards in den Jugendämtern bei akut schwerwiegender Gefährdung des Kindeswohls"[28] veröffentlicht. In der Praxis haben diese Empfehlungen große Resonanz gefunden. Sie tragen erkennbar dazu bei, dass die Vorgehensweisen der Jugendämter bei Kindeswohlgefährdung konsequenter als bislang reflektiert werden. In der Begründung wird davon ausgegangen, dass es angesichts einiger Strafverfahren (genannt werden die Verfahren in Osnabrück, Stuttgart, Dresden, Leipzig und Mannheim) notwendig sei, „Standards zum fachlichen Verfahren festzulegen, die das strafrechtliche Risiko der Mitarbeiter/innen begrenzen und überschaubar machen". Ob sie diese Wirkung haben können (und nicht möglicherweise gegenteilige), soll hier nicht weiter untersucht werden. Auch ist hier nicht der Ort zu beurteilen, ob es angesichts der oben dargestellten Kriterien für Qualitätsmanagement angebracht war, von zentraler Stelle aus so dezidierte Vorgaben zu formulieren, die dazu verleiten, ihnen eine quasi-normative Bedeutung zuzuschreiben. Die Empfehlungen stellen jedenfalls zu Recht heraus, dass es klarer Orientierungshilfen und Absprachen bedarf, um Fehlerquellen nach Möglichkeit auszuschließen.

Leider geben die Empfehlungen aber auch Anlass zu neuen Missverständnissen bzw. enthalten Widersprüche. So heißt es ausdrücklich, man beschränke sich bei den Empfehlungen auf „Fälle akuter Gefährdung durch Kindesvernachlässigung oder Kindesmisshandlung oder akuter Wiederholungsgefahr bei bereits eingetretenen Kindesmisshandlungen", also auf den „Bereich der Hilfe durch Intervention".[29] Wenige Zeilen später aber wird empfohlen: „Jede Mitteilung (...), die Anhaltspunkte für eine Kindeswohlgefährdung enthält, ist von der informierten Fachkraft schriftlich aufzunehmen und zu unterschreiben." Die so charakterisierten Fälle werden im Weiteren dann Basis für alle weiteren Verfahrensempfehlungen. Damit wird gerade nicht das umgesetzt, was eingangs der Empfehlungen zu Recht verlangt wird, dass nämlich zunächst nach dem Grundsatz der Verhältnismäßigkeit „eine Einschätzung der Art und Schwere der Beeinträchtigung des Kindeswohls" erfolgen müsse.

Gewollt oder ungewollt gehen die Empfehlungen damit davon aus, dass es praktisch eine Art allgemeiner behördeninterner Mitteilungspflicht geben sollte für alle Fälle, die „Anhaltspunkte für eine Kindeswohlgefährdung" enthalten. Das aber ist

---

28 Die (in der suggestiven Formulierung irritierende) Kurzüberschrift dieser Empfehlungen lautet „Strafrechtliche Relevanz sozialarbeiterischen Handelns", JAmt 2003, 226.
29 Deutscher Städtetag JAmt 2003, 226 (227).

in dieser Allgemeinheit weder juristisch haltbar noch fachlich-methodisch über-zeugend. Problematisch werden diese Vorgaben zudem, wenn andere Stellen, die von solchen „Anhaltspunkten" erfahren, als verpflichtet angesehen werden, „unverzüglich die zuständige Sozialarbeiterin oder den zuständigen Sozialarbeiter des ASD/der Bezirkssozialarbeit, ggf. ihre/seine Vertretung zu informieren". Als solche Stellen werden beispielhaft Beratungsstellen und Tageseinrichtungen genannt.[30] Es soll nicht verkannt werden, dass es Konfliktsituationen geben kann, die es rechtfertigen, die Verschwiegenheitspflicht zu brechen. Das aber sind extreme Ausnahmefälle, es genügen jedenfalls keine „Anhaltspunkte".

Offenkundig wird mit diesen Hinweisen, wie schwierig es ist, für die so vielen sehr unterschiedlichen Fallkonstellationen der Praxis geeignete einheitliche Vorge-hensweisen vorzugeben. Es scheint in allgemeinen Definitionen kaum beschreib-bar zu sein, welche Fallmerkmale zu entsprechenden Interventionen führen sollten oder müssten. Man kommt wohl nicht umhin, hier der jeweiligen Fachkraft die Definitionsmacht dafür zuzugestehen, was als besondere Gefährdung anzusehen ist und wann sich *zudem* angesichts der Gesamtumstände und der Besonderheiten des Einzelfalls intensivere Beobachtungen oder gar unverzügliche Intervention empfehlen. Auch wenn es unverzichtbar ist, Mitarbeiter/innen für Fälle von Kin-deswohlgefährdung allgemeine Orientierungshilfen und praktische Handlungs-empfehlungen an die Hand zu geben, so bleibt es trotz der damit verbundenen Risi-ken eine besondere Chance, dass darin kein Automatismus im Sinne von pauschalen Mitteilungspflichten vorgesehen wird, sondern individuelle Ansprache und differenzierte Vorgehensweisen möglich bleiben, also Beratung, konkrete Leistungs- bzw. Unterstützungsangebote, aber auch Interventionen, ob nun auf freiwilliger Basis, notfalls aber auch gegen den Willen der Betroffenen.

Fachlich-methodisch ist das Plädoyer für solch differenzierte Vorgehensweisen bzw. die Sicherung von Beurteilungsspielräumen bei der einzelnen Fachkraft nicht etwa eine Behinderung entschlossener Hilfeinitiativen, sondern soll ganz im Gegenteil dafür Sorge tragen, dass die optimale bzw. situationsgerechte Hilfe (ggf. auch in Form radikaler Veränderungen durch gerichtliche Maßnahmen) gewährleistet wird.

6. Vereinbarungen mit Trägern der freien Jugendhilfe

In vielen Fällen ist es ein Träger der freien Jugendhilfe, dem im Rahmen oder am Rande von einzelnen Leistungen, die er erbringt, Kenntnis erhält von Kindes-wohlgefährdungen. Nicht selten sind es gerade solche Fälle, die überhaupt dazu führen, dass ein solcher Träger mit entsprechenden Hilfen beauftragt wird. Die Risiken tauchen also oftmals nicht erst im Rahmen aktueller Hilfen auf, sondern sind sogar der Ausgangspunkt. Zum Beispiel geschieht bei der sozialpädagogi-schen Familienhilfe bewusst keine Trennung des Kindes von den Eltern, die aku-

---

30 Deutscher Städtetag JAmt 2003, 226 (227).

ten Risiken bleiben, sie sollen durch diese Form der Hilfe aber minimiert werden und es sollen damit Voraussetzungen geschaffen werden für längerfristige Veränderungen.

Vielfach werden nun infolge von warnenden Hinweisen in der Literatur zur Garantenpflicht durch die Jugendämter Vereinbarungen getroffen, in denen die Träger der freien Jugendhilfe zu umfassender Information über das Geschehen in der jeweiligen Familie verpflichtet werden. Vereinbarungen in dieser Verallgemeinerung sind weder sachgerecht noch erforderlich. Die Mitteilungspflichten dürfen nicht so gestaltet sein, dass methodische Grundpostulate der Beziehungsarbeit unterlaufen werden (müssen). Auch hier bedarf es also der Differenzierung. Zu empfehlen sind allerdings sehr wohl klare konzeptionelle Vorgaben, in denen wichtige Qualitätsmerkmale für entsprechende Fälle festgehalten sind. Das schließt nicht aus, im Jugendamt in besonders gelagerten Fällen als unverzichtbar einzuschätzen, dass es tatsächlich umfassend über alle einschlägigen Vorgänge in einer Familie informiert werden muss. Das aber hat dann auch besondere Gründe, kann den Betroffenen insofern eher vermittelt werden und behindert die Arbeit nicht.

7. Differenzierung nach dem Anlass für ein Bekanntwerden von Anhaltspunkten für eine Kindeswohlgefährdung

Selbstverständlich ist bei organisatorischen Vorgaben zu berücksichtigen, in welchen Zusammenhängen und aus welchem Anlass Anhaltspunkte für eine Kindeswohlgefährdung bekannt werden. Es macht rechtlich wie hilfemethodisch einen entscheidenden Unterschied, ob die Hinweise den Fachkräften im Rahmen laufender Beratung bzw. anderer Hilfen bekannt werden, oder ob ein Dritter sich an die Institution Jugendamt wendet, also (zunächst) ohne einen persönlichen Bezug zu einzelnen Fachkräften.

Besteht schon ein Beratungskontakt, kann es in erkennbar riskanten Fällen zu empfehlen sein, dass die beratende Person mit dem Klienten einen Kontrakt im Sinne von Risikobegrenzung abschließt („wenn sie Vereinbarung A nicht einhalten, ziehe ich Konsequenz B"), also weitere Beratung abhängig macht von einem solchen Kontrakt. Es spricht auch nichts dagegen, dass in allgemeinen organisatorischen Vorgaben die Mitarbeiter/innen angehalten werden, diese Variante in allen Fällen zu prüfen („Entscheidungs-Korridor mit Kriterienkatalog").

Anders ist die Situation, wenn das Jugendamt „nur" als Institution angerufen wird. Hier liegt es nahe, dass zunächst das Maß an akuter Bedrohung eingeschätzt wird, bald aber auch entschieden werden muss, in welcher für den konkreten Fall geeigneten Form der Kontakt zur betreffenden Familie aufgenommen werden kann. Sehr sensibel wird man mit der Frage umgehen, ob bzw. in welcher Form man andere Stellen befragt, inwieweit tatsächlich eine Kindeswohlgefährdung vorliegt. Es ist nicht nur eine Frage der rechtlichen Zulässigkeit (die auf der Basis des eng gefassten § 62 SGB VIII zu prüfen ist), ob mit der Frage an Dritte ja auch die Information über einen Verdacht übermittelt wird. Insbesondere aber kann mit einem solchen Weg der Zugang zu den direkt Beteiligten versperrt werden, was im Ergebnis eine Verschärfung der Kindeswohlgefährdung zur Folge haben kann. Letztlich empfiehlt sich, nach Möglichkeit zu Vereinbarungen mit denjenigen zu kommen, die ohnehin Verantwortung für das betreffende Kind tragen. Dass man dann auch die Einhaltung schützender Vereinbarungen überprüfen muss, sollte sich von selbst verstehen.

VII. Besonderheiten in der Arbeit des Jugendamts gegenüber Pflegefamilien

Im Spektrum der Hilfen zur Erziehung kommt der so genannten Vollzeitpflege, also der Inpflegegabe von Kindern in eine „Pflegefamilie", große, quantitativ zunehmende Bedeutung zu. Sie unterscheidet sich von anderen Hilfearten der §§ 27 ff. SGB VIII insbesondere dadurch, dass sie vorwiegend nicht durch professionelle pädagogische Kräfte erbracht wird. Bewerben sich potenzielle Pflegeeltern für diese Aufgabe, muss ihre Eignung geprüft werden. Es bedarf ausführlicher Beratung, die auf beiden Seiten zu Klarheit im Entscheidungsprozess beitragen soll. Auch Wertvorstellungen über Erziehungsstile gehören notwendigerweise zu dem, was vor Beginn des Pflegeverhältnisses geklärt sein sollte, also nicht nur die äußeren Wohn- bzw. Lebensverhältnisse. Letztlich münden viele der dabei gewonnenen Informationen und getroffenen Absprachen in den nach § 36 SGB VIII erforderlichen Hilfeplan, der regelmäßig zu aktualisieren ist, auch und insbesondere bei einem Wechsel der örtlichen Zuständigkeit. Indem das Jugendamt diese Hilfe zur Erziehung in Form der Vollzeitpflege häufig gewissermaßen „vermittelt", übernimmt es insoweit auch eine besondere Verantwortung.[31]

Kinder können aber auch in Pflegefamilien aufgenommen werden, ohne dass die Voraussetzungen einer Hilfe zur Erziehung gem. §§ 27 ff. SGB VIII vorliegen. Gleichwohl bedarf es gem. § 44 Abs. 1 SGB VIII zum Schutz der Kinder auch in diesen Fällen privater Vermittlung oder Gefälligkeit einer Pflegeerlaubnis, hat auch in der Folgezeit das Jugendamt „an Ort und Stelle" zu überprüfen, ob die Voraussetzungen für die Erteilung der Erlaubnis weiterbestehen (§ 44 Abs. 3 SGB VIII). Zwar hat auch hier das Jugendamt eine besondere Pflichtenstellung, nachdem es zu prüfen hat, ob eine entsprechende Erlaubnis erteilt werden konnte. Allerdings besteht in diesen Fällen nicht der Anknüpfungspunkt der „Hilfe zur Erziehung", also auch nicht die Notwendigkeit, die Entwicklung des Pflegekindes so genau zu verfolgen, wie dies bei Fällen des § 33 SGB VIII (nicht zuletzt durch die Verabredungen im Hilfeplan) erforderlich ist. Auch sind die Kriterien einer Pflegeerlaubnis naturgemäß nicht dieselben wie die Anforderungen bei einer Leistung nach § 33 SGB VIII, ist nicht zu unterstellen, dass entsprechende erzie-

---

31 Hierzu eingehend *Meysen*, Kap. 6, S. 157 in diesem Buch.

herische Fähigkeiten erforderlich sind und auch die äußeren Verhältnisse anders beurteilt werden dürfen als in diesen Fällen.

Leider kann es auch in Pflegefamilien zu Kindesmisshandlungen kommen, ist es leider auch schon (wiederholt) gekommen, bis hin zu schweren Gewalttaten oder eklatanten Vernachlässigungen mit Todesfolge.

VIII. Statt Angstmache vor dem (geringen) strafrechtlichen Haftungsrisiko sollte mehr getan werden zugunsten von Qualitätsentwicklung und Risikominimierung

Dass es immer wieder zu Misshandlungen von Kindern kommt, zu Gewalttaten, zu sexuellem Missbrauch und zu lebensbedrohlicher Vernachlässigung auch und insbesondere innerhalb der Familie, ist traurige Realität – nicht erst heutzutage. Neu ist, dass in den letzten Jahren – wenn auch nur in einigen wenigen Fällen – Strafverfahren eingeleitet wurden gegen Fachkräfte der Jugendhilfe, nachdem es zu solchen Misshandlungen gekommen war. Ihnen wurde vorgeworfen, sie hätten dies verhindern können, wenn sie massiver interveniert hätten. In diesen Verfahren spielte das Rechtsinstitut der Garantenpflicht eine zentrale Rolle. Dabei ist in der Literatur bis heute sehr umstritten, in welchem Umfang die Garantenpflicht im Aufgabenzuschnitt des Allgemeinen Sozialen Diensts überhaupt zur Geltung kommen kann.[32]

Ungeachtet der strafrechtsdogmatischen Dispute ist festzustellen, dass die erwähnten Strafverfahren in der Jugendhilfepraxis zu erheblichen Verunsicherungen geführt haben. Viele grundsätzliche Fragen – auch innerhalb der Kinder- und Jugendhilfe – stehen zur Klärung an. Dass der interdisziplinäre und der interinstitutionelle Dialog (also zwischen Rechts- und Sozialwissenschaften bzw. zwischen Justiz und Institutionen der Kinder- und Jugendhilfe) nicht zuletzt durch Sprachbarrieren behindert wird, unterstreicht diese Notwendigkeit. Typisches Beispiel ist die Irritation, die schon der Begriff der „Garantenpflicht" auslöst, Teil eines sehr speziellen strafrechtsdogmatischen Konstrukts bei so genannten unechten Unterlassungsdelikten.[33] Für Nichtjuristen liegt es nahe, bei diesem Begriff „Garantie" zu assoziieren, eine Kategorie, die naturgemäß für Helfer geradezu befremdlich wirken muss. Immerhin signalisiert dieser Begriff, dass es im Zusammenhang der Sozialarbeit gegen jede Lebenserfahrung doch so etwas zu geben scheint wie einen „Garanten" für erfolgreiches Helfen. Wer sich dieses Konstrukt genauer anschaut,

---

32 Ausführlich zum Meinungsstand in Literatur und Rechtsprechung *Albrecht*, Kap. 7, S. 183 (197 ff.) in diesem Buch. Kritische Anfragen zur Herleitung einer Garantenpflicht aus Gesetz auch bei *Wiesner*, Das Wächteramt des Staates und die Garantenstellung des Sozialarbeiterin/des Sozialarbeiters zur Abwehr von Gefahren für das Kindeswohl, ZfJ 2004, 168 (insb. Fn. 29).
33 Kritisch zur Praxis der Anwendung dieses Konstrukts im Bereich der Sozialarbeit *Albrecht*, Kap. 7, S. 183 in diesem Buch.

erkennt zwar, dass diese Schlussfolgerung nicht gezogen werden muss. Aber in der Praxis ist leider festzustellen, dass mitunter doch falsche Konsequenzen abgeleitet werden, dass angesichts der Tatsache, dass das Verantwortungsprofil ziemlich unklar ist, eben jene Verantwortung möglichst schnell abgeschoben wird, mit fatalen Folgen für die betroffenen Kinder, Jugendlichen und ihre Familien. Statt nach möglichen Ressourcen zu suchen, sie zum Ausgangspunkt für Hilfestrategien zu machen, wird wieder „in" den Defiziten gesucht.

Jedenfalls bedarf es der differenzierten Betrachtung, für was man denn „Garant" sein könnte, für was man einstehen könnte. Wird das Verhältnis von hoher Zielsetzung und allgemeiner Möglichkeit zu unklar definiert, darf man sich nicht wundern, wenn es in der Öffentlichkeit, den Medien, aber auch von Seiten anderer Institutionen, nicht zuletzt der Strafjustiz, zu Missverständnissen kommt. Zugespitzt formuliert: Wer realitätswidrig behauptet, er sei in der Lage, umfassend das „Kindeswohl" zu gewährleisten, kommt nicht ungeschoren davon, wenn es doch verletzt wird.

In diesem Zusammenhang spielen Medien und Öffentlichkeit eine große Rolle, wie heute allgemein und im Sinne demokratischer Prinzipien auch zu Recht. Was den Kindesschutz angeht, ist es zunächst ja auch sehr zu begrüßen, wenn bei Meldungen über besonders gravierende Fälle von Kindesmisshandlung Empörung laut wird, dass Reaktionen gefordert und Schuldige gesucht werden. Es wäre schlimm, wenn achselzuckend über diese Diskrepanz von Anspruch und Wirklichkeit hinweggegangen würde. Auch wird zu Recht gefragt, was denn getan werden könne oder müsse, um solche Fälle zu vermeiden.

Jedenfalls wird heutzutage in den Medien nach bekannt gewordenen Misshandlungsfällen regelmäßig gefragt, warum denn „die Behörden" versagt hätten. So auch in Saarbrücken im Frühjahr 2003. Natürlich wünschte sich jeder, die Behörden hätten die Misshandlungen verhindert. Allgemein muss man aber darauf hinweisen, dass im Nachhinein schnell festgestellt werden kann, was solche Taten hätte verhindern können.[34] Ein wirklicher Vorwurf darf fairerweise aber nur erhoben werden, wenn ein anderes als das gewählte Vorgehen verpflichtend gewesen wäre.

Oft wird nicht mehr genau gefragt, es wird vielmehr einfach unterstellt. Es fällt auf, dass sich anlässlich einiger spektakulärer Misshandlungsfälle solche Verfahren in den letzten Jahren gehäuft haben. Zumindest spielen sie in der „Jugendhilfeszene" eine große Rolle, haben Verunsicherung ausgelöst, von der kritisch zu fragen ist, ob es denn eine heilsame sein könnte. Eine solche kann es aber schon deshalb kaum sein, weil sich im Laufe der internen Debatten gezeigt hat, dass nur für einige wenige Fallkonstellationen klar zu sein scheint, was denn überhaupt als „Fehlverhalten" zu definieren ist. Festzustellen ist nämlich auch, dass die erwähnten Strafverfahren weder zu den zugrunde liegenden juristischen Fragen Klarheit

---

34   Siehe hierzu auch *Albrecht*, Kap 7, S. 183 (205 ff.) in diesem Buch.

geschaffen haben, geschweige denn im Hinblick auf die praktischen Konsequenzen (und möglichen Veränderungszwänge).

Wenn im Zusammenhang von Kindesmisshandlung konstatiert werden muss, dass von gefestigter Rechtsprechung im Hinblick auf das Anforderungsprofil für Hilfeinstitutionen keine Rede sein kann, kann das für die Kinder- und Jugendhilfe nicht bedeuten, dass sie insoweit die Hände in den Schoß legen dürfte. Sie muss vielmehr in eigener Initiative Kriterien entwickeln und formulieren.

Noch wichtiger als solche Initiativen ist und bleibt es aber, konsequent danach zu fragen, was getan werden kann, um sicherzustellen, dass Anzeichen besonderer Gefahren rechtzeitig erkannt werden, dass Hilfen professionell angesetzt werden, aber auch, dass ganz praktisch das umgesetzt werden kann, was als notwendig angesehen wird, um die Risiken für Kinder im Hinblick auf Gefährdungen zu minimieren. Das ist mit Aufwand verbunden, der Geld und Engagement verlangt. Die vielen Gruppen, die sich heutzutage mit Fragen der Kindeswohlgefährdung befassen, sind ein Beleg dafür, dass das nötige Engagement vorhanden ist. Es ist zu wünschen, dass sich auch der „Rest" der Gesellschaft insofern engagiert, als er in den zuständigen Gremien die erforderlichen Finanzmittel zur Verfügung stellt.

In der Umsetzung spielt, wie dargelegt, das Jugendamt eine zentrale Rolle. Auch hier bedarf es der politischen Unterstützung, damit es seinem Auftrag kontinuierlich und fachkompetent gerecht werden kann und nicht nur, wie mancherorts festzustellen, als „Sozialbürge" und „Prügelknabe" herhalten muss, wenn Kindern Schreckliches passiert, was niemand gewollt hat, aber auch keiner die konkrete Möglichkeit hatte, es zu verhindern.

IX. Fazit/Hinweise für die Praxis

1. In Deutschland nimmt die Institution Jugendamt für das gesamte Arbeitsfeld der Kinder- und Jugendhilfe eine zentrale Rolle ein, hat eine Bündelungsfunktion, aber auch eigene Handlungsaufträge gegenüber Kindern, Jugendlichen und ihren Familien. Ihr Profil hat sich im Laufe der Zeit verändert – infolge neuer fachlicher Erkenntnisse, die ihren Ausdruck in den jeweiligen Gesetzesänderungen erfahren haben, aber auch durch die Bestrebungen öffentlicher Verwaltung, sich stärker als früher bürgernah und weniger hoheitlich zu organisieren.

2. In der Öffentlichkeit sind die Erwartungen an die Institution Jugendamt geprägt durch die über Jahrzehnte tradierten Vorstellungen, die mitunter mit deren heutiger Aufgabenstellung kaum mehr etwas zu tun haben. Allerdings macht es das breite Leistungsspektrum des Jugendamts auch schwer, das (veränderte) Profil sachgerecht darzustellen und zu vermitteln.

3. Das Jugendamt ist seinem Wesen nach hilfeorientiert. Diese Orientierung ist eine Erfolgsgeschichte, weil sich erwiesen hat, dass auch und gerade in Erzie-

hungsfragen Menschen eher dort wirkungsvoll zu erreichen sind, wo sie Probleme *haben*, als dort, wo sie ein Problem *sind*. Das gilt im Prinzip auch für Fälle von Kindeswohlgefährdung, da sie meist mit Überforderungssymptomen zusammenhängen.

4. Zudem entwickelt sich Kindeswohlgefährdung aus komplexen Problemlagen in den jeweiligen Familien. Was jeweils die erforderliche bzw. wünschenswerte Hilfe ist, kann deshalb nur für den Einzelfall beurteilt und entschieden werden. Sie besteht in den meisten Fällen darin, dass den vorrangig Verantwortlichen, also in der Regel den Eltern, Beratung und Unterstützung angeboten wird. Oft sind aber auch Interventionen erforderlich, ggf. verbunden mit Eingriffen durch die Familiengerichtsbarkeit in das (vorrangige) Elternrecht. Hierbei ist stets zu beachten, dass der (aktuelle, aber auch später vielleicht notwendige) Zugang der Betroffenen zu Hilfeangeboten nicht erschwert wird.

5. Auch schwierige Hilfebeziehungen entlassen das Jugendamt – aus fachlichen wie aus juristischen Gründen – nicht aus der Pflicht, immer wieder den/die Betroffenen in Entscheidungsprozesse einzubeziehen.

6. Zugang zu Betroffenen zu bekommen bzw. zu sichern, gelingt Helfer/inne/n in der Regel nur, wenn ihr Umgang mit anvertrauten Informationen kalkulierbar ist.

7. Bestimmungen des Sozialdatenschutzes sind für die Fachkräfte der Kinder- und Jugendhilfe (insbesondere deshalb) integraler Bestandteil professionellen Handelns. Dabei geht es weniger um den Schutz der Privatsphäre, sondern vielmehr um die Funktionssicherung dieses Hilfesystems.

8. Für die Fälle, bei denen im Umgang mit personenbezogenen Informationen eine Güterabwägung vorzunehmen ist, hat diese nicht nach allgemeinen Kriterien, sondern nach den Konkretisierungen in den Datenschutzbestimmungen des Sozialgesetzbuchs zu erfolgen.

9. Wirksamer Kindesschutz verlangt eine stetige Überprüfung bzw. Optimierung organisatorischer Abläufe und fachlich-konzeptioneller Ansätze. Sie sollten allerdings nicht so formalisiert sein, dass die den Erfordernissen des Einzelfalls entsprechenden Entscheidungsspielräume zu sehr eingeengt werden bzw. Verantwortlichkeiten unnötig verlagert werden.

10. Zur Vermeidung von Missverständnissen empfiehlt sich, dass Jugendämter für die spezifischen Anforderungen bei Kindeswohlgefährdung mit Trägern der freien Jugendhilfe bzw. leistungserbringenden Stellen Vereinbarungen treffen. Dabei ist aber Rücksicht zu nehmen auf die besondere Stellung dieser Träger (und die damit verbundenen Chancen).

11. Besonders dramatisch wirken sich Überforderungssituationen bei Eltern für Säuglinge und Kleinkinder aus, weil sie nicht auf sich aufmerksam machen können, wenn Eltern sie nicht adäquat versorgen (können). Deshalb sollte

geprüft werden, inwieweit nicht so genannte frühe Hilfen ausgebaut werden können – auch in Zusammenarbeit mit Hebammen, Kliniken und Kinderärzt/ inn/en (und den zuständigen Kostenträgern, also insbesondere den Krankenkassen).

12. Für ältere Kinder kommt auch der Schule in diesem Zusammenhang eine herausragende Bedeutung zu, hat sie doch – als eigenständige Erziehungsinstanz – in der Regel direktere Einwirkungsmöglichkeiten auf die Betroffenen als das „ferne" Jugendamt. Lehrer/innen in der Schule haben daher oftmals weit besseren Zugang zu Informationen über die Wünsche, Bedürfnisse und Probleme ihrer Schüler/innen, der es ihnen ermöglicht, Hilfen für gefährdete Kinder und Jugendliche zu initiieren. Dazu bedarf es eines regelmäßigen Austauschs und einer vertrauensvollen Zusammenarbeit mit den Fachkräften im Jugendamt und bei Trägern der freien Jugendhilfe.

13. Formale Anzeigepflichten (für jedermann) oder auch spezielle Meldepflichten für Ärzte, Psychotherapeuten und Sozialarbeiter (gegenüber amtlichen Hilfeinstitutionen und/oder Strafverfolgungsbehörden), wie sie in gewissen Abständen in Deutschland und auch in einigen anderen Staaten erwogen, zum Teil auch eingeführt, zum Teil später wieder abgeschafft wurden, sind als wenig hilfreich anzusehen. Vielmehr sollte mehr dafür getan werden, dass die notwendige Kooperation der mit Kindeswohlgefährdung befassten Stellen (immer wieder neu) verstärkt bzw. gefördert wird.

14. Die durch einige spektakuläre Strafverfahren bei vielen Mitarbeiter/inne/n in Jugendämtern ausgelöste Angst vor haftungsrechtlichen Konsequenzen steht in keinem Verhältnis zum tatsächlichen strafrechtlichen Haftungsrisiko. Zudem trägt solche Angst nicht dazu bei, die als fachlich richtig erachtete Vorgehensweise zu wählen, sondern fördert ein Verhalten, das sich im Zweifel eher an der eigenen Risikoabsicherung denn an Schutz und Hilfe für gefährdete Kinder orientiert.

Kapitel 5

Kooperation und Vernetzung von Institutionen zur Abschätzung der Risiko- und Schutzfaktoren bei Kindeswohlgefährdung

von Udo Blank/Prof. Dr. Günther Deegener

I. Vernetzung und Kooperation als (selbstverständliche) Notwendigkeit

1. Problem der Kommunikation von Wahrnehmungen und Einstellungen

In den letzten zwei Jahrzehnten wurde Vernetzung und Kooperation bei (Verdacht auf) Kindesmisshandlung zunehmend auf Tagungen diskutiert, in Modellprojekten erprobt, in Veröffentlichungen beschrieben, von Kommissionen eingefordert. Dies führte zu interdisziplinären und multiprofessionellen, differenzierten und hochkomplexen Beschreibungen, Erklärungen und Begründungen der Zusammenarbeit von Helfer/inne/n und ihrer jeweiligen Systeme, die fast vergessen lassen, dass die Notwendigkeit zur – im weitesten Sinne verstandenen – Vernetzung/Kooperation auf einer Binsenwahrheit beruht, wie sie z. B. in der nachfolgenden Geschichte von den Blinden und dem Elefanten verdeutlicht wird:[1]

„Hinter Ghor lag eine Stadt, deren Bewohner erblindet waren. Ein König zog eines Tages mit Gefolge und einer Armee in die Gegend. Er führte einen mächtigen Elefanten mit sich, den er bei kriegerischen Angriffen einsetzte und auch, um der Leute Ehrfurcht zu vergrößern. Die Menschen waren begierig, mehr über den Elefanten zu erfahren, und einige Blinde liefen in die Gegend, wo sie den Elefanten vermuteten. Dort angekommen betasteten sie die Teile des mächtigen Tieres, die ihnen erreichbar waren. Und da sie über den Elefanten nichts wußten, waren sie überzeugt, nun die wahren Tatsachen zu kennen. In die Stadt zurückgekehrt, wurden sie von Neugierigen umringt, die gespannt waren, die Wahrheit über Aussehen und Gestalt des Elefanten zu erfahren. Der Mann, dessen Hand ein Ohr betastet hatte, sagte: ‚Er ist groß und rauh, so breit und ausgedehnt wie ein Teppich.‘ Einer, der den Rüssel berührt hatte, sagte: ‚Ich kenne die wahren Tatsachen. Er ist eine gerade und hohle Röhre, schrecklich und zerstörerisch.‘ Ein anderer, der Füße und Beine des Elefanten berührt hatte, rief: ‚Ich sage Euch, er ist ein mächtiger und starker Pfeiler.‘ Und der Blinde, der den Schwanz des Elefanten in seinen Händen gehalten hatte, sagte: ‚Er ist ein riesiger Pinsel.‘ Und der schließlich, der den Leib des Elefanten betastet hatte, meinte: ‚Glaubt mir, er ist eine wuchtige Tonne.‘ Jeder hatte einen Teil von vielen berührt. Und weil keiner alles wußte, hatte jeder es falsch aufgefaßt.“

Schweitzer-Rothers ergänzt diese „erkenntnistheoretische“ Ein- und Beschränkung unserer Wahrnehmung durch den Aspekt der Einstellung gegenüber den Wahrnehmungen anderer aufgrund seiner Anmerkungen zu dem folgenden Gedicht von *Joachim Ringelnatz:*[2]

---

1   *Reifarth/Scherpner*, Der Elefant. Texte für Beratung und Fortbildung, Deutscher Verein für öffentliche und private Fürsorge, 1993.
2   *Schweitzer-Rothers*, Gelingende Kooperation: Über Selbstreflexion alltäglicher Zusammenarbeit, in: Armbruster, Misshandeltes Kind. Hilfe durch Kooperation, 2000, S. 13.

„Es war eine Schnupftabakdose,
die hatte Friedrich der Große
sich selbst geschnitzelt aus Nußbaumholz,
und darauf war sie natürlich stolz.
Doch da kam ein Holzwurm gekrochen,
der hatte Nußbaum gerochen.
Die Dose erzählte ihm weit und breit,
von Friedrich dem Großen und seiner Zeit.
Sie nannte den alten Fritz generös.
Da aber wurde der Holzwurm nervös,
Und sagte, indem er zu bohren begann:
Was geht mich Friedrich der Große an.

Holzwurm und Schnupftabakdose finden nicht zu einer beidseits befriedigenden Kooperation, weil der Holzwurm nicht weiß, was ihn Friedrich der Große angehen soll. Er verweigert daher jegliche Zielabsprachen, pfeift auf mögliche Synergieeffekte, unterwirft sein Tun keinem Quality Review und bohrt ohne jegliche Langzeit- und Nebenwirkungsanalyse seiner Tätigkeit einfach drauf los."

Wenn nun solche Binsenweisheiten nicht genügend gelehrt und verinnerlicht werden, kann schwerlich mit genügend Achtung und Respekt gegenüber den Vertreter/innen anderer Institutionen und Professionen eine hinreichende Vernetzung/ Kooperation zum Wohle der Kinder und ihrer Familien gelingen, und ihre stetige Betonung verkommt zu Lippenbekenntnissen. Im Rahmen der (vergangenen) Diskussionen über den sexuellen Missbrauch verschärften sich dann die entstehenden Probleme extrem wie in einem Experiment: Diskussionen erfolgten im Sinne eines „verbalen Totschlags"; gemeinsames Lernen und differenzierte Diskurse mit anderen schienen oft unerwünscht; viele kontrovers geführte Gespräche erinnerten eher an missionarische Bekehrungsversuche, die allzu häufig mit der Exkommunikation des Andersdenkenden ausgingen, also mit dessen persönlicher, fachlicher und politischer Entwertung und Entwürdigung; viele Helfer/innen vertraten mit erstaunlicher Selbstsicherheit *die* richtige Theorie, *die* richtige Vorgehensweise, *die* richtigen Gefühle, *das* richtige Wissen, obwohl gerade in der Anfangszeit der Enttabuisierung der eigene Erfahrungshintergrund häufig äußerst gering war; die Schwächen, Nachteile, Scheuklappen, blinden Flecke usw. der eigenen Person und Institution wurden viel zu wenig erkannt, wodurch der Blick auf die Stärken, Vorteile, Weitsichtigkeiten, neuen Erfahrungen usw. von anderen Personen und Institutionen verbaut wurde; das emotionalisierte Klima in der Helfer/innen-Szene förderte polarisiertes Denken und führt zum Teil zu mehr oder weniger unbewussten Denkverboten, wodurch offenes kritisches Hinterfragen sowie das Suchen nach differenzierten Antworten gescheut wurden, um nicht zum Außenseiter im herrschenden Meinungs- und Glaubensklima zu werden.

Vor diesem Hintergrund besteht die Gefahr, dass die entstandenen vielfältigen Ansätze zur Vernetzung/Kooperation eher zu einer Art „Beschäftigungstherapie" von Helfer/inne/n geronnen, die im Verlaufe der Zeit nicht müde wurden, einander in Arbeitskreisen, an runden Tischen usw. sich selbst, ihre Institution, ihre theoretischen Ansätze und praktischen Arbeitsweisen mitzuteilen und zu erklären, aber letztlich weitgehend in ihren alten Rollen und Beziehungsmustern verharrten sowie miteinander verstrickt blieben. Hinzu tritt, dass die Arbeitsweisen und -schwerpunkte der einzelnen Institutionen für die Klient/inn/en kaum zu durchschauen sind und sie darüber auch viel zu wenig aufgeklärt werden. Insgesamt resultieren dann z.B. folgende gravierende Missstände:[3] Von 47 sexuell missbrauchten Mädchen und Jungen aus Berlin und Köln hatten 45 % innerhalb der Aufdeckungsphase bereits vier bis sechs Institutionen und 26 % sieben bis zehn Institutionen kontaktiert. Eine hohe Anzahl von Institutionskontakten zeigte sich insbesondere bei innerfamiliär missbrauchten Kindern. Zum zweiten Untersuchungszeitpunkt eineinhalb Jahre später hatten sogar bereits fast 60 % der Kinder mehr als sieben Institutionen aufgesucht.

2. Netz der Kooperation – der Blick auf eine vielgestaltige Landschaft

Bereits ein erster Blick zeigt, dass die Zahl der bei einem konkreten Fall beteiligten Institutionen unüberschaubar ist. Neben dem familiären Umfeld (Eltern, Großeltern, Geschwister, Verwandte) und dem sozialen Umfeld (Nachbarschaft, Vereine, Arbeitgeber) gehören dazu viele Institutionen, die nach eigenen Regeln arbeiten und mit je eigenem Auftrag versehen sind. Dazu gehören das Jugendamt, der Kindergarten, die Schule, die Polizei, das Familiengericht, das Sozialamt, der Leistungserbringer, Beratungsstellen, psychologische Dienste, Kinderärzte usw.[4]

Die Vielzahl der Kooperationspartner macht eine Gewichtung und Auswahl notwendig, da sowohl eine Betrachtung von außen wie auch eine Gestaltung der Kooperation durch die Beteiligten überschaubar und gestaltbar bleiben muss. Nach Berichten der Mitarbeitenden sind neben dem familiären und sozialen Umfeld die Familiengerichte, die Polizei, Ärzte und Psychologen sowie Leistungserbringer die wichtigsten Partner.

Der Handlungsrahmen der Gerichte und der Polizei ist durch klare gesetzliche Regelungen und formalisierte Verfahren geprägt, die nach einer eindeutigen möglichst objektiv nachprüfbaren Informationslage fragen, um dann primär das Schutzinteresse der Kinder und Jugendlichen zu wahren. Im Unterschied dazu treten bei den Leistungserbringern noch andere Elemente wie das eigene Leitbild und Selbstverständnis des Trägers, aber vor allem auch eine ständige Abwägung zwischen pädagogischen oder therapeutischen Interventionsmöglichkeiten auf der einen und Schutzinteressen der Schwachen im System auf der anderen Seite, hinzu. Die unterschiedlichen Professionen der in den beteiligten Institutionen Tätigen bedingen und fördern die unterschiedlichen Zugänge im konkreten „Fall".

---

3   *Fegert*, Umgang mit sexuellem Missbrauch: institutionelle und individuelle Reaktionen. Forschungsbericht, 2001, S. 154 und 185.
4   Siehe das Übersichtsdiagramm von *Armbruster/Bartels*, Kooperation der verschiedenen Dienste bei Kindesmisshandlung, -vernachlässigung und sexuellem Missbrauch, in: Deegener/Körner, Kindesmisshandlung und Vernachlässigung (Arbeitstitel), im Druck.

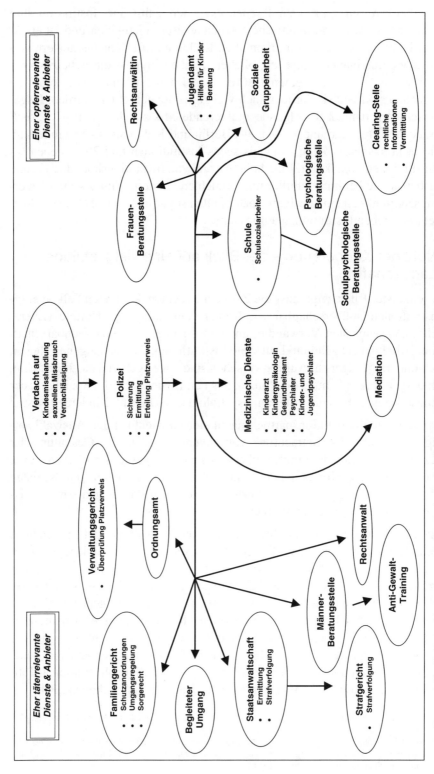

Potenzielle Kooperationspartner beim Anfangsverdacht auf Kindesmisshandlung *(aus Armbruster/Bartels, im Druck)*

Eine besondere Problematik stellt in diesem Zusammenhang die Rollendiffusion der Fachakteure dar:[5]

„Fachkräfte der Sozialarbeit und Sozialpädagogik müssen unterschiedliche, auch gegensätzliche Funktionsanmutungen in sich vereinen. Sie sind – oft in Personalunion – Stellvertreter öffentlicher oder freier Träger der Jugendhilfe, Funktionsgaranten des Systems Jugendhilfe, Gewährleister von Ansprüchen, Auftraggeber und Auftragnehmer in der Rolle von Dienstleistern. Fachkräfte sind Repräsentanten öffentlicher oder freier Träger. Sie müssen Dienstleistungsprofile sichtbar machen, die kommunal- oder trägerpolitisch legitimiert sind. (...) Als Sachwalter der Jugendhilferessourcen müssen sie dafür sorgen, dass ausführende, das heißt dienstleistende Fachkräfte, die richtig bemessenen Aufträge erhalten und sie diese erfolgreich ausführen. Als helfende Fachkräfte schließlich erfüllen sie selbst Ansprüche von Hilfeberechtigten und organisieren Angebote. In der Regel vereinigen sich mehrere dieser Rollen in einer Person. Die reine Fachlichkeit wird dann nicht selten durch widerstreitende Interessen gebrochen. Da gilt es zum Beispiel, ein zu knappes Budget zu bewirtschaften, die verbandliche Konkurrenz klein zu halten, die eigene Fachkompetenz (...) zu nutzen, statt auf andere zu verweisen, die darauf spezialisiert sind. (...) Bei alledem merkt die Fachkraft nicht, dass sie, statt ausschließlich dem Kindeswohl zu dienen, gleich mehreren realen und imaginären Herren gerecht zu werden versucht."

Vielleicht ist diese Darstellung in ihrer Konzentration überzogen, aber sie macht deutlich, dass im Zuge der Kooperation von Institutionen und Professionen die Rollenklarheit der Akteure nicht übersehen werden darf, um ihnen die notwendige Handlungssicherheit geben zu können.

Bei der Beschreibung von Kooperationen zwischen Jugendamt und anderen Institutionen wird auch darauf zu achten sein, welche Teile des Jugendamts eingebunden sind, d.h., in welcher Funktion das Jugendamt tätig wird. So hat der Allgemeine Soziale Dienst als Interventionsträger sicher eine andere Verantwortlichkeit und Koordinationsaufgabe wie das Pflegekinderwesen, bei dem das Jugendamt sowohl bei der Auswahl von Pflegeeltern wie auch der Begleitung der weiteren Aktivitäten (vgl. §§ 37, 38, 53 SGB VIII) in hoher Verantwortung eingebunden ist.

Der Auftrag zur Kooperation mit den Partnern wird im Gesetz an verschiedenen Stellen erteilt (z.B. § 4, §§ 50 bis 53, § 81 SGB VIII). Die Umsetzung dieses Auftrags im Alltag erweist sich angesichts unterschiedlicher Grundhaltungen und Rahmenbedingungen der einzelnen Partner oftmals als schwierig.

Armbruster und *Bartels*[6] kennzeichnen diese gesamte Szene als „Hydra mit einer schier unübersichtlichen Anzahl von Köpfen", in der Klient/inn/en wie Fachleute „ein ziemlich wildwüchsiges, kaum überschaubares Hilfesystem" vorfinden, mit

---

5 *Greese*, Fachlichkeit sichern und Kinderschutz gewährleisten, in: Sozialpädagogisches Institut im SOS-Kinderdorf München, Jugendämter zwischen Hilfe und Kontrolle, 2001, S. 7 (17 f.).
6 In: Deegener/Körner, Kindesmisshandlung und Vernachlässigung (Fn. 4).

unterschiedlichen Grundhaltungen (z.B. parteiliche Opferhilfe, niederschwellige Angebote, systemisch-familiendynamische Orientierungen), unterschiedlichen Rahmenbedingungen (z.B. materielle und personelle Ausstattung, Obdachlosensiedlung vs. großbürgerliches Villenviertel, „Einzelkämpfer" vs. Integration in Krankenhaus oder Jugendamt), unterschiedlichen Aufgaben und Zielen (diagnostische und kurative Aufgaben, Strafverfolgung, Hilfe/Unterstützung vs. staatlicher Eingriff/Wächteramt), unterschiedlichen Befugnissen (Dienstleistung bis hin zu hoheitlichen Sanktionen) sowie unterschiedlichen Handlungsformen (soziale Arbeit, medizinische Diagnostik, Psychotherapie, Wahrheitsfindung usw.), unterschiedlichen politischen Standorten und Werteorientierungen, unterschiedlichen Bezahlungen und Rangplätzen innerhalb der Kinderschutzszene, unterschiedlichen Konkurrenzverhältnissen auch bezüglich der immer geringer werdenden finanziellen Mittel usw.

3. Kindeswohl – das Problem einer Begriffsbestimmung

Eine besondere Problematik birgt im Blick auf die Kooperation verschiedener Institutionen, insbesondere von Jugendamt und Familiengericht der Begriff des Kindeswohls in sich. Er wird zwar oft verwandt, doch scheint es kaum möglich zu sein, eine gemeinsame verbindliche inhaltliche Beschreibung des Kindeswohls zu erstellen. Dies wäre allerdings wichtig, damit „sowohl die am Hilfeprozess beteiligten Berufsgruppen als auch die im Einzelfall mitwirkenden Helfer-Personen, die körperliche, seelische und geistige Kindeswohlgefährdung nicht mehr unterschiedlich definieren, wodurch Grundrechtsverletzungen an Kindern u. U. unerkannt bleiben."[7]

Der Definitionsunsicherheit entspricht die Beobachtung, dass dieser Begriff vor allem in abgrenzender Form als „Kindeswohlgefährdung" verwandt wird.

Im Sozialgesetzbuch Achtes Buch (SGB VIII) taucht der Begriff der Gefährdung des Kindeswohls im Abschnitt „andere Aufgaben der Jugendhilfe" in den § 42 SGB VIII (Inobhutnahme), § 43 SGB VIII (Herausnahme ohne Zustimmung des Personensorgeberechtigten), § 44 SGB VIII (Pflegeerlaubnis), § 45 SGB VIII (Erlaubnis für den Betrieb einer Einrichtung), § 50 SGB VIII (Mitwirkung in Verfahren vor den Vormundschafts- und den Familiengerichten) sowie im Abschnitt „Schutz von Sozialdaten" in § 65 SGB VIII (Vertrauensschutz in der persönlichen und erzieherischen Hilfe) auf. Hingegen fehlt die entsprechende Begrifflichkeit im grundlegenden Abschnitt „Allgemeine Vorschriften", in dem die Ziele und Aufgaben der Jugendhilfe definiert werden.

Eine weitere Quelle für diesen Begriff, auf die auch im SGB VIII mehrfach Bezug genommen wird, ist § 1666 BGB. Aber hier fehlt ebenso wie in den Bestimmungen des SGB VIII eine inhaltliche Füllung des Begriffs des Kindeswohls und seiner

---

7   Interdisziplinäre Arbeitsgemeinschaft Hilfeplanung für vernachlässigte und misshandelte Kinder Hannover, Kindeswohlgefährdung – Suche nach Orientierung, Forum Erziehungshilfen 1997, 22 (25).

Gefährdung. Damit handelt es sich um einen unbestimmten Rechtsbegriff, der seine Füllung in der Umsetzung, also in unserem Fall durch die Verfahrenregelungen im Jugendamt bzw. durch die Einzelfallentscheidung des Familiengerichts erhält:[8]

„Der Gefährdungstatbestand stellt kein durchnormiertes, in sich geschlossenes Wertprinzip dar, sondern begründet ein ‚offenes‘ Recht, das der Wertausfüllung im Einzelfall bedarf. Die Zuständigkeit zur Normvollendung liegt in der zuständigen Entscheidungsinstanz, der sich die Aufgabe in jedem Einzelfall neu stellt.“

Diese Freiheit der Instanzen erfordert in der Kooperation dringend eine konsensuale Begriffs- und Inhaltsbestimmung. Und in der Tat „wurde der Begriff ‚Kindeswohlgefährdung‘ sehr stark durch Auseinandersetzungen in der Zusammenarbeit zwischen Jugendamt und Vormundschaftsgericht“ geprägt.[9]

Dementsprechend möchten wir an dieser Stelle auf drei Versuche einer inhaltlichen Definition der Kindeswohlgefährdung verweisen, die u. E. kennzeichnend sind.

Da insbesondere der Begriff der Vernachlässigung (§ 1666 BGB) der Konkretisierung bedarf, setzt hier die Definition von *Schone/Gintzel* u. a. ein. Sie beschreiben die Vernachlässigung als:[10]

„... die andauernde oder wiederholte Unterlassung fürsorglichen Handelns sorgeverantwortlicher Personen, welches zur Sicherstellung der psychischen und physischen Versorgung des Kindes notwendig wäre. Diese Unterlassung kann aktiv oder passiv (unbewusst), auf Grund unzureichender Einsicht oder unzueichenden Wissens erfolgen. Die durch Vernachlässigung bewirkte chronische Unterversorgung durch die nachhaltige Nichtberücksichtigung, Missachtung oder Versagung seiner Lebensbedürfnisse hemmt, beeinträchtigt oder schädigt seine körperliche, geistige und seelische Entwicklung und kann zu gravierenden bleibenden Schäden oder gar zum Tode des Kindes führen.“

Diese Beschreibung lässt in der Praxis noch erheblichen Entscheidungsspielraum, der eine Verständigung kooperierender Institutionen eher erschwert. Einen Schritt weiter geht *Maas*, indem er die vier Kategorien, die § 1666 BGB vorgibt (Sorgerechtsmissbrauch, Vernachlässigung, unverschuldetes Versagen und Verhalten Dritter), in einzelne Tatbestände konkretisiert.[11] In dieser Konkretion wird jedoch deutlich, dass sich zwar der Tatbestand des Sorgerechtsmissbrauchs noch recht klar als ermittelbarer objektiver Sachverhalt darstellt, dass jedoch in den Bereichen Vernachlässigung, unverschuldetes Versagen und besonders Verhal-

---

8   *Von Sturm*, Weisungsgebundenheit und sozialpädagogische Entscheidungsfreiräume nach dem Jugendhilferecht, ZfSH/SGB 1989, 242.
9   *Lausch*, Das Kindeswohl unter dem Gesichtspunkt seiner Gefährdung, in: Das Kindeswohl als Entscheidungskriterium für sozialarbeiterisches Handeln im Jugendamt, 2000, S. 1 f. (www.soz-paed.com/diplom/diplom.html).
10 *Schone/Gintzel/Jordan/Kalscheuer/Münder*, Kinder in Not, 1997, S. 21.
11 *Maas*, Soziale Arbeit als Verwaltungshandeln, 1992, S. 196 f.

ten Dritter lediglich Einzelfallbeurteilungen möglich sind. Hierbei spielt dann die Einschätzung eine wichtige Rolle, wie weit die Eltern bei Unterstützung des Jugendamts oder anderer helfender Institutionen in der Lage sind, die Missstände selbst zu beheben.[12]

Aus der Praxis wird darum immer wieder der Wunsch nach einer objektiven Kriterienliste laut. Eine solche Forderung erscheint auch in der medienöffentlichen Meinung, wenn ein Fall der Kindeswohlgefährdung aufgedeckt und die bisherigen Entscheidungen des Jugendamts bzw. des Familiengerichts kritisiert werden. Ein Beispiel einer solchen Liste stellt der Katalog von Grundrechten dar, den die Interdisziplinäre Arbeitsgemeinschaft Hannover aufgestellt hat. Hier werden die Grundrechte aufgelistet in:[13]

„Recht auf ausreichende Körperpflege, auf geeigneten Wach- und Schlafplatz, auf schützende Kleidung, auf altersgemäße Ernährung, auf sachgemäße Behandlung von Krankheiten und Entwicklungsstörungen, auf Schutz vor Gefahren, auf Zärtlichkeit, Anerkennung und Bestätigung, auf Sicherheit und Geborgenheit, auf Individualität und Selbstbestimmung, auf Ansprache und auf langandauernde Bindung."

Diese Liste wird dann noch durch weitere Konkretionen ergänzt. So bestechend sie auf den ersten Blick sein mag, birgt auch sie in der Praxis Probleme. Zum einen herrscht Konsens darüber, dass eine solche Liste nie abschließend sein kann. Zum anderen ist kaum festzulegen, wie viele der einzelnen Kriterien erfüllt sein müssen, um einen Eingriff zu rechtfertigen. Eine Bewertung der unterschiedlichen Belastungen der verschiedenen Gefährdungstatbestände gegeneinander ist kaum möglich. Zum Letzten ist die Schwere der jeweiligen Tat bzw. Unterlassung durch die Sozialarbeiter/innen zu beurteilen. Hier wird deutlich:[14]

„Das Problem, das die Autoren lösen wollen, nämlich die Unterschiede in der Beurteilung von Vernachlässigungstatbeständen zu beseitigen, liegt wahrscheinlich weniger in der Feststellung von Tatbeständen, sondern eher in der Interpretation der Familienstruktur und der Prognose für die Familie."

Damit wird jedoch ein Grundproblem deutlich. Die Definitionen der Kindeswohlgefährdung stehen vor dem Hintergrund unterschiedlicher methodischer und institutioneller Ziele und Aufgaben. Steht zum einen die Prüfung der rechtlichen Relevanz mit dem Ziel der Entscheidungsfindung im Vordergrund, bei der auch die Frage nach schuldhaftem Verhalten eine Rolle spielt, so geht es andererseits um die besondere Problematik einer Diagnose, die objektive Tatbestände gewichtet, im Rahmen des sozialen Umfelds und seiner Ressourcen betrachtet und die Prognose über mögliche Entwicklungen und Veränderungen beinhaltet.

---

12 Vgl. hierzu *Lausch*, Das Kindeswohl (Fn. 9), S. 3.
13 Interdisziplinäre Arbeitsgemeinschaft Hannover (Fn. 7), Forum Erziehungshilfen 1997, 22 (23).
14 *Lausch*, Das Kindeswohl (Fn. 9), S. 5.

In der fachlichen Auseinandersetzung werden die beiden Positionen mit den Begriffen „Diagnose versus Aushandlung" bezeichnet. Diese Begrifflichkeit verkürzt die dahinter stehenden Anliegen. Für unsere Frage nach der Definition des Kindeswohls ist allerdings festzuhalten, dass der Blick auf die Diagnose, dem oftmals das Anliegen des Familiengerichts entspricht, möglichst viele objektive Informationen zu sammeln, um eine angemessene Entscheidung zu treffen, eine andere Begriffsfüllung intendiert als die eher prozesshafte Begleitung einer Familie unter dem Blickwinkel, welche Ressourcen sind zu mobilisieren, um innerhalb des Familiensystems Veränderungen zu erreichen. Beide Intentionen sind nachvollziehbar, können aber u. U. im konkreten Fall gegeneinander stehen. In ihnen wird die Spannung zwischen den Vorgaben des § 1666 BGB und dem umfassenden Hilfeauftrag des SGB VIII deutlich. Wie weit sich diese Positionen tendenziell auf die Zusammenarbeit zwischen Jugendamt und Familiengericht auswirken, wird noch zu betrachten sein.

Festzustellen ist bereits jetzt:[15]

„Die Jugendhilfe muss im Fall der Gefährdung mit den ihr möglichen und geeigneten Mitteln darauf hinwirken, dass die Risiken minimiert werden, etwa durch konkrete Unterstützung der originär Verantwortlichen, mit oder ohne Eingriffe in deren Rechtsposition. Für die Justiz aber hat der Begriff ‚Kindeswohl' eine andere Funktion. Er ist nicht Handlungs-, sondern Entscheidungskriterium. (...) Kindeswohl ist (letztlich) für die Jugendhilfe ein Ziel, für die Justiz dagegen eine Messlatte für die Richtigkeit einer Entscheidung."

Dass die Spannung durch eine einheitliche Definition des Kindeswohls nicht letztendlich aufzuheben ist, wurde deutlich. Dieses spiegelt sich auch in der öffentlichen Diskussion in den Medien in konkreten Fällen wider: Wird auf der einen Seite das fehlende Eingreifen des Jugendamts im dann offen liegenden Fall einer Kindeswohlschädigung kritisiert, kann nur kurze Zeit später das angeblich voreilige Eingreifen ohne hinreichende Betrachtung des familiären Umfelds zum Vorwurf werden.

Letztlich wird an dieser Stelle eine Unsicherheit bleiben, da es weder von Seiten des Gesetzgebers noch aus der Praxis heraus verbindliche Definitionen des Kindeswohls gibt, die den Beteiligten, insbesondere dem Jugendamt und dem Familiengericht, die Aufgabe abnimmt, eine eigenständige Abwägung im Einzelfall vorzunehmen. Da diese Abwägung in verschiedenen Institutionen mit unterschiedlichen Aufträgen und Kulturen geschieht, wird die Kooperation durch die Begriffsunsicherheit erschwert.

---

15 *Mörsberger*, Wirklichkeit und Wahrheit – Warum sich Jugendhilfe und Justiz so oft missverstehen, in: Verein für Kommunalwissenschaften e. V., Die Verantwortung der Jugendhilfe zur Sicherung des Kindeswohls – Dokumentation der Fachtagung am 29. und 30. November 2001, Aktuelle Beiträge zur Kinder- und Jugendhilfe 34, S. 33 (38); *ders.* JAmt 2002, 434 (435).

4. Einschätzung des Misshandlungs-, Missbrauchs- und Vernachlässigungsrisikos

Neben den juristischen Fragestellungen zeigen sich allerdings auch in der fachlichen Beurteilung Unsicherheiten bei Diagnose sowie Therapie von misshandelten Kindern. Sie decken sich mit der zögerlichen Entwicklung von Verfahren/Skalen/Fragebogen zur Einschätzung/Einstufung des Risikos der verschiedenen Formen der Kindesmisshandlung, die in Deutschland noch sehr in den Anfängen steckt. Im Dormagener Qualitätskatalog, auf den im weiteren Verlauf noch einmal Bezug genommen wird, wird unter „PPQ 8 Kinderschutz" bezüglich einer „gründlichen Risikoeinschätzung" nur angeführt:[16]

„Die Einschätzung des eventuell vorhandenen Risikos in einer Familie gelingt am besten, wenn vier Fragen beantwortet werden:

1. *Gewährleistung des Kindeswohles*: Inwieweit ist das Wohl des Kindes durch die Sorgeberechtigten gewährleistet oder ist dies nur zum Teil oder überhaupt nicht der Fall?

2. *Problemakzeptanz*: Sehen die Sorgeberechtigten und die Kinder selbst ein Problem oder ist dies weniger oder gar nicht der Fall?

3. *Problemkongruenz*: Stimmen die Sorgeberechtigten und die beteiligten Fachkräfte in der Problemkonstruktion überein oder ist dies weniger oder gar nicht der Fall?

4. *Hilfeakzeptanz*: Sind die betroffenen Sorgeberechtigten und Kinder bereit, die ihnen gemachten Hilfeangebote anzunehmen und zu nutzen oder ist dies nur zum Teil oder gar nicht der Fall?

Diese Beurteilungen können in einer quantitativen Skala erfasst werden, um die Risikoeinschätzung zu konkretisieren: [Hier wird eine Tabelle angeboten mit den o. a. vier Punkten sowie Einstufungsmöglichkeiten zwischen 1 = sehr gut, 2 = gut, 3 = befriedigend, 4 = ausreichend, 5 = mangelhaft. Die Addition dieser vier Werte entspricht dann der Risikorate]. Bei einer Rate, deren Wert kleiner oder gleich 4 ist (ausreichend), ist eine Fremdunterbringung nicht angeraten (Weiterer Prozessverlauf siehe PPQ Hilfen zur Erziehung). Bei einer Rate, deren Wert größer als 4 ist (nicht ausreichend), ist eine Fremdunterbringung angeraten.

Faktoren, die bei der Einschätzung der Gewährleistung des Kindeswohls eine Rolle spielen:

1. Das Ausmaß/die Schwere der Beeinträchtigung, Schädigung (Misshandlung, Vernachlässigung)

---

16 Stadt Dormagen, Dormagener Qualitätskatalog der Jugendhilfe. Ein Modell kooperativer Qualitätsentwicklung, 2001, S. 89 f.

2. Die Häufigkeit/Chronizität der Schädigung (Misshandlung und Vernachlässigung)

3. Die Verlässlichkeit der Versorgung durch die Sorgeberechtigten

4. Das Ausmaß und die Qualität der Zuwendung der Sorgeberechtigten zum Kind und dessen Annahme

5. Die Qualität der Erziehungskompetenz der Sorgeberechtigten

6. Die Selbsthilfekompetenz des Kindes (entsprechend seinem Alter und Entwicklungsstand), seine Widerstandsfähigkeit („Resilience") und die Fähigkeit, Hilfe zu holen."

Ausführlichere, differenziertere Verfahren zur Einschätzung der Gefährdung sind z.B.:

• Leitfragen und Arbeitsblätter zur Kindeswohlgefährdung im Säuglingsalter der Interdisziplinären Arbeitsgemeinschaft Hannover;[17]

• „Glinder Manual";[18]

• Erhebungsbogen Stadt Recklinghausen.[19]

Festzuhalten bleibt, dass es in Deutschland an empirisch fundierten Verfahren zur Einschätzung von Misshandlungs- und Vernachlässigungsrisiken fehlt, wobei *Kindler*[20] in seinem Überblick meint, dass sich dieser Mangel nur vor dem Hintergrund einer historisch gewachsenen Kluft zwischen Jugendhilfe und empirischer Forschung verstehen ließe. Darüber hinaus wäre allgemein eine vermehrte empirische Überprüfung der Jugendhilfearbeit zu fordern, wie sie z.B. bezüglich Entscheidungen von Sozialarbeiter/inne/n zur Fremdunterbringung von Kindern von *Davidson-Arad* u.a.[21] durchgeführt wurde.

II. Thematisierung von Vernetzung und Kooperation seit den 90er Jahren

Um in diesem Rahmen Verbesserungen zu erreichen, erfolgten in den 90er Jahren zunehmend Tagungen und Veröffentlichungen zur Vernetzung/Kooperation.

In der Regel ging es in diesen Veröffentlichungen darum, die Arbeitsweisen und Kooperationsmöglichkeiten zwischen Jugendamt, freien Trägern, Polizei, Staats-

---

17 Interdisziplinäre Arbeitsgemeinschaft Hannover, Abwendung einer (drohenden) Kindeswohlgefährdung im Säuglingsalter (unveröffentlichter Leitfaden), 9/2002 (www.gemeinsam-helfen.org).

18 *Schone* u.a., Kinder in Not (Fn. 10).

19 Stadt Recklinghausen, Qualitätsentwicklung im Allgemeinen Sozialen Dienst, 2001 (die Erhebungsbogen siehe auch www.dijuf.de/german/dok/Empfehlungen%20Staedtetag.pdf).

20 Verfahren zur Einschätzung von Misshandlungs- und Vernachlässigungsrisiken. Kindheit und Entwicklung 2000, 222.

21 *Davidson-Arad/Englechin-Segal/Wozner/Gabriel*, Why social workers do not implement decisions to remove children at risk from home, Child Abuse § Neglect 2003/27, 687.

anwaltschaft, Gericht, Kinderklinik, Schule, Verfahrenspfleger/inne/n usw. aufzuzeigen, also: Informationen geben und Wissen vermitteln, Darstellungen von
möglichen Kooperationsstrukturen, modellhaften Projekten und Leitlinien, Ausführungen zu spezifischen Problemen wie Datenschutz, Qualitätsstandards usw.[22]

1. Möglichkeiten, Grenzen sowie Verfahren

Beispielhaft für die Inhalte dieser Form einer querschnitthaften Grundlagen-Fortbildung über Vernetzung/Kooperation soll die Zusammenfassung von *Raack/
Freudenberg* über die Ergebnisse der Thesen und Leitlinien einer Arbeitsgruppe
zu den „Möglichkeiten, Grenzen sowie Verfahren der Kooperation der Jugendämter mit Ärzten, Psychologen, Polizei, Gerichten und Schulen" aufgeführt werden:[23]

„1. In den letzten zehn Jahren hat sich ein erhebliches Potenzial interprofessionel-
ler Kooperation entwickelt. Kooperation zwischen den beteiligten Professionen
ist im Interesse der betroffenen Kinder zur Vermeidung von Belastungen durch
Reibungsverluste zwischen den Professionen unabdingbar. Aufgrund der besonderen, durch das KJHG geregelten Beziehung kommt hierbei dem Jugendamt
eine besondere koordinierende Bedeutung zu. Die bekannt gewordenen und
dokumentierten Kooperationsmodelle zeigen wesentliche Übereinstimmungen in
den Organisationsstrukturen, wobei das jeweils zuständige Jugendamt in der
Regel in so genannten Beteiligungskonferenzen (über die Mitwirkung an Betei-
ligtenkonferenzen konnte in der Arbeitsgruppe kein Konsens erzielt werden) die
Zusammenarbeit unter Beachtung der datenschutzrechtlichen Rahmenbedingungen mit dem Ziel organisiert, dass sich die Beteiligten über den Sachstand austau-
schen und Maßnahmen beschließen können. Die Berücksichtigung der Interessen
und Bedürfnisse des betroffenen Kindes steht dabei im Vordergrund, wenn notwendig eine opferschonende Gestaltung familiengerichtlicher Maßnahmen wie
auch gegebenenfalls eine Begleitung des Kindes im Strafverfahren.

2. *Kooperationsmodelle sollten einem verbindlichen Standard entsprechen, um*
Zufälligkeiten bei der Bearbeitung auszuschließen und dem Opfer den jeweils
gleichen Hilfestandard unabhängig davon anzubieten, bei welcher Institution es
anläuft. Zugleich soll hierdurch gewährleistet werden, dass über die ‚Vernetzung'

---

22 Besonders verwiesen sei hier auf Informationsdienst „Kindesmisshandlung und -vernachlässigung", Son-
derband: Multiprofessionelle Kooperation im Kontext aller Formen von Kindesmisshandlung und
-vernachlässigung, 4. Jg., zum Thema „Multiprofessionelle Kooperation im Kontext aller Formen von Kindesmisshandlung und -vernachlässigung", 1997; Verein für Kommunalwissenschaften e. V., Aufgaben und
Möglichkeiten der Jugendhilfe bei der Auseinandersetzung mit sexueller Gewalt gegen Kinder. Dokumentation der Fachtagung am 6. und 7. Juni 1997, Aktuelle Beiträge zur Kinder- und Jugendhilfe 12, 1998,
(www.vfk.de/agfj); Verein für Kommunalwissenschaften e. V., Thesen und Leitlinien des Workshops „Die
Verantwortung der Jugendhilfe für den Schutz vor sexueller Gewalt. Was muss Jugendhilfe leisten, wie
kann sie helfen?" am 15. und 16. Juni 1998 in Potsdam, 1998 (www.vfk.de/agfj); *Armbruster*, Kooperation
von Kinderklinik und Jugendamt bei Verdacht auf Kindesmisshandlung, in: Pulverich, Gewalt – Möglichkeiten psychologischer Interventionen, 1998, S. 28.
23 *Raack/Freudenberg*, Möglichkeiten, Grenzen sowie Verfahren der Kooperation der Jugendämter mit Ärzten, Psychologen, Polizei, Gerichten und Schulen, Verein für Kommunalwissenschaften (Fn. 22) – weitere
Teilnehmer: *Blum-Maurice, Jaquemar, Maiwald, Mörsberger, Müller-Heck, Reich, Volk, Zitelmann.*

der verschiedenen Institutionen ein sofortiger Austausch über Hilfeangebote, Kapazitäten und Grenzen der beteiligten Institutionen im Einzelfall ermöglicht wird, damit jede Institution ihren Anteil an der Gesamthilfe unverzüglich leisten kann.

3. *Die Kooperation der verschiedenen Professionen kann durch innerbehördliche Vorgaben und Hemmnisse beeinträchtigt werden* (Beispiel: Vorlagepflicht des/ der verantwortlichen Mitarbeiter/s/in zur Frage der Spezialdienste im Jugendamt an die Verwaltungs- oder Amtsspitze, oder Berichtspflicht innerhalb der Schulhierarchie), die deshalb möglichst gering gehalten werden sollten.

Innerhalb der Justiz können erhebliche Verzögerungen aufgrund institutioneller Hemmnisse insbesondere dadurch *eintreten*, dass bei der Staatsanwaltschaft keine Sonderdezernate für diese Delikte eingerichtet sind oder das Vormundschaftsdezernat auf eine Vielzahl von Familiendezernaten aufgesplittet ist, so dass *eine schwerpunktmäßige und auf Kooperation ausgerichtete Bearbeitung mangels einheitlicher Ansprechpartner erheblich erschwert* wird. Diesen Hemmnissen sollte durch die Schaffung einer vernetzbaren Struktur in den einzelnen Professionen entgegengewirkt werden. Die Einrichtung von Sonderdezernaten bei Polizei und Staatsanwaltschaft und eine Spezialisierung in den Jugendämtern durch kompetente Ansprechpartner für die fallführenden Mitarbeiterinnen und Mitarbeiter sowie schließlich die Schaffung eines Sonderdezernates des Familiengerichts sollten in der Regel zu einer *Bündelung der Fallkonstellationen* der Misshandlung, Vernachlässigung und des Missbrauchs von Kindern *bei kleineren Organisationseinheiten* führen. *Damit wäre die Voraussetzung dafür geschaffen, dass den jeweiligen Kooperationspartnern klare Ansprechpartner zur Verfügung stehen.*

4. Kooperationsmodelle vor Ort sollten sich an bestimmten Mindeststandards orientieren.

a) Hierzu gehört zunächst die *Abklärung der an der Kooperation vor Ort zu beteiligenden Professionen*. Das können oder sollten alle sein, die, aus welcher Fachrichtung auch immer, mit dem Thema der Gewalt gegen Kinder vor Ort befasst sind, so beispielsweise Jugendamt, Beratungsstellen, Sozialpädagogische Familienhilfe, Kinderärzte, Psychologinnen und Psychologen, Lehrer und Lehrerinnen, Kindergärtnerinnen, Rechtsanwälte, Vormundschaftsrichter, Polizei und Staatsanwaltschaft.

b) *Die Gremien der Kooperation müssen unter Beteiligung der unter a) genannten Kooperationsteilnehmer festgelegt werden.* In vielen Kooperationsmodellen wird einerseits mit allgemeinen Arbeitskreisen gearbeitet und andererseits mit speziell zu bestimmten Fragen parallel eingerichteten Arbeitsgruppen.

c) Die *Arbeitsziele und Arbeitsaufgaben* in den vorgenannten Arbeitskreisen und Arbeitsgruppen sollten *einverständlich mit allen Kooperationsbeteiligten erarbeitet werden*. Die bisher eingerichteten Modelle arbeiten im allgemeinen Arbeitskreis an Themen wie

- Erarbeitung einer schriftlich zu fixierenden Vereinbarung zur Zusammenarbeit im Rahmen der Kooperation,

- Klärung der jeweiligen Aufgaben und Grenzen der an der Kooperation beteiligten Profession,

- Erörterung von fehlerhaft oder ungünstig verlaufenden Kooperationsfällen (Gründe, Verbesserungsmöglichkeiten und Verbesserungsnotwendigkeiten),

- gemeinsame oder professionsorientierte Fortbildung zu verschiedenen Aspekten des Themas ‚Misshandlung und sexueller Missbrauch von Kindern‘.

In den speziellen Arbeitsgruppen werden besondere Fragen und Kooperationszusammenhänge erörtert, so zum Beispiel ‚das misshandelte Kind im Krankenhaus‘ oder die Zusammenarbeit von Jugendhilfe und Justiz. Dabei können ausnahmsweise auch Problemkonstellationen aus Einzelfällen zur Sprache kommen, soweit sie hinreichend anonymisiert sind.

5. Die Gefahr der Verletzung von Verschwiegenheitspflichten im Bereich des Jugendamts und der Hilfeeinrichtungen, der Verletzung des Legalitätsprinzips bei Staatsanwaltschaft und Polizei und der Befangenheit bei an der Kooperation beteiligten Richtern setzt einer fallbezogenen Kooperation Grenzen. Diese Pflichten und Prinzipien sind aber im Sinne von Rechtsstaatlichkeit und Hilfezugang unbedingt zu erhalten. Allerdings ist das Problem der Verletzung von Verschwiegenheitspflichten im Bereich des Jugendamts und der Hilfeeinrichtungen, der Verletzung des Legalitätsprinzips bei Staatsanwaltschaft und Polizei und Befangenheit bei an der Kooperation beteiligten Richtern gesetzlich derzeit nicht eindeutig gelöst, sondern es bedarf insoweit sicherlich klarstellender Regelungen durch den Gesetzgeber für die Zukunft. Die Mitarbeit in dem allgemeinen Arbeitskreis ist im Hinblick auf Datenschutz und Verschwiegenheitspflicht mit den unter 4 c) genannten Themen weder für Vertreter der Justiz noch für Mitarbeiter des Jugendamts oder freier Beratungsstellen problematisch, da in diesem Arbeitskreis Daten einzelner Personen oder betroffener Kinder nicht angesprochen werden müssen, um den gewünschten Kooperationseffekt zu erreichen. Auch für Polizei und Staatsanwaltschaft entsteht kein Problem, wenn sich die Erörterung auf die abstrakte und strikt anonyme Besprechung der einzelnen Problemkonstellation beschränkt. Bei der Mitarbeit in den Arbeitsgruppen zu einzelnen Problemkonstellationen entstehen für die teilnehmenden Mitarbeiter des Jugendamts oder von Hilfeeinrichtungen dann keine Probleme, wenn die Rat suchenden Klienten der Weitergabe der Daten zugestimmt haben oder sie nach § 69 SGB X in Verbindung mit §§ 2 und 27 SGB VIII als konkret definiertes Hilfeangebot erforderlich erscheint und den Betroffenen bekannt gemacht wurde.

6. *Das jeweils vor Ort zu entwickelnde Kooperationsmodell ist* in der Bevölkerung, bei den verschiedenen Multiplikatoren und bei den möglichen Anlaufstellen (zum Beispiel Kindergarten, Jugendheimen, Schulen, Erziehungsberatungsstellen, freien Trägern etc.) *in geeigneter Weise bekannt zu machen.*

Fazit:

Jugendhilfe, psychosoziale und medizinische Versorgung sowie Justiz müssen der Bevölkerung vermitteln, dass sie über wirkungsvolle professionelle Möglichkeiten verfügen, die kindlichen Opfer zu schützen, gleichzeitig aber in der Lage sind, die Täter zu verfolgen, so dass Rechtssicherheit und Rechtsfrieden gewährleistet sind. Jugendhilfe, psychosoziale und medizinische Versorgung sowie Justiz sollten darüber hinaus in geeigneter Weise darstellen, wie sie in gebotenem Umfang, aber auch in gebotener Abgrenzung zusammenarbeiten. Dem Jugendamt obliegt es, entweder selbst als Organisator interdisziplinäre Kooperationsmodelle zu initiieren oder zumindest auf die Installation derartiger Kooperationsmodelle vor Ort hinzuarbeiten und an ihnen mitzuwirken."

2. Verfahrensstandards

In der Folgezeit wurden solche Inhalte einer querschnitthaften Grundlagen-Fortbildung zur Vernetzung/Kooperation weiter ausdifferenziert, strukturiert, zu Verfahrensstandards umformuliert, wobei zu dem (erweiterten) Fortbildungscharakter nun auch eine mehr oder weniger starke Verbindlichkeit und Kontrolle der Umsetzung in der Praxis tritt.[24]

3. Kooperative dialogische Qualitätsentwicklung

Auch bei dem „Dormagener Qualitätskatalog der Jugendhilfe" (2001) handelt es sich im Grunde um nicht mehr (aber auch nicht weniger!) als eine Weiterführung der Grundlagen-Fortbildung zur Verbesserung der Vernetzung/Kooperation und Jugendhilfearbeit, wobei aber herauszustellen ist, dass hier die Jugendhilfe/das Jugendamt „sich in die Karten" schauen und sich an den veröffentlichten Standards auch messen lässt. Die eigentliche Besonderheit dieses Qualitätskatalogs liegt aber in seiner Entstehung und den zugrunde liegenden Einstellungen der Mitarbeiter/innen, was umschrieben wird mit Begriffen wie „kooperativer Qualitätsentwicklung" und „dialogischer Qualitätsentwicklung":[25]

„In der Dormagener Qualitätsentwicklung – woraus schließlich ein Modell entstanden ist, das wir ‚kooperative Qualitätsentwicklung'" nennen – ist das Interesse für Qualitätsentwicklung aus dem Kreis der Fachkräfte selbst heraus entstanden. Daher setzten wir auch bei uns selbst an und haben, ausgehend von den eigenen Erfahrungen, die Praxis der Fachkräfte selbst untersucht, die Aufgaben, Ziele und Zwecke ebenso wie die immer wieder erfahrenen Probleme, Fehler, Irrtümer, Peinlichkeiten und Bedrohungen und die sie stützenden Grundannahmen. Insofern

---

24 Als Beispiel hierfür dienen kann die Veröffentlichung des Deutschen Städtetages, Strafrechtliche Relevanz sozialarbeiterischen Handelns. Empfehlungen zur Festlegung fachlicher Verfahrensstandards in den Jugendämtern bei akut schwerwiegender Gefährdung des Kindeswohls, 2003, JAmt 2003, 226.

25 *Wolff/Sandvoss*, Einleitung: Dialogische Qualitätsentwicklung, in: Stadt Dormagen, Dormagener Qualitätskatalog der Jugendhilfe (Fn. 16), S. 9 (14 ff.).

könnte man sagen: Unsere Qualitätsentwicklung war ein Selbstgespräch, eine Verständigung mit den alltäglichen Praxis-Situationen (...). Und je mehr wir uns auf diese Praxisforschung, auf eine selbstevaluative Reflexion, einließen, um so komplexer stellten sich uns die Prozesse und Handlungsfelder der Jugendhilfe dar.

Daraus können wir die Schlussfolgerung ziehen: Neue Spielräume sind offenbar nur um den Preis einer erheblichen Komplexitätszunahme zu gewinnen, die instrumentell nicht beherrschbar ist, sonst produzieren wir Kurzschlüsse und Systemabstürze. Günstiger ist ein selbstreflexives Driften und Balancieren im praktischen Experimentieren mit Versuch und Irrtum, vom Erfolg lernend, interessiert an der Kunst, neue Praxis-Architekturen zu entwerfen und neue lebenspraktische Handlungsmuster zu erfinden.

Dazu bedarf es eines offenen Klimas in der Begegnung ebenso wie eines neuen Verständnisses sozialer Hilfepraxis. Vor allem muss man jedoch den Gedanken aufgeben, Qualitätsentwicklung könnte man in einem ordentlichen Verfahren, gewissermaßen im bürokratischen Handlungsvollzug, organisieren, in Auftrag geben. Viel eher handelt es sich um den Versuch, das alltägliche Chaos heutiger Lebensverhältnisse und moderner Hilfesysteme produktiv zu bewältigen, denn was wir tatsächlich als unsere berufliche Aufgabe in der Jugendhilfe vor uns haben, ist: ‚We are managing messes'. Wir versuchen, gangbare Wege in unwegsamem Gelände zu finden. Wir lassen uns auf Risiken ein, die wir als Herausforderung annehmen, ohne größenwahnsinnig zu phantasieren, wir könnten sie ausschalten, denn in humaner Hilfepraxis ist gelingende Intervention unwahrscheinlich. D.h. nun andererseits nicht, sie sei völlig unmöglich, sondern: sie ist nicht sicher planbar.

Darum erweisen sich auch die schlauen Qualitätshandbücher und methodischen Fahrpläne für die Qualitätszirkel und ein Totales Qualitätsmanagement als grundsätzlich zu einfach. In Anbetracht der Relativität unserer Erkenntnis und der immer nur relativen Chance gezielter Beeinflussung in sich ständig neu erzeugenden lebenden Systemen wird so mancher Qualitätsmanager schnell zu einem ‚terrible simplificateur'. Sich um Qualität in der Praxis moderner Jugendhilfe zu bemühen, funktioniert nicht mehr nach der Logik einfacher, trivialer Maschinen. Wenn-dann-Programme haben seit der Erfindung der Freiheit und bei der Umstellung der Lebensverhältnisse, auf hoch komplexe, differenzierte Funktionssysteme und permanente Innovation ausgedient. Helmut Willke hat Recht, wenn er schreibt: ‚Es geht darum, ein Verständnis für die grundlegende Schwierigkeit der Intervention in komplexe Systeme zu erzeugen und deutlich zu machen, dass es im Kontext nichttrivialer Systeme nicht mehr genügt, auf ein Knöpfchen zu drücken, ein Gesetz zu machen, eine Anordnung zu geben, ein Medikament zu verschreiben oder eine neue Vorschrift zu erlassen. Zum Normalfall wird vielmehr die Unwahrscheinlichkeit gelingender Intervention, das Scheitern trivialisierender Strategien der Veränderung, die Verschärfung von Problemen durch die übliche Reaktion des Mehr-von-demselben.'

Qualitätsentwicklung intendiert keine einfachen Lösungen. Ihr Anliegen ist reflection-in-action (D. Schön) – sich mit Lust und Laune, List und erfinderischem Experiment in der Praxis sozialer Dienste zu engagieren, mit offenem Ausgang.

Dialog ist für einen solchen Prozess der Qualitätsentwicklung der richtige Ausdruck. Dialog lebt von der Bereitschaft, sich aktiv einzubringen, zu sagen, welche Gedanken und Bilder im eigenen Kopf bei einem besprochenen Thema/Gegenstand kreisen. Dialog ist eine Chance, das Selbstverstehen und das Fremdverstehen zu verbessern. Dies geschieht durch ‚beständiges Hinterfragen von Prozessen, Sicherheiten und Strukturen, die menschlichen Gedanken und Handlungen zugrunde liegen‘, wobei zwischen ‚generativem Dialog‘, in dem die Grundmuster/Herkünfte des Denkens untersucht werden, und ‚zielgerichtetem Dialog‘, in dem bestimmte Probleme, Interessen oder Ziele geklärt und zu neuen Lösungen geführt werden, unterschieden werden kann (David Bohrn).

- Dialogische Erkenntnis zielt nicht auf die Feststellung. Sie will die Wirklichkeit neu erfinden!
- Um Dialoge zu führen, braucht man einen (bergenden) Raum, einen Container, ein Behältnis, einen Kasten – ‚No Container, no dialogue‘ (William Isaacs).
- Um Dialoge zu führen, braucht man Vertrauen (‚Ohne Vertrauen – kein Dialog‘).
- Um Dialoge zu führen, muss man Ziele haben.
- Um Dialoge zu führen, ist es hilfreich, eine Begleitung zu haben.
- Dialoge können von einer forschungsinteressierten Haltung profitieren.

Unsere Leitwerte, das Hauptprogramm, die nicht in die Sackgasse der Abwehr führen, können wir so zusammenfassen:

Lernen wollen – nicht schon alles wissen

Trotz sachlicher Differenzen – den persönlichen Respekt wahren

Offen sein für andere Sichtweisen/Vorstellungen

Das Wesentliche, das mir Wichtige aussprechen

Mir und anderen zuhören (nach innen hören – Hören mit dem ‚dritten Ohr‘)

Geduld im Prozess haben/Gedanken sich herausbilden lassen, sie zulassen, ihnen nachgehen

Sich selbst verstehen, eigene Denkmuster ergründen

Argumentieren unter Einschluss der Gegenargumente

Wir schauen nach allen Seiten (multiperspektivisches Beobachten):

- in Richtung auf uns selbst (alles Wahrnehmen ist eine Selbstwahrnehmung)
- in Richtung unserer Klienten, ihrer Bedürfnisse, ihres Hilfebedarfs
- in Richtung auf die Geschichte (fragen nach den Hintergründen der historischen Entwicklung)
- in Richtung auf den rechtlichen Rahmen unserer Praxis
- in Richtung auf die institutionelle Aufgabe (Programmqualität), unsere Ressourcen (Strukturqualität) und unsere Kompetenzen (Fachkräftequalität)
- in Richtung auf das gesellschaftliche Umfeld/den Kontext moderner Lebensverhältnisse
- in Richtung auf den politischen und öffentlichen Raum
- über Dormagen hinaus

Auch wenn wir jetzt den ersten deutschen Qualitätskatalog der Jugendhilfe vorlegen können, wissen wir doch, dass wir noch ganz am Anfang stehen. Und natürlich werden wir weiter arbeiten. Jedenfalls freuen wir uns auf den Dialog mit unseren Fachkolleginnen und -kollegen in der Jugendhilfe aber auch in der weiteren Öffentlichkeit."

4. Kooperation als Qualitätsmerkmal und Zielperspektive in der Praxis

Bezüglich Intention und Qualität vergleichbar mit dem Dormagener Qualitätskatalog erscheint das Handbuch von *Armbruster*,[26] wobei in diesem Band allerdings auch sehr konkrete Modelle/Werkstattberichte der Zusammenarbeit verschiedener Institutionen dargestellt werden. *Schweitzer-Rothers*[27] schreibt in seinem einleitenden Beitrag zu diesem Band: „Wer andere zum Kooperieren bringen will, muss ihnen effektiv Dampf machen." Dies klingt nach einem „Top-down-Modell", welches *Armbruster* folgendermaßen kennzeichnet:[28]

„Es wird von cleveren Führungskräften, Behördenleitern und Klinikchefs ,von oben' eingeführt. Sie proklamieren (...) Kooperation als Qualitätsmerkmal professionellen Handelns, welches in Zeiten knapper Kassen eine signifikante Steigerung an Effektivität, aber als side effect (...) zugleich Klientenorientierung und mehr Schutz für die Opfer von Misshandlung bringt. Kooperation als guter Deal, bei welchem sie mehrere Fliegen mit einer Klappe schlagen. Verantwortung wird geteilt, die Problemlösung optimiert und Wissen und Ressourcen werden gesteigert – eine erstklassige Kosten-Nutzen-Relation. Allerdings nicht zum Nulltarif: Im positiven Fall wird die Kooperation als fixe Größe mit entsprechendem finan-

---

26 Misshandeltes Kind (Fn. 2); siehe auch *ders.*, Kooperation von Kinderklinik und Jugendamt (Fn. 22).
27 Gelingende Kooperation (Fn. 2), S. 13 (17).
28 *Armbruster/Bartels*, Kooperation der verschiedenen Dienste bei Kindesmisshandlung (Fn. 4).

ziellen Kontingent und personellem Deputat eingerechnet. Zugleich wird Erwartungsdruck bzgl. vernetzten Handelns auf die Teams und Arbeitsgruppen ausgeübt; das bedeutet, Kooperation wird forciert und instrumentalisiert, sobald sie politisch opportun ist und einen ‚Mehrwert' zu schaffen verspricht. (...) Jedoch müssen arbeitsorganisatorische und betriebswirtschaftliche Gesichtspunkte im Kinderschutz an und für sich nicht schlecht sein, falls auch die eigentlichen Adressaten, die Misshandlungsopfer, davon profitieren."

Und so meint *Schweitzer-Rothers* mit „effektiv Dampf machen" wohl auch eher die Beantwortung der Frage, wie den Beteiligten verdeutlicht werden kann, dass sich Kooperation lohnen kann: Dies wiederum würde von den jeweiligen spezifischen Währungssystemen abhängen:[29]

„Anders als am Devisenmarkt gibt es aber im Gesundheitswesen eine babylonische Vielfalt wertbestimmender Währungssysteme; und es gibt keine Schilder, auf denen man einfach die Umtauschkurse ablesen könnte."

In diesem Rahmen „effektiv Dampf machen" bedeutet dann, auch „von oben" die Kooperation leichter und lohnend zu machen, und zwar durch verbesserte Rahmenbedingungen (z.B. Case-Management-Konferenzen, Besuche anderer Einrichtungen, Hospitationen), durch Förderung systemischer Selbstreflexion (z.B. Team- und Fallsupervision sowie Diskurse über die Unterschiede zwischen den Währungssystemen).

III. Beobachtungen aus der Praxis

1. Kritische (Selbst-)Reflexion

Soll nun die Praxis in Bezug auf Kooperation und Vernetzung beleuchtet werden, empfiehlt es sich, an den Anfang die Einnahme einer Metaperspektive und Selbstreflexion zu stellen, sowohl z.B. für die Dynamik einer Teamsitzung wie auch für eher „historische" Betrachtungen der Entwicklung von Personen, Institutionen, gesellschaftliche Einstellungen und fachliche Haltungen. Die folgenden Beispiele haben keinen repräsentativen Charakter und sind auch nicht durch wissenschaftliche Untersuchungen untermauert. Andererseits werden sie in vielen informellen Gesprächen immer wieder bestätigt. Sie haben hier sicher provokatorischen Charakter. Die Provokation und die Irritation stehen auch am Anfang jeder Analyse, um so Dynamik des Diskurses zu befördern und Bereitschaft zur Überwindung von Denksperren zu wecken. Es werden hier Argumentationslinien, Meinungen und Reaktionen widergespiegelt, die wohl jedem Sachkundigen vertraut sind.

a) In Bezug auf die schwierigen Abwägungen zwischen Kindeswohl und Elternrechten, zwischen Wächteramt des Staates beim Schutz von Kindern vor Gefahren und Kindeswohlgefährdung sowie der Unterstützung und Förderung und Hil-

---

29 *Schweitzer-Rothers*, Gelingende Kooperation (Fn. 2), S. 13 (16).

feleistungen für Familien wäre in diesem Zusammenhang bedenkenswert, ob wir im Kinderschutzbereich nicht von einer äußerst rigiden, autoritären, entwürdigenden Fürsorgepraxis der 50er und 60er Jahre im Verlaufe der Zeit zu häufig auch in das Gegenteil umkippten. Es scheint zunehmend Fälle zu geben, bei denen zum Teil jahrelang überzogen und unrealistisch und engelsgeduldig auf Veränderungen gehofft wird, welche trotz Ausschöpfung verschiedenster Hilfsangebote letztlich nicht eintreten und sich so die familiäre Situation und das Erleben und Verhalten von Kindern und Jugendlichen (und Eltern) verschlimmerten – weil vielleicht grundsätzlich sehr begrüßenswerte Begriffe wie Freiwilligkeit, Selbstverantwortung, Einsichtsfähigkeit, Mitwirkungsbereitschaft, Selbsthilfepotenziale verabsolutiert wurden sowie die vernünftige Umsetzung von Begriffen wie Grenzsetzung oder Verpflichtung oder Verantwortungsübernahme oder Konsequenzen schon gleichgesetzt werden mit einem völligen Rückfall in eine – Gott sei Dank überwundene – autoritäre, fremdbestimmende und unwürdige Fürsorgepraxis. Es wird dann z.B. geäußert, dass man froh sei, wenigstens einen Fuß in der Tür der Familie zu haben – und mag nicht erkennen, dass dies auf die Dauer (und dies sind zum Teil Jahre) zu wenig ist und Entwicklungsbeeinträchtigungen und Misshandlungen somit in Kauf genommen werden. Der diese Praxis prägende Begriff der „Ressourcenorientierung" hat sicher das Verdienst, die soziale Arbeit mit sinnvollen und hilfreichen Impulsen zu versehen. In der täglichen Arbeit wird allerdings oftmals zu wenig reflektiert, wie mit einem Mangel an Ressourcen und Fähigkeiten umzugehen ist.

Außerdem scheint trotz aller zunehmenden Betonung der Ressourcenorientierung diese in der täglichen Praxis sehr häufig nicht umgesetzt zu werden, wie es z.B. *Bange* aufzeigt:[30]

„Wie selten dies [die Beachtung der Ressourcen, Anm. d. Verf.] geschieht, belegt die Studie von Margarete Finkel (1998, S. 361 f.): In mehr als einem Drittel der untersuchten 45 Akten von stationär untergebrachten tatsächlich oder vermutlich sexuell missbrauchten Mädchen und Jungen fand sich kein Hinweis auf Ressourcen der Kinder, ihrer Familien oder ihres sozialen Umfeldes. Eine bundesweite Strukturanalyse über die Qualität von Hilfeplänen kommt zu dem Ergebnis, dass nur in 11,7 % der dreihundert untersuchten Hilfeplanformulare explizit nach den Ressourcen der Kinder bzw. Familien gefragt wird (Becker, 2000, S. 87 f.)."

b) *Zenz* sieht in diesem Zusammenhang die Gefahr von Vereinfachungen in der fachöffentlichen Diskussion:[31]

Diese begännen dort, „wo im Zeichen bestimmter – teils missverstandener, teils missverständlich vermittelter – wissenschaftstheoretischer Postulate die Realität von Kindesmisshandlungen aufgelöst wird in ‚gesellschaftliche Konstrukte'", und

---

30 *Bange*, Intervention – die „Regeln der Kunst", in: Bange/Körner, Handwörterbuch sexueller Missbrauch, 2002, S. 216 (218).

31 *Zenz*, Konfliktdynamik bei Kindesmisshandlung und Intervention der Jugendhilfe, Vortrag auf der Jahrestagung der Liga für das Kind vom 22./23. September 2000 in Berlin (www.agsp.de/UB_Veroeffentlichungen/Aufsatz_8/hauptteil_aufsatz_8.html).

würden damit enden, „dass sich die erforderlichen Hilfen reduzieren auf Interaktions- und Kommunikationsprozesse mit der Familie, deren Erhaltung als System um (fast) jeden Preis anzustreben sei. In diesem Kontext hat die neue Hilfe-Orientierung des KJHG bei nicht wenigen Jugendamtsmitarbeitern – und übrigens auch bei Familienrichtern – zu gravierenden Fehlinterpretationen geführt mit der Tendenz, über dem neuen Auftrag zur vorrangigen Hilfeleistung gegenüber der Familie den weiterbestehenden Auftrag zur Wahrnehmung des staatlichen Wächteramtes für das Kind zu vernachlässigen."

c) In Bezug auf den oben angesprochenen „verbalen Totschlag" im Rahmen der Diskussionen über sexuellen Missbrauch wäre ein metaperspektivisches Innehalten sicherlich auch hilfreich gewesen, um zu vermeiden, dass Helfer/innen einerseits sehr stark verallgemeinernd und überreagierend von „rabiaten Ideologinnen", „Teufelsaustreibern", „Missbrauchsfolkloristen", „Gesinnungs- und Tugendterror", „Aufklärungseuphorie", „Verfolgungswahn gegen Väter", „gesellschaftlichem Wahn", „Anklängen an den Exorzismus" und „in deutschen Landen [grassierendem] ungezügeltem Aufklärungs- und Verfolgungswahn" sprechen, andererseits antworten mit Vokabeln wie „Täterschützer", „Kinder- und Frauenfeinde", „Pädophilenfreunde" – und dann beide Seiten nicht selten auch Vernetzung/Kooperation anmahnen.

d) Die tradierte Praxis, dass Jugendamtsleiter und auch untergeordnete Leitungsfunktionen mehr oder weniger aufgrund der politischen Ausrichtung ausgesucht werden, müsste in ihren negativen Auswirkungen sehr viel mehr diskutiert werden.

e) Die Autoren versuchten überregional mittels vieler Telefonate aussagekräftige Statistiken über die Arbeitsbelastung (Fallbearbeitungszahlen u. Ä.) der Jugendamtsmitarbeiter/innen zu erhalten. Die Auskunft: Es werden zwar vielfach Statistiken geführt, sie sind aber fast ausschließlich von Ort zu Ort nicht vergleichbar. Über solche Jugendamtsstatistiken hinausgehend fehlen in Deutschland umfassende regionale Untersuchungen zur Häufigkeit der verschiedenen Misshandlungsarten wie sie bei Jugendämtern, Kliniken, Ärzt/inn/e/n, Psychotherapeut/inn/en, Beratungsstellen usw. bekannt werden, um auf dieser Grundlage den personellen und finanziellen Bedarf der Präventions- und Hilfemaßnahmen hinreichend realistisch abschätzen zu können. Eine solche Untersuchung erscheint gerade im kleinen Bundesland Saarland durchführbar.

f) In diesem Zusammenhang seien die Probleme der (telefonischen) Erreichbarkeit von Helfer/innen am Beispiel von Jugendamtsmitarbeiter/innen verdeutlicht, welche die gewünschte Kommunikation und Vernetzung erschweren bis verhindern. Satirisch etwas überspitzt ergibt sich Folgendes: Jugendamtsmitarbeiter/innen (aber auch Mitarbeiter/innen anderer Institutionen) sind eigentlich nie telefonisch erreichbar, da sich gewöhnlich auch auf vielfache Anrufversuche niemand meldet oder der Anrufbeantworter eingeschaltet ist. Wird dennoch abgehoben, ist meist der/die zuständige Mitarbeiter/in gerade im Außendienst, in Urlaub, krank oder auf Fortbildung. Wird er/sie doch erreicht, wird entweder gerade ein

Beratungsgespräch mit Klienten geführt bzw. an einer Teamsitzung teilgenommen, oder aber es wurden vor kurzem die Bezirkszuständigkeiten geändert bzw. der/die Mitarbeiter/in mit neuen Aufgaben betraut. Ist trotz allem der/die zuständige Mitarbeiter/in erreicht worden und hat auch für ein (kurzes) Telefongespräch Zeit, so wird eine notwendige Entscheidung auf eine anzustrebende Helfer/innen-Konferenz vertagt, wodurch sich die Probleme der telefonischen Erreichbarkeit vervielfachen.

g) Die geschilderten Beobachtungen erwecken den Eindruck, dass es eine erhebliche Arbeitsverdichtung im Bereich der Jugendämter gibt, die das Risiko einer Qualitätsminderung wesentlich erhöht. Es scheint keine verbindlichen Standards über sinnvolle Personal/Fall-Schlüssel im Jugendamt zu geben. Eine intensivierte Kooperation würde darüber hinaus aber neben dem fachlichen Gewinn zusätzliche Arbeitszeiten in nicht unerheblichem Umfang binden. Schon jetzt mag die Arbeitsüberlastung ein wichtiger Hinderungsgrund für Kooperationen darstellen. Eine verstärkte Entwicklung einer gelingenden Kooperationskultur würde diese Situation eher verschärfen.

2. Scheitern des Dialogs zwischen Institutionen, Personen und Methoden

Zu den soeben beschriebenen und im Folgenden aufgeführten Beobachtungen aus der Praxis fehlt weitgehend eine empirische Überprüfung. Dem entspricht eine innere Kommunikationsstruktur in der „Szene", die von Denkverboten und Abschottung nach außen geprägt ist. *Schmitt* führt in diesem Zusammenhang an:[32]

Die „inneren Widerstände gegen die Wahrnehmung eigener Fehler führen zu einer hohen Empfindsamkeit gegenüber fremden Fehltritten. Die äußert sich in einer starken Neigung, über anderer Fehler zu klatschen, Informationen zu sammeln, etc."

„Nützliche Schadenskontrolle und -behebung beinhaltet einen offenen, aufrichtigen und wahrhaftigen Umgang mit Fehlern sowie eine konsequente Politik der Selbstreparatur. Dies ist leider nicht die übliche Vorgehensweise, weder in Österreich noch in Deutschland und auch nicht in den USA, wo HECHLER (1993) das Verhalten der Verantwortlichen auf die Kurzformel ‚closed minds + closed ranks = closes cases' gebracht hat. Üblicherweise ziehe man sich hinter die Verschwiegenheit zurück, auch wenn die Betroffenen davon entbunden haben (closed minds); nachweisliche Inkompetenz und Fahrlässigkeit von MitarbeiterInnen hätten keine personellen Konsequenzen (closed ranks). Diese Scheuklappen- und Schulterschlusspolitik der Schadensbegrenzung ist extrem kurzsichtig, da sie auf dem Rücken der KlientInnen ausgetragen wird, die Misstrauensspirale anheizt,

---

32 *Schmitt*, Sekundäre Traumatisierungen im Kinderschutz, Praxis der Kinderpsychologie und Kinderpsychiatrie 1999, 411 (413 bzw. 422).

Verbesserungen im System behindert und zu Reaktionsbildungen in der Öffentlichkeit führt (Medien fordern Kontrolle und Reduktion finanzieller Mittel, Politiker installieren Evaluatoren ähnlich Terminatoren)."

Natürlich bedarf es eines ersten Schritts der Zusammenarbeit im Sinne eines fachlichen Dialogs, um Verständnis für die Perspektiven, Aufgabenfelder und Handlungsweisen der jeweils anderen Institutionen und Professionen zu gewinnen und die Möglichkeiten und Grenzen der Kooperation auszuloten. Auf dieser Grundlage müssen dann Modelle der Zusammenarbeit im Einzelfall entwickelt werden, wobei es sinnvoll erscheint, die Zusammenarbeit

- innerhalb des Jugendamts,
- zwischen Jugendamt und freien Trägern sowie
- zwischen Jugendamt/freien Trägern sowie Polizei, Gerichten, Kliniken, niedergelassenen Therapeut/inn/en usw.

schwerpunktmäßig getrennt zu betrachten.

3. Beziehung zwischen Jugendamt und freiem Träger

Ein besonderes Augenmerk ist hier auf die Beziehung zwischen Jugendamt und freiem Träger zu richten. Die Beziehung scheint in der konkreten Fallarbeit durch die Regelungen des SGB VIII sowie die landesspezifischen vertraglichen Regelungen geklärt. Bei näherem Hinsehen zeigt sich jedoch eine Interessenkonfusion, die nicht selten die Formen der alltäglichen Zusammenarbeit prägt.

Das Jugendamt ist bei allen Formen der Zusammenarbeit in der letzten Verantwortung gegenüber dem Klienten (§ 3 Abs. 2, § 76 Abs. 2, § 79 Abs. 1 und 2 SGB VIII). Es bleibt bei jeder Kooperation damit in einer steuernden Funktion. Hinzu kommt, dass das Jugendamt die Entgelte mit dem freien Träger aushandelt und bei Inanspruchnahme der Hilfe die Kosten trägt. Gleichzeitig nimmt das Jugendamt die jeweilige Einrichtung in Anspruch, „belegt sie". Dies entspricht ungeachtet dem gesetzlich zugesicherten Wunsch- und Wahlrecht der Leistungsberechtigten (§ 5 SGB VIII) der alltäglichen Praxis. Neben der fachlichen besteht damit eine große wirtschaftliche Abhängigkeit des jeweiligen freien Trägers vom Jugendamt bzw. von einzelnen Mitarbeiter/inne/n. Jenseits aller gesetzlichen und vertraglichen Regelungen schwingt diese Abhängigkeit im Dialog zwischen den kooperierenden Partnern Jugendamt und freiem Träger mit, steht sozusagen bei jedem Hilfeplangespräch im Hintergrund:[33]

„Definitionsängste und Unsicherheiten – bezogen auf das Kindeswohl und dessen Gefährdung – und knappe Kassen verhindern den fachlichen Diskurs zwischen öffentlichen und freien Trägern. Wenn Mitarbeiter des freien Trägers sich ent-

---

[33] *Hoffmann/Radig*, Beide in der Pflicht? – Zum Verhältnis öffentlicher und freier Träger, in: Verein für Kommunalwissenschaften e.V., Die Verantwortung der Jugendhilfe zur Sicherung des Kindeswohls (Fn. 15), S. 107 (108 f.).

scheiden, den Begriff der Kindeswohlgefährdung zu verwenden, dann könnte eine Mitarbeiterin des öffentlichen Trägers das als Versuch des freien Trägers interpretieren, einen erhöhten Hilfebedarf nachweisen zu wollen, um sich so die Auslastung zu sichern. Das schafft Verunsicherung im Rahmen der Zusammenarbeit."

Diese Unsicherheiten resultieren in einem erheblichen Maße aus dem gewaltigen politischen Druck, der auf die Jugendhilfe wegen der Kostenentwicklung ausgeübt wird. Wie so oft versucht die Politik, diese Entwicklung über Budgetierungen und Kostensenkungen im Bereich der Hilfen für Betroffene zu erreichen, anstatt die Kostenentwicklung als Preis einer gesamtgesellschaftlichen Entwicklung (Deregulierung, Mobilisierung, Marktorientierung) zu betrachten. Die einzelnen Mitarbeiter/innen im Jugendamt wie beim freien Träger müssen entsprechende wirtschaftliche Vorgaben in die alltägliche Entscheidung über Hilfegewährung umsetzen.

Bezüglich der Zuständigkeiten unterscheidet sich der Bereich der Jugendhilfe von anderen sozialen Handlungsfeldern. So sind im Bereich des SGB XI (Pflegeversicherung), des SGB IX (Rehabilitation) sowie des BSHG/SGB XII (Sozialhilfe) Kostenträgerschaft und Zugang bzw. Belegung der Einrichtung in der praktischen Abwicklung deutlicher getrennt. Lediglich in der Jugendhilfe findet sich nahezu eine Identität der beiden Funktionen. Dies hat neben den beschriebenen Auswirkungen auf die Kommunikation beider Partner auch Folgen für die Qualitätssicherung, wie weiter unten noch ausgeführt wird.

Die wirtschaftliche Sicht und Abhängigkeit prägt eine weitere Form der Zusammenarbeit, nämlich die Entwicklung neuer, niedrigschwelliger Maßnahmen. Die Diskussion über die Kosten der Jugendhilfe führt zu den verschiedensten Formen der Kostensenkung. Im Rahmen einer bewussten Steuerung von Maßnahmen über die Kostenseite ist es besonders verführerisch, Maßnahmen, die fachlich besonders geeignet erscheinen und zugleich kostengünstiger sind, in besonderem Maße in den Vordergrund zu stellen. In der Regel wird die Verbindung von kostengünstigeren Maßnahmen mit einer höheren Wirtschaftlichkeit als ein besonderer Erfolg der Jugendhilfe gefeiert. Neben dem Risiko, dass hier sinnvolle Methoden überreizt werden, wird mit solchen scheinbaren Erfolgen eine Eigendynamik in Gang gesetzt, bei der fachliche Argumente gegenüber dem Ziel Kostensenkung immer mehr an Gewicht verlieren. Der freie Träger gerät in den Zwang, ständig neue kostengünstigere Methoden anzubieten und die Mitarbeiter/innen des Jugendamts sind genötigt, diese Angebote vorrangig zu bedienen. Die entstehende Kooperation steht aber eigentlich völlig unter dem fachfremden Rahmen der Kostenminimierung.

Vor diesem Hintergrund wird immer wieder insbesondere aus der Praxis heraus versucht, Verfahren zu schaffen, die der gemeinsamen Verpflichtung von öffentlichem und freiem Träger der Jugendhilfe gerecht werden. Folgende Grundsätze können dabei festgehalten werden:[34]

„Je mehr standardisierte Verfahren existieren, desto mehr Handlungssicherheit gibt es für Mitarbeiterinnen und Mitarbeiter beider Träger. (...) Garantenpflicht soll als Chance zur Beziehungsgestaltung zwischen Mitarbeiterinnen und Mitarbeitern des öffentlichen Trägers und der freien Träger verstanden werden. (...) Ein gemeinsames Verständnis von Kindeswohlgefährdung im Fallkontext ist die Voraussetzung für eine höhere Handlungssicherheit der Mitarbeiterinnen und Mitarbeiter beider Träger der Kinder- und Jugendhilfe."

Diese Grundsätze bedeuten jedoch, dass es eines ständigen Kommunikationsprozesses zwischen den Beteiligten bedarf. Dabei muss um der Klarheit willen die Gesamtfallverantwortung des Jugendamts und damit auch die Letztverantwortung von der Verantwortung des Leistungserbringers abgegrenzt werden. Dabei tragen beide bei einer Kindeswohlgefährdung entsprechend ihrer Aufgabenbereiche Verantwortung. Eine vollständige Verantwortungsübergabe an einen Partner ist nicht möglich.

Daneben ist ein ständiger Dialog zur Definition der Kindeswohlgefährdung zwischen Jugendamt und freien Trägern nötig. Gerade im Blick auf die oben dargestellten Probleme bei der Definition von Kindeswohlgefährdung sollte es in dieser Beziehung nicht zuletzt wegen der gleichen bzw. ähnlichen Professionen möglich sein, eine gemeinsame Definition zu finden und für Grenzfälle eine entsprechende Kommunikation aufzubauen. Hierzu dienen nicht zuletzt auch gemeinsame Qualifizierungen und Fortbildungen mit dem Ziel des gemeinsamen Verständnisses von Kindeswohlgefährdung und angemessenem Krisenmanagement.

4. Beziehung zwischen Jugendamt und Familiengericht

Zwischen dem Jugendamt und der Justiz gibt es zahlreiche Berührungspunkte, die keineswegs alle hier betrachtet werden können.[35] Dabei sind aufgrund der öffentlichen Diskussionen der letzten Jahre neben der Situation im Scheidungsverfahren, bei Anrufung des Gerichts nach § 1666 BGB oder bei jugendgerichtlichen Verfahren insbesondere die Verfahren gegen Mitarbeiter/innen der Jugendämter bei meist spektakulären Vorfällen in den Vordergrund geraten. Sie haben zumindest bei den Mitarbeiter/innen des Jugendamts zu einer erheblichen Verunsicherung geführt, die sich auch im Umgang mit dem Familiengericht niederschlägt. Die Unsicherheit findet sich wieder in saloppen und zugleich resignierend-unsicheren Äußerungen wie: „Wir wissen, dass wir bei vielen Maßnahmen und Entscheidungen mit einem Bein im Gefängnis stehen." Solche Äußerungen, die bei aller Überspitzung auf eine grundlegende Verunsicherung hinweisen, können

---

34 *Hoffmann/Radig*, Beide in der Pflicht? (Fn. 33), S. 107 (108).
35 *Mörsberger*, Wirklichkeit und Wahrheit (Fn. 15), S. 33 (34); *ders.* JAmt 2002, 434 f.

weder im Sinne einer qualitätsvollen Arbeit noch im Blick auf vernünftige Arbeitsbedingungen übergangen werden.

Wir wollen uns jedoch an dieser Stelle auf die Zusammenarbeit zwischen Jugendamt und Familiengericht im Blick auf die Kindeswohlgefährdung beschränken, ohne zu übersehen, dass solche Haltungen und Unsicherheiten alle Formen der Zusammenarbeit erheblich mitprägen.

Jugendamt und Familiengericht haben letztlich beide den Auftrag, das Kindeswohl zu sichern. Dabei nehmen sie allerdings unterschiedliche Aufgaben wahr. Während das Jugendamt primär Hilfen anbieten und organisieren soll, die unter Nutzung der Ressourcen der Familien perspektivisch die Situation der Betroffenen verbessert, hat das Gericht als Entscheidungsinstanz eine akute Bedrohung des Kindeswohls zu verhindern.

Die Anrufung des Familiengerichts nach § 50 Abs. 3 SGB VIII stellt die Schnittstelle zwischen beiden Aufgabenfeldern dar. Das Jugendamt ruft das Familiengericht an, wenn es ein Tätigwerden des Gerichts für notwendig erachtet. Das Gericht wird dann aktiv und bezieht in seine Entscheidungsfindung auch die vorhergegangene Arbeit des Jugendamts mit ein. Das Jugendamt ist zur Unterstützung verpflichtet. Damit sind sowohl die Berührung wie auch die Abgrenzung beider Institutionen formal geregelt.

Da in den Regelungen des SGB VIII jedoch unbestimmte Rechtsbegriffe wie „Kindeswohl" oder „Erforderlichkeit" verwandt werden, entwickeln sich daraus erhebliche Gestaltungsspielräume für die Beteiligten.[36] Die Probleme bei der Definition des „Kindeswohls" haben wir oben bereits beschrieben.

In der praktischen Anwendung ergeben sich jedoch aus den Gestaltungsspielräumen Schwierigkeiten in der Zusammenarbeit beider Institutionen. Um hier zu einer größeren Transparenz zu kommen, wurde eine empirische Untersuchung zum Thema „Formelle und informelle Verfahren zur Sicherung des Kindeswohls zwischen Jugendhilfe und Justiz" durchgeführt.[37]

Wenn das Jugendamt entscheidet, sich an das Gericht zu wenden, liegt aus der Sicht des Jugendamts ein Konfliktfall vor, den das Jugendamt nach gründlicher fachlicher Abwägung ohne das Gericht nicht mehr lösen kann. Die Untersuchung hat gezeigt, dass bei 73 % der Meldungen an das Gericht keine akuten Notlagen vorliegen, sondern sich zuspitzende Gefährdungen oder fehlgeschlagene Hilfen der Anlass sind.[38] Dieses ist vor dem Hintergrund der primären Aufgaben der

---

36 *Diehl*, Anforderungen an die Jugendhilfe aus Sicht des Familiengerichts, in: Verein für Kommunalwissenschaften e. V., Die Verantwortung der Jugendhilfe zur Sicherung des Kindeswohls (Fn. 15), S. 55 (57); *Münder/Mutke*, Kindeswohl zwischen Jugendhilfe und Justiz – Ergebnisse eines Forschungsprojektes, in: Sozialpädagogisches Institut im SOS-Kinderdorf München, Jugendämter zwischen Hilfe und Kontrolle (Fn. 5), S. 90 (91).

37 Vorgestellt in *Münder/Mutke/Schone*, Kindeswohl zwischen Jugendhilfe und Justiz – professionelles Handeln in Kindeswohlverfahren, 2000.

38 *Münder/Mutke*, Kindeswohl zwischen Jugendhilfe und Justiz (Fn. 36), S. 90 (102).

Jugendhilfe nicht verwunderlich. Schließlich stehen hier die Angebote der Hilfe, der Beratung sowie das Prinzip der Freiwilligkeit und die Ressourcenorientierung im Vordergrund. Kontaktaufnahme, Kontakterhalt und das perspektivische Arbeiten prägen die Handlungsformen des Jugendamts. Dabei entstehen Einschätzungen und Beurteilungen, die u. U. die Einschaltung des Gerichts erfordern. Damit wird aber auch sogleich ein Problem deutlich. Während das Jugendamt Entwicklungen und Erfahrungen zu einer Einschätzung zusammenbringt, prüft das Gericht gemäß seinem Auftrag die aktuelle möglichst objektive Gefährdungslage. Schließlich erfordert ein Verfahren nach § 1666 BGB aufgrund der notwendigen Orientierung am Elternrecht den Beweis einer Gefährdung der Kinder (Zeugenaussagen). Wahrnehmungen, Gefühle und fachliche Einschätzungen sowie Verdachtsmomente spielen eine untergeordnete Rolle.

An dieser Stelle entsteht für das Jugendamt eine zusätzliche Schwierigkeit. Die meisten Gefährdungsmeldungen von Polizei, Ärzten, Schulen, Verwandten, Nachbarn etc. gehen nicht sofort an das Gericht, sondern an das Jugendamt. Hier ist nun zu entscheiden, wie damit weiter angemessen umzugehen ist. Die Erfahrung zeigt, dass gerade diejenigen, die auf eine Gefährdung aufmerksam machen, nicht immer bereit oder in der Lage sind, eine entsprechende Zeugenaussage zu machen. Zugleich ist die „Zuverlässigkeit und Glaubwürdigkeit sowie die Motivation des Fremdmelders zu berücksichtigen und eine Einschätzung darüber zu erlangen, wie objektiv die Schilderungen sind und wie darauf seitens des Jugendamts zu reagieren ist."[39]

Bezüglich der Kontaktaufnahme zum Gericht und den zugrunde liegenden Absichten gibt es nach der Untersuchung ein recht eindeutiges Bild. Während 4,2 % der Kontakte lediglich der Information dienen und 8,7 % eine Auflagenerteilung an die Eltern im Blick haben, ist bei 74,4 % der Kontaktaufnahmen des Jugendamts zum Gericht der Eingriff in das elterliche Sorgerecht beabsichtigt.[40]

Da gerade bei Letzterem nicht von einer Beteiligung der Betroffenen auszugehen ist, stellt sich die Frage, wie es denn innerhalb des Jugendamts zu einer Entscheidung bezüglich einer Anrufung des Gerichts kommt. In der Untersuchung ist deutlich geworden, dass es hierfür keine einheitlichen Standards über das jeweilige Jugendamt hinaus gibt. Eine kollegiale Beratung, die für längerfristige Hilfen vorgeschrieben ist, ist hier nicht zwingend notwendig und wird auch nicht durchgängig in Anspruch genommen. Für die Entscheidung, das Gericht anzurufen, fehlen verbindliche Verfahrensregeln.[41] Die tatsächlichen Möglichkeiten und die Inanspruchnahme des kollegialen Austauschs sind in den einzelnen Jugendämtern recht unterschiedlich.[42]

---

39 *Münder/Mutke*, Kindeswohl zwischen Jugendhilfe und Justiz (Fn. 36), S. 90 (109).
40 *Münder/Mutke*, Kindeswohl zwischen Jugendhilfe und Justiz (Fn. 36), S. 90 (104).
41 *Münder/Mutke*, Kindeswohl zwischen Jugendhilfe und Justiz (Fn. 36), S. 90 (118).
42 *Münder/Mutke*, Kindeswohl zwischen Jugendhilfe und Justiz (Fn. 36), S. 90 (113).

Den oben beschriebenen Absichten des Jugendamts bei der Anrufung des Familiengerichts steht eine Entscheidungsstruktur des Gerichts entgegen, nach der 49 % den Absichten des Jugendamts folgen, 18 % hinter den Erwartungen zurückbleiben und 16 % über die geforderten Maßnahmen hinausgehen.[43] Damit ist deutlich, dass es bezüglich der Vorschläge des Jugendamts keineswegs einen Automatismus im Blick auf die Entscheidung gibt. Dem entspricht die Beobachtung von Mitarbeiter/inne/n des Jugendamts, dass beantragten einstweiligen Anordnungen in den letzten Jahren zumindest in Saarbrücken kaum entsprochen wurde und die Gerichte stattdessen empfehlen, bei Gefährdung des Kindeswohls wegen „Gefahr im Verzug" eine Inobhutnahme nach § 42 SGB VIII vorzunehmen.

Solche Verfahrensergebnisse bergen für das Jugendamt erhebliche Risiken. Wird von Seiten des Jugendamts eine Herausnahme aus der Familie beantragt und vom Gericht anders entschieden, ist die zukünftige Zusammenarbeit mit der Familie eher gefährdet.

Mitarbeiter/innen aus dem Jugendamt berichten, dass von ihnen für notwendig erachtete Sorgerechtsentzüge nach § 1666 BGB nur selten direkt vor Gericht ausgesprochen werden. Stattdessen werden die Betroffenen verstärkt zur Kooperation mit dem Jugendamt im Blick auf konkrete Hilfsangebote verpflichtet. Werden diese nicht in Anspruch genommen, berichtet das Jugendamt dem Gericht. Es wird dann ein Beschluss in Aussicht gestellt. Von einem Widerspruch des Jugendamts gegen die Ablehnung eines Sorgerechtsentzugs nach § 1666 BGB wird in der Regel abgesehen. Hier mag die Sorge um die enge vertrauensvolle Zusammenarbeit zwischen Jugendamt und Familiengerichten mitschwingen.

Dem steht aber dann auch eine andere Beobachtung gegenüber. Wird auf Anrufung des Familiengerichts durch das Jugendamt in die elterliche Sorge eingegriffen, so werden die entsprechenden Rechte in 4/5 aller Fälle auf das Jugendamt übertragen. Von daher hat das Jugendamt, insbesondere aus der Sicht der Betroffenen, eine ausgesprochen dominante Stellung.[44] Die unterschiedlichen Aufgaben von Jugendamt und Gericht verwischen sich aus der Perspektive der Betroffenen.

Da die Ausgangssituation für das Jugendamt meist keine plötzliche akute Gefahrenlage darstellt, haben sich auch verschiedene Kontaktformen zum Familiengericht entwickelt:[45]

Es ist häufig so, „dass der Gang zum Gericht (...) eine längere Vorgeschichte hat und dass sich schwierige Lebenslagen für Minderjährige zum Teil schon über einen langen Zeitraum hinschleppen und möglicherweise bereits erste Schäden eingetreten sind. Demnach reagieren Fachkräfte mit der Anrufung des Gerichtes weniger auf akute Gefährdungssituationen für Leib und Leben des jeweiligen

---

43 *Münder/Mutke*, Kindeswohl zwischen Jugendhilfe und Justiz (Fn. 36), S. 90 (105).
44 *Münder/Mutke*, Kindeswohl zwischen Jugendhilfe und Justiz (Fn. 36), S. 90 (108).
45 *Münder/Mutke*, Kindeswohl zwischen Jugendhilfe und Justiz (Fn. 36), S. 90 (115).

Kindes, sondern haben überwiegend mit chronischen, schleichenden Formen der Kindeswohlgefährdung zu tun."

Darauf reagierend ist an vielen Stellen eine informelle Form der Kontaktaufnahme zwischen Fachkraft und Richter/in möglich geworden. Dabei können besonders schwierige Fälle im Vorfeld in anonymisierter Form mit den Familienrichter/inne/n besprochen werden. Hier kommt es zu einer scheinbar sinnvollen Ergänzung zwischen juristischer und sozialpädagogischer Kompetenz. Damit wird u. U. den verantwortlichen Mitarbeiter/inne/n im Jugendamt die Erwägung weiterer Schritte erleichtert. Es ist allerdings nicht auszuschließen, dass diese informelle Zusammenarbeit zwischen Jugendamt und Gericht zugleich eine Entscheidungslücke bzw. eine vagabundierende Verantwortung produziert, die dann offen wird, wenn eine Gefährdung des Kindes zwar bekannt und auch deutlich vermutet wird, aber die Beweislage und die Auslegung des Elternrechts eine Herausnahme nicht sicher erscheinen lassen. Um weiter in Kooperation mit der Familie zu bleiben, kann es geschehen, dass auf die Einschaltung des Gerichts verzichtet wird. Gerade diese zumindest in der Praxis nicht klare Zuordnung von Verantwortung und Entscheidungsbefugnis verbunden mit der bewussten Abwägung möglicher Folgen lässt die einzelnen Mitarbeiter/innen des Jugendamts mit ihrer Verantwortung oftmals allein.

Die Möglichkeiten informeller Zusammenarbeit sind nach Darstellung des Jugendamts darüber hinaus eng an die Bereitschaft der jeweiligen Richter/innen gebunden. Es gibt keine verbindlichen Standards und keine gemeinsame Grundhaltung, so dass daraus Widersprüchlichkeiten und Irritationen für alle Beteiligten entstehen können.

Entsprechend kontrovers wird dieses Verfahren beurteilt. Während die Richterin am Oberlandesgericht *Gretel Diehl* diese Möglichkeit ausdrücklich begrüßt und zur Nutzung auffordert,[46] werden von anderer Seite immer wieder Bedenken geäußert. *Münder/Mutke* äußern angesichts dieser informellen Kontaktform „deutliche Zweifel bezüglich der professionellen Aufgabenwahrnehmung beider Seiten".[47] So verbirgt sich nach ihrer Ansicht dahinter zum einen eine unsichere Entscheidungsstruktur im Jugendamt, aufgrund der sich die Fachkraft den fehlenden fachlichen Rückhalt bei Richter/inne/n zu verschaffen versucht. Zum anderen lässt dieses Verfahren Zweifel an der Neutralität bzw. Ungebundenheit des Gerichts aus der Sicht der Familie aufkommen.

Neben dem informellen Kontakt gibt es die Möglichkeit der Anrufung nach § 50 Abs. 3 SGB VIII. Die Anrufung erfolgt unter anderem in Fällen, wenn die Familie dem Jugendamt bekannt ist und Hilfen aufgrund der Problemlage angezeigt sind, aber nicht oder nicht in ausreichendem Maße angenommen werden. So kann es im Laufe des Hilfeprozesses zu massiven Störungen in der Zusammenarbeit zwischen Familie und eingesetzten Fachkräften kommen, die auch durch nachdrück-

---

46 *Diehl*, Anforderungen an die Jugendhilfe (Fn. 36), S. 55 (59 f.).
47 *Münder/Mutke*, Kindeswohl zwischen Jugendhilfe und Justiz (Fn. 36), S. 90 (117).

liche Interventionen nicht beseitigt werden können, bis hin zur Verweigerung der Zusammenarbeit durch die Betroffenen.

Ziel einer Anhörung im familiengerichtlichen Verfahren ist es hier, alle Beteiligten wieder an „einen Tisch zu bekommen". Hier erscheint das Gericht als neutrale Instanz zur Einschätzung der Gefährdung des Kindeswohls. Die Gefahrenlage für das Kindeswohl wird durch das Jugendamt den Betroffenen wie dem Gericht deutlich gemacht. Dabei wird die Problemlage mit allen Risiken und Gefahren für das Kindeswohl mit den Betroffenen erörtert. Die Konsequenzen einer unzureichenden Mitarbeit bei der Problembewältigung werden vom Gericht verdeutlicht und aufgezeigt, um die Betroffenen zur Mitarbeit an der Bewältigung der Problemlage zu motivieren.

In der Regel werden die Anhörungen mit Auflagen für die Betroffenen abgeschlossen. Nach ca. einem halben Jahr wird das Jugendamt um erneute Stellungnahme gebeten. Bei Verschärfung der Problemlage oder akuter Gefährdung des Kindeswohls wird mit Bezug auf die Anrufung nach § 50 Abs. 3 SGB VIII der Entzug der Personensorge nach § 1666 BGB angeregt.

Weitergehend ist die Anrufung des Familiengerichts, wenn sie nicht nur auf die fehlende Mitwirkung der Personensorgeberechtigten am Hilfeprozess, sondern konkret mit dem Ziel erfolgt, den Eltern das Sorgerecht oder Teile der elterlichen Sorge zu entziehen. Gerade hier aber kommen die Fragen der unterschiedlichen Gewichtung zwischen einer akuten Gefährdung oder einer über einen längeren Zeitraum gewachsenen Perspektivlosigkeit von Hilfsangeboten ins Spiel. Richter/innen beklagen hier oftmals die Form der Berichte der Jugendämter als wenig hilfreich, während sich Jugendamtsmitarbeiter/innen mit ihren Erfahrungen und Einschätzungen nicht entsprechend gewürdigt sehen. Es treffen unterschiedliche Handlungsformen aufeinander: Während das Gericht möglichst alle objektiven Informationen sammelt, um sachgerecht entscheiden zu können, spielen bei der Beurteilung durch die Jugendhilfe der Zugang zur Familie, der Erhalt des Kontakts sowie das Wecken der Freiwilligkeit und die Stärkung der möglichen Ressourcen eine große Rolle.

Letztlich entscheidet sich der Verfahrensstil an dieser Stelle nach *Münder/Mutke* nicht so sehr an der Spezifität des Falls, sondern am Verhältnis der Richter/innen zum Jugendamt und seinen Aufgaben.[48] Sie unterscheiden in einer groben Typisierung drei Verfahrensstile, die sich von der Rollenzuweisung der Richter/innen an das Jugendamt her definieren. Während es bei einem korporativen Verfahrensstil einen Konsens über die gemeinsame Aufgabe gibt, bei dem sich das Gericht deutlich am Jugendamt und seiner Fachlichkeit orientiert, setzt sich davon ein autonomer Stil ab, bei dem das Gericht seine Amtsermittlungspflicht als eigene Aufgabe in den Vordergrund stellt und auch die bisherigen Aktivitäten des Jugendamts prüft. Als Drittes beschreiben sie einen mediativen Stil, bei dem das

---

48 *Münder/Mutke*, Kindeswohl zwischen Jugendhilfe und Justiz (Fn. 36), S. 90 (122).

Gericht eine moderierende Haltung einnimmt, und im „Konflikt zwischen Jugendamt und Eltern" Lösungen sucht.[49]

Diese Zuordnung erscheint recht plakativ, macht aber deutlich, dass eben nicht nur unterschiedliche inhaltliche Aufgabenbeschreibungen die Zusammenarbeit erschweren, sondern auch verschiedene institutionelle Rollenzuweisungen.

Dabei treffen an dieser Stelle die Richter/innen als allein verantwortliche und unabhängige Instanz, die die Macht hat, die Rollen im Verfahren festzulegen, auf Mitarbeiter/innen des Jugendamts, die immer Teil einer Hierarchie und im Idealfall im kollegialen Austausch sind.

Um diese Macht angemessen einsetzen zu können, benötigen die Richter/innen eine hohe fachliche Kompetenz im Blick auf die besondere Problematik im Bereich der Kindeswohlgefährdung. Nun ist allerdings bekannt, dass es weder entsprechende Zusatzausbildungen noch umfangreiche Fortbildungsangebote gibt, die diesen Kompetenzbedarf abdecken. Die Richter/innen sind in hohem Maße auf „außerrechtliche, sozialpädagogische und psychologische Bewertungsprozesse"[50] angewiesen. Die fehlende fachliche Vorbereitung wird von Richter/inne/n außerordentlich bedauert und die Einarbeitungsphase im Blick auf die Qualität der Entscheidung zumindest in diesem Zeitraum selbstkritisch gesehen.[51]

Wie oben ausgeführt, ist die Zusammenarbeit zwischen Jugendamt und Gericht bei Kindeswohlgefährdung gesetzlich vorgeschrieben. Sobald das Verfahren begonnen hat, sind beide Institutionen allerdings nicht gleichberechtigt. Die Entscheidungsmacht des Gerichts gibt den verfahrenstechnischen und inhaltlichen Rahmen vor. Dem eigenen fachlichen Ansatz der Jugendhilfe, der sich auf Motivationsarbeit und Vereinbarungen bezieht, ist hier nur schwer Gewicht zu verschaffen.

Da die Beurteilung der Situation von der jeweiligen Fachlichkeit geprägt ist, entstehen auf beiden Seiten individuelle Handlungsmuster. Diese müssen zunächst von der jeweiligen Fachwissenschaft bearbeitet werden. Neben einer intensiven Vorbereitung bzw. Weiterbildung wird es auf Seiten der Gerichte gerade wegen der notwendigen richterlichen Unabhängigkeit kaum Möglichkeiten der Standardisierung geben. Dabei sollten die Chancen gemeinsamer Fort- und Weiterbildungen mit Mitarbeiter/inne/n des Jugendamts mit dem Ziel einer stärkeren fachlichen Qualifizierung intensiv genutzt und falls notwendig auch verpflichtend gemacht werden.

Im Bereich des Jugendamts ist es wichtig, dass es ein geklärtes formalisiertes Verfahren gibt, das zur Anrufung des Gerichts führt. Dabei sollte der kollegiale Austausch als verpflichtendes Moment eine wichtige Rolle spielen. Er dient dabei

---

49 *Münder/Mutke*, Kindeswohl zwischen Jugendhilfe und Justiz (Fn. 36), S. 90 (120 f.).
50 *Münder/Mutke*, Kindeswohl zwischen Jugendhilfe und Justiz (Fn. 36), S. 90 (119).
51 *Diehl*, Anforderungen an die Jugendhilfe (Fn. 36), S. 55; *Münder/Mutke*, Kindeswohl zwischen Jugendhilfe und Justiz (Fn. 36), S. 90 (119).

nicht nur der Absicherung der jeweiligen Mitarbeiter/innen, sondern auch der Horizonterweiterung im Zuge einer schwierigen Entscheidungsfindung. Diesem Austausch kommt eine deutlich größere Bedeutung zu als informellen Kontakten zum Gericht, die die Frage der letztendlichen Verantwortlichkeit offen lassen.

„Darüber hinaus wird es wichtig sein, dass die Auseinandersetzung auch zwischen den Professionen stattfindet, da die Abwendung einer Kindeswohlgefährdung interprofessionell bearbeitet wird. Es geht bei allen Verfahren um das Gelingen eines spezifischen Kommunikationsprozesses zwischen den beteiligten Institutionen, welcher zugleich die Rechte aller Verfahrensbeteiligten sichert und dem Ziel eines wirksamen Kinderschutzes optimal dient. Es zeigt sich, dass die handelnden Akteure von Jugendhilfe und Gerichten oft unterschiedlichen Handlungsorientierungen folgen, denen ganz unterschiedliche Selbst- und Fremdverständnisse der jeweils anderen Organisation zugrunde liegen. (...) Es ist (...) erforderlich, die Handlungsorientierungen, die Fremd- und Selbstverständnisse zu diskutieren und dabei auch andere Verständnisse als die eigenen zu respektieren. Erforderlich ist insofern eine fallübergreifende Kommunikation über die jeweiligen Standpunkte, die Rollen-, Selbst- und Fremdverständnisse zwischen Jugendämtern und Gerichten."[52]

5. Beziehung zwischen Jugendamt und Polizei

Jugendamt und Polizei haben bei aller Unterschiedlichkeit viele gemeinsame Ziele. Erst ihr Miteinander trägt häufig dazu bei, dass Kindesmisshandlung verhindert wird oder dass sich z. B. Gewalt innerhalb von Familien nicht wiederholt bzw. verstetigt, sondern Veränderungen bewirkt werden. Die Differenzen in den Zielen und Aufgaben von Jugendamt und Polizei machen allerdings in vielerlei Hinsicht auch eine deutliche Abgrenzung notwendig. Um dabei die Potenziale für Kooperation ausschöpfen zu können, braucht es Klarheit über die eigenen Kontexte und Rahmenbedingungen des Handelns sowie diejenigen des jeweils anderen:[53]

„Polizei

Legalitätsprinzip. Dies bedeutet, dass die Polizei einschreiten *muss*, wenn die Voraussetzungen vorliegen, an die das Gesetz die Verpflichtung zum Einschreiten knüpft. Der wichtigste Fall der dem Legalitätsprinzip unterliegenden polizeilichen Tätigkeit ist die Strafverfolgung (*Verfolgungszwang*) gem. § 163 Strafprozessordnung (StPO). Diese Vorschrift verpflichtet die Polizei, sobald sie von dem Anfangsverdacht einer Straftat Kenntnis erlangt, den Sachverhalt zu erforschen und die zur Aufklärung der Straftat erforderlichen Maßnahmen zu treffen.

---

52 *Münder/Mutke*, Kindeswohl zwischen Jugendhilfe und Justiz (Fn. 36), S. 90 (137).
53 Stadt/Staatliches Schulamt/Polizeidirektion Nürnberg, Modellprojekt Kooperation Polizei – Jugendhilfe – Sozialarbeit – Schule (PJS), Abschlussbericht, Band 1: Grundlagen der Kooperation, 2003, S. 9; zur Doppelrolle der Polizei siehe auch *Haben*, Kap. 8, S. 229 (231 f.) in diesem Buch.

Opportunitätsprinzip. Dem Polizeibeamten ist auf dem Gebiet der Gefahrenabwehr die Ermessensentscheidung eingeräumt, ob er einschreiten will oder nicht.
Dabei handelt es sich um ein pflichtgemäßes (gebundenes) Ermessen. Ein freies
Ermessen gibt es im Bereich des Polizeiwesens nicht (Art. 5 PAG). Ordnungswidrigkeiten werden von den Behörden und Beamten des Polizeidienstes ebenfalls nach pflichtgemäßem Ermessen erforscht.

Grundsatz der Verhältnismäßigkeit. Von mehreren möglichen und geeigneten
Maßnahmen hat die Polizei diejenige zu treffen, die den Einzelnen und die Allgemeinheit am wenigsten beeinträchtigt. Eine Maßnahme darf nicht zu einem Nachteil führen, der zu dem erstrebten Erfolg erkennbar außer Verhältnis steht (Art. 4
PAG).

Jugendhilfe

Vertrauensschutz. Vertrauensschutz ist verbindliche Arbeitsgrundlage für alle in
der Jugendhilfe tätigen Fachkräfte. Sinn ist es, die Vertrauensbeziehung, die zwischen Betroffenen und der Beratungsperson entsteht und die den Betroffenen veranlasst, sich dieser Person anzuvertrauen, umfassend zu schützen. Die Adressaten
von Jugendhilfe müssen wissen und darauf vertrauen können, dass die ihre Person
betreffenden Informationen nicht an Dritte weitergegeben werden.

Freiwilligkeit. Die Adressaten der Jugendhilfe entscheiden, ob und in welcher
Form sie (Beratungs-)Angebote annehmen. Erwähnenswert ist in diesem Zusammenhang das Wunsch- und Wahlrecht der Adressaten von Jugendhilfe, d. h., diese
können zwischen Einrichtungen, Diensten und Hilfsangeboten verschiedener
Träger aus dem Bereich öffentliche und freie Jugendhilfe wählen.

Parteilichkeit. Jugendhilfe nimmt Partei für Belange von Kindern, Jugendlichen
und Familien und vertritt deren Interessen im Sinne des im § 1 SGB VIII vorgegebenen Auftrags."

Im Interesse einer fachgerechten Arbeit erscheint es unerlässlich, dass diese
Unterschiede gegenseitig respektiert, aber nicht missverstanden werden. Dies soll
anhand eines Beispiels verdeutlicht werden:

In einem Kindergarten besteht die Vermutung, dass ein Kind zu Hause geschlagen wird. Der erste Impuls mag sein, die Polizei einzuschalten. Würde nun die
Polizei im Wege von „Ermittlungen" in der Familie und ihrem Umfeld aktiv,
könnte dies möglicherweise zu einer Abschottung des Familienverbunds führen.
Reichen die gefundenen Beweise zu einer Sicherstellung des Schutzes mit ord-
nungsrechtlichen oder familiengerichtlichen Instrumentarien nicht aus, kann nach
der polizeilichen Intervention der Zugang der betroffenen Kinder zu den Hilfen
erschwert sein. Informiert die Polizei oder die Erzieherin hingegen das Jugendamt
oder eine Beratungsstelle und nehmen sich die dort tätigen Fachkräfte der Frage
an, ob und wie das Wohl des Kindes in der Familie gewährleistet werden kann,

so dient diese Form der institutionellen Kooperation den Kindesinteressen hier wahrscheinlich am besten.

Auf der anderen Seite genügt es aber auch nicht, dass z. B. eine Erzieherin versucht, mit Eltern ins Gespräch zu kommen, wenn etwa ein Kind hat erkennen lassen, dass es vom eigenen Vater sexuell missbraucht wird. Hier ist dringend anzuraten, dass sich diese Erzieherin zunächst zur eigenen Beratung an eine fachkompetente Stelle wendet (Beratungsstelle, Jugendamt) und gemeinsam mit in diesem Feld erfahrenen Fachkräften prüft, wie Schutz und Hilfe am sinnvollsten auf den Weg gebracht werden können. Das kann in Einzelfällen auch bedeuten, bereits frühzeitig strafrechtliche Verfolgung als ein Mittel einzusetzen, das dem Kind letztlich helfen kann.[54]

In der Kooperation zwischen Jugendamt und Polizei ist der Datenschutz regelmäßig eine zentrale Frage. Immer wieder gibt es Reibungspunkte hinsichtlich des gegenseitigen Informationsaustauschs. Über die Reichweite der datenschutzrechtlichen Begrenzungen bestehen nicht selten Uneinigkeit und Unsicherheit. Die mangelnde Klarheit erzeugt dabei leicht Begehrlichkeiten, die von Seiten der Kinder- und Jugendhilfe regelmäßig nicht befriedigt werden. Die rechtlichen Rahmenbedingungen skizziert *Meysen* wie folgt:[55]

„Die Landesdatenschutzgesetze gestatten der Polizei eine Datenübermittlung an andere Behörden, wenn die Informationen zur Erfüllung der Aufgaben der Stelle erforderlich sind, an die die Daten übermittelt werden sollen. Die Polizei kann somit die Perspektive der Jugendhilfe einnehmen und sie mit allen Informationen versorgen, die diese für ihre Aufgabenerfüllung benötigt. Dies wird durch Ziff. 3.2.7 der Polizeidienstvorschrift (PDV) 382 sogar zur Pflicht. Danach soll das Jugendamt mittels Unterrichtung unterstützt werden, wenn Leistungen der Jugendhilfe in Frage kommen. Die Polizei hat sich somit ausdrücklich an der Perspektive des Jugendamts zu orientieren. Die Gesetze ermöglichen es der Polizei, insoweit ein ausgesprochen kooperationsfreundlicher Partner der Jugendhilfe zu sein.

Für die Kinder- und Jugendhilfe ergibt sich eine gänzlich andere Perspektive, nämlich der eigene Hilfeauftrag. Eine Datenübermittlung ist zulässig, wenn es dem Hilfezweck bei der Erfüllung der Aufgaben nach dem SGB VIII dient und der Erfolg der zu gewährenden Leistung dadurch nicht in Frage gestellt wird (§ 64 Abs. 2 i. V. m. § 69 Abs. 1 Nr. 1 Alt. 1 SGB X). Bei anvertrauten Informationen sind die Anforderungen noch strenger. Ohne Einwilligung der Betroffenen ist eine Übermittlung nur zulässig, wenn sie zur Abwendung einer gegenwärtigen, nicht anders abwendbaren Gefahr für das Kind oder Jugendlichen notwendig erscheint. Da die Strafverfolgung notwendigerweise grundsätzlich nicht in den Hilfeauftrag integriert ist, ermöglichen die datenschutzrechtlichen Rahmenbedin-

---

54 Ausführlich hierzu Stadt/Staatliches Schulamt/Polizeidirektion Nürnberg, PJS (Fn. 53), Band 7: Kooperation Polizei und Jugendhilfe bei sexuellem Missbrauch von Kindern, 2003.
55 *Meysen*, Datenschutz – Kooperationshindernis?, in: KFH Freiburg, Dokumentation der Fachtagung Jugendhilfe und Polizei vom 22. November 2002, 2003, S. 31 (32 ff.).

gungen somit nur wenig einzelfallbezogenen Informationsfluss von der Jugendhilfe zur Polizei."

Sowohl beim Ermittlungsauftrag der Polizei als auch beim Hilfeauftrag der Jugendhilfe ist die „Neugier" aufgabenimmanent. Weshalb die Erfolge der Informationsgewinnung jedoch nur in einer von der Polizei häufig als „Einbahnstraße" empfundenen Richtung von der Polizei zur Jugendhilfe weitergegeben werden dürfen, ist nicht auf einen bösen Willen des Gesetzgebers des Sozialgesetzbuchs zurückzuführen, sondern findet seine Logik in den Erfordernissen der Aufgabenerfüllung in der Kinder- und Jugendhilfe, die als Grundvoraussetzung eines funktionalen Schutzes der Vertrauensbeziehung zwischen Helfer und Klient bedarf.

Kooperation zwischen Polizei und Jugendhilfe ist daher besonders erfolgreich, wenn die gesetzlichen Rahmenbedingungen von beiden Seiten als fachlich notwendig akzeptiert werden und ein Miteinander gefunden wird, das dem Rechnung trägt. Es kann und darf niemand von einem Kooperationspartner erwarten, dass er gegen seine gesetzlichen Vorgaben verstößt, wie z.B. das Legalitätsprinzip der Polizei oder den Vertrauensschutz der Jugendhilfe. Eine Verletzung dieser Grundsätze wäre ein Zeichen von fehlender Professionalität.[56]

Die Erfahrungen zeigen, dass eine sachorientierte und professionelle Kooperation beider Berufsgruppen – auch innerhalb des durch die Datenschutzbestimmungen gesteckten Rahmens – möglich ist.[57] Im Alltag gilt es, vor Ort pragmatische Lösungen zu suchen. Ausgehend von der Idee des runden Tisches ist es sinnvoll, Gespräche zu führen, bevor es zu Konflikten kommt.[58] Dabei können weg vom aktuellen Fall grundsätzliche Absprachen erarbeitet werden. Einzelfälle können retrospektiv thematisiert werden, um deren Bearbeitung für eine Verbesserung der zukünftigen Kooperation auszuwerten.

6. Qualitätssicherung im Blick auf die Kooperation zwischen Jugendamt und freiem Träger

Wie bereits oben ausgeführt, bleibt das Jugendamt bei allen Formen der Kooperation und der Delegation in der Verpflichtung gegenüber den Hilfesuchenden. Das führt dazu, dass das Jugendamt in jeder konkreten Maßnahme federführend bleibt. Ausgehend von dieser Federführung werden bei Bekanntwerden von Kindesmisshandlungen, -missbrauch oder -vernachlässigung gerne zuerst Versäumnisvorwürfe gegenüber dem Jugendamt laut, so auch in Saarbrücken. Von daher lohnt es sich, einen Blick auf diese Funktion und ihre Umsetzung unter der Perspektive der Qualitätssicherung zu werfen.

Im Bereich des SGB VIII bleibt die gesamte Prozessverantwortung wie auch die wirtschaftliche Steuerung beim Jugendamt. Die Zusammenarbeit mit dem freien

---

56 Stadt/Staatliches Schulamt/Polizeidirektion Nürnberg, PJS, Band 1 (Fn. 53), S. 30.
57 Stadt/Staatliches Schulamt/Polizeidirektion Nürnberg, PJS, Band 1 (Fn. 53), S. 25.
58 Hierzu *Haben*, Kap. 8, S. 229 (245 ff.) in diesem Buch.

Träger wird über die landesweiten Regelungen (Rahmenvereinbarung des Saarlandes gem. §§ 78 a ff. SGB VIII von 1999) organisiert. Dort werden in einem § 12 die freien Träger zur Entwicklung und Prüfung der Qualität verpflichtet. Diese Verpflichtung wird dann in der Anlage 6 zur Rahmenvereinbarung weiter ausgeführt. Die Qualität der Arbeit wird so vom örtlich zuständigen Jugendamt grundsätzlich sowie anhand des Hilfeplangesprächs im konkreten Hilfeprozess und bei Bedarf von einer Prüfungskommission, der das Landesjugendamt angehört, überprüft.

Es fällt dabei auf, dass die Qualitätsverpflichtung lediglich für die Leistungserbringer gilt. Eine entsprechende Verpflichtung für den Jugendhilfeträger als Hauptverantwortlichen für den eigentlichen Hilfeprozess scheint es nicht zu geben. Es liegt die Vermutung nahe, dass die einzige externe Qualitätsprüfung der Tätigkeit des Jugendamts vom Rechnungshof wahrgenommen wird. Diese geschieht allerdings ausschließlich unter wirtschaftlichen Gesichtspunkten.

Die Erfahrung lehrt jedoch, dass gerade Prozessverantwortliche einer externen Qualitätsprüfung bedürfen. Das mag zum einen die Strukturqualität des Jugendamts betreffen. Es betrifft aber zum anderen ganz wesentlich auch den Bereich der fachlichen Kooperation, die einzelne Hilfemaßnahme. Überprüfungen im Blick auf den Verlauf einzelner Fälle unter qualitätssichernden Gesichtspunkten durch eine unabhängige Stelle, die nicht in die wirtschaftlichen Abhängigkeiten eingebunden ist, erscheint hier dringend nötig. Die Qualitätsvereinbarung zwischen Jugendhilfeträgern und Leistungsanbietern ist hier überarbeitungsbedürftig mit dem Ziel, Qualitätsprüfungen für den gesamten Hilfeprozess, also auch die Tätigkeit des Jugendamts sowie der anderen Kooperationspartner verpflichtend einzuführen. Gerade mit Blick auf den zur Diskussion stehenden Fall in Saarbrücken, der sich über Jahre hinzog, wäre hier die Problematik der laufenden Maßnahme sicher früher deutlich geworden.

Zu einem ähnlichen Ergebnis kommen *Lamm/Treeß*. Sie regen an:[59]

„Die Hamburger Jugendhilfe sollte sich der Überprüfung einer breit akzeptierten externen Expertengruppe, die jährlich in zufälligen Stichproben überprüft, wie gut und effektiv die Hamburger Erziehungshilfe arbeitet, stellen. (...) Die Expertengruppe hätte die Aufgabe, Hilfeverläufe zu analysieren, die Einrichtungen zu besuchen, mit Kindern, Jugendlichen, den zuständigen Mitarbeitern und Mitarbeiterinnen der Jugendämter und Einrichtungen zu sprechen. Nah an der Praxis sollte so überprüft werden, wo Erziehungshilfe gelingt und wo sie noch besser werden muss. Statt wie bisher über nachträgliche Aktenanalysen Stärken und Schwachstellen zu benennen, sollte die Überprüfung bereits dann einsetzen, wenn die Kinder und Jugendlichen noch betreut werden, um auch im individuellen Fall, falls es notwendig ist, wissenschaftlichen Rat zum Wohle der Kinder und Jugendlichen nutzbar machen zu können."

---

59 *Lamm/Treeß*, Fortschritt statt Rückschritt in der Kinder- und Jugendhilfe. Eckpunkte für notwendige fachliche Reformen, 2002, S. 7
(www.lichter-der-grossstadt.de/html-Dokumente/Aktuelles/Lamm-Tree%DF.pdf).

An dieser Stelle sei zum Vergleich auf die Praxis des SGB XI verwiesen. Kostenträger und Nachfrager der Leistung sind in der Wahrnehmung der Leistungsanbieter wie der Nutzer von Hilfeleistungen getrennt. Die Verantwortung für den Pflegeprozess und seinen Erfolg liegt völlig in der Hand der Einrichtung oder des Dienstes, nicht des Kostenträgers. Um die Qualität zu sichern, wurde das unabhängige Institut des Medizinischen Dienstes geschaffen, der sowohl die Strukturqualität, wie auch Prozess- und Ergebnisqualität des Leistungserbringers regelmäßig überprüft.

Im Blick auf die besondere Steuerungsaufgabe des Jugendamts im Prozess jeder Maßnahme wird immer wieder auf die Schaffung der Funktion des Case-Managers verwiesen, mit der man in vielen sozialen Handlungsfeldern gute Erfahrungen gemacht hat. Diese Funktion muss allerdings weiterhin beim Jugendamt wegen der nicht delegierbaren Verantwortung angesiedelt sein. Der Case-Manager hätte die wichtige Funktion, die verschiedenen Kooperationspartner zu koordinieren und zu einem sinnvollen Hilfeprozess zusammenzuführen und -zuhalten. Darin liegt unbestreitbar die Chance, dass die Kooperation zum Wohle des Klienten effektiver verläuft. Man muss sich dabei aber darüber im Klaren sein, dass auch bei einer solchen Struktur nur die wichtigsten Akteure, nämlich die institutionell gebundenen, erfasst werden.

Das Grundproblem, dass der hauptverantwortliche Akteur des Hilfeverfahrens ohne externe fachliche Kontrolle agiert und zwischen dem Jugendamt und seinen Partnern keineswegs ein partnerschaftliches, sondern ein von verschiedenen Interessen und Abhängigkeiten geprägtes Verhältnis besteht, wird durch den Case-Manager eher verstärkt. Sein Einsatz kann also zu keinem Zeitpunkt die notwendige extern begleitete Qualitätssicherung ersetzen, die am einzelnen konkreten Hilfeprozess orientiert ist und dabei alle beteiligten Institutionen in den Blick nimmt.

IV. Indikatoren für einen effektiven Hilfeverbund

1. Prüfkriterien/Ziele

Armbruster ergänzt diese Überlegungen mit folgenden Indikatoren, die als Prüfkriterien für einen effektiven, lohnenden Hilfeverbund dienen können und mittelfristig mit Ja beantwortet werden sollten:[60]

„Gibt es

1. eine Zeitersparnis für Klienten und Fachleute?

2. eine Reduzierung bürokratischer Vorgänge?

3. eine Reduzierung von Delegationen?

---

60 *Armbruster/Bartels*, Kooperation der verschiedenen Dienste bei Kindesmisshandlung, -vernachlässigung und sexuellem Missbrauch (Fn. 4).

4. Vermeidung von Redundanzen?

5. einen gezielteren und wirkungsvolleren Ressourceneinsatz?

6. eine gesteigerte Kompetenz in der Fallarbeit und höhere fachliche Qualität?

7. höhere Arbeitszufriedenheit – und mehr Spaß?

Die Zugewinne sollten im Idealfall dazu verhelfen, so etwas wie ein neues Selbstverständnis, eine ‚corporate identity' des Netzwerkes zu entwickeln: Der Kollektive Orientierungs- und Handlungsrahmen ermöglicht ein umfassenderes Bewusstsein, ein Gemeinschaftsgefühl, das getragen ist vom Stolz, im regionalen Kontext eine effektive Kinderschutzarbeit aufzubauen und zu tragen."

2. Grundelemente der Zusammenarbeit

Um solche Ziele der Zusammenarbeit zu erreichen, ist es nach *Armbruster* für die Kooperationspartner am Anfang empfehlenswert, einige gemeinsam getragene Grundelemente der Zusammenarbeit zu definieren, z.B.:[61]

- „*ritualisierter Austausch von Informationen und Erfahrungen* mit dem Ziel, Philosophie, Methoden und Arbeitsweise der Partner kennen zu lernen

- *persönliches Kennenlernen* durch gemeinsame Teamsitzungen, Klausurtage und Arbeitsgruppen, aber auch durch gesellige Anlässe

- *gemeinsame Fallbesprechungen* sowie gemeinsame Planung und Durchführung von Maßnahmen; Absprache bei Überweisungen und Delegationen

- *Umsetzung gemeinsamer Ziele* wie etwa die Durchführung von Elternabenden, Elterntrainings, Präventionsprogrammen und Beratungsführern

- *gemeinsame Fort- und Weiterbildung* im Spektrum Kindesmisshandlung, -vernachlässigung und sexueller Gewalt

- *konzertierte Öffentlichkeitsarbeit* zum Thema Kindesmisshandlung in Form von Kampagnen, Kinderschutztagen und Familienbildung; regionale Kooperationsaktivitäten

Zu den höheren Weihen gehören im Verlauf der Kooperationsentwicklung dann differenzierte Merkmale, welche im Einzelnen qualitative Standards für die unten stehenden Dimensionen festlegen. Art und Inhalt der Zusammenarbeit werden entweder in informellen Vereinbarungen oder formalisierten Kooperationsverträgen fortgeschrieben.

a) *Konzeption*: Beschreibung des Konzepts, rechtliche Grundlagen, Kooperation ist mit Zeitdeputaten mit fachlichen und räumlichen Ressourcen im Arbeitsauftrag definiert

---

61 *Armbruster/Bartels*, Kooperation der verschiedenen Dienste bei Kindesmisshandlung, -vernachlässigung und sexuellem Missbrauch (Fn. 4).

b) *Struktur*: Zeitpläne für Team- und Fallbesprechungen, Personalplanung, Finanzen („Ohne Moos nichts los!"), Kommunikation

c) *Prozess*: Konkrete Durchführung von Kooperationsaufgaben (Zusammenwirken und Rückkoppelung), Sicherung der Schnittstellen, Einübung interdisziplinärer Standards

d) *Ergebnis*: Evaluation von Effektivität und Effizienz sowie Klienten- und Mitarbeiterzufriedenheit (Synergien, Ressourcennutzung, Aufgabenerfüllung etc.)."

3. Merkmale kooperationsfähiger Organisationen der sozialen Arbeit

In der Dokumentation einer Fachtagung über „Qualitätsentwicklung kommunaler Arbeit"[62] werden nach *Müller* Merkmale von Organisationen sozialer Arbeit beschrieben, welche als eine entscheidende Voraussetzung für das Gelingen hinreichender Vernetzung/Kooperation angesehen werden können:[63]

„1. Sie sind ‚bildungsfreundliche' Organisationen. Professionelle Sozialarbeit braucht gebildete Mitarbeiter (gebildet an Herz, Kopf und Hand, wie Pestalozzi sagte), weil nur sie zu der Balance von Selbstsicherheit und selbstkritischer Distanz fähig sind, die hier gefordert ist. (...) Sie legen deshalb höchsten Wert auf die Ausbildung und Weiterbildung ihrer Mitarbeiterinnen und Mitarbeiter. Sie betrachten nicht die Qualifikation ihrer Mitarbeiter als Teil ihrer Strategien der Qualitätssicherung, sondern umgekehrt Strategien der Qualitätssicherung als eines der Instrumente zur Qualifizierung ihrer Mitarbeiter.

2. Sie sind ‚fehlerfreundliche' Organisationen. Weil Professionalität sozialer Arbeit Fähigkeiten zur Verarbeitung von Ungewissheit ist, verlangt ihre Unterstützung eine Organisation, in der Risiken zu übernehmen nicht bestraft, sondern belohnt wird. ‚Beamtenmikado' (wer etwas bewegt, macht einen Fehler) ist der Tod jeder professionellen Kultur. Natürlich kann keine Organisation unbegrenzt risikofreudig sein, ohne Selbstmord zu begehen. Deshalb ist Klarheit über Bereich und Grenzen erwünschter Risikofreudigkeit ein wichtiges Merkmal organisatorischer Qualität; ebenso wie die Institutionalisierung von Gelegenheiten, in denen Risikofolgenabschätzung und Probehandeln möglich ist, also Praxisberatung, Supervision und ähnliches.

3. Sie sind ‚dissenzfreundliche' Organisationen. Professionelle Qualität Sozialer Arbeit hängt wesentlich von der Fähigkeit ab, multiperspektivisch zu denken, sich widersprechenden Standpunkten und deren Eigenlogik auszusetzen, ohne die

---

62 Stadt Dormagen, Qualitätsentwicklung kommunaler Arbeit. Dokumentation der Fachtagung in Dormagen am 17. Januar 2002 (www.stadt-dormagen.de).
63 *Müller*, Qualitätsmanagement und professionelle Autonomie, in: Institut für Soziale Arbeit e.V. (ISA), Prädikat wertvoll – Qualität sozialer Arbeit – Jugendhilfe im Kontext sozialer Konflikte und individueller Krisen, Materialien und Beiträge zum ISA-Kongress vom 27. bis 29. September 1999 in Dortmund, 1999, S. 10 f.

eigene Linie zu verlieren. Organisationen, die diese Fähigkeiten stützen und kultivieren wollen, müssen deshalb in der Lage sein, ein hohes Maß an ‚Interpretationsvielfalt' (Klatetzki, 1998) intern zu verkraften, ohne in Subkulturen auseinander zu fallen, die nur noch koexistieren, aber sich über Qualitätsfragen nicht mehr verständigen können.

4. Sie sind ‚menschenfreundliche' Organisationen. Als Organisationen ‚menschenfreundlich' zu werden, ist kein operationalisierbares Ziel. Menschenfreundliche, geduldige, humorvolle Professionalität kann durch organisatorische Verhältnisse auf die Probe gestellt oder zerrieben und erstickt werden, aber nicht durch Qualitätsmanagement hergestellt, höchstens zugelassen werden."

V. Schlussbetrachtung

Zusammenfassend lässt sich feststellen, dass die Kooperation der beteiligten Institutionen unabdingbar ist und es dafür einer klaren transparenten Struktur bedarf, da sich hier Partner/innen mit Unterschieden in Bezug auf Struktur, Selbstverständnis, Aufgabenstellung, Verfahrenweisen und Professionen begegnen.

Die Beziehungen zwischen dem Jugendamt und den Helfer/innen unterschiedlicher Professionen sind von der Verschiedenheit der Institutionen ebenso geprägt wie von wirtschaftlicher Abhängigkeit und unterschiedlichsten Interventionsmöglichkeiten und -formen im konkreten Einzelfall.

Notwendig erscheinen vor diesem Hintergrund

- die Verständigung über verbindliche Kriterien zur Einschätzung der Kindeswohlgefährdung, die von allen professionell Beteiligten akzeptiert werden;

- verbindliche Standards der Zusammenarbeit bezüglich der zu schaffenden Gremien, der beteiligten Professionen, der Arbeitsziele und der Arbeitsaufgaben;

- eine kooperative, im Dialog zwischen den Beteiligten entstehende Qualitätsentwicklung. Dazu gehört auch die Bereitschaft aller Beteiligten, sich auf einen solchen Prozess vorurteilsfrei, aufrichtig, kritikfähig, offen und lernbereit einzulassen;

- qualitätssichernde Maßnahmen im Jugendamt bezogen auf einzelne Fälle durch externe Institutionen oder Kommissionen. Diese Maßnahme begründet sich vor allem darin, dass aufgrund der gesetzlichen Regelungen bei allen Kooperationen die letztliche Fallverantwortung beim Jugendamt verbleibt.

Im Blick auf ein Gelingen von Kooperation erscheint es darüber hinaus wichtig, dass eine verbindliche juristische Klärung der Verschwiegenheitspflicht gerade in der Kooperation bezogen auf den konkreten Einzelfall vorliegt.

Abschließend ist zu empfehlen, dass die Kooperationen und die ihnen zugrunde liegenden Strukturen und Verabredungen der Öffentlichkeit vorgestellt werden. Dieses sollte unabhängig von konkreten Fällen, misslungenen Hilfen (die es immer geben wird) oder Skandalen geschehen, um so der Jugendhilfe mit allen ihren Beteiligten die Chance für eine sachliche, verantwortbare öffentliche Diskussion über Chancen und Grenzen von Hilfemaßnahmen zu ermöglichen.

VI. Fazit/Hinweise für die Praxis

1. Kooperation und Vernetzung sind konstitutive Wesenselemente der Kinder- und Jugendhilfe. Rollenkonfusion, mangelnde Bereitschaft zur Differenzierung sowie persönliche Unterstellungen bis hin zur gegenseitigen Diffamierung, wie sie gerade im Kontext sexuellen Missbrauchs anzutreffen sind, erschweren jedoch die Zusammenarbeit in einer notwendig vielgestaltigen Landschaft.

2. Die Verständigung über eine konsensuale Begriffs- und Inhaltsbestimmung von Vernachlässigung, Misshandlung und sexuellem Missbrauch von Kindern und Jugendlichen ist eine dringend zu klärende Vorfrage von Kooperation. Unterschiedliche methodische und institutionelle Ziele und Aufgaben können hierbei jedoch zu unterschiedlichen Ansätzen führen; so entspricht die Diagnose eher dem Anliegen des Gerichts, die Aushandlung eher dem der Kinder- und Jugendhilfe.

3. In Deutschland fehlt es bislang an empirisch fundierten Verfahren zur Einschätzung von Misshandlungs- und Vernachlässigungsrisiken. Die Kinder- und Jugendhilfe bedarf daher einer vermehrten empirischen Überprüfung ihrer Arbeit, zum Beispiel hinsichtlich der Entscheidungen von Sozialarbeiter/inne/n über die Fremdunterbringung von Kindern und Jugendlichen.

4. Will Leitung in Institutionen die Kooperation als Qualitätsmerkmal und Zielperspektive für die Praxis vorantreiben, muss diese durch eine Verbesserung der Rahmenbedingungen und durch die Förderung systemischer Selbstreflexion leicht und lohnend gemacht werden.

5. Neben dem fachlichen Gewinn bindet intensivierte Kooperation zusätzliche Arbeitszeiten. Die erheblichen Arbeitsverdichtungen im Bereich der Jugendämter erhöhen dabei nicht nur das Risiko einer Qualitätsminderung, sondern können auch einen wichtigen Hinderungsgrund für Kooperation darstellen.

6. Der Kostendruck führt zu einem Kreislauf, in dem die Träger der freien Jugendhilfe unter dem Zwang stehen, immer kostengünstigere Methoden anzubieten und das Jugendamt genötigt ist, diese Angebote vorrangig zu bedienen. Die hierbei entstehende Kooperation steht unter dem fachfremden Rahmen der Kostenminimierung und ist fachlichen Argumenten kaum mehr zugänglich.

7. Qualitätsverpflichtungen gelten in der Kinder- und Jugendhilfe nur für Leistungserbringer. Die einzige externe Qualitätsprüfung scheint vom Rechnungshof – ausschließlich unter wirtschaftlichen Gesichtspunkten – wahrgenommen zu werden. Überprüfungen im Blick auf Fallverläufe und fachliche Kooperation unter qualitätssichernden Gesichtspunkten durch eine unabhängige Stelle, die nicht in die wirtschaftlichen Abhängigkeiten eingebunden ist, erscheint dringend nötig.

8. Die Zusammenarbeit zwischen Jugendämtern und Familiengerichten sollte nicht darauf beschränkt sein, sich die „Genehmigung" für eine Fremdunterbringung zu holen. Stattdessen sollten die Familienrichter/innen verstärkt ihre Möglichkeiten nutzen, alle Beteiligten in einer Anhörung „wieder an einen Tisch" zu bekommen und zur Inanspruchnahme von Hilfen zu motivieren. Abgestufte Entscheidungen fördern zudem ein besseres Zusammenspiel der verschiedenen Systeme. Der kollegiale Austausch der Professionellen in beiden Institutionen sowie die gemeinsame Fort- und Weiterbildung sollte verpflichtend vorgeschrieben werden.

9. Für die Entscheidung von Fachkräften im ASD über die Anrufung des Familiengerichts nach § 50 Abs. 3 SGB VIII fehlen verbindliche Verfahrensregeln über das jeweilige Jugendamt hinaus. Weder ist eine kollegiale Beratung zwingend vorgeschrieben noch findet sie in der Praxis durchgängig statt.

10. Kooperation zwischen Jugendhilfe und Polizei ist besonders erfolgreich, wenn sie von gegenseitigem Respekt getragen wird, die gesetzlichen Rahmenbedingungen von beiden Seiten als fachlich notwendig akzeptiert werden und ein Miteinander gefunden wird, das dem Rechnung trägt. Es kann und darf niemand von einem Kooperationspartner erwarten, dass er gegen seine gesetzlichen Vorgaben verstößt, wie z.B. das Legalitätsprinzip der Polizei oder den Vertrauensschutz der Jugendhilfe. Eine Verletzung dieser Grundsätze wäre ein Zeichen von fehlender Professionalität.

11. Die Fallsteuerung in Hilfeprozessen bei (vermuteter) Kindeswohlgefährdung bedarf eines Case-Managers, der die verschiedenen Kooperationspartner koordiniert und zu einem sinnvollen Hilfeprozess zusammenführt. Dieser muss wegen der nicht delegierbaren Verantwortung beim Jugendamt angesiedelt sein.

12. Kooperationen und die ihnen zugrunde liegenden Strukturen und Verabredungen sollten der Öffentlichkeit vorgestellt werden. Dieses sollte unabhängig von konkreten Fällen, misslungenen Hilfen oder Skandalen geschehen, um so der Jugendhilfe mit allen ihren Beteiligten die Chance für eine sachliche, verantwortbare öffentliche Diskussion über Chancen und Grenzen von Hilfemaßnahmen zu ermöglichen.

Kapitel 6

Pflichtenstellung des Jugendamts bei einem Aufwachsen von Kindern und Jugendlichen in Pflegefamilien

von Dr. Thomas Meysen

I. Einleitung

Viele Kinder und Jugendliche wachsen in einer Familie außerhalb des Elternhauses auf. Anlass für das Aufwachsen in einer Pflegefamilie kann eine Entscheidung der personensorgeberechtigten Eltern sein, ihre Kinder bspw. bei Großeltern, Onkeln, Tanten oder Bekannten unterzubringen. Familienpflege ist in diesen Fällen, insbesondere der Verwandtenpflege, regelmäßig und zumindest zuerst einmal Privatsache. Das Jugendamt ist außen vor.

Allerdings bedürfen Kinder und Jugendliche wie bei den Herkunftseltern auch in Pflegefamilien einer für ihr Wohl förderlichen Erziehung und Pflege. Pflegeeltern haben insoweit Verantwortung übernommen. Und die Gesetze weisen auch dem Staat eine besondere Pflichtenstellung zum Schutz von Kindern und Jugendlichen zu, die außerhalb des Elternhauses in Pflegefamilien leben. Dies gilt insbesondere dann, wenn die Unterbringung auf eine Entscheidung des Jugendamts zurückgeht.

Somit trifft Jugendämter oder von diesen hierzu beauftragte Träger der freien Jugendhilfe unter bestimmten Voraussetzungen die Pflicht, eine Pflegefamilie auszuwählen und ihre Eignung zur Wahrnehmung der Aufgabe zu prüfen (II.). Die Pflegepersonen werden „kontrolliert" (III.). Im Rahmen von Hilfeprozessen werden die Kinder, Jugendlichen, Herkunftseltern und Pflegeeltern beteiligt, beraten und unterstützt (IV.). Wollen die Eltern ihre Kinder wieder aus der Pflegefamilie zu sich nehmen oder sollen Vollzeitpflegeverhältnisse auf Veranlassung des Jugendamts beendet werden, ist zu fragen, ob dies mit dem Wohl des Kindes oder Jugendlichen vereinbar ist (V.). Kommen Kinder oder Jugendliche in Pflegefamilien zu Schaden, kann es sein, dass nach einer haftungsrechtlichen oder strafrechtlichen Verantwortung der fallführenden Fachkräfte gefragt wird (VI.).

II. Auswahl von Pflegepersonen

1. Eignungsprüfung

Wer ein Kind oder einen Jugendlichen außerhalb des Elternhauses regelmäßig betreuen oder ihm Unterkunft gewähren will, sollte als Pflegeperson i. S. d. § 44 Abs. 1 Satz 1 SGB VIII eine dem Wohl des Kindes oder Jugendlichen förderliche Erziehung gewährleisten können. Dies gilt sowohl dann, wenn die Eltern ohne Inanspruchnahme von öffentlichen Hilfen ihre Kinder bei Pflegepersonen betreuen und erziehen lassen, als auch dann, wenn die Kinder oder Jugendlichen im Rahmen der Gewährung von Vollzeitpflege bei von den Eltern eigenständig ausgewählten Pflegepersonen untergebracht sind oder wenn das Jugendamt die Pflegepersonen ausgewählt bzw. vorgeschlagen hat.

Eine solche Unterbringung von Kindern und Jugendlichen in Familien außerhalb des Elternhauses unterliegt grundsätzlich öffentlicher Kontrolle.[1] Erfährt das Jugendamt von einer länger als acht Wochen dauernden Fremdunterbringung bei Pflegepersonen, die nicht Verwandte bis zum dritten Grad, Vormund oder Pfleger des Kindes oder Jugendlichen sind (§ 44 Abs. 1 Satz 2 Nr. 2 bis 4 SGB VIII), oder initiiert es eine solche, hat es die Pflicht zur Überprüfung der Pflegepersonen bzw. Pflegestelle (§ 37 Abs. 3 Satz 1, § 44 Abs. 3 SGB VIII), was den Erfordernissen des Einzelfalls entsprechend an Ort und Stelle erfolgen soll (§ 37 Abs. 3 Satz 1 SGB VIII).

Die Überprüfung dient der Gewährleistung gewisser Mindeststandards und präventiven Missbrauchsaufsicht,[2] nicht mehr aber auch nicht weniger. Dies gilt nach einhelliger Ansicht selbst bei der Erteilung einer Pflegeerlaubnis nach § 44 SGB VIII.[3] Lediglich wenn die Pflegepersonen nicht von den Eltern und unabhängig vom Jugendamt oder einem entsprechenden Dienst bei einem Träger der freien Jugendhilfe ausgewählt wurden, besteht die Möglichkeit, eine Vermittlung von Pflegekindern von gewissen „Vorbedingungen" abhängig zu machen. Zur Gewährleistung fachlicher Standards bei der Gewährung von Hilfe zur Erziehung in Form der Vollzeitpflege können Pflegepersonen in Vorbereitungskursen und durch gezielte Beratung auf die besonderen Herausforderungen ihrer Aufgaben bei der Fremdunterbringung vorbereitet werden.[4] Es kann eine Einschätzung vorgenommen werden, ob die Pflegepersonen den besonderen Belastungen gewachsen sind, welche die Aufnahme eines oft traumatisierten Kindes oder Jugendlichen sowie die konfliktträchtige Zusammenarbeit mit den Herkunftseltern mit sich bringt,[5] und es kann ausgewählt werden, welchen Pflegepersonen welche spezielle Herkunft(sfamilie) und welches Kind bzw. welcher Jugendlicher zugeordnet werden kann.[6]

---

1   Allgemein hierzu *Wiesner*, in: ders., SGB VIII, 2. Aufl. 2000, § 44 Rn. 1 ff.; *Mörsberger*, ebd., Vor § 44 Rn. 2; *Münder* u. a., FK-SGB VIII, 4. Aufl. 2003, § 44 Rn. 1 ff.

2   Eingehend zum Maßstab und den Kriterien für die Erteilung von Pflegeerlaubnissen *Schindler* JAmt 2004, 169.

3   *Lakies* ZfJ 1995, 9 (11 f.); *Wiesner*, in: ders., SGB VIII (Fn. 1), § 44 Rn. 33 f.; *Mann*, in: W. Schellhorn, SGB VIII/KJHG, 2. Aufl. 2000, § 44 Rn. 12; *Stähr*, in: Hauck/Noftz, SGB VIII, § 44 Rn. 19; *Happe/Saurbier*, in: Jans/Happe/Saurbier/Maas, Kinder- und Jugendhilferecht, § 44 Rn. 24.

4   *Schattner*, Von der Werbung von Pflegeeltern bis zur Vermittlung eines Pflegeverhältnisses, in: Deutsches Jugendinstitut (Hrsg.), Handbuch Beratung im Pflegekinderbereich, 1987, S. 175 (190 ff.); *Blüml*, Organisation der Pflegekinderarbeit, ebd., S. 328 (345); *Sauer*, Zusammenarbeit zwischen Pflegeeltern und Herkunftseltern – die Bedeutung der Vorbereitungsphase, in: Netzwerk Herkunftseltern e. V. (Hrsg.), Wege der kompetenten Zusammenarbeit mit Herkunftseltern, Dokumentation einer Fachtagung am 20. Juni 2001 in Potsdam, 2001, S. 40.

5   *Mikuszeit/Rummel*, Hilfen zur Familienpflege, in: Deutscher Verein, Familie – Pflegefamilie – Heim. Überlegungen für situationsgerechte Hilfen zur Erziehung, 1986, S. 97 (108 ff.); *Schattner*, in: DJI, Handbuch Beratung im Pflegekinderbereich (Fn. 4), S. 175 (197 ff.); *Tenhumberg/Michelbrink*, Vermittlung traumatisierter Kinder in Pflegefamilien, in: Stiftung „Zum Wohl des Pflegekindes" (Hrsg.), 1. Jahrbuch des Pflegekinderwesens, 1998, S. 106.

6   *Schattner*, in: DJI, Handbuch Beratung im Pflegekinderbereich (Fn. 4), S. 175 (207 ff.); *Blüml*, in: DJI, Handbuch Beratung im Pflegekinderbereich (Fn. 4), S. 328 (345).

2. Kriterien der Eignung

Ist eine dem Wohl des Kindes oder Jugendlichen entsprechende Erziehung nicht gewährleistet, haben personensorgeberechtigte Eltern, Ergänzungspfleger oder Vormünder einen Anspruch auf erzieherische Sozialleistungen (vgl. § 27 Abs. 1 SGB VIII). Vorausgesetzt, die Hilfe ist geeignet und erforderlich, um ein Defizit in der elterlichen Erziehung auszugleichen, gewährt das Jugendamt Hilfe zur Erziehung in Form der „Vollzeitpflege" nach § 33 SGB VIII. Bei der Frage nach der Eignung von Pflegepersonen steht somit im Vordergrund die Erziehungs-, Pflege- und Versorgungseignung in Bezug auf das Kind bzw. den Jugendlichen.[7] Es müssen die notwendigen Einrichtungen für die Pflege des Kindes und Jugendlichen vorhanden sein und der Wohnraum muss ausreichen.[8] Braucht ein Kind oder Jugendlicher besonders intensive Zuwendung, kann die Erziehungseignung bspw. durch eine erhebliche berufliche Beanspruchung in Frage gestellt sein.[9] Benötigen Pflegeeltern professionelle Unterstützung bei der Bewältigung ihrer Aufgabe, spielt auch eine Rolle, ob sie bereit und in der Lage sind, mit dem Jugendamt als Leistungsträger zu kooperieren.[10]

Insbesondere bei von den Eltern selbst initiierten Pflegeverhältnissen oder unabhängig vom Jugendamt ausgewählten Pflegepersonen dürfen bei der Frage nach der Eignung aber keine überhöhten Anforderungen gestellt werden.[11] Da personensorgeberechtigte Eltern ihr Kind grundsätzlich jederzeit selbst fremdunterbringen dürfen, können Pflegefamilien nur bedingt als „öffentliche Einrichtung" oder „Institution der Jugendhilfe" angesehen werden.[12] Solche Pflegeverhältnisse sind vom Jugendamt bei der Prüfung der Leistungsvoraussetzungen nach §§ 27, 33 SGB VIII vor dem Hintergrund des Wunsch- und Wahlrechts in § 5 SGB VIII regelmäßig als geeignet zu akzeptieren.[13]

Zwar wird die Eignung einer Pflegeperson in Anbetracht von Funktion und Zweck der Vollzeitpflege nicht erst dann abzusprechen sein, wenn eine Gefährdung des Kindeswohls i. S. d. § 1666 Abs. 1 BGB vorliegt, die eine Herausnahme auch gegen den Willen der Personensorgeberechtigten erzwingbar macht.[14] Jedoch ist „nur" eine persönliche, individuelle Eignung der Pflegeperson für ein bestimmtes Kind zu fordern.[15] Sie wird nach wissenschaftlichen Erkenntnissen angenommen, wenn die Pflegeeltern gerne mit Kindern zusammenleben, sich die Pflegeeltern mit ihren Problemen in der Partnerschaft auseinander setzen können, die Pflegefamilie offen ist für neue Eindrücke, in der Lage ist, selbstreflexiv

---

7 DIJuF-Rechtsgutachten JAmt 2002, 178 (180).
8 *Münder* u.a., FK-SGB VIII (Fn. 1), § 44 Rn. 11.
9 Zur strengeren Prüfung bei der Adoptionsvermittlung siehe VG Düsseldorf ZfJ 1985, 40 (41).
10 DIJuF-Rechtsgutachten JAmt 2002, 178 (180).
11 NdsOVG JAmt 2002, 195 (198 ff.); hierzu DIJuF-Rechtsgutachten JAmt 2002, 507.
12 Hierzu *Salgo* FamRZ 1990, 343; *Wiesner*, in: ders., SGB VIII (Fn. 1), § 33 Rn. 24 m. w. Nachw.
13 DIJuF-Rechtsgutachten JAmt 2002, 507.
14 *Nonninger*, in: LPK-SGB VIII, 2. Aufl. 2003, § 44 Rn. 26; a. A. inzident VGH BW JAmt 2003, 598 (siehe hierzu auch unten V.).
15 *Werner*, in: Jans/Happe/Saurbier/Maas, Kinder- und Jugendhilferecht, § 44 Rn. 24.

eigene Positionen zu sehen und zu vertreten, und realistisch einzuschätzen und emotional zu akzeptieren weiß, was es bei aller Liebe zum Pflegekind heißt, dass das Pflegekind das Kind anderer Eltern ist.[16] Weder ist auf ein pädagogisches Grundwissen abzustellen noch gar eine (sozial)pädagogische Fachlichkeit notwendig. Vielmehr ist die Eignung an den speziellen, insbesondere emotionalen Bedürfnissen des Pflegekindes nach verantwortlicher Erziehung in einem familienähnlichen Kontext zu messen.[17]

III. Kontrollpflichten

Das Jugendamt hat nicht nur die Aufgabe einer Eignungsprüfung zu Beginn eines Vollzeitpflegeverhältnisses bzw. unter bestimmten Voraussetzungen auch bei Bekanntwerden einer privaten Inpflegegabe (vgl. § 44 Abs. 1 Satz 1 und 2 SGB VIII), sondern auch der Kontrolle von laufenden Pflegeverhältnissen (§ 37 Abs. 3 Satz 1, § 44 Abs. 3 SGB VIII).[18]

1. Rechtshistorische Einordnung

Angaben über den Zeitpunkt sowie Art und Umfang der Kontrolle enthält das Sozialgesetzbuch Achtes Buch (SGB VIII) keine. Die Regelungskonzeption des Kinder- und Jugendhilferechts mit seinem am 1. Januar 1991 in Kraft getretenen SGB VIII unterscheidet sich damit grundlegend von der Rechtslage nach dem Jugendwohlfahrtsgesetz. Pflegekinder unterstanden der Aufsicht des Jugendamts (§ 31 Abs. 1 Satz 1 JWG). Dieses hatte darüber zu wachen, ob das leibliche, geistige und seelische Wohl des Pflegekindes gewährleistet ist (§ 31 Abs. 1 Satz 2 JWG). Den Aufsichtspersonen wurde das Recht zugestanden, Auskunft von der Pflegeperson zu verlangen und deren Wohnung zu betreten (vgl. auch § 33 Abs. 1 Satz 2 JWG), um das Kind „in Augenschein" zu nehmen.[19] Beispielsweise in Berlin war durch entsprechende Pflegeschutzvorschriften angeordnet, dass das Gesundheitsamt die Pflegestelle regelmäßig zu begehen habe und dass eine jährliche Röntgenuntersuchung der Lungen vorzunehmen sei.[20]

Aufgrund der erweiterten Erkenntnisse der Entwicklungspsychologie und Sozialpädagogik, dass eine „Aufsicht" in Form der Beratung und Unterstützung für die

---

16 *Schattner*, in: DJI, Handbuch Beratung im Pflegekinderbereich (Fn. 4), S. 175 f.; siehe auch BAGLJÄ AFET-MR 3/1996, S. 25 ff.; siehe auch *Nonninger*, in: LPK-SGB VIII (Fn. 14), § 44 Rn. 26; *Krug/Grüner/ Dalichau*, Kinder- und Jugendhilfe – SGB VIII, § 44 Anm. IV; *Bowlby*, Frühe Bindung und kindliche Entwicklung, 4. Aufl. 2001, S. 126 ff.

17 BAGLJÄ AFET-MR 3/1996, S. 25 ff.; *Schattner*, in: DJI, Handbuch Beratung im Pflegekinderbereich (Fn. 4), S. 175 f. m. Hinw. auf andere Forschungsvorhaben; *Happe/Saurbier*, in: Jans/Happe/Saurbier/ Maas, Kinder- und Jugendhilferecht, § 33 Rn. 29c.

18 Ausführlich zur Pflegeerlaubnis als Thema für das Jugendamt *Schindler* JAmt 2004, 169.

19 *Potrykus*, JWG, 2. Aufl. 1972, § 31 Anm. 3.

20 Siehe Ausführungsvorschriften für den Schutz von Pflegekindern (Pflegekinderschutzvorschriften) Nr. 68 und 73 des Landes Berlin, Dienstblatt des Senats von Berlin, Teil IV, 1965, S. 49 (auszugsweise abgedruckt in *Riedel*, JWG, 4. Aufl. 1965, § 31 Anm. 6).

betroffenen Kinder und Jugendlichen hilfreicher ist als eine hoheitliche Aufgabenwahrnehmung,[21] hat sich der Gesetzgeber mit dem Kinder- und Jugendhilfegesetz von der pädagogischen und rechtlichen Systematik einer Überwachung von Pflegefamilien verabschiedet.[22] Ursprünglich war ein expliziter Überwachungsauftrag überhaupt nicht vorgesehen. Dieser wurde allerdings auf Anregung des Bundesrats deshalb aufgenommen, weil die Möglichkeit zur Überprüfung durch das Jugendamt nicht allein davon abhängig sein sollte, dass die Pflegepersonen das Beratungs- und Unterstützungsangebot aus § 37 Abs. 2 SGB VIII annehmen.[23] Die Sorge um das Wohl von Kindern oder Jugendlichen, die bei einer Pflegeperson untergebracht sind, sollte auch nach der Vermittlung weiterhin Aufgabe des Jugendamts bleiben.[24]

2. Kooperativer Charakter

Die Kontrolle von Pflegepersonen nach § 37 Abs. 3 Satz 1 SGB VIII dient nunmehr folglich u.a. dazu, Konflikte und Probleme im Zusammenleben des Kindes oder Jugendlichen mit der Pflegeperson zu erkennen und Gefährdungen des Kindeswohls zu vermeiden.[25] Sie wird von einem kooperativen Grundverständnis getragen. Ziel der Leistungsangebote ist danach nicht die Einmischung des Staates in die familialen Aufgaben, sondern partnerschaftliche Hilfe unter Achtung der familialen Autonomie.[26] Dies gilt auch für die Pflegefamilie.[27]

Zumindest bei Pflegeverhältnissen auf Veranlassung des Jugendamts sieht das Gesetz vor, schon bei der Begründung von Pflegeverhältnissen gemeinsam mit allen Beteiligten – sowohl den Kindern, Jugendlichen, Herkunftseltern und Pflegepersonen als auch den professionellen Beteiligten – Handlungsvorgaben zu erarbeiten, die eine Grundlage und Orientierung für den weiteren Verlauf des Pflegeverhältnisses darstellen (vgl. § 36 Abs. 1 Satz 1, Abs. 2 Satz 2 und 3 SGB VIII). Mit den Personensorgeberechtigten soll wenn möglich bereits vor der Inpflegegabe deren Ziel bestimmt werden. Es werden Fragen der Rückkehroption und deren Bedingungen, aber auch die Möglichkeit eines dauerhaften Verbleibs in der Pflegefamilie erörtert.[28] Die Bedürfnisse des Kindes oder Jugendlichen sollen in den Hilfeprozess eingebracht und den Eltern sowie Pflegepersonen vermittelt werden (§ 36 Abs. 1 Satz 1 SGB VIII).[29] Hierzu gehört insbesondere das

---

21 *Gudat*, Beratungsmethodik und behördliche Sozialarbeit, in: DJI, Handbuch Beratung im Pflegekinderbereich (Fn. 4), S. 102 (105 ff.); *Nothacker*, in: GK-SGB VIII, § 37 Rn. 24.
22 Begründung des Regierungsentwurfs eines Gesetzes zur Neuordnung des Kinder- und Jugendhilferechts, BT-Drucks. 11/5948, S. 83.
23 Stellungnahme des Bundesrats BT-Drucks. 11/5948, S. 133.
24 BT-Drucks. 11/5948, S. 133.
25 *Fasselt*, in: LPK-SGB VIII (Fn. 14), § 37 Rn. 17.
26 BT-Drucks. 11/5948, S. 42.
27 Dies ergibt sich nicht zuletzt aus dem grundrechtlichen Schutz der Pflegefamilie aus Art. 6 Abs. 1 GG, hierzu siehe unten III. 3.
28 Siehe z.B. Rems-Murr-Kreis JAmt 2003, 338 (340).
29 Zur beraterischen Vorbereitung von Kindern, Eltern und Pflegepersonen auf die Vollzeitpflege *Schattner*, in: DJI, Handbuch Beratung im Pflegekinderbereich (Fn. 4), S. 175 (189 ff.).

Interesse an Klarheit und Sicherheit innerhalb seiner (gedoppelten) familiären Beziehungen, was einen transparenten Umgang mit etwaiger Offenheit oder Gewissheit über den zukünftigen Verbleib fordert.[30]

Mit den Pflegepersonen werden Absprachen darüber angestrebt, wie die Beziehungen des Kindes oder Jugendlichen zu seiner Herkunftsfamilie gefördert werden können (§ 37 Abs. 1 Satz 3 SGB VIII). Es können zwar nicht rechtsverbindliche, aber doch hilfreiche Vereinbarungen über die Inanspruchnahme von entsprechender Beratung und Unterstützung durch das Jugendamt getroffen werden. Insbesondere wenn eine nachhaltige Verbesserung der Erziehungsbedingungen in der Herkunftsfamilie innerhalb eines vertretbaren Zeitraums nicht zu erwarten ist (§ 37 Abs. 1 Satz 2 SGB VIII), soll eine dem Wohl des Kindes oder Jugendlichen förderliche und auf Dauer angelegte Lebensperspektive erarbeitet werden (§ 37 Abs. 1 Satz 4 SGB VIII).

3. Grenzen

Ist als Folge eines länger andauernden Pflegeverhältnisses zwischen dem Kind oder Jugendlichen und seinen Pflegeeltern eine wachsende Bindung entstanden, genießen die Familienbande in der Pflegefamilie auch verfassungsrechtlichen Schutz aus Art. 6 Abs. 1 GG.[31] Dieser findet zivilrechtlich seinen Ausdruck in der Möglichkeit der Familiengerichte, eine Verbleibensanordnung auszusprechen, wenn die Herkunftseltern ihre Kinder aus solchen verfestigten Beziehungen wieder herausnehmen wollen (§ 1632 Abs. 4 BGB).[32] Mit der Unterbringung von Kindern oder Jugendlichen in einer auf Dauer angelegten Vollzeitpflege begibt sich das Jugendamt folglich in ein Spannungsverhältnis zwischen dem Elternrecht aus Art. 6 Abs. 2 Satz 1 GG, dem Persönlichkeitsrecht des Kindes oder Jugendlichen aus Art. 2 Abs. 1 i. V. m. Art. 1 Abs. 1 GG und dem Schutz der Familie aus Art. 6 Abs. 1 GG, den neben den Kindern und Jugendlichen auch die Pflegepersonen genießen.[33]

Aus dem grundrechtlichen Schutz der Pflegefamilienverhältnisse ergeben sich für die Kontrollpflichten aus § 37 Abs. 3 Satz 1 SGB VIII Grenzen.[34] Jede Kontrolle stellt damit einen Grundrechtseingriff nicht nur in das Recht auf informationelle Selbstbestimmung dar, sondern auch in die – in verfassungsrechtlicher Terminologie – „schrankenlos" geschützte Familie (Art. 6 Abs. 1 GG). Sie kann vor diesem Hintergrund nur mit dem Schutz anderer Grundrechte, hier dem Recht der Kinder oder Jugendlichen auf Entfaltung ihrer Persönlichkeit und auf körperliche

---

30 Hierzu *Permien*, Beratung und Begleitung von Pflegeverhältnissen, in: DJI, Handbuch Beratung im Pflegekinderbereich (Fn. 4), S. 212 ff.

31 BVerfGE 68, 176 (187); OLG Brandenburg FamRZ 2004, 720 (Ls.).

32 Zur verfassungsrechtlichen Einordnung *Salgo*, in: Staudinger, BGB, 13. Bearb. 2002, § 1632 Rn. 47 ff.

33 Siehe hierzu auch *Langenfeld/Wiesner*, Kap. 3, S. 45 (54 f.) in diesem Buch.

34 *Wiesner*, in: ders., SGB VIII (Fn. 1), § 37 Rn. 38; *Nothacker*, in: GK-SGB VIII, § 37 Rn. 24.

Unversehrtheit (Art. 2 Abs. 1 i. V. m. Art. 1 Abs. 1, Art. 2 Abs. 2 Satz 1 GG), gerechtfertigt werden und muss überdies verhältnismäßig sein.[35]

Gefordert ist eine Orientierung am Einzelfall, die eine schematische, routinemäßige und sich in regelmäßigen Abständen wiederholende Aufsicht verbietet.[36] Die geschützte Autonomie der Pflegefamilie ist mit dem Schutzbedürfnis des Kindes abzuwägen.[37] Das Kindeswohl erfordert, dass Herausnahmen mit zunehmender Dauer eines triftigen Grundes bedürfen (vgl. § 1632 Abs. 4 BGB).[38] Auch Überprüfungen werden sich dann auf Fälle zu beschränken haben, in denen Informationen oder ein Verhalten der Pflegepersonen Anlass hierzu geben.[39] Dies bedeutet zwar nicht, dass die Überprüfung zeitlich bis zur Entstehung einer neuen Eltern-Kind-Bindung zu begrenzen ist.[40] Jedoch wird die Prüfintensität und -häufigkeit üblicherweise in der Anfangsphase eines Pflegeverhältnisses höher sein und nimmt mit zunehmender Dauer ab.[41] Je länger die Vollzeitpflege andauert, desto mehr ist das Jugendamt darauf angewiesen, dass ihm die relevanten Entwicklungen ohne standardisierte Kontrolle vor Ort, meist informell, bekannt werden.[42]

Auch der partnerschaftliche Grundgedanke des Verhältnisses zwischen Pflegeperson und Jugendamt, der in § 37 Abs. 2, Abs. 3 SGB VIII zum Ausdruck kommt, indiziert ein Nachlassen von Kontrollpflichten.[43] Das SGB VIII setzt bei der Kontrolle in erster Linie auf die Mitteilungspflicht der Pflegepersonen (vgl. § 37 Abs. 3 Satz 2 SGB VIII). Dies gilt vor allen Dingen, wenn sich die Pflegeperson gem. § 36 Abs. 2 Satz 3 SGB VIII kontinuierlich an der Ausgestaltung des Hilfeprozesses beteiligt.[44] Vor unangemeldeten Hausbesuchen[45] ist zu prüfen, ob diese verhältnismäßig sind. Für ein Betreten der Wohnung der Pflegeperson gegen deren Willen bietet § 37 Abs. 3 Satz 1 SGB VIII ohnehin keine ausreichende Ermächtigungsgrundlage i. S. d. Art. 13 Abs. 2 GG.[46]

---

35 *Wiesner*, in: ders., SGB VIII (Fn. 1), § 37 Rn. 41; *Nothacker*, in: GK-SGB VIII, § 37 Rn. 27.
36 *Werner*, in: Jans/Happe/Saurbier/Maas, Kinder- und Jugendhilferecht, § 37 Rn. 43; *Stähr*, in: Hauck/Noftz, SGB VIII, § 37 Rn. 18; *Münder* u.a., FK-SGB VIII (Fn. 1), § 37 Rn. 14; a. A. *Krug/Grüner/Dalichau*, Kinder- und Jugendhilfe – SGB VIII, § 37 Anm. IV.1. die offensichtlich davon ausgehen, dass § 37 Abs. 3 Satz 1 SGB VIII das Wort „laufend" enthalte.
37 *Fasselt*, in: LPK-SGB VIII (Fn. 14), § 37 Rn. 18.
38 Hierzu *Huber*, in: MünchKommBGB, 4. Aufl. 2002, § 1632 Rn. 43 ff.; *Veit*, in: Bamberger/Roth, BGB, 2003, § 1632 Rn. 24 ff.; *Salgo*, in: Staudinger, 13. Bearb. 2002, § 1632 Rn. 81 ff.
39 *Stähr*, in: Hauck/Noftz, SGB VIII, § 37 Rn. 18.
40 So aber *Zenz*, Gutachten A zum 54. Deutschen Juristentag, 1992, S. 45; ablehnend auch *Fasselt*, in: LPK-SGB VIII (Fn. 14), § 37 Rn. 19; *Nothacker*, in: GK-SGB VIII, § 37 Rn. 26.
41 *Schindler* JAmt 2004, 169 (174 f.); *Wiesner*, in: ders., SGB VIII (Fn. 1), § 37 Rn. 41.
42 *Krug/Grüner/Dalichau*, Kinder- und Jugendhilfe – SGB VIII, § 37 Anm. IV.1.
43 Hierzu *Werner*, in: Jans/Happe/Saurbier/Maas, Kinder- und Jugendhilferecht, § 37 Rn. 43.
44 *Wiesner*, in: ders., SGB VIII (Fn. 1), § 37 Rn. 41; *Nothacker*, in: GK-SGB VIII, § 37 Rn. 27; *W. Schellhorn*, in: ders., SGB VIII/KJHG (Fn. 3), § 37 Rn. 19.
45 *Nothacker*, in: GK-SGB VIII, § 37 Rn. 27.
46 *Wiesner*, in: ders., SGB VIII (Fn. 1), § 37 Rn. 42; *Werner*, in: Jans/Happe/Saurbier/Maas, Kinder- und Jugendhilferecht, § 37 Rn. 43; *Nothacker*, in: GK-SGB VIII, § 37 Rn. 28; *Fasselt*, in: LPK-SGB VIII (Fn.. 14), § 37 Rn. 20; *Stähr*, in: Hauck/Noftz, SGB VIII, § 37 Rn. 18.

4. Nach Zuständigkeitswechseln

a) Gesetzlicher Zuständigkeitswechsel nach zwei Jahren

Die Bestimmungen des Kinder- und Jugendhilferechts zur örtlichen Zuständigkeit in §§ 86 ff. SGB VIII haben den Anspruch, eine räumliche Nähe zur Lebenswelt der Familie sicherzustellen,[47] deren Angehörige nicht immer an einem Ort wohnen, und wollen zudem Aspekte einer möglichst „gerechten" Kostenbelastung berücksichtigen.[48] Als Folge ist ihnen eine gewisse Unübersichtlichkeit zu attestieren.[49] Bei Pflegeverhältnissen erfährt die Komplexität der Rechtslage eine Zuspitzung durch die vielfach kritisierte[50] Sondervorschrift des § 86 Abs. 6 SGB VIII. Danach wechselt die örtliche Zuständigkeit kraft Gesetzes, wenn das Kind oder der Jugendliche – unabhängig davon auf wessen Veranlassung hin – zwei Jahre bei einer Pflegeperson im Zuständigkeitsbereich eines anderen Jugendamts lebt und der Verbleib auf Dauer zu erwarten ist.[51] Die Zuständigkeit kann nach § 86 Abs. 6 SGB VIII somit sogar schon vor der ersten (rechtmäßigen) Leistungsgewährung nach §§ 27, 33 SGB VIII gewechselt haben.[52] In der Praxis gibt es häufig Streit über den Übergang der Zuständigkeit nach § 86 Abs. 6 SGB VIII,[53] insbesondere darüber, ob ein Verbleib auf Dauer zu erwarten ist. Nicht zuletzt deshalb denkt der Gesetzgeber seit einiger Zeit ernsthaft über eine ersatzlose Streichung nach.[54]

b) Nach Fallübergabe

Begonnene bzw. fortgesetzte Hilfefälle – auch rechtswidrige – gilt es, nach einem Zuständigkeitswechsel an das neu zuständige Jugendamt zu übergeben. Dies soll je nach Realisierbarkeit möglichst unter Einbeziehung der Betroffenen stattfinden und von einem persönlichen Gespräch zwischen den Fachkräften unterstützt werden. Die Fallübergabe wird zumindest durch entsprechende Dokumentation und – soweit zulässig – Weitergabe der relevanten Daten ermöglicht.

---

47 *Wiesner*, in: ders., SGB VIII (Fn. 1), Vor § 86 Rn. 1.

48 Hierzu *Reisch*, in: Jans/Happe/Saurbier/Maas, Kinder- und Jugendhilferecht, Vor § 85 Rn. 10 f.

49 *Kunkel*, in: LPK-SGB VIII (Fn. 14), § 86 Rn. 2.

50 Selbstkritisch bereits BT-Drucks. 11/5948, S. 104; ferner DIJuF-Rechtsgutachten JAmt 2003, 408; *Wiesner*, Familienpflege in Deutschland – Auswirkungen des KJHG (SGB VIII) und die Notwendigkeit der Qualitätsentwicklung für das Pflegekinderwesen. Ein Beitrag aus bundespolitischer Sicht, in: Stiftung „Zum Wohl des Pflegekindes" (Hrsg.), 2. Jahrbuch des Pflegekinderwesens, 2001, S. 68 (73 f.); *Reisch* ZfJ 1993, 157 (158 Fn. 6); *Krug/Grüner/Dalichau*, Kinder- und Jugendhilfe – SGB VIII, § 86 Anm. XI; *Kunkel*, in: LPK-SGB VIII (Fn. 14), § 86 Rn. 56.

51 DIJuF-Rechtsgutachten JAmt 2002, 18 (19); *Krug/Grüner/Dalichau*, Kinder- und Jugendhilfe – SGB VIII, § 86 Anm. XI; *Kunkel*, in: LPK-SGB VIII (Fn. 14), § 86 Rn. 49.

52 VG Freiburg JAmt 2001, 600 (602); *Reisch*, in: Jans/Happe/Saurbier/Maas, Kinder- und Jugendhilferecht, § 86 Rn. 74; *W. Schellhorn*, in: ders., SGB VIII/KJHG (Fn. 3), § 86 Rn. 49 f.; *Wiesner*, in: ders., SGB VIII (Fn. 1), § 86 Rn. 34; *Kunkel*, in: LPK-SGB VIII (Fn. 14), § 86 Rn. 49; *Münder* u. a., FK-SGB VIII (Fn. 1), § 86 Rn. 12; *Krug/Grüner/Dalichau*, Kinder- und Jugendhilfe – SGB VIII, § 86 Anm. XI.

53 Vgl. etwa DIJuF-Rechtsgutachten JAmt 2003, 404; JAmt 2003, 186; JAmt 2003, 140; JAmt 2003, 75; JAmt 2002, 18; DAVorm 2000, 405; DAVorm 2000, 400; VG Freiburg JAmt 2001, 600.

54 Siehe BR-Drucks. 279/03 sowie BT-Drucks. 15/1114.

Um Etikettierungen und Stigmatisierungen zu vermeiden, wird sich ein neu zuständiger Sachbearbeiter nach der Fallübernahme grundsätzlich einen eigenen Eindruck von der Situation der Betroffenen verschaffen.[55] Als konstitutive Grundlage für eine gelingende Hilfe steht auch nach Zuständigkeitswechseln das Bemühen, ein (neues) Vertrauensverhältnis zwischen helfender Fachkraft und den Betroffenen aufzubauen. Dabei, aber auch aus juristischen Gründen, ist ein Vorgehen mit der nötigen Sensibilität geboten. Anamnese und Diagnostik sowie sonstige jugendamtliche Informationsgewinnung stellt aus grundrechtlicher Sicht regelmäßig einen Eingriff in besonders sensible Bereiche des allgemeinen Persönlichkeitsrechts aus Art. 2 Abs. 1 i. V. m. Art. 1 Abs. 1 GG dar,[56] dem die Betroffenen nicht bei jedem Wechsel der fallzuständigen Fachkraft (z.B. wegen Krankheit, Ruhestand, Erziehungsurlaub etc.) ausgesetzt sein sollen (und wollen). Eine Datenerhebung ist daher stets am Grundsatz der Erforderlichkeit zu messen.[57] Die Beachtung der Grundrechte der Betroffenen schließt übermäßige „Kontrollen" aus. Auch im Interesse der Betroffenen müssen sich neu zuständige Fachkräfte gerade in der Phase des Aufbaus einer Hilfebeziehung auf vorherige Einschätzungen verlassen können.

Bei Vollzeitpflegeverhältnissen nimmt zusätzlich der Grundsatz der Kontinuität des Hilfeprozesses einen hohen Stellenwert ein. Im Interesse der betroffenen Familien ist es neu zuständigen Jugendämtern regelmäßig verwehrt, sich in Widerspruch zu stellen zum Hilfeplan und der darin mit den beteiligten Personen erarbeiteten Konzeption einer künftigen Lebensperspektive des Kindes oder Jugendlichen.[58] Die Prüfung, ob eine Hilfe weiterhin als geeignet und erforderlich eingeschätzt werden kann, ist auf die Aspekte begrenzt, die ein Abweichen vom Kontinuitätsgrundsatz rechtfertigen, was im Reflex selbstverständlich Auswirkungen auf die Kontrolldichte im Rahmen der Eignungsprüfung nach § 37 Abs. 3 Satz 1 SGB VIII hat.[59]

c) Bei ausbleibender Fallübernahme

Ein Zuständigkeitswechsel bewirkt weder automatische Kenntnis noch Befähigung beim jeweiligen Träger der öffentlichen Jugendhilfe, eine Hilfe fortzuführen. Es kommt zu Verzögerungen, nicht zuletzt wegen Streitigkeiten über die Zuständigkeit. Daher normiert das Sozialgesetzbuch im Interesse der Hilfebedürftigen an zahlreichen Stellen vorläufige und fortdauernde Leistungsverpflichtungen,[60] so auch in § 86 c SGB VIII. Der bisher verpflichtete örtliche Träger bleibt so lange zur (rechtmäßigen) Weitergewährung der bisher (rechtmäßig oder rechtswidrig) gewährten Leistungen verpflichtet, bis der neu zuständige die Leis-

---

55 OLG Stuttgart JAmt 2003, 592 = NJW 2003, 3419; allgemein *Klie*, in: ders./Maier/Meysen, Verwaltungs-wissenschaft, 1999, S. 86 ff.
56 DIJuF-Rechtsgutachten JAmt 2003, 404.
57 *Münder* u.a., FK-SGB VIII (Fn. 1), § 36 Rn. 28; *Harnach-Beck* ZfJ 1995, 484 (488).
58 DIJuF-Rechtsgutachten JAmt 2002, 18 (19); *Wiesner*, in: ders., SGB VIII (Fn. 1), § 86 Rn. 37.
59 A. A. OLG Stuttgart JAmt 2003, 592 = NJW 2003, 3419.
60 Vgl. § 43 SGB I, § 23 SGB III, §§ 86 d, 87 c Abs. 5 Satz 3 Halbs. 2 SGB VIII, § 14 SGB IX, § 32 SGB XI.

tung fortsetzt. Abweichend von dem Grundsatz der öffentlich-rechtlichen Zuständigkeitsordnung, Mehrfachzuständigkeiten zu vermeiden,[61] besteht hier eine vorübergehende doppelte Zuständigkeit[62] und nicht nur ein rein materieller Leistungsanspruch[63] bzw. eine zuständigkeitsbegleitende Pflicht.[64] Ist ein Verwaltungsträger nach § 86 c SGB VIII leistungsverpflichtet, kann bei der Prüfung der formellen Rechtmäßigkeit seines Handelns selbstverständlich auch seine (fortdauernde) Zuständigkeit zur Leistungsgewährung festgestellt werden.

Leistet ein Jugendamt nach § 86 c SGB VIII weiter, wird der Anspruch der Berechtigten hiermit erfüllt. Damit erlischt im Verhältnis zum Leistungsadressaten auch die Leistungspflicht des nach § 86 Abs. 6 SGB VIII neu zuständigen Trägers,[65] bspw. zur Überprüfung von Pflegepersonen nach § 37 Abs. 3 Satz 1 SGB VIII.[66] Eine rechtswidrige Verzögerung der Fallübernahme hat in diesem Fall nur Konsequenzen im Verhältnis der örtlichen Träger zueinander und löst ggf. Kostenerstattungsansprüche sowie Strafzuschläge aus (§ 89 c Abs. 1 und 2 SGB VIII).

5. Beteiligung als Kontrollpflicht?

Von der Kontrolle nach § 37 Abs. 3 Satz 1 SGB VIII zu unterscheiden ist das Recht und die Pflicht zur Beteiligung von Pflegepersonen bei der Prüfung der Geeignetheit und Erforderlichkeit der Hilfe in der Fortschreibung von Hilfeplänen nach § 36 Abs. 2 Satz 2 und 3 SGB VIII. Die Träger der öffentlichen Jugendhilfe haben den Pflegepersonen die Möglichkeit zur Partizipation einzuräumen. Die Teilnahme an den Hilfeplangesprächen bleibt indes ein Recht und nicht Pflicht der in § 36 Abs. 2 Satz 2 und 3 SGB VIII genannten Personen. Aus der verwaltungsverfahrensrechtlichen Beteiligungsvorschrift ergeben sich daher keine weiter gehenden Aussagen über Intensität und Häufigkeit der Überprüfung von Pflegepersonen.[67]

Im Gegenteil, eine dezidiert ermittelnde, kontrollierende Kontaktpflege im Rahmen der Beteiligung führt regelmäßig zu Abwehrhaltungen. Statt Hilfezugänge zu eröffnen, werden diese durch ein solches Vorgehen meist erschwert oder sogar versperrt.[68] Orientiert sich Kontrolle am Kindeswohl, ist daher zu prüfen, ob der

---

61 *Bonk/Schmitz*, in: Stelkens/Bonk/Sachs, VwVfG, 6. Aufl. 2001, § 3 Rn. 4; *Meyer*, in: Knack, VwVfG, 7. Aufl. 2000, Vor § 3 Rn. 15; *Badura*, in: Erichsen/Ehlers, Allgemeines Verwaltungsrecht, 12. Aufl. 2002, § 35 Rn. 1; *Maurer*, Allgemeines Verwaltungsrecht, 14. Aufl. 2002, § 21 Rn. 46; *Reisch*, in: Jans/Happe/Saurbier/Maas, Kinder- und Jugendhilferecht, Vor § 85 Rn. 2.

62 *W. Schellhorn*, in: ders., SGB VIII/KJHG (o. Fn. 3), § 86 c Rn. 6.

63 OLG Stuttgart JAmt 2003, 592 = NJW 2003, 3419; *Ziegler*, in: GK-SGB VIII, § 86 c Rn. 2; *Münder* u.a., FK-SGB VIII (Fn. 1), § 86 c Rn. 1; *Reisch*, in: Jans/Happe/Saurbier/Maas, Kinder- und Jugendhilferecht, § 86 c Rn. 1.

64 *Kunkel*, in: LPK-SGB VIII (Fn. 14), § 86 c Rn. 1.

65 Zur Erfüllung als Erledigung eines Leistungsbegehrens *Clausing*, in: Schoch/Schmidt-Aßmann/Pietzner, VwGO, § 161 Rn. 11.

66 Dies übersieht OLG Stuttgart JAmt 2003, 592 = NJW 2003, 3419.

67 A. A. OLG Stuttgart JAmt 2003, 592 = NJW 2003, 3419.

68 Zum Erstkontakt und zur Arbeit am Widerstand Kinderschutz-Zentrum Berlin, Kindesmisshandlung – Erkennen und Helfen, 8. Aufl. 2000, S. 96 ff. u. 102 ff.

Vertrauensverlust zwischen den Betroffenen im Familiensystem und den Fachkräften im Jugendamt im Einzelfall zu einer größeren Gefährdung führt. Mehr Kontrolle der (Pflege-)Eltern ist alles andere als gleichbedeutend mit mehr Schutz für die betroffenen Kinder und Jugendlichen, aber mehr Beteiligung, Beratung und Unterstützung regelmäßig mit mehr Kontrolle.

IV. Beteiligung, Beratung und Unterstützung

1. Beteiligung im Rahmen der Hilfeplanung

a) Von Kindern und Jugendlichen

Der direkten Überprüfung von Pflegepersonen sind, wie gesehen, Grenzen gesetzt. Daher dürfte in der Beziehungsarbeit mit den untergebrachten Kindern und Jugendlichen ein wesentlicher Ansatzpunkt zur Optimierung der beteiligenden „Kontrolle" in Vollzeitpflegeverhältnissen zu suchen sein. Die Kinder und Jugendlichen haben ein eigenständiges Recht, entsprechend ihrem Entwicklungsstand an allen sie betreffenden Entscheidungen beteiligt zu werden.[69] Damit korreliert eine Pflicht der Träger der öffentlichen Jugendhilfe zur Beteiligung. Dies ist in § 8 Abs. 1 Satz 1 SGB VIII als allgemeiner Grundsatz postuliert.[70] Bei längerfristiger Gewährung von Hilfe zur Erziehung ist in § 36 Abs. 2 Satz 2 SGB VIII ein spezielles Verfahren hierzu vorgesehen.[71]

Dabei kann die Partizipation jedoch nicht allein von der Eigeninitiative der Kinder und Jugendlichen abhängen. Die Herstellung von Beteiligungsfähigkeit und damit die Unterstützung bei der Realisierung des Anspruchs ist eine pädagogische Aufgabe.[72] Den erzieherischen Bedarf der Kinder und Jugendlichen beurteilen zu können, setzt Kenntnis von deren Bedürfnissen, Ressourcen, Vorstellungen und Wünschen voraus.[73] Die Einbeziehung ist folglich sowohl im Rahmen der Entscheidung über die (Fort-)Gewährung von Hilfe zur Erziehung nach § 27 Abs. 1 SGB VIII als auch der Überprüfung von Pflegepersonen nach § 37 Abs. 3 Satz 1 SGB VIII meist unerlässlich.[74] Ob die Ansprüche, in die Entscheidungsfindungsprozesse involviert zu werden, von den betroffenen Kindern und Jugendlichen jedoch tatsächlich eingelöst werden, hängt in letzter Konsequenz von ihrer Bereitschaft und ihrem Willen ab.[75]

---

69 10. Kinder- und Jugendbericht, 1998, BT-Drucks. 13/11368, S. 260 ff.; *Werner*, in: Jans/Happe/Saurbier/ Maas, Kinder- und Jugendhilferecht, § 36 Rn. 18.

70 *Klinkhardt*, Kinder- und Jugendhilfe SGB VIII, 1994, § 8 Rn. 1.

71 *Kunkel*, in: LPK-SGB VIII (Fn. 14), § 8 Rn. 7; *Happe/Saurbier*, in: Jans/Happe/Saurbier/Maas, Kinder- und Jugendhilferecht, § 8 Rn. 9.

72 *Wiesner*, in: ders., SGB VIII (Fn. 1), § 36 Rn. 1 ff.; Deutscher Verein NDV 1994, 317 (323).

73 *Wiesner*, in: ders., SGB VIII (Fn. 1), § 8 Rn. 32; *Münder* u.a., FK-SGB VIII (Fn. 1), § 8 Rn. 6.

74 OLG Stuttgart JAmt 2003, 592 = NJW 2003, 3419.

75 *Wiesner*, in: ders., SGB VIII (Fn. 1), § 8 Rn. 36; *Kunkel*, in: LPK-SGB VIII (Fn. 14), § 8 Rn. 2; *Happe/ Saurbier*, in: Jans/Happe/Saurbier/Maas, Kinder- und Jugendhilferecht, § 8 Rn. 12.

In jedem Fall wird regelmäßig ein persönlicher Kontakt zwischen Fachkraft und Kindern oder Jugendlichen erforderlich sein. Dies hat auch und gerade im so genannten Pflegekinderwesen (besser wäre wohl der Begriff Pflegekinderhilfe) Gültigkeit. Bei der notwendigen und oftmals engen, vertrauensvollen Zusammenarbeit mit Pflegepersonen (vgl. § 37 Abs. 2 SGB VIII)[76] gilt es, die Interessen der Kinder und Jugendlichen nicht aus dem Auge zu verlieren. Ihre möglichst vorzeitige und fortdauernde Einbeziehung ist dafür Voraussetzung.[77]

Mit der Beteiligung von Kindern und Jugendlichen ist eine Datenerhebung durch das Jugendamt verbunden, die regelmäßig jeweils in Grundrechte von Kindern, Jugendlichen (Art. 2 Abs. 1 i. V. m. Art. 1 Abs. 1 GG), Eltern (Art. 6 Abs. 2 Satz 1 GG) sowie Pflegeeltern (Art. 6 Abs. 1 GG) eingreift. Art und Weise sowie Zeitpunkt der Beteiligung von Kindern und Jugendlichen sind somit auch hier nach den Umständen des Einzelfalls zu bestimmen und am Verhältnismäßigkeitsgrundsatz zu messen. Mindestfrequenz und einige Modalitäten ergeben sich aus § 36 Abs. 1 Satz 2 SGB VIII.[78] Nach den Umständen des Einzelfalls wird eine weiter gehende Einbeziehung der Kinder und Jugendlichen erstrebenswert und möglicherweise auch gefordert sein. Ob dies der Fall ist, ist insbesondere bei Zuständigkeitswechseln zu prüfen.[79]

b) Von Herkunftseltern

Herkunftseltern erleben die Unterbringung ihrer Kinder in Pflegefamilien oft als diskriminierend. Mit der Inpflegegabe wird den Herkunftseltern etwas weggenommen, was ihnen bisher zugestanden wurde, sie erfahren einen einschneidenden Autonomieverlust.[80] Zudem kann es für sie als „Eltern ohne Kinder" eine schmerzliche Erfahrung sein, dass es ihre Kinder bei den Pflegepersonen „besser haben" als im Elternhaus.[81] Erfolgt die Herausnahme des Kindes aus dem elterlichen Haushalt gegen den Willen der Eltern, muss erst wieder ein neuer Zugang zu den Fachkräften im Jugendamt gefunden werden. Dieser führt häufig nur über eine Konfrontation mit den heftigen Gefühlen der Eltern und mit den Vorwürfen gegen das Jugendamt bzw. seine Mitarbeiter/innen.[82]

Die Fachkräfte sind daher beim Einbezug der Herkunftseltern in den weiteren Hilfeprozess vor besondere Herausforderungen gestellt. Da Eltern auch nach der Fremdunterbringung in einer Pflegefamilie wichtige Bezugspersonen bei der Identitätsfindung ihrer Kinder bleiben, sind sie grundsätzlich zur Beteiligung und

---

76   Zu den Gefahren von zu viel Nähe DIJuF-Rechtsgutachten JAmt 2002, 346.
77   Hierzu eingehend *Bowlby*, Frühe Bindung und kindliche Entwicklung (Fn. 16), S. 119 ff.
78   *Nothacker*, in: GK-SGB VIII, § 36 Rn. 50.
79   Hierzu OLG Stuttgart JAmt 2003, 592 = NJW 2003, 3419.
80   Hierzu *Faltermeier*, Verwirkte Elternschaft? Fremdunterbringung – Herkunftseltern – Neue Handlungsansätze, 2001, S. 140 ff.
81   Zu den Wirkungen auf Herkunftseltern *Glasbrenner/Höbel*, Zwischen Konkurrenz und Zusammenarbeit mit der Herkunftsfamilie, in: Sozialpädagogisches Institut im SOS-Kinderdorf e. V. (Hrsg.), Glücklich an einem fremden Ort? Familienähnliche Betreuung in der Diskussion, 2002, S. 256; *Permien*, Beratung und Begleitung von Pflegeverhältnissen (Fn. 30), S. 212 (223).
82   *Permien*, Beratung und Begleitung von Pflegeverhältnissen (Fn. 30), S. 212 (222).

aktiven Mitwirkung an der Hilfeplanung zu motivieren, selbst wenn sie hierauf keinen Wert legen. Besteht eine Rückkehroption, werden sie bei der Verbesserung der Erziehungsbedingungen unterstützt (§ 37 Abs. 1 Satz 2 SGB VIII). Kann eine Verbesserung der Lebensbedingungen in der Herkunftsfamilie nicht erreicht werden, soll mit allen Beteiligten eine auf Dauer angelegte Lebensperspektive erarbeitet und permanent fortgeschrieben werden (§ 37 Abs. 1 Satz 4 SGB VIII). Im Interesse der Kinder und Jugendlichen und zur Unterstützung der Elternverantwortung ist die Beteiligung nach § 36 Abs. 2 Satz 2 SGB VIII – immer wieder – offensiv einzufordern bzw. zu initiieren.[83]

c) Von Pflegepersonen

Pflegeeltern sind als Erbringer von Leistungen nach §§ 27, 33 SGB VIII an der Hilfeplanung zu beteiligen (§ 36 Abs. 2 Satz 3 SGB VIII).[84] Sie sind maßgebliche Bezugspersonen, deren Kenntnisse und Erfahrungen über die Entwicklung des betreuten Kindes oder Jugendlichen wesentlich zur Qualifizierung der Hilfe beitragen können.[85] Damit die Fachkräfte im Jugendamt, die den Hilfeprozess steuern, die Geeignetheit und Notwendigkeit der Vollzeitpflege sowie ergänzender Hilfen einschätzen können, benötigen sie die Rückmeldungen gerade der Pflegepersonen.[86] Deren Beteiligung (sowie die der Kinder oder Jugendlichen) kann erleichtert werden, wenn die Hilfeplangespräche im häuslichen Umfeld der Pflegepersonen stattfinden.[87]

2. Beratung und Unterstützung

Besondere Belastungen, die Kinder und Jugendliche oftmals aus ihrem vorherigen Leben in eine Pflegefamilie mitbringen,[88] sowie die Desorganisation und Desorientierung der Bindungsmuster in der Anfangsphase nach einer Fremdunterbringung[89] machen die Integration und Erziehung von Pflegekindern zu einer besonders anspruchsvollen Aufgabe. Einer qualifizierten, professionellen Begleitung aller Beteiligten in Vollzeitpflegeverhältnissen kommt daher eine zentrale Funktion zu.[90] Für den positiven Verlauf eines Hilfeprozesses ist eine eingehende Beratung und Unterstützung aller Beteiligten, der Kinder, Jugendlichen, Eltern sowie zukünftigen Pflegepersonen, schon vor und bei Begründung eines vom Jugendamt initiierten Vollzeitpflegeverhältnisses von entscheidender Bedeu-

---

83 *Werner*, in: Jans/Happe/Saurbier/Maas, Kinder- und Jugendhilferecht, § 36 Rn. 9; *Wiesner*, in: ders., SGB VIII (Fn. 1), § 36 Rn. 13 f.; hierzu *Bowlby*, Frühe Bindung und kindliche Entwicklung (Fn. 16), S. 115 ff.
84 *Kunkel*, in: LPK-SGB VIII (Fn. 14), § 36 Rn. 31; *Stähr*, in: Hauck/Noftz, SGB VIII, § 36 Rn. 37.
85 *Nothacker*, in: GK-SGB VIII, § 36 Rn. 51.
86 *Werner*, in: Jans/Happe/Saurbier/Maas, Kinder- und Jugendhilferecht, § 36 Rn. 49.
87 *Münder* u.a., FK-SGB VIII (Fn. 1), § 36 Rn. 30.
88 Hierzu *Fegert*, Die Auswirkungen traumatischer Erfahrungen in der Vorgeschichte von Pflegekindern, in: Stiftung „Zum Wohl des Pflegekindes", 1. Jahrbuch des Pflegekinderwesens (Fn. 5), S. 20.
89 Hierzu *Unzner*, Schutz und Risiko: Die besondere Bedeutung der Bindungstheorie für die Fremdunterbringung, in: Sozialpädagogisches Institut im SOS-Kinderdorf e. V. (Hrsg.), Glücklich an einem fremden Ort? (Fn. 81), S. 46.
90 *Werner*, in: Jans/Happe/Saurbier/Maas, Kinder- und Jugendhilferecht, § 37 Rn. 39.

tung.[91] Der Beratungs- und Unterstützungsbedarf aller Beteiligten besteht grundsätzlich während der gesamten Zeit der Fremdunterbringung in der Pflegefamilie fort. Das Gesetz verpflichtet die Träger der öffentlichen Jugendhilfe daher, entsprechende Leistungen zu erbringen (§ 37 Abs. 1 und 2 SGB VIII).

a) Erweitertes Familiensystem

Der fortbestehenden Bedeutung der Herkunftseltern für ihre Kinder trägt § 37 Abs. 1 Satz 1 SGB VIII insofern Rechnung, als darauf hingewirkt werden soll, dass Pflegeeltern und Herkunftseltern zusammenarbeiten. Jedoch sind die Verhältnisse zwischen Herkunftseltern und Pflegeeltern gerade in der Anfangsphase einer Vollzeitpflege ausgesprochen konfliktträchtig. Konkurrieren die doppelten „Eltern" um die Wichtigkeit als Bezugsperson und ihren Einfluss auf die Entwicklung der Kinder und Jugendlichen, werden Letztere durch Loyalitätskonflikte zusätzlich belastet.[92]

Der Gesetzgeber hat mit seiner Konzeption des § 37 Abs. 1 SGB VIII vorgegeben, dass „zum Wohl des Kindes oder des Jugendlichen" die Lösung dieser Konflikte nicht in einem „klaren Schnitt" zwischen Pflegefamilie und Herkunftseltern zu suchen ist, sondern im Hilfeprozess fortan von einem erweiterten Familiensystem auszugehen ist. Adressaten von Beratungs- und Unterstützungsangeboten sind daher sowohl die Herkunftseltern (§ 37 Abs. 2 Satz 2 bis 4 SGB VIII) als auch die Pflegeeltern (§ 37 Abs. 2 SGB VIII).[93] Da die Hilfebedürfnisse, die zur Inpflegegabe geführt haben, regelmäßig in der Herkunftsfamilie entstanden sind, ist deren Aufarbeitung – unabhängig von einer Rückkehroption – grundsätzlich und sinnvollerweise nur mit der Familie möglich.[94]

Besteht eine Rückkehroption, werden die Herkunftseltern bei der Verbesserung der Erziehungsbedingungen unterstützt (§ 37 Abs. 1 Satz 2 SGB VIII). Kann eine Verbesserung der Lebensbedingungen in der Herkunftsfamilie nicht erreicht werden, soll mit allen Beteiligten eine auf Dauer angelegte Lebensperspektive erarbeitet und permanent fortgeschrieben werden (§ 37 Abs. 1 Satz 4 SGB VIII).

b) Umgangsrecht

aa) *Kontakt denken: psychologische Aspekte*

Auch und insbesondere aus der Perspektive der Kinder und Jugendlichen ist bei einem Aufwachsen in Pflegefamilien von einem erweiterten Familiensystem auszugehen. Die Herkunftseltern bleiben Eltern, unabhängig davon, wie sie ihrer Erziehungsverantwortung in der Vergangenheit nachgekommen sind. Die Bindung der Kinder und Jugendlichen zu ihren Eltern kann nicht ersetzt werden, son-

---

91 Siehe oben II. 1. und III. 2.

92 *Glasbrenner/Höbel*, Zwischen Konkurrenz und Zusammenarbeit mit der Herkunftsfamilie (Fn. 81), S. 256 (259).

93 Zur Unzulässigkeit einer Selbstbeschaffung dieser Beratungs- und Unterstützungsleistung siehe OVG NW JAmt 2002, 474.

94 *Mikuszeit/Rummel*, Hilfen zur Familienpflege (Fn. 5), S. 97 (120 f.).

dern es kommen Bindungen zu neuen Personen hinzu.[95] Es erscheint daher notwendig und muss erlaubt sein, das Thema „Kontakte mit den Herkunftseltern" zu denken.

Kinder und Jugendliche, die in Pflegefamilien oder Heimen aufwachsen, tun dies allemal. Im Laufe ihrer Entwicklung nehmen alle immer wieder „Kontakt" zu ihrer Biografie und damit auch zu ihren Herkunftseltern auf. Dies kann zuerst virtuell in Gedanken und in der Fantasie geschehen. Das Nachdenken über die Eltern zuzulassen ist genauso Aufgabe der Pflegekinderhilfe wie die Förderung von Gesprächen mit Dritten über die Eltern – auch wenn damit schmerzhafte Auseinandersetzungen mit den möglicherweise ambivalenten Gefühlen, Idealisierungen und Vorbehalten gegenüber den Eltern verbunden sind. Über das Nachdenken und die Auseinandersetzung hinaus kann es zu einer direkten Kontaktaufnahme kommen. Diese kann (zuerst) über gemalte Bilder, Fotos, Briefe, E-Mails oder Telefonate erfolgen.

Beim Nachdenken und Realisieren persönlicher Begegnungen müssen Traumatisierungen berücksichtigt werden. Kontakte können dann im Interesse der Kinder oder Jugendlichen liegen, wenn die Traumata bearbeitet oder die Begegnungen Teil der Bearbeitung sind. In diesen Fällen und wenn keine Traumatisierungen vorliegen, können die Kontakte unterschiedliche Funktionen erfüllen. Sie können sowohl Anbahnung als auch Wiederbelebung beinhalten, aber auch dem „besseren" Loslassen oder inneren Verabschieden dienen und damit etwa die wichtige Funktion erfüllen, dass Kinder und Jugendliche nunmehr ihre Zuneigung, Geborgenheit und Orientierung bei anderen, bspw. bei den Pflegeeltern, suchen können[96] – ohne dass sie den Teil in sich selbst, der den Herkunftseltern (durch genetische Abstammung oder Erlebnisse) verbunden ist, deswegen ablehnen müssten.

Aus entwicklungspsychologischer Sicht steht beim Denken der Kontakte zwischen Kinder oder Jugendlichen und ihren Herkunftseltern die Beziehungspflege nicht an erster Stelle. Vorgelagert ist die Frage nach den wie auch immer gearteten Bindungen. Ihre Bedeutung für die Entwicklung gilt es zu achten und daraus eine bewusste Entscheidung für oder gegen Kontakte zu treffen. Darüber hinaus kann ggf. in einem zweiten Schritt auch die Aufrechterhaltung oder Aufnahme einer Beziehung zu den Herkunftseltern im Interesse der Kinder und Jugendlichen liegen. Dabei ist zu beachten, dass ein scheinbares „Zur-Ruhe-Kommen", das mit Hilfe eines Kontaktabbruchs initiiert wurde, nur ein vordergründiges ist und in der Konsequenz das Wohl der betreffenden Kinder und Jugendlichen schädigen kann.[97]

Jedoch weder die Bearbeitung der möglicherweise schwierigen, ambivalenten, verqueren Bindungen noch die Anbahnung und Pflege von Beziehungen sagen etwas über die Zukunftsfähigkeit des aktuellen Arrangements im erweiterten

---

95 *Lillig*, Bindung und Trennung – Risiko und Schutzfaktoren, in: Lillig/Helming/Blüml/Schattner, Familiäre Bereitschaftspflege. Empirische Ergebnisse und praktische Empfehlungen, 2002, S. 82 (83).
96 *Bowlby*, Frühe Bindung und kindliche Entwicklung (Fn. 16), S. 122 ff.
97 *Resch/Möhler* FPR 2003, 56 (59); *Bowlby*, Frühe Bindung und kindliche Entwicklung (Fn. 16), S. 124 ff.

Familiensystem aus. Es bedarf einer fortwährenden Evaluation, bei der die Bedürfnisse der Kinder und Jugendlichen und ihre Veränderung beobachtet werden. Für eine qualifizierte Hilfe von Pflegekindern ist es daher während des gesamten Hilfeprozesses nicht nur erlaubt, sondern auch notwendig, die Kontakte zu den Herkunftseltern zu denken – immer wieder neu.

bb) Kontakte realisieren: rechtliche Aspekte

Der Gesetzgeber hat den Erkenntnissen der Entwicklungspsychologie in § 37 Abs. 1 SGB VIII Rechnung getragen und Forderungen nach einer grundsätzlichen und vollständigen Ablösung von der Herkunftsfamilie als Notwendigkeit für den Aufbau neuer Eltern-Kind-Beziehungen, wie sie mit vermeintlichen Kindeswohlargumenten im Interesse der Pflegeeltern immer wieder erhoben werden,[98] eine deutliche Absage erteilt.

Bei der Unterbringung in einer Pflegefamilie hat das Jugendamt insbesondere bei bestehender Rückkehroption darauf hinzuwirken, dass die Beziehung des Kindes oder Jugendlichen mit seinen Eltern gefördert wird (§ 37 Abs. 1 Satz 3 SGB VIII). Es prüft unvoreingenommen und ausgehend von den Interessen des Kindes oder Jugendlichen im Einzelfall, ob und wie Kontakte der Kinder oder Jugendlichen mit ihren Eltern stattfinden sollen.[99] Nur eine differenzierte und wertschätzende Betrachtung kann dieser für alle Seiten emotional schwierigen Situation in dem erweiterten Familiensystem gerecht werden.[100] Herkunftseltern und Pflegeeltern brauchen professionelle Unterstützung, damit sie die Trennung von ihrem Kind bzw. die innere Unruhe, die sie bei ihren Pflegekindern erleben, als notwendigen und wichtigen Bestandteil des Hilfeprozesses und der Persönlichkeitsentwicklung (an)erkennen können. Weder die Abwertung von Herkunftseltern noch eine einseitige Kritik an der Praxis von Jugendämtern und Familiengerichten[101] erscheinen geeignet, die Entwicklungschancen der Kinder und Jugendlichen stärker in den Blick zu rücken.

Im Grundsatz besteht ein Recht des Kindes oder Jugendlichen sowie ein Recht und eine Pflicht der Herkunftseltern auf „Umgang" miteinander (§ 1684 Abs. 1 BGB). In besonders gelagerten Fällen können diese Kontakte eingeschränkt werden (§ 1684 Abs. 4 BGB). Eines besonders genauen Hinschauens bedarf es insbesondere, wenn der Fremdunterbringung Misshandlungen vorausgegangen sind. Der Schutz der Kinder und Jugendlichen ist auch in der Pflegefamilie sicherzustellen und bei der Frage nach Kontakten vorrangig zu berücksichtigen. Hierzu kann es notwendig sein, den Aufenthaltsort des Kindes oder Jugendlichen geheim

---

98 Vgl. *Nienstedt/Westermann*, Pflegekinder. Psychologische Beiträge zur Sozialisation von Kindern in Ersatzfamilien, 4. Aufl. 1995, S. 221; *Tenhumberg/Michelbrink*, Vermittlung traumatisierter Kinder in Pflegefamilien (Fn. 5), S. 106 (114, 122).

99 BVerfG FamRZ 1995, 86 (87).

100 Eingehend und anschaulich hierzu *Helming*, Die Eltern: Erfahrungen, Sichtweisen und Möglichkeiten, in: Lillig/Helming/Blüml/Schattner, Familiäre Bereitschaftsbetreuung (Fn. 95), S. 139 (194 ff.) sowie *Lillig*, Zur Besonderheit der Familiären Bereitschaftsbetreuungsstellen (FBB-Stellen), ebd., S. 276 (320 ff.).

101 Mit dieser Tendenz *Salgo* ZfJ 2003, 361.

zu halten,[102] den Umgang zu beschränken (§ 1684 Abs. 4 Satz 1 BGB) oder zeitlich befristet auszuschließen (§ 1684 Abs. 4 Satz 2 BGB).[103] Ein Umgangsausschluss wird dabei nur ausnahmsweise in Betracht kommen,[104] jedoch kann im Einzelfall begleiteter Umgang angezeigt (§ 1684 Abs. 4 Satz 3 BGB, § 18 Abs. 3 Satz 1 und 3 SGB VIII) oder können die Kontakte zur Stabilisierung der Situation auf kurze Zeiträume in größeren Intervallen zu beschränken sein.[105] Je jünger die Kinder sind, desto kürzer sollte die Zeit zwischen den Kontakten bemessen sein.[106] Besteht die Gefahr, dass die Eltern versuchen, ihr Kind wieder zu sich zu holen oder die Pflegepersonen in einer Weise zu bedrängen, die dem Hilfeprozess abträglich ist, kann es angezeigt sein, die (neue) Adresse des Kindes oder Jugendlichen nicht mitzuteilen. Finden in dieser Phase Kontakte statt, dann sinnvollerweise unter Begleitung an einem neutralen Ort.[107]

c) Sorgerechtsfragen

Die Beziehungen zwischen Pflegeeltern und Herkunftseltern sind zwar nicht selten konfliktträchtig. Jedoch dient es regelmäßig den betroffenen Kindern und Jugendlichen, wenn dieser Streit ausgehalten und auf eine konstruktive Basis gestellt wird. Neben der Beratung und Unterstützung der Herkunftseltern (§ 37 Abs. 1 Satz 2 und 3 SGB VIII) und der Pflegeeltern (§ 37 Abs. 2 SGB VIII) soll das Jugendamt hierbei bei der Ausübung der Personensorge zwischen den Personensorgeberechtigten und den Pflegepersonen vermitteln (§ 38 SGB VIII).

Geht die Vollzeitpflege auf eine selbst gewünschte Inanspruchnahme von Hilfe zur Erziehung zurück, haben die Herkunftseltern regelmäßig noch das uneingeschränkte Sorgerecht. In den Fällen eines (teilweisen) Sorgerechtsentzugs ist dieses einem Vormund oder Ergänzungspfleger, meist dem Jugendamt, übertragen. Pflegeeltern sind zwar in den wenigsten Fällen selbst sorgeberechtigt, jedoch haben sie ein Entscheidungsrecht in Angelegenheiten des täglichen Lebens (§ 1688 Abs. 1 Satz 1 BGB).[108] Eine Ausweitung dieser Entscheidungsbefugnisse, insbesondere wenn sie auf eine vom Jugendamt initiierte Übertragung durch die personensorgeberechtigten Eltern zurückgeht, kann sich jedoch rechtlich wie fachlich als fragwürdig darstellen.[109] Den Eltern, die nicht mit ihrem Kind zusammenleben, verbleiben ohnehin nur wenige Entscheidungen im Verlauf der Minderjährigkeit ihres Kindes. Es kann sich für die Gestaltung der Beziehungen in dem erweiterten Familiensystem hilfreich herausstellen, wenn in diesen wenigen Fragen eine Abstimmung zwischen den Beteiligten erfolgt bzw. erfolgen muss.

---

102 Hierzu DIJuF-Rechtsgutachten JAmt 2002, 458.
103 Hierzu DIJuF-Rechtsgutachten JAmt 2004, 135.
104 Siehe BVerfG FamRZ 1994, 158; FamRZ 1983, 872; OLG Brandenburg JAmt 2001, 604; OLG Celle FamRZ 1998, 971 und 973.
105 OLG Celle FamRZ 2000, 48.
106 OLG Brandenburg JAmt 2001, 604 (605); OLG Zweibrücken FamRZ 1997, 45 (46); OLG Hamm FamRZ 1990, 654 (655).
107 Ausführlich hierzu DIJuF-Rechtsgutachten JAmt 2002, 458.
108 Hierzu DIJuF-Rechtsgutachten JAmt 2004, 184 und 185 m. w. Nachw.
109 Hierzu DIJuF-Rechtsgutachten JAmt 2002, 346.

Nach einem Sorgerechtsentzug können auch die Pflegeeltern zum Vormund oder Ergänzungspfleger bestellt werden.[110] Bei auf Dauer angelegten und im Kontakt mit den Herkunftseltern konfliktfreien Vollzeitpflegeverhältnissen kann dies im besten Interesse des Kindes oder Jugendlichen liegen. Allerdings kommt es bei einer solchen Sorgerechtsübertragung nicht selten auch zu Interessenkollisionen, denn sorgeberechtigte Pflegeeltern sind zugleich Erbringer einer Leistung nach § 33 SGB VIII und Leistungsberechtigte nach § 27 Abs. 1 SGB VIII. Sie bestimmen in diesem Fall zudem über die Gewährung von Umgangskontakten des von ihnen vertretenen Kindes oder Jugendlichen. Insofern können mit der Übertragung des Sorgerechts auf die Pflegepersonen neue, größere Probleme entstehen als diejenigen, die damit minimiert werden. Vor einem solchen Schritt sind daher unter Abwägung aller Gesichtspunkte die Risiken und Chancen einer entsprechenden Sorgerechtsübertragung zu prognostizieren und dem (Familien- bzw.) Vormundschaftsgericht rückzumelden (§ 1779 Abs. 1 BGB, § 56 Abs. 4 SGB VIII).

Mit sorgerechtlichen Fragen untrennbar verbunden ist nicht zuletzt auch die Beratung und Unterstützung von Kindern und Jugendlichen. Sollen Kinder und Jugendliche neben der allgemeinen Beteiligung im Rahmen des § 8 Abs. 1 SGB VIII bzw. § 36 Abs. 1 Satz 1, Abs. 2 Satz 2 SGB VIII ihrerseits beraten und unterstützt werden, ist hierbei grundsätzlich das Einverständnis der Personensorgeberechtigten erforderlich. Bei Angelegenheiten des täglichen Lebens reicht es aus, wenn die Pflegeeltern einverstanden sind (§ 1688 Abs. 1 Satz 1 BGB). Bei anderen Themen muss die Zustimmung der Personensorgeberechtigten vorliegen und sie müssen informiert werden. Ausnahmen ergeben sich nur dann, wenn die Beratung aufgrund einer Not- und Konfliktlage erforderlich ist und solange durch die Mitteilung an die Personensorgeberechtigten der Beratungszweck vereitelt würde (§ 8 Abs. 3 SGB VIII).[111]

V. Beendigung von Pflegefamilienverhältnissen

Steht Eltern das Personensorgerecht zu, können sie ihr Kind jederzeit von den Pflegeeltern wieder herausverlangen (§ 1632 Abs. 1 BGB). Wäre dadurch das Wohl des Kindes oder Jugendlichen gefährdet, ruft das Jugendamt das Familiengericht an (§ 50 Abs. 3 SGB VIII), das dann einen Entzug – zumindest – des Aufenthaltsbestimmungsrechts erwägt. Da damit aber noch nicht das Recht verbunden ist, Hilfe zur Erziehung in Form der Vollzeitpflege in Anspruch zu nehmen,[112] wird regelmäßig auch zu prüfen sein, ob zur Abwendung der Kindeswohlgefährdung zusätzlich der Entzug des Rechts zur Beantragung von Sozialleistungen erforderlich ist.

---

110 LG Flensburg FamRZ 2001, 445 m. Anm. *Hoffmann.*
111 Eingehend hierzu DIJuF-Rechtsgutachten JAmt 2003, 352.
112 BVerwG JAmt 2002, 26 (Ls.) = ZfJ 2002, 30; OVG NW JAmt 2003, 36.

Sieht das Jugendamt in der Rückkehr des Kindes oder Jugendlichen zu den Herkunftseltern keine Gefährdung oder beabsichtigt es, seinerseits die Herkunftseltern bei einer solchen Entscheidung zu unterstützen (§ 37 Abs. 1 Satz 2 SGB VIII), verfolgt es damit nach den Gesetzesintentionen ein vorrangiges Ziel bei der Vollzeitpflege.[113] Mit der Herausnahme wird jedoch massiv in einen mehr oder weniger lange gewachsenen Familienverbund, die Pflegefamilie, eingegriffen – auch grundrechtlich (Art. 6 Abs. 1 GG). In der Zeit der Familienpflege sind Beziehungen gewachsen, haben alle Beteiligten Kraft und Liebe investiert, um zueinander zu finden und füreinander da zu sein.[114] Um mit einer Trennung umgehen zu können, hilft es den Kindern, Jugendlichen und Pflegepersonen, wenn bereits bei der Begründung des Vollzeitpflegeverhältnisses sowie in der Folge die Möglichkeit der Rückkehr zu den Eltern transparent kommuniziert und vorbereitet wurde.

Allerdings bedeutet eine erneute Trennung der Kinder und Jugendlichen aus ihrem über längere Zeit gelebten Familienkontext eine zusätzliche Belastung für deren Entwicklung.[115] Dies fordert nicht nur ein behutsames Vorgehen bei der Rückführung mit möglichst gleitenden Übergängen,[116] sondern bereits eine eingehende Diagnose und Gefährdungsprognose, bevor das Jugendamt oder ein hierzu beauftragter Dienst bei einem Träger der freien Jugendhilfe beabsichtigt, die Rückkehr des Kindes oder Jugendlichen in die elterliche Familie zu unterstützen.[117]

Dabei geht es allerdings nicht um die Frage, ob das Kind oder der Jugendliche bei den Pflegeeltern oder den Herkunftseltern besser aufgehoben ist. Es gibt keinen Anspruch auf bestmögliche Eltern.[118] Vielmehr ist bei einem entsprechenden Wunsch der Eltern, ihr Kind wieder bei sich aufzunehmen, deren Elternrecht aus Art. 6 Abs. 2 Satz 1 GG Rechnung zu tragen, wenn bei einer Rückkehr eine dem Wohl des Kindes oder Jugendlichen entsprechende Erziehung gewährleistet ist (§ 27 Abs. 1 SGB VIII).[119] Zu widersprechen ist, sofern mit der Beendigung der Familienpflege das Wohl des Kindes oder Jugendlichen gefährdet würde (§ 1632 Abs. 4 BGB). Unter diesen Voraussetzungen können Pflegeeltern notfalls den Verbleib des Kindes oder Jugendlichen bei ihnen auch familiengerichtlich erzwingen.

Das Ende von Familienpflegeverhältnissen kann auch in einer Verselbstständigung der Jugendlichen oder jungen Menschen seinen Ausgangspunkt haben. Sie

---

113 *Werner*, in: Jans/Happe/Saurbier/Maas, Kinder- und Jugendhilferecht, § 37 Rn. 16.
114 Anschaulich die Fallvignette bei *Permien*, Rückführung von Pflegekindern in ihre Herkunftsfamilien, in: DJI, Handbuch Beratung im Pflegekinderbereich (Fn. 4), S. 255 (263 f.).
115 Siehe die Darstellung bei *Ell*, Wieder zu den Eltern? Über die Herausnahme von Kindern aus der Dauerpflege, 1990, S. 70 ff.
116 BVerfGE 68, 176 (188).
117 *Werner*, in: Jans/Happe/Saurbier/Maas, Kinder- und Jugendhilferecht, § 37 Rn. 16; *Stähr*, in: Hauck/Noftz, SGB VIII, § 37 Rn. 7 f.
118 OLG Frankfurt a. M. JAmt 2003, 39 (40).
119 *Salgo*, in: Staudinger, BGB (Fn. 32), § 1632 Rn. 47.

ziehen bei den Pflegeeltern aus. Auf diesem Weg in die Eigenständigkeit ist häufig auch eine „Reanimation" der ursprünglichen Familienzusammenhänge zu beobachten.

Will das Jugendamt seinerseits die Unterbringung beenden und stellt seine Leistung ein, so stellt sich zusätzlich die Frage nach der – verwaltungsgerichtlichen überprüfbaren – Zulässigkeit einer solchen Leistungsversagung. Werden die Pflegepersonen aufgrund verhärteter Konflikte oder Veränderungen in der Pflegefamilie nicht mehr als geeignet zur Gewährleistung einer dem Wohl des Kindes oder Jugendlichen entsprechenden Erziehung angesehen, bestehen die Leistungsvoraussetzungen des § 27 Abs. 1 SGB VIII nicht mehr fort und kann damit auch die Pflicht zur Weitergewährung der Vollzeitpflege entfallen.

Da es grundsätzlich von der Entscheidung der Personensorgeberechtigten abhängt, ob das Kind oder der Jugendliche weiter in der Pflegefamilie verbleiben soll oder nicht, kann ein Wechsel der Pflegepersonen vom Jugendamt nicht erzwungen werden. Nur wenn die Schwelle zur Kindeswohlgefährdung i. S. d. § 1666 Abs. 1 BGB überschritten ist, kann ein entsprechender Sorgerechtsentzug angeregt werden, der die Voraussetzungen für eine anderweitige Unterbringung schafft. Es greift daher zu kurz und verkennt die Elternautonomie, wenn die Weitergewährung von Leistungen der Vollzeitpflege von einer anderweitigen Unterbringung abhängig gemacht wird.[120] Allerdings wird das Jugendamt im Einzelfall mit den Personensorgeberechtigten entsprechende Alternativen zu erarbeiten haben, ob und, wenn ja, mit welchen Hilfen eine dem Kind oder Jugendlichen entsprechende Entwicklung gewährleistet werden kann.

VI. Haftungsrechtliche oder strafrechtliche Verantwortung?

Kommt es während eines laufenden Hilfefalls im Jugendamt zum Tod oder zu Schädigungen von Kindern bzw. Jugendlichen und wird dies öffentlich, so werden die Schicksale immer wieder auch zu Medienereignissen.[121] Das oftmals schreckliche Geschehen löst Betroffenheit aus und es wird die Frage aufgeworfen, ob das Leiden oder der Tod nicht hätten verhindert werden können.

Waren professionelle Helfer aus dem Jugendamt oder bei einem Träger der freien Jugendhilfe in den Familienkontexten involviert, muss sich auch die Kinder- und Jugendhilfe in solchen Fällen dem grundsätzlich erst einmal positiven Impuls stellen, dass das Leid von Kindern oder Jugendlichen nahezu alle in der Gesellschaft berührt. Es ist allerdings zu beobachten, dass hierbei allzu schnell das konstruktive Fragen danach, wie Kindern und Jugendlichen geholfen werden kann, wie sie vor Gefahren für ihr Wohl geschützt werden können, umschlägt in Ver-

---

120 So VGH BW JAmt 2003, 598.
121 Hierzu *Mörsberger*, Kap. 2, S. 25 (27 f.) in diesem Buch.

antwortlichkeitszuschreibungen. Dieser (Rund-)Umschlag löst bei der Kinder- und Jugendhilfe einen Rechtfertigungsdruck aus, dem sie sich auch zukünftig kaum wird entziehen können.

Kann bei einer solchen von außen oder innen initiierten, nachträglichen Aufarbeitung der Geschehensabläufe und des fachlichen Handelns die Verletzung etwa von Kontroll- (§ 37 Abs. 3 Satz 1 SGB VIII) oder Beteiligungspflichten (§ 36 Abs. 2 Satz 2 SGB VIII) festgestellt werden, kann sich die Frage nach einer strafrechtlichen Verantwortung der zuständigen Fach- und Leitungskräfte[122] sowie einer Amtshaftung des Trägers der öffentlichen Jugendhilfe[123] stellen. Strafbarkeit und Schadensersatzansprüche ergeben sich dabei nicht unmittelbar aus dem Fehlverhalten, sondern erfordern daneben eine Ursächlichkeit der Pflichtwidrigkeit für den Tod oder die Schädigung des Kindes oder Jugendlichen. Bei unterlassener Pflichterfüllung ist zu beurteilen, ob der tatbestandliche Erfolg bzw. der Schaden auch bei rechtmäßigem Alternativverhalten eingetreten wäre. Mangels Monokausalität des Entstehens von erzieherischer Hilfe und dem Umstand, dass u. a. mit den Personensorgeberechtigten und Pflegepersonen regelmäßig mehrere dem Kindeswohl Verpflichtete vorhanden sind, fällt die Beantwortung meist nicht leicht.

Die objektive Beurteilung von fachlichem Handeln im Bereich des Kindesschutzes wird erfahrungsgemäß zusätzlich dadurch erschwert, dass das Leid von Kindern und Jugendlichen Emotionen freisetzt. Das verleitet bei der wissenden Nachbetrachtung nicht selten auch Juristen, Pflichten zu kreieren, wo das Gesetz keine vorsieht,[124] und zu vergessen, dass man hinterher immer schlauer ist.[125] Wissen Lehrer, Nachbarn, Freunde der Familie usw. von Umständen, die auf Misshandlung oder Vernachlässigung hinweisen, lässt sich daraus nicht schlussfolgern, dass auch die im Jugendamt tätigen Fachkräfte ausreichende Informationen haben (müssten), um die fachlichen Einschätzungen zu treffen.[126] Maßgeblich ist vielmehr der Kenntnisstand, welchen die zuständige Fachkraft aus der Sicht ex ante, also im Zeitpunkt der Pflichtverletzung hatte oder hätte haben müssen.[127] Die damit notwendige nachträgliche Beurteilung von fachlichen Einschätzungen zu psycho-sozialen, emotionalen und entwicklungspsychologischen Vorgängen, von Möglichkeiten und Grenzen sozialpädagogischer Beziehungsarbeit und schützenden Hilfeinterventionen der Kinder- und Jugendhilfe wird regelmäßig sachverständiger Begutachtung im Einzelfall bedürfen.

---

122 Hierzu *Albrecht*, Kap. 7, S. 183 in diesem Buch mit umfassender Darstellung des Meinungsstands.

123 Allgemein *Münder* ZfJ 2001, 401.

124 Anschaulich DIJuF-Rechtsgutachten JAmt 2003, 183.

125 Kritisch hierzu *Wiesner*, in: Mörsberger/Restemeier, Helfen mit Risiko, 1997, S. 211 (217); *Feldmann/Hillmeier/Lichtinger* Mitteilungsblatt BayLJA 1997/4, 1 (7).

126 So aber OLG Stuttgart JAmt 2003, 592 = NJW 2003, 3419. – Zu gesetzgeberischen Bestrebungen der Verbesserung des Mitteilungsverhaltens durch Normierung einer strafbewährten Anzeigepflicht siehe BT-Drucks. 15/530; kritisch u. a. DIJuF JAmt 2003, 234.

127 Hierzu *Meysen* ZfJ 2001, 408 (412 f.) m. w. Nachw.

VII. Fazit/Hinweise für die Praxis

1. Kinder und Jugendliche bedürfen auch in Pflegefamilien einer für ihr Wohl förderlichen Erziehung und Pflege. Pflegeeltern haben insoweit Verantwortung übernommen. Insbesondere dann, wenn die Unterbringung bei Pflegepersonen auf eine eigene Entscheidung zurückgeht, hat das Jugendamt eine durch das SGB VIII eingeräumte besondere Pflichtenstellung gegenüber allen Beteiligten dieses erweiterten Familiensystems bestehend aus den Kindern, Jugendlichen, Eltern und Pflegepersonen.

2. Eine Unterbringung von Kindern und Jugendlichen in Familien außerhalb des Elternhauses unterliegt grundsätzlich öffentlicher Kontrolle. Die gesetzlich geforderte Eignungsprüfung oder die Erteilung einer Pflegeerlaubnis dient allerdings lediglich der Gewährleistung gewisser Mindeststandards und der präventiven Missbrauchsaufsicht.

3. Wenn die Pflegepersonen durch das Jugendamt vermittelt werden, können sie in Kursen und durch gezielte Beratung auf die besonderen Herausforderungen bei der Aufnahme von Pflegekindern vorbereitet werden. Nur in diesen Fällen kann vom Jugendamt eine Einschätzung vorgenommen werden, ob die Pflegepersonen den Belastungen bei der Aufnahme nicht selten traumatisierter Kinder oder Jugendlicher und der konfliktträchtigen Zusammenarbeit mit den Herkunftseltern gewachsen sind.

4. Suchen Eltern die Personen selbst aus, bei denen sie ihr Kind unterbringen wollen, werden diese vor dem Hintergrund des Wunsch- und Wahlrechts (§ 5 SGB VIII) regelmäßig auch im Rahmen einer Gewährung von Hilfen zur Erziehung durch das Jugendamt zu akzeptieren sein. Bei der Frage nach der Eignung der Pflegepersonen sind daher keine überhöhten Anforderungen zu stellen. Es ist „nur" eine persönliche, individuelle Eignung für ein bestimmtes Kind zu fordern.

5. Die Kontrolle von Pflegepersonen nach § 37 Abs. 3 Satz 1 SGB VIII wird von einem kooperativen Grundverständnis getragen. Sie dient dazu, Konflikte und Probleme im Zusammenleben des Kindes oder Jugendlichen mit der Pflegeperson zu erkennen und Gefährdungen des Kindeswohls zu vermeiden.

6. Die Intensität und Häufigkeit bei der Überprüfung von Pflegepersonen hat üblicherweise in der Anfangsphase eines Pflegeverhältnisses höher zu sein und mit zunehmender Dauer abzunehmen. Je länger die Vollzeitpflege andauert, desto mehr ist das Jugendamt darauf angewiesen, dass ihm die relevanten Entwicklungen ohne standardisierte Kontrolle vor Ort, meist informell, bekannt werden.

7. Nach der Fallübergabe in der Folge von Zuständigkeitswechseln wird sich die neu zuständige Fachkraft um den Aufbau eines eigenen Vertrauensver-

hältnisses zu den Kindern, Jugendlichen, Pflegepersonen und Herkunftseltern bemühen. Um Etikettierungen und Stigmatisierungen zu vermeiden, wird sie sich einen eigenen Eindruck von deren Situation verschaffen. Gerade in der Phase des Aufbaus einer Hilfebeziehung müssen sich die neu zuständigen Fachkräfte im Interesse der Betroffenen jedoch auf vorherige Einschätzungen verlassen können.

8. Ermittelnde Kontrolle von (Pflege-)Eltern führt regelmäßig zu Abwehrhaltungen und bewirkt häufig, dass damit Hilfezugänge versperrt werden. Mehr Kontrolle ist daher alles andere als gleichbedeutend mit mehr Hilfe und Schutz für die betreffenden Kinder und Jugendlichen, aber mehr kooperative Beteiligung, Beratung und Unterstützung regelmäßig mit mehr Kontrolle.

9. Da der Überprüfung von Pflegepersonen rechtliche und tatsächliche Grenzen gesetzt sind, kommt der Beteiligung von Kindern und Jugendlichen besondere Bedeutung zu. Die Herstellung ihrer Beteiligungsfähigkeit und damit die Unterstützung bei der Realisierung ihres Anspruchs auf Hilfe ist dabei eine pädagogische Aufgabe.

10. Herkunftseltern erleben die Inpflegegabe häufig als einschneidenden, diskriminierenden Autonomieverlust. Insbesondere wenn die Herausnahme gegen ihren Willen erfolgt, muss erst wieder ein neuer Draht zu den Fachkräften im Jugendamt gefunden werden. Da Eltern auch dann, wenn ihre Kinder in einer Pflegefamilie leben, wichtige Bezugspersonen bei der Identitätsfindung bleiben, sind sie grundsätzlich zur Beteiligung und aktiven Mitwirkung an der Hilfeplanung zu motivieren, selbst wenn sie hierauf keinen Wert legen.

11. Der Gesetzgeber hat mit seiner Konzeption des § 37 Abs. 1 SGB VIII vorgegeben, dass zum Wohl des Kindes oder des Jugendlichen die Lösung der regelmäßig auftretenden Konflikte in der Dreiecksbeziehung zwischen Herkunftseltern, Pflegeeltern und Kind bzw. Jugendlichem nicht in einem „klaren Schnitt" zwischen Pflegefamilie und Herkunftseltern zu suchen ist. Vielmehr ist fortan von einem erweiterten Familiensystem auszugehen, in dem sowohl die Herkunftseltern als auch die Pflegeeltern Adressaten vielfältiger Beratungs- und Unterstützungsleistungen sind.

12. Bei der Frage nach Kontakten mit den Herkunftseltern werden Denkverbote den Bedürfnissen der Kinder und Jugendlichen nicht gerecht. Die Auseinandersetzung sowie Kontaktaufnahme mit der eigenen Herkunft und Biografie ist daher auch von den beteiligten Helfer/inne/n während des gesamten Hilfeprozesses mitzudenken. Sowohl die Kinder bzw. Jugendlichen als auch die Pflegeeltern sowie die Herkunftseltern bedürfen hierbei regelmäßig fachlicher Begleitung und Unterstützung.

13. Während Vollzeitpflegeverhältnissen kann es insbesondere nach vorangegangenen Misshandlungen geboten sein, den Schutz der Kinder und Jugendlichen sicherzustellen und auch bei der Frage nach Umgangskontakten zu

berücksichtigen. Dabei kann ein nach der gesetzlichen Konzeption auf Ausnahmefälle beschränkter, zeitlich befristeter Umgangsausschluss in Betracht kommen. Je nach der Situation im Einzelfall kann begleiteter Umgang angezeigt oder können die Kontakte zur Stabilisierung der Situation auf jeweils kurze Zeiträume zu beschränken sein.

14. Bei auf Dauer angelegten und im Kontakt mit den Herkunftseltern konfliktfreien Vollzeitpflegeverhältnissen kann eine Bestellung der Pflegeeltern zum Vormund bzw. Ergänzungspfleger im besten Interesse des Kindes oder Jugendlichen liegen. Allerdings kann es bei einer solchen Sorgerechtsübertragung auch zu Interessenkollisionen kommen. Die sorgeberechtigten Pflegeeltern sind zugleich sowohl Erbringer einer Leistung als auch Leistungsberechtigte und sie bestimmen über die Gewährung von Umgangskontakten des von ihnen vertretenen Kindes oder Jugendlichen mit seinen Herkunftseltern. Vor einem solchen Schritt sind daher unter Abwägung aller Gesichtspunkte die Risiken und Chancen einer entsprechenden Sorgerechtsübertragung zu prognostizieren.

15. Das Gesetz geht davon aus, dass die Rückkehr des Kindes oder Jugendlichen zu den Eltern vorrangiges Ziel der Vollzeitpflege ist. Beabsichtigt das Jugendamt, eine solche zu unterstützen, geht es davon aus, dass in der Herkunftsfamilie eine dem Wohl des Kindes oder Jugendlichen entsprechende Erziehung gewährleistet ist und die Herausnahme aus dem Familienkontext der Pflegefamilie das Wohl des Kindes oder Jugendlichen nicht gefährdet. Die Belastung bei der Rückführung durch eine erneute Trennung der Kinder und Jugendlichen aus ihrem über längere Zeit gelebten Familienkontext ist durch ein behutsames Vorgehen mit gleitenden Übergängen abzumildern.

16. Ein Bekanntwerden von Misshandlungen von Kindern oder Jugendlichen in ihren Pflegefamilien löst in der Öffentlichkeit stets Empörung und Bestürzung aus. Bei der Aufarbeitung des Geschehenen kommt regelmäßig auch der Punkt, an dem die Frage gestellt wird, ob die Fachkräfte im Jugendamt ihren Kontroll- und Beteiligungspflichten nachgekommen sind. Die herausragende Bedeutung der im Jugendamt wahrgenommenen Aufgaben und die Komplexität erzieherischer Prozesse verdienen jedoch, dass die juristische Bewertung sozialpädagogischer Fachlichkeit genauso sorgfältig und besonnen erfolgt, wie wir es von jugendamtlicher Arbeit in und mit Familien erwarten.

Kapitel 7

Sozialarbeit und Strafrecht: Strafbarkeitsrisiken in der Arbeit mit Problemfamilien

von Prof. Dr. Hans-Jörg Albrecht

I. Einleitung: Einordnung der Fragestellungen

Die Verletzung, schwere Vernachlässigung sowie die Tötung von Kindern in der Familie und durch Familienangehörige stellen Sachverhalte dar, mit denen sich Strafrecht und Kriminologie seit langer Zeit beschäftigen. Neu ist freilich in Deutschland eine verstärkte Aufmerksamkeit der Strafverfolgungsbehörden für die in solchen Zusammenhängen sich möglicherweise ergebende strafrechtliche Haftung von Beschäftigten in Jugend- und Sozialämtern, wenn diese nämlich mit der Betreuung von Familien befasst waren, in denen es während des Betreuungs- oder Unterstützungsprozesses zu vorsätzlichen Tötungsdelikten an (mitbetreuten) Kindern und durch die natürlichen bzw. Pflegeeltern kam. Hier geht es im Kern um die Unterlassungsstrafbarkeit und damit um eine Fragestellung, die offensichtlich auf allgemeine Entwicklungen verweist.[1] Denn Probleme strafrechtlicher Haftung im Unterlassungsfall lassen sich auch für andere Bereiche der öffentlichen Verwaltung beobachten.[2] So wurden derartige Fragestellungen in den 80er und 90er Jahren insbesondere für die Umweltverwaltung, die Ordnungsverwaltung sowie für die Polizei im Allgemeinen erörtert.

Den Hintergrund der Debatten bilden verschiedene Entscheidungen des Bundesgerichtshofs zu Garantenstellung und Garantenpflichten, die – wegen ihrer kaum kontrollierbaren Eignung, die strafrechtliche Haftung beträchtlich auszuweiten – nicht immer Zustimmung gefunden haben.[3] So wurde bspw. im Jahre 1986 der Leiter eines Ordnungsamts, der ein unerlaubtes Bordell geduldet hatte, wegen Beihilfe zur Förderung der Prostitution durch Unterlassen (der Schließung des Bordells) verurteilt[4] und damit der Ordnungsamtsleiter als Garant der Entscheidungsfreiheit von Prostituierten eingestuft. Die Rechtsprechung hat dann auch Polizeibeamte grundsätzlich als Garanten und damit dazu verpflichtet angesehen, Straftaten zu verhindern.[5]

Verwunderlich sind derartige Entwicklungen freilich nicht. Dass sich die erkennenden Gerichte offensichtlich anlässlich ihrer Tätigkeit nicht mit der Frage auseinander setzten, warum bislang eine Fahrlässigkeits- bzw. Unterlassungshaftung im Rahmen sozialarbeiterischer Tätigkeit wegen des Todes von Kindern in der gerichtlichen Praxis keine Rolle gespielt hat, ist freilich nicht unbedingt erstaunlich.[6] Denn die Entwicklung der Strafverfolgungs- und Rechtsprechungspraxis

---

1   Freilich handelt es sich hier um ein länder- und systemübergreifendes Problem, vgl. hierzu nur Office of the Family and Children's Ombudsman: Annual Report 2002. Washington State (www.governor.wa.gov/ofco); *Flückiger*, Mauvais traitements, état de la question et pratiques d'intervention, in: ders. (Hrsg.), Enfants maltraités. Intervention sociale, Lausanne 2000, S. 5 (17).

2   *Roxin*, Strafrecht Allgemeiner Teil, 2003, S. 736 ff.; *Sangenstedt*, Garantenstellung und Garantenpflicht von Amtsträgern, 1989.

3   Vgl. hierzu *Schünemann*, Zum gegenwärtigen Stand der Dogmatik der Unterlassungsdelikte in Deutschland, in: Gimbernat/Schünemann/Wolter (Hrsg.), Internationale Dogmatik der objektiven Zurechnung und der Unterlassungsdelikte, 1995, S. 49.

4   BGH NJW 1987, 199.

5   BGH NStZ 2000, 147; OLG Rostock NStZ 2001, 199.

6   So aber „Das Plädoyer der Verteidigung", abgedruckt in *Mörsberger/Restemeier* (Hrsg.), Helfen mit Risiko. Zur Pflichtenstellung des Jugendamtes bei Kindesvernachlässigung, 1997, S. 81 (93).

verweist häufig auf die Erweiterung der Strafbarkeit und manchmal auch auf die Reduzierung von Strafbarkeitsrisiken durch entsprechende und veränderte Auslegung oder die Entdeckung neuer Anknüpfungspunkte für die Strafbarkeit. Dies gilt vor allem für die Fahrlässigkeitshaftung und so dehnbare Konzepte wie die Unterlassung. Im Zentrum des Wandels stehen auch Veränderungen in der Sichtweise von Sorgfaltspflichten und insbesondere die Bedeutung der Sozialadäquanz bzw. der erlaubten Risiken.

Bereits im Jahre 1995 monierte *Schünemann* allerdings, dass die Rechtsprechung gegenwärtig mit den vollen Segeln des angeblichen kriminalpolitischen Bedürfnisses und ohne dogmatische Kontrolle wieder den überwunden geglaubten Kurs einer maximalen Ausdehnung des Unterlassungsdelikts aufgenommen habe.[7] Tatsächlich stellt die Unterlassungsstrafbarkeit (in Form der unechten Unterlassungsdelikte) ein erhebliches Potenzial an Strafbarkeitserweiterung dar. Die Erweiterung von Strafbarkeitsrisiken durch die Strafjustiz ist in diesem Feld offensichtlich eng verknüpft mit der Wahrnehmung von kriminalpolitischen Interessen[8] und mit der Sensibilisierung für die Schutzbedürftigkeit bestimmter Opfergruppen. Systematische und theoretische Erwägungen spielen dabei eine eher untergeordnete Rolle.

Die positivrechtliche Fassung der Voraussetzungen des Eingreifens der Unterlassungshaftung in § 13 StGB hat zwar partiell Klarheit geschaffen. Doch bleiben verschiedene Fragen streitig, Fragen eben, von deren Beantwortung die Reichweite der Unterlassungshaftung abhängt.[9]

Die Frage der strafrechtlichen Haftung von Angehörigen von Sozialberufen für Rechtsgutsverletzungen, die im Gefolge sozialarbeiterischer Tätigkeit auftreten, lässt sich auch einordnen in die allgemeine Frage, ob und inwieweit professionell geprägte Tätigkeiten einer strafrechtlichen Überprüfung im Hinblick auf die Voraussetzungen und das Zutreffen der in ihnen angelegten Prognosen, Beurteilungen und Einschätzungen unterliegen. Ein Beispielsfall kann dem Schwangerschaftsabbruchsrecht entnommen werden, wenn es um die Annahme von rechtfertigenden Umständen geht. Hier stellt sich das Problem, ob Strafverfolgungsbehörden (als Anknüpfungspunkt für Verdacht und die Einleitung von Ermittlungsverfahren) und Strafgerichte (als Anknüpfungspunkt für eine Verurteilung) in die Überprüfung der Frage eintreten dürfen, ob ein Arzt zu Recht angenommen hat, dass eine Schwangerschaft, wie es § 218 StGB für die Rechtmäßigkeit des Abbruchs voraussetzt, die Gefahr einer schwerwiegenden Beeinträchtigung des körperlichen oder seelischen Gesundheitszustands der Schwange-

---

7   *Schünemann*, in: Gimbernat/Schünemann/Wolter (Hrsg.), Internationale Dogmatik der objektiven Zurechnung und der Unterlassungsdelikte (Fn. 3), S. 49 (62).
8   *Schünemann*, in: Gimbernat/Schünemann/Wolter (Hrsg.), Internationale Dogmatik der objektiven Zurechnung und der Unterlassungsdelikte (Fn. 3), S. 49 (62).
9   Vgl. zusammenfassend *Jescheck/Weigend*, Strafrecht. Allgemeiner Teil, 5. Aufl. 1996, S. 598 ff.

ren mit sich bringt, und dass die Gefahr nicht auf eine andere für sie zumutbare Weise abgewendet werden kann.[10]

Ein strukturell vergleichbarer Bereich ist angesprochen mit der (strafrechtlichen) Haftung für fehlerhafte Prognosen, die vor allem bei der Gewährung von Lockerungen bei untergebrachten (gefährlichen) Straftätern mehrfach die Gerichte beschäftigt haben. Auch hier geht es um die Beurteilung von professionell geprägter Entscheidungstätigkeit, nämlich um die Beurteilung der Tätigkeit von Ärzten und Psychologen, wenn diese das Risiko des Missbrauchs von Vollzugslockerungen einschätzen und auf dieser Grundlage Urlaub oder Ausgang von Untergebrachten oder Strafgefangenen erlauben.[11]

Eine verwandte Fragestellung wird mit Anzeigepflichten aufgeworfen, die insbesondere für Ärzte und Angehörige von Sozialberufen im Bereich der Kindesmisshandlung thematisiert worden sind. Auch hier lassen sich im Übrigen Parallelen zu entsprechenden Debatten gerade in der Umweltverwaltung beobachten.[12] Dies überrascht nicht, sind doch die Interessenlagen und die Entscheidungsbedingungen strukturell dieselben.

Auch in der Umweltverwaltung geht es um den Schutz von Rechtsgütern und öffentlich-rechtliche Pflichten und Pflichtenstellungen. Gerade die Verwaltungsakzessorietät der Umweltstraftatbestände führt aber im Bereich strafrechtlicher Zurechnung und Zurechenbarkeit zu besonderen Problemen.[13] Im Bereich der Setzung von Erlaubnis- und Verbotstatbeständen stehen den Umweltverwaltungsbehörden nämlich Beurteilungs- und Ermessensspielräume zur Verfügung, die nicht nur durch den (absoluten) Schutz der Umweltmedien, sondern auch durch eine angemessene Bewirtschaftung der verschiedenen Umweltgüter geleitet sein sollen. Im Vordergrund des Umweltverwaltungshandelns steht damit die Verfolgung verschiedener und unter bestimmten Bedingungen auch miteinander konkurrierender Ziele. Es geht um den Schutz und die Bewahrung der Umwelt auf der einen Seite und um die wirtschaftliche, gewerbliche und sonstige Nutzung der natürlichen Umwelt auf der anderen Seite. Insoweit stellt sich die Frage, inwieweit umweltverwaltungsrechtliche Prinzipien den Geltungsbereich des verwaltungsakzessorischen Umweltstrafrechts unkontrolliert einschränken oder ob im Rahmen der Ermessensausübung auch das strafrechtlich geschützte absolute ökologische Interesse Eingang finden muss, mit anderen Worten, ob Verwal-

---

10 Vgl. hierzu insbesondere *Eser*, „Ärztliche Erkenntnis" und richterliche Überprüfung bei Indikationen zum Schwangerschaftsabbruch nach § 218 a StGB, in: ders./Koch (Hrsg.), Schwangerschaftsabbruch: Auf dem Weg zu einer Neuregelung, 1992, S. 13 ff. mit dem Hinweis, dass allein ein so genanntes „Diskursmodell", in dem nur die Einhaltung des auf Sicherung einer verantwortbaren Gewissensentscheidung der Schwangeren gerichteten Verfahrens (aber nicht des Inhalts des Verfahrens) gerichtlich überprüfbar sei, als angemessen betrachtet werden könne (S. 46).

11 Vgl. hierzu LG Göttingen NStZ 1985, 410; LG Paderborn, Urteil vom 28. Februar 1986 – 12 Js 383/84; AG Oldenburg, Urteil vom 13. Dezember 1984 – 707 Js 08891/84.

12 *Albrecht/Heine/Meinberg*, Umweltschutz durch Umweltstrafrecht?, ZStW 96 (1984), 943.

13 *Albrecht*, Umweltstrafrecht und Verwaltungsakzessorietät – Probleme und Folgen einer Verknüpfung verwaltungs- und strafrechtlicher Konzepte, Kriminalsoziologische Bibliographie 14 (1987), 1.

tungshandeln und Verwaltungsentscheidungen durch strafrechtliche Instanzen auf ihre Rechtmäßigkeit untersucht werden dürfen.[14]

Dies führt weiter zu der Frage, inwieweit verwaltungsrechtliche Entscheidungen den Erlaubnisadressaten von strafrechtlicher Haftung freistellen, ferner zur Frage, ob Strafbarkeit auch dann eintritt, wenn ein verwaltungsrechtliches Verbot oder eine beschränkende Auflage rechtswidrig sind. Sodann ergibt sich das Problem, inwieweit Erlaubnis setzende Entscheidungen oder die Duldung von Umweltbeeinträchtigungen die Strafbarkeit der zuständigen Sachbearbeiter bzw. Behördenleiter (in Form der Unterlassungstäterschaft) begründen können. Schließlich wird die Frage gestellt, ob ein Amtsträger im Fall einer Nichtanzeige von Umweltstraftaten eine Strafvereitelung begehe.

Im Übrigen sprechen die bisherigen Erfahrungen mit verwaltungsinternen oder gesetzlichen Anzeigepflichten nicht für deren Wirksamkeit als Mittel zur Steigerung der Anzeigebereitschaft von Amtsträgern.[15] Dem Verwaltungshandeln im Bereich des Umweltschutzes liegt offensichtlich ein anderes Modell des Umgangs mit Normadressaten zugrunde als dem strafrechtlichen Umweltschutz. Denn die Erfüllung der Umweltverwaltungsaufgaben ist seit jeher durch verhandlungsorientiertes, nicht durch repressives Handeln geprägt. Dem entspricht es, wenn als grundlegende politische Prinzipien des auf Verwaltungsrecht basierenden Umweltschutzes Vorsorge-, Verursacher- und Kooperationsprinzip genannt werden. Bedeutsam ist auch, dass es der Gesetzgeber bewusst unterlassen hat, Anzeigepflichten in diesem Feld gesetzlich festzuschreiben, eben mit der Begründung, dass für verwaltungsrechtlichen Umweltschutz notwendige Vertrauensverhältnisse nicht gestört werden sollten.[16]

Entsprechendes gilt auch für die Sozial- und Jugendverwaltung und ihr Verhältnis zu Klienten. Das In-Kraft-Treten des Kinder- und Jugendhilfegesetzes kennzeichnet eine Neuorientierung in der Familien- und Jugendhilfe, die weggeht von der Eingriffsverwaltung und sich konzentriert auf eine Angebots- und Leistungsverwaltung, mit der auf der Seite der Adressaten Freiwilligkeit und Kooperation korrespondieren. Ebenso wie in der Umweltverwaltung ist die Tätigkeit der Jugend- und Sozialverwaltung nicht durch ein einziges und klar umrissenes Ziel charakterisiert, sondern durch eine Vielzahl von Zielsetzungen, die nicht unbedingt gleichzeitig erreicht werden können und hinsichtlich deren in der Regel – weil eine theoretisch präzise Abstimmung, vor allem ex ante, nicht gelingen kann – eine praktische Konkordanz hergestellt werden muss.

Die Tätigkeit der Sozial- und Jugendbehörden ist ferner, da es – wie in der Umweltverwaltung und in der Tätigkeit von Ärzten und Psychiatern – um die Gestaltung der Zukunft geht, durch Prognosen und hiermit auch durch Ermessen,

---

14 Vgl. bspw. das Alkem-Urteil, LG Hanau NJW 1988, 571.

15 *Albrecht*, Umweltstrafrecht und Verwaltungsakzessorietät (Fn. 15), Kriminalsoziologische Bibliographie 14 (1987), 1; *Kühne/Görgen*, Die polizeiliche Bearbeitung von Umweltdelikten, 1991.

16 *Albrecht/Heine/Meinberg* ZStW 96 (1984), 943.

Beurteilung und Einschätzung geprägt. In diesen Tätigkeiten und insbesondere in der Prognose äußert sich theoretisches und praktisches berufliches Wissen, das in Entscheidungen einfließt und die Art der als aussichtsreich beurteilten Maßnahme bestimmt.

II. Kindesmisshandlung und Gewalt in der Familie

In aller Kürze sollen im Folgenden einige zentrale Befunde zur Kindesvernachlässigung und Kindesmisshandlung bzw. zur Gewalt in der Familie dargestellt werden, jedenfalls soweit derartige Befunde für die Beurteilung der hier interessierenden Fragen relevant erscheinen.

Neuere Untersuchungen belegen, dass familiäre Gewalt nach wie vor ein weit verbreitetes Phänomen darstellt.[17] So geben nach einer Untersuchung etwa 10 % befragter Jugendlicher an, in ihrer Kindheit häufig mit elterlicher Gewalt konfrontiert gewesen zu sein.[18] Die Prävalenz häufiger Gewalterfahrungen in den letzten zwölf Monaten liegt bei 5 %. Freilich zeigt die Untersuchung auch, dass familiäre Gewalt in unterschiedlichen Ethnien unterschiedlich ausgeprägt ist. So ist familiäre Gewalt in Immigrantenfamilien (bzw. in ethnischen Minoritäten) sehr viel weiter verbreitet.[19] Bis zu 40 % von Immigrantenjugendlichen geben an, Erfahrungen mit Gewalt in der Familie gemacht zu haben.[20]

Demgegenüber stellen extreme Gewaltfolgen, insbesondere die Tötung, seltene Ereignisse dar. Die (jährliche) Prävalenz eines gewaltsamen Todes im Kindesalter liegt in Deutschland ausweislich der Polizeilichen Kriminalstatistik bei etwa 1/100.000 (oder 0,001 pro 100) der Altersgruppe. Insoweit ist auch die (durch das Auftreten von andauernder Misshandlung) bedingte Wahrscheinlichkeit extremer Gewaltfolgen so gering, dass angesichts des sehr begrenzten theoretischen sowie empirischen Wissens um weitere Bedingungen des Auftretens von (insbesondere vorsätzlichen) Tötungsdelikten eine einigermaßen verlässliche Vorhersage ausgeschlossen ist.[21]

Von Bedeutung sind sodann Befunde zur Kenntnisnahme von Gewalt oder Vernachlässigung gegenüber Kindern. Kriminologische Untersuchungen haben gezeigt, dass potenzielle Kenntnisnehmer von Kindesmisshandlungen, jedenfalls bei Kindern im Vorkindergartenalter bzw. Vorschulalter, auf Familienangehörige, Nachbarn oder aus anderen Gründen intervenierende Angehörige von Sozi-

---

17 Vgl. hierzu auch Arbeitsgruppe Kindesmisshandlung, Kindesmisshandlungen in der Schweiz, Bern 1992, S. 53 f.
18 *Oberwittler/Blank/Köllisch*, Soziale Lebenslagen und Delinquenz von Jugendlichen: Ergebnisse der MPI-Schulbefragung in Freiburg und Köln 1999, 2001, S. 47; vgl. auch *Pfeiffer/Wetzels/Enzmann*, Innerfamiliäre Gewalt gegen Kinder und Jugendliche und ihre Auswirkungen, 1999.
19 Vgl. hierzu auch *Waldfogel*, The Future of Child Protection, 1998, S. 8.
20 *Oberwittler/Blank/Köllisch*, Soziale Lebenslagen und Delinquenz von Jugendlichen (Fn. 18), S. 47 f.
21 Vgl. grundsätzlich *Kleiter*, Bayes Statistik. Grundlagen und Anwendungen, 1981, S. 101 ff.; ferner *Monahan*, The Prediction of Violent Criminal Behaviour. An Assessment of Clinical Techniques, Beverly Hill, London 1981.

albehörden beschränkt sind. Diese potenziellen Kenntnisnehmer sind jedoch nur in sehr geringem Maße bereit, Anzeige zu erstatten oder andere Interventionen zu veranlassen. Mit zunehmendem Alter der Opfer mildert sich zwar dieses Problem. Aufgelöst wird es jedoch nicht, da auch das ältere Kind durch soziale und emotionale Zwänge gehindert sein mag, sein Leiden zu offenbaren.

Neueren Untersuchungen zufolge stellen die Nachbarn die wichtigste Gruppe von Anzeigeerstattern dar, wobei jedoch nicht selten unlautere Motive die Anzeigeerstattung auslösen. Angehörige von Sozialbehörden sind relativ selten unter den Anzeigeerstattern zu finden. Dies ist durchaus erwartungsgemäß, wenn in Rechnung gestellt wird, dass die Politik der Jugendämter im Wesentlichen durch den Grundsatz „Hilfe statt Strafe" geprägt wird. Wenn die Prinzipien der Straffreiheit, der Freiwilligkeit, der Anonymität und des geringstmöglichen Eingriffs die private und öffentliche Reaktion auf Gewalt gegen Kinder beherrschen sollen,[22] dann mag dies allerdings zu Problemen führen. Viele, vor allem lang andauernde Misshandlungsfälle sind den Sozial- und Jugendbehörden bekannt, ohne dass (problem- und risikobeseitigende) Eingriffe erfolgen. So rechnet man bspw. in den USA damit, dass bei knapp 50 % der auf Misshandlung zurückzuführenden Fälle der Tötung von Kindern die zuständigen Behörden (öffentliche Kinderschutzbehörden) bereits vor der Tötung über Misshandlungs- und Gewaltprobleme informiert waren.[23] Dies lässt verschiedene Interpretation zu. Zum einen sprechen die Daten dafür, dass das in den USA geltende System der Pflicht zur Anzeige (von Ärzten, Krankenschwestern, Sozialarbeitern etc.) des Verdachts der Kindesmisshandlung in der Familie bei speziellen Jugendschutzbehörden (Child Protection Services) dazu führt, dass ein substanzieller (und zunehmender) Anteil derjenigen Familien identifiziert wird, in denen Kinder schweren Risiken ausgesetzt sind. Andererseits sprechen die Daten auch dafür, dass selbst bei einer Anzeigepflicht, der die Pflicht zur Aufnahme zu intensiven Untersuchungen und ggf. zur Herausnahme der Kinder aus der Familie und zur Heimunterbringung korrespondiert, in einem erheblichen Anteil der Fälle die weitere Misshandlung oder gar die Tötung von Kindern nicht verhindert werden kann. Ferner bleibt die Rate der Todesfälle, die auf Misshandlung zurückzuführen sind, trotz einer drastisch steigenden Zahl von Anzeigen (und entsprechenden Maßnahmen) der Jugendschutzbehörden stabil.[24]

Auch die Polizei fällt natürlich als Kenntnisnehmerin von Kindesmisshandlung weitgehend aus. Polizeiliche Tätigkeit ist grundsätzlich reaktive Tätigkeit. Nicht unbeträchtlich sind im Übrigen Beweisprobleme im Verfahren gegen Kindesmisshandler, Beweisprobleme, die einerseits verursacht werden durch die Schwierigkeit, Verletzungen durch Fremdhandlungen von Folgen zu unterschei-

---

22 *Paulina-Mürl*, Ansprache der Landtagspräsidentin von Schleswig-Holstein bei der Veranstaltung der Lübecker Gruppe des Deutschen Ärztinnenbundes am 12. November 1988 in Lübeck, Medizinische Fakultät, in: Retzlaff, Gewalt gegen Kinder – Misshandlung und sexueller Missbrauch Minderjähriger, 1989.
23 *Waldfogel*, Child Protection (Fn. 19), S. 104, 1993: 45 %.
24 *Waldfogel*, Child Protection (Fn. 19), S. 108 f.

den, die durch Eigenhandlungen oder Unfälle verursacht werden, andererseits nicht selten anzutreffende Aussageverweigerung der Opfer im Strafverfahren reflektieren. Eine hohe Rate von Einstellungen und Freisprüchen im gerichtlichen Verfahren ist deshalb die Folge. Man schätzt, dass nur ein geringer Bruchteil von Ermittlungsverfahren mit einer Verurteilung zur Strafe endet. In Deutschland dürfte die Quote unter 10 % liegen.

Die Problematik familiärer Gewalt gegenüber Kindern zeigt sich auch in der Entwicklung des politischen und sozialen Umgangs mit dem so genannten Züchtigungsrecht.[25] Ein sehr ambivalenter Zugang ist jedenfalls für die strafrechtliche Literatur und im Übrigen auch für die Strafrechtspraxis festzustellen. Dies gilt ferner auch für solche Positionen, die entschieden gegen ein Züchtigungsrecht argumentieren[26] oder zumindest Zweifel an seiner Berechtigung hegen.[27] Der Widerstand gegen ein Verbot eines Züchtigungsrechts speiste sich im Übrigen zum Teil aus einem Arsenal von Argumenten, aus dem sich gerade das Strafrecht selten bedient. Es wurde und wird nämlich behauptet, dass ein Verbot elterlicher Körperstrafen rechtspolitisch gesehen nutzlos sei, da ein solches Verbot nicht durchgesetzt werden könne. Ferner wird vorgetragen, das Strafrecht sei für im „familiären Kleinkrieg" pädagogisch verunsicherte Eltern kein geeignetes Instrument erfolgreicher Verhaltensbeeinflussung.[28] Schließlich ist das Argument zu hören, das Strafrecht dürfe nicht im Streit um pädagogische Meinungen eingesetzt werden.

Aus Umfragen ist schon aus den 70er Jahren für die Bundesrepublik Deutschland bekannt, dass etwa 17 % der Kinder, Jugendlichen und Jungerwachsenen zwischen zwölf und 23 Jahren Erfahrungen mit wohl eher regelmäßigen Körperstrafen als Erziehungsmittel gemacht haben. Dies kann als quantitatives Problem dann empfunden werden, wenn man die Quote als Potenzial für Kindesmisshandlungen versteht. Andererseits lässt sich aber nicht übersehen, dass körperliche Strafen in Familien nicht von der von *Vormbaum* behaupteten Häufigkeit und Ubiquität sein können, die seine Vorhersage der Unwirksamkeit eines Verbots begründen und das Verdikt einer rechtspolitischen Nutzlosigkeit des Verbots der körperlichen Züchtigung nach sich ziehen.[29] Dass heute noch ein relevanter Streit um den Nutzen von Körperstrafen in den einschlägigen Humanwissenschaften bestünde, in den sich das Strafrecht überhaupt einmischen könnte, vermag nicht festgestellt zu werden. Richtig ist sicher, dass die einschlägigen Disziplinen (darunter auch die Rechtspolitik) in der Frage, wie familiäre Gewalt und die körperliche Züchtigung zurückgedrängt werden können, nicht auf das Strafrecht setzen, diesem vielmehr eher misstrauisch gegenüberstehen.

---

25 Vgl. hierzu auch *Lamnek/Ottermann*, Tatort Familie: Häusliche Gewalt im gesellschaftlichen Kontext, 2004, S. 100 ff.
26 Vgl. *Vormbaum*, Zur Forderung nach gesetzlicher Beseitigung des elterlichen Züchtigungsrechts, RdJ 1977, 373; zweifelnd auch *Thomas*, Die gerechtfertigte Züchtigung?, ZRP 1977, 181 (185).
27 Vgl. bspw. *Eser*, in: Schönke/Schröder, Strafgesetzbuch. Kommentar, 26. Aufl. 2001, § 223 Rn. 20/21.
28 *Eser*, in: Schönke/Schröder, Strafgesetzbuch (Fn. 27), § 223 Rn. 20.
29 *Vormbaum* RdJ 1977, 373.

Fasst man die Befunde zusammen, so wird das Folgende in den Vordergrund zu rücken sein:

- Gewalt gegen junge Menschen in der Familie ist weit verbreitet, dies gilt auch für wiederholt auftretende Gewalt.

- Todesfälle als Folge familiärer Gewalt sind demgegenüber extrem selten.

- Tötungsdelikte an Kindern innerhalb der Familie sind insoweit sehr seltene Ereignisse, was für die Möglichkeiten der Prognose von entscheidender Bedeutung ist. Denn aus der Beobachtung von Gewalt oder Vernachlässigung (auch von andauernder Gewalt und Vernachlässigung) kann nicht geschlossen werden, dass ein relevantes Todesrisiko besteht.

- Dies bedeutet selbstverständlich auch, dass in einem substanziellen Teil von Fällen, in denen es zu schweren Folgen, insbesondere zum Tod eines Kindes durch Gewalteinwirkung, kommt, die Gewalt Sozial- und Jugendbehörden (oder auch der Polizei) bereits bekannt ist.

- Gewalt gegen Kinder konzentriert sich in ethnischen Minderheiten (und im Übrigen in sozial randständigen autochtonen Familien), was für den Aufbau von aussichtsreichen Beziehungen und vor allem für die Etablierung von Vertrauen in sozialpädagogischer Hinsicht von erheblicher Bedeutung ist.

- Die Beobachtung von andauernder Gewalt zum Anknüpfungspunkt für strafrechtliche Haftung zu nehmen, würde insoweit nichts anderes bedeuten als die Forderung, materiell eine Anzeigepflicht zu implementieren, die in ethnischen Minderheiten in erheblichem Umfang zu schwerwiegenden Eingriffen in die Familie führen müsste (wollten sich die Kenntnisnehmer vom Risiko strafrechtlicher Haftung befreien). Besondere Bedeutung hätte in diesem Fall der potenzielle Eingriff bei Risiken für junge Immigrantenfrauen, hinsichtlich deren drastische Folgen in Form von Tötungen aus verletzter Familienehre beobachtet werden.

- Die Datenlage insbesondere in den USA deutet nicht an, dass die Pflicht zur Anzeige mit einer Senkung des Risikos des Todes durch Misshandlung verbunden wäre.

- Die Kenntnisnahme von Gewalt oder Vernachlässigung verläuft nicht systematisch, sondern ist bedingt vor allem durch die Akzeptanz von Gewalt in Erziehungsverhältnissen, ferner dürften Anzeigen durch Private durch Motive teilweise bedingt sein, die jedenfalls eine ungeprüfte Übernahme der Informationen als Ausgangspunkt für weitere Maßnahmen nicht angezeigt erscheinen lassen.

Die Strafverfolgung bezieht sich offensichtlich auf eine extreme Auswahl von Tötungsdelikten bzw. zum Tode führenden Vernachlässigungs- und Misshandlungsfällen. Dies ist selbstverständlich vor dem Hintergrund der dabei Verwendung findenden Figuren strafrechtlicher Zurechnung nicht plausibel. Denn würde das Strafrecht vor dem Hintergrund der angenommenen Unterlassungshaftung systematisch angewendet, dann müsste in der Praxis die Körperverletzung ganz im Vordergrund stehen. Denn wenn für den Fall des Todes eine Garantenstellung angenommen wird, so muss dies auch für den Fall von Körperverletzungen und anderen Formen strafbarer Misshandlung bzw. Vernachlässigung gelten. Dies ist allerdings nicht der Fall. Anknüpfungspunkt für die strafrechtliche Haftung sind dann im Wesentlichen ein Todesfall und mutmaßlich auch eine entsprechende Aufbereitung in den Medien.[30]

Insoweit äußern sich in der Verteilung von Strafverfolgung offensichtlich nicht systematische und theoretisch schlüssige Erwägungen, sondern kriminalpolitische Bedürfnisse, die angesichts grausamen Todes und des sexuellen Missbrauchs aktiviert werden. So sind wohl auch die Erwägungen des OLG Stuttgart zu interpretieren, mit denen den Strafverfolgungsbehörden empfohlen wird, der „aus der Natur der Betreuungstätigkeit erwachsenden erhöhten Gefahr strafrechtlicher Belangung" der Mitarbeiter des Allgemeinen Sozialdiensts dadurch zu begegnen, dass der Umfang der Sorgfaltspflichten des Beschützergaranten eng ausgelegt wird, damit nur schwere Fälle des Versagens strafrechtlich erfasst werden.[31]

Zwar existiert bislang keine methodisch abgesicherte Evaluation sozialpädagogischer bzw. sozialarbeiterischer Arbeit mit Problemfamilien im Hinblick auf die mit bestimmten Strategien bzw. Entscheidungen verbundenen Kosten und Nutzen. Doch lassen bereits allgemeine Verteilungen vorläufige Schlüsse zu, die dagegen sprechen, eine auf Trennung ausgerichtete und konzentrierte oder gar eine strafrechtliche Lösung in den Vordergrund zu stellen. Denn auch angesichts von durch Gewalt geprägten familiären Verhältnissen ist nicht zu übersehen, dass junge Menschen durchschnittlich erhebliche Bindungen an die Familie und als gut empfundene Beziehungen zu den Eltern aufweisen.[32]

III. Streitige Sachverhalte

1. „Fall Lydia" aus Osnabrück

Der „Fall Lydia" hat Osnabrücker Gerichte beschäftigt.[33] Hier ging es um den Hungertod des Kleinkindes Lydia. Die Vorgeschichte schließt einen Krankenhausaufenthalt des Kleinkindes ein, bedingt durch eine generalisierte Dermatitis, die wiederum eindeutig durch mangelhafte Versorgung durch die Mutter verursacht war, die Betreuung der Familie durch den Allgemeinen Sozialdienst der Stadt Osnabrück und die Beauftragung eines privaten Trägers der Familienhilfe durch den Allgemeinen Sozialdienst im Anschluss an den Krankenhausaufenthalt des Kleinkindes, mit dem Ziel, eine Familienbetreuung durchzuführen, mit der

---

30 Vgl. zur Rolle der Medien auch *Flückiger*, Enfants maltraités. Intervention sociale (Fn. 1), S. 5 (17).
31 OLG Stuttgart ZfJ 1998, 385.
32 *Oberwittler/Blank/Köllisch*, Soziale Lebenslagen und Delinquenz von Jugendlichen (Fn. 18), S. 46 ff.
33 Dokumentiert in *Mörsberger/Restemeier*, Helfen mit Risiko (Fn. 6), S. 54 ff.

der mangelhaften Versorgung des Kindes Einhalt geboten werden sollte. Zur Gewährleistung einer besseren Pflege des Kleinkindes hatte der behandelnde Arzt eine mindestens zweistündige tägliche Pflege nebst Kontrolle der Windeln vorgeschlagen. Die Familienbetreuung wurde einer Berufsanfängerin übertragen, die sich offensichtlich durchaus um Kontakte mit der Mutter bemühte. Dies änderte aber nichts an einer massiven Unterernährung des Kleinkindes und dem Tod durch Verhungern und Verdursten, der als Konsequenz einer über mehrere Wochen reichenden Unterversorgung eintrat.

Das Amtsgericht hat wegen fahrlässiger Tötung verurteilt und die Haftung weitgehend damit begründet, dass die Sozialarbeiterin des ASD der Stadt Osnabrück die falschen bzw. pflichtwidrigen Entscheidungen getroffen hätte. Das Landgericht wiederum sprach frei, da weder Sorgfaltspflichten noch eine Garantenstellung bzw. -pflichten gegeben seien, deren Verletzung die Zurechnung des Todes des Kleinkindes hätte begründen können. Auf die Revision der Staatsanwaltschaft hob das Oberlandesgericht das freisprechende Urteil auf und wies mit dem Hinweis zurück, das erkennende Gericht habe bei neuerlicher Aburteilung zu beachten, dass eine Garantenstellung von Mitarbeitern des Allgemeinen Sozialdiensts im Hinblick auf Rechtsgüter von Kleinkindern in einer betreuten Familie durchaus in Betracht komme, und zwar auf der Grundlage einer sich sozialrechtlich ergebenden Verpflichtung zur Schutzgewährung durch den Allgemeinen Sozialdienst. Der Leistungscharakter des Kinder- und Jugendhilferechts schließe eine Garantenstellung und -pflicht nicht aus, da auch das Kinder- und Jugendhilferechts auf die Schutzpflicht des Staates in § 1 SGB VIII hinweise. Ferner könne eine Übertragung der Aufgabe der Familienhilfe auf einen Träger der freien Jugendhilfe die bestehende Schutzpflicht nicht völlig ablösen. Nach Zurückverweisung tat das Landgericht das, was unter diesen Bedingungen wohl das Klügste war: Das Verfahren wurde gem. § 153 StPO wegen geringer Schuld eingestellt.

2. „Fall Jenny" aus Stuttgart

Ein weiterer Fall betrifft ein Kleinkind, das durch Mitbewohner einer Wohnung getötet wurde, in die die Mutter gezogen war.[34] Nach Geburt des Kindes hatte der Arzt Vernachlässigung durch die minderbegabte und junge Mutter festgestellt und das zuständige Jugendamt Lüneburg informiert. Ein Sozialarbeiter des Allgemeinen Sozialdiensts Lüneburg veranlasste die Unterbringung von Mutter und Kind in einem Übergangswohnheim zur Intensivbetreuung. Nach Misshandlung des Kindes durch die Mutter erfolgte die Unterbringung des Kindes in einer Tagespflegestelle. Nach einiger Zeit zog die Mutter mit dem Kind nach Stuttgart, wo sie durch das Sozialamt Lüneburg in einem Wohnheim untergebracht wurde. In dieser Zeit lernte die Mutter in Stuttgart andere Personen kennen, zu denen sie daraufhin zog. Der Heimleiter informierte das Jugendamt Stuttgart, ohne freilich

---

34 Dokumentiert in den Grundzügen in *Bringewat*, Sozialpädagogische Familienhilfe und strafrechtliche Risiken, 2000, S. 43 ff.

auf die Besonderheiten des Falls und dessen Geschichte hinzuweisen. Das Jugendamt leitete daraufhin die Suche nach einem Tagesheimplatz für das Kind ein. In der neuen Wohnung kam es zu schweren Misshandlungen des Kleinkindes durch die Mutter und deren Freunde. Das Jugendamt wurde darüber informiert und begann eine sofortige Überprüfung der Vorwürfe. Aufgrund weiterer massiver Misshandlungen starb das Kleinkind aber, bevor eine abschließende Klärung durch das Jugendamt Stuttgart und weitere Maßnahmen erfolgen konnten.

Die Staatsanwaltschaft erhob daraufhin Anklage gegen den zuständigen Sozialarbeiter des Sozialamts Lüneburg wegen fahrlässiger Tötung; das Landgericht Stuttgart lehnte allerdings die Eröffnung der Hauptverhandlung ab, da Sorgfaltspflichtverletzungen und insbesondere eine Garantenstellung, die eine Unterlassungshaftung eröffnen könnte, nicht vorgelegen hätten. Auf die Beschwerde der Staatsanwaltschaft hin hob das Oberlandesgericht den Nichtzulassungsbeschluss des Landgerichts auf und ließ die Anklage vor dem Landgericht Stuttgart zu, indem die Hauptverhandlung dort eröffnet wurde. Die Begründung des Beschlusses geht von einer Garantenstellung des Mitarbeiters des Allgemeinen Sozialdiensts Lüneburg aus.[35] Die Garantenstellung – in Form einer Beschützergarantenstellung – wird allerdings nicht aus dem Sozialhilferecht und den hierin enthaltenen Rechten von jungen Menschen bzw. den öffentlich-rechtlichen Pflichten von Mitarbeitern der Sozialdienste abgeleitet, sondern aus einer tatsächlichen Schutzübernahme. Das Oberlandesgericht spricht gar davon, dass im Fall von längerfristigen Betreuungsverhältnissen, die zwischen Sozialarbeitern und Problemfamilien etabliert würden, die sozialarbeiterische Tätigkeit durch die tatsächliche Übernahme des Schutzes der Kinder in der Problemfamilie charakterisiert würde. In der Folge wurde der Sozialarbeiter bei Annahme einer Garantenstellung aus Gesetz sowie tatsächlicher Übernahme von Schutzpflichten wegen fahrlässiger Körperverletzung für schuldig befunden und zu einer Geldstrafe verurteilt.[36]

3. Erkenntnisse aus den Sachverhalten

Die vorgestellten Fälle enthalten die wesentlichen Bestandteile der Probleme, die sich im Zusammenhang mit der Betreuung von Problemfamilien, deren Problem (auch) aus Vernachlässigung und Misshandlung von Kindern besteht, stellen.[37]

- Das Jugend-/Sozialamt bekommt Informationen über Vernachlässigung oder Misshandlung (bzw. sexuellen Missbrauch) von Kindern.

- Das Jugendamt bzw. der zuständige Mitarbeiter leitet sodann Maßnahmen ein, die (auch) darauf zielen, die Behandlung des Kindes in der Familie oder in der Pflegefamilie und damit die physischen und psychischen Entwicklungsmöglichkeiten zu garantieren und zu verbessern.

---

35 OLG Stuttgart NJW 1998, 3131 (3132).
36 LG Stuttgart – 1 (15) KLs 114 Js 26273/96.
37 Hinweise zu weiteren Fällen finden sich bei *Busch*, Kindeswohlgefährdung und Garantenstellung – (k)ein Thema der Jugendhilfe, UJ 2002, 82 (83); *ders.* Jugendhilfe 2000, 229.

- Die Maßnahmen sind dadurch gekennzeichnet, dass das Kind in der Einflusssphäre der zunächst vernachlässigenden oder misshandelnden Eltern (oder deren Bezugspersonen) verbleibt. Denn das legitime und gesetzlich geformte Ziel der jugendamtlichen Maßnahmen besteht unbestritten nicht nur im Schutz des Kindes vor Vernachlässigung und Misshandlung, sondern auch darin, die Familie zu erhalten, ihre Erziehungs- und Sorgefähigkeit zu stärken und damit Voraussetzungen für eine angemessene familiäre Erziehung, wiederum mit dem Ziel, das Kindeswohl sicherzustellen, zu schaffen.

- Die Maßnahmen versagen aber insoweit, als das Ziel des Kindesschutzes einerseits und das Ziel der Verbesserung der Erziehungsfähigkeit der Eltern andererseits offensichtlich nicht erreicht werden.

- Das Kind stirbt als Folge von Vernachlässigung oder Misshandlung oder erleidet (weitere) gesundheitliche Schäden.

- Der strafrechtliche Vorwurf besteht dann im Kern darin, dass es der Sozialarbeiter pflichtwidrig unterlassen habe, solche Maßnahmen einzuleiten, die dazu geführt hätten, den Tod bzw. die Körperverletzung des Kindes zu verhindern.

- Die unterlassene und grundsätzlich als erfolgsvermeidend angesehene Maßnahme bezieht sich schließlich auf die Einleitung eines vormundschaftsgerichtlichen Verfahrens mit dem Ziel, das Aufenthaltsbestimmungsrecht bzw. das Sorgerecht insgesamt entziehen zu lassen und damit die Voraussetzungen für eine totale und ggf. dauerhafte physische Trennung von Kind und vernachlässigenden oder misshandelnden Eltern zu erreichen. Dies wird ergänzt um die bei Gefahr im Verzug mögliche sofortige Inobhutnahme (§ 42 Abs. 3 SGB VIII) oder Herausnahme des Kindes (§ 43 SGB VIII).

- Im Fall unmittelbarer Gefahr für Gesundheit oder Leben des Kindes könnte noch an ein polizeirechtlich begründetes Einschreiten gedacht werden, das die Zuhilfenahme der Polizei durch die Sozialarbeit beinhaltet und ggf. durch die Anwendung unmittelbaren Zwangs dafür sorgen könnte, dass eine unmittelbare Gefahr durch die sofortige Herausnahme des Kindes aus einer Misshandlungsfamilie beseitigt wird.

Insgesamt sind die Sachverhalte sowohl hinsichtlich ihrer rechtlichen als auch empirischen Strukturen aber wenig umstritten.

Es ist unbestritten, dass dem Staat aufgrund Art. 6 Abs. 2 Satz 2 GG ein Wächteramt über junge Menschen und deren Erziehung sowie über die Familie zukommt. Selbstverständlich ist auch, dass wegen Art. 6 GG die Priorität in der Erziehung junger Menschen bei der Familie bzw. in der Erziehung durch die Familie liegt. Gleichfalls ist unbestritten, dass internationale Konventionen wie die Kinderrechtskonvention dazu verpflichten, bei allen staatlichen Maßnahmen das Kindeswohl in den Vordergrund zu stellen und den jungen Menschen vor Vernachlässigung, Misshandlung und Gewalt zu schützen.

Unbestritten ist auch das, was § 1 SGB VIII vorsieht, nämlich dass jeder junge Mensch ein Recht auf Förderung seiner Entwicklung und auf Erziehung zu einer eigenverantwortlichen und gemeinschaftsfähigen Persönlichkeit hat (Abs. 1) und dass Pflege und Erziehung der Kinder das natürliche Recht der Eltern und die zuvörderst ihnen obliegende Pflicht darstellen. Über deren Betätigung wacht schließlich die staatliche Gemeinschaft, ein Wächteramt also, das bereits in Art. 6 Abs. 2 Satz 2 GG angesprochen ist und mit dem gleichzeitig das Subsidiaritätsprinzip zum Ausdruck gebracht wird. § 1 SGB VIII sieht dann vor, dass Jugendhilfe zur Verwirklichung des Rechts nach Absatz 1 insbesondere junge Menschen in ihrer individuellen und sozialen Entwicklung fördern und dazu beitragen soll, Benachteiligungen zu vermeiden oder abzubauen, Eltern und andere Erziehungsberechtigte bei der Erziehung beraten und unterstützen, Kinder und Jugendliche vor Gefahren für ihr Wohl schützen und schließlich dazu beitragen soll, positive Lebensbedingungen für junge Menschen und ihre Familien sowie eine kinder- und familienfreundliche Umwelt zu erhalten oder zu schaffen.

Ist auf der Seite jugend- und sozialrechtlicher Zielsetzungen, Pflichten und Rechte Übereinstimmung festzustellen, so gilt dies ebenfalls für die strafrechtliche Seite. Hier geht es im Wesentlichen um die unterlassene Hilfeleistung gem. § 323 c StGB und die durch Unterlassung täterschaftlich begehbaren Delikte der vorsätzlichen und fahrlässigen Tötung sowie Körperverletzung. Ferner ist selbstverständlich Gehilfenschaft insbesondere im Zusammenhang mit weiteren Tatbeständen (wie bspw. sexueller Missbrauch) in Betracht zu ziehen. Nicht betont zu werden brauchte, dass die Sozialarbeit kein rechtsfreier Raum sei.[38] Dies wurde – soweit ersichtlich – niemals angenommen.

Der Streit geht damit um die Frage, welche Maßnahmen pflichtgemäß gewesen wären und inwieweit die sachliche Begründetheit der Einleitung konkreter Maßnahmen einerseits und das damit verbundene Unterlassen anderer (grundsätzlich möglicher) Maßnahmen andererseits aus der Perspektive des Strafrechts bzw. durch die Strafjustiz überprüft werden dürfen.

IV. Meinungsstand

1. In der Literatur

In der Diskussion der strafrechtlichen Haftung von Sozialarbeitern wird insbesondere von *Bringewat* eine dezidierte Position vertreten. Er geht davon aus, dass das Recht auf Förderung der Persönlichkeitsentwicklung und auf Erziehung und mit ihm das Recht auf Schutz vor Gefahren für das körperliche, geistige und/oder seelische Wohl sich im Interventionsbereich des staatlichen Wächteramts zu einem

---

38 *Bringewat*, Fachkräfte haben Verantwortung. Die öffentliche Kinder- und Jugendhilfe und ihre strafrechtlichen Risiken, Blätter der Wohlfahrtspflege 2002, 25.

(klageweise durchsetzbaren) Rechtsanspruch auf staatliche Jugendhilfemaßnahmen verdichteten.[39] Für den mit der jugendamtlichen Betreuung einer solchen Problemfamilie befassten Sozialarbeiter bedeute dies, dass in erster Linie aus dem Bereich des Grundtyps des Beschützergaranten eine Garantenposition aus „tatsächlicher Schutzübernahme" in Betracht komme. Jedoch gehe mit der Faktizität der Schutzübernahme ein unreflektiertes Vertrauen (auf der Seite von gefährdeten Kindern – auch Kleinkindern) in die Schutzverwirklichung einher, wodurch sich der Realakt der Schutzübernahme zu einer Garantenposition mit Garantenpflichten zum Schutz der betroffenen Rechtsgüter fortentwickle.[40] Damit resultiere die Garantenstellung des Sozialarbeiters – folge man der Rechtsquellenlehre – „aus Gesetz", und zwar aus § 1 Abs. 3 Nr. 3 i. V. m. § 1 Abs. 2 SGB VIII.[41]

Bringewat charakterisiert damit die mit der jugendamtlichen Aufgabenerledigung betraute Fachkraft als „Beschützergarantin", was sich ohne weiteres aus der Schutzfunktion der (öffentlichen) Kinder- und Jugendhilfe, abgeleitet aus der Spitzenvorschrift des § 1 SGB VIII, ergebe.[42] Insoweit sei eine Fachkraft des Jugendamts im Interventionsbereich des staatlichen Wächteramts „Beschützergarantin aus Gesetz"; im Interventionsbereich des staatlichen Wächteramts überlagerten sich die Garantenstellung „aus Gesetz" und aus „tatsächlicher Schutzübernahme" mit der Folge einer qualitativ gesteigerten Garantenpflichtigkeit (d.h., auch im Präventionsbereich des staatlichen Wächteramts entstehen Obhutspflichten).[43]

Für die Strafbarkeit eines unechten, gebotswidrigen Unterlassens müsse die erfolgsverhindernde Jugendhilfemaßnahme der fallzuständigen Fachkraft auch tatsächlich möglich, zurechenbar und kausal für den eingetretenen Erfolg gewesen sein.[44] Bei der Fahrlässigkeitstat gehe es schließlich um eine Sorgfaltspflichtverletzung bei objektiver Voraussehbarkeit des Erfolgseintritts nebst objektiver Erkennbarkeit der Tatbestandsverwirklichung im Übrigen.[45] Die Aufstellung und Fortschreibung eines Hilfeplans gem. § 36 Abs. 2 S. 1 SGB VIII als Grundlage der Entscheidung über die im Einzelfall angezeigte Hilfe(art) und das zu ihm führende Hilfeplanverfahren könnten die strafrechtlichen Haftungsrisiken, denen eine fallzuständige Fachkraft der Kinder- und Jugendhilfe ausgesetzt sei, erheblich verringern, wenn nicht gar gänzlich beseitigen.[46]

Busch will eine Garantenstellung kraft institutioneller Zuständigkeit (wie Eltern-Kind-Verhältnis oder Fachkräfte-Wächteramt) von einer Garantenstellung kraft

---

39 *Bringewat*, Kommunale Jugendhilfe und strafrechtliche Garantenhaftung, NJW 1998, 944 (945); ähnlich *ders.* Blätter der Wohlfahrtspflege 2002, 25 (27); *ders.*, Staatliches Wächteramt und Strafbarkeitsrisiken in der kommunalen Jugendhilfe, UJ 2001, 418 (426).
40 *Bringewat* NJW 1998, 944 (946).
41 *Bringewat* NJW 1998, 944 (946).
42 *Bringewat* Blätter der Wohlfahrtspflege 2002, 25 (26); ähnlich *ders.* UJ 2001, 418 (424).
43 *Bringewat* Blätter der Wohlfahrtspflege 2002, 25 (27); ähnlich *ders.* UJ 2001, 418 (427).
44 *Bringewat* UJ 2001, 418 (429).
45 *Bringewat* UJ 2001, 418 (429).
46 *Bringewat*, Hilfeplanverfahren gem. § 36 SGB VIII und strafrechtliche Fahrlässigkeitshaftung in der Jugendhilfe, ZfJ 2000, 401 (408).

Organisationszuständigkeit unterscheiden,[47] argumentiert jedoch, dass der kinder- und jugendhilferechtliche Gesetzesauftrag nach dem SGB VIII, nach dem junge Menschen nicht nur zu fördern, sondern Kinder und Jugendliche auch vor Gefahren für ihr Wohl zu schützen seien (§ 1 Abs. 3 Nr. 3 SGB VIII), keine Garantenstellung einer „Fachkraft" entstehen lasse. Diese ergebe sich vielmehr aus dem staatlichen Wächteramt (Art. 6 Abs. 2 S. 2 GG i. V. m. § 1 Abs. 3 Nr. 3 SGB VIII).[48]

Die Frage, ob die Fachkraft ihren Sorgfaltspflichten nachgekommen sei, habe wesentliche Bedeutung für die Strafbarkeit.[49] Letztlich trage aber die Fachkraft das Risiko schuldhafter Fehleinschätzung.[50] Seien die geeigneten und erforderlichen Hilfeangebote nutzlos und erkenne die Fachkraft im Jugendamt die Kindeswohlgefährdung oder hätte sie diese erkennen können und unterlasse sie gleichwohl die erforderliche Anrufung des Familiengerichts, so sei dies im Sinne des § 13 StGB nur dann strafbar, wenn sich ein Ursachenzusammenhang zwischen der unterlassenen Anrufung des Gerichts und der körperlichen oder seelischen Kindesverletzung nachweisen lasse.

Davon unabhängig sei jedoch die Strafbarkeit wegen unterlassener Hilfeleistung nach § 323 c StGB.[51] Nicht möglich sei es, mit Hilfe von § 76 SGB VIII die Garantenpflicht, auch nicht kraft einverständlicher Übernahme, alleinverantwortlich auf Mitarbeiter der Einrichtungen und Dienste der freien Träger zu übertragen mit dem Ziel, dass nur sie die strafrechtliche Verantwortung dafür tragen, dass keine Kindeswohlgefährdung geschieht.[52] Fachkräfte seien nicht verpflichtet, Kindeswohlgefährdung anzuzeigen. Sie begingen auch keine Strafvereitelung (§ 258 StGB), wenn sie dies unterlassen würden. Anders lautende Dienst- oder Verwaltungsvorschriften seien regelmäßig unvereinbar mit § 203 StGB und § 65 SGB VIII.[53]

Mörsberger kritisiert, dass in Fachkreisen Vorurteile über die Arbeit der Jugendämter mit komplizierten, im Ergebnis aber völlig unpassenden, rechtsdogmatischen Konstrukten zur so genannten Garantenpflicht verbunden würden.[54] Das tatsächliche Haftungsrisiko stelle eher Mythos denn reale Bedrohung dar.[55] Im Übrigen sei die praktische Einflussmöglichkeit des Jugendamts begrenzt, da ihr keine direkte Eingriffsbefugnis gegenüber den Eltern zustehe, das Entscheidungsverhalten der dafür zuständigen Familiengerichte sei aber (naturgemäß) nicht kal-

---

47 *Busch* UJ 2002, 82 (83).
48 *Busch* UJ 2002, 82 (83); vgl. auch *Binschus*, Zur strafrechtlichen Garantenpflicht von Sozialarbeitern, Jugendhilfe 2000, 235.
49 Vgl. hierzu auch *Merchel*, Der Umgang mit der „Garantenstellung" des Jugendamtes und die „Regeln der fachlichen Kunst" – Verfahrensanforderungen und offene Fragen, ZfJ 2003, 249.
50 *Busch* UJ 2002, 82 (85).
51 *Busch* UJ 2002, 82 (86).
52 *Busch* UJ 2002, 82 (87).
53 *Busch* UJ 2002, 82 (87 f.).
54 *Mörsberger*, Der „Fall Jenny" – Jetzt aber bitte nach Karlsruhe!, Info Service 1999, o. S.
55 *Mörsberger*, Wirklichkeit und Wahrheit – Warum sich Jugendhilfe und Justiz so oft missverstehen, JAmt 2002, 434 (434 f., 437).

kulierbar. Er deutet die Auseinandersetzung zur Unterlassungsstrafbarkeit insbesondere als Folge grundlegender Missverständnisse zwischen den Systemen Jugendhilfe und Justiz. Die Wesensunterschiede der beiden Systeme charakterisiert er in einer Anlehnung an die Ursprungsbedeutung klassischer Philosophie mit den Begriffen Wahrheit (für die Justiz) und Wirklichkeit (für die Jugendhilfe).[56]

Meysen meint, dass sich dann, wenn es während eines laufenden Hilfefalls im Jugendamt zu Schädigungen von Kindern komme und bei einer nachträglichen Aufarbeitung die Verletzung etwa von Kontroll- (§ 37 Abs. 3 S. 1 SGB VIII) oder Beteiligungspflichten (§ 36 Abs. 2 S. 2 SGB VIII) festgestellt werden könne, die Frage nach einer strafrechtlichen Verantwortung der zuständigen Fach- und Leitungskräfte sowie einer Amtshaftung des Jugendamts stelle.[57] Freilich sei kommunale Jugendhilfe in den Sozialen Diensten Verwaltungshandeln und damit sei die Prüfung, ob die durch das Jugendamt erbrachte (bzw. nicht erbrachte) Hilfe als Verwaltungshandeln rechtmäßig gewesen sei, quasi „Vorfrage" der Strafbarkeit von Mitarbeitern in der kommunalen Jugendhilfe. Die Rechtmäßigkeit des Verwaltungshandelns beurteile sich auch in der Jugendhilfe ausschließlich nach Öffentlichem Recht und nicht nach den Vorschriften des Strafrechts. Das Strafrecht habe keinen Einfluss auf die Rechtmäßigkeitsvoraussetzungen von Verwaltungshandeln.[58]

Sei rechtmäßiges Verwaltungshandeln nicht strafbar, so könne daraus allerdings nicht der Umkehrschluss gezogen werden, dass rechtwidriges Verwaltungshandeln immer strafbar sei. Die Garantenstellung von Fachkräften in der Jugendhilfe für das Kindeswohl aktualisiere sich nur bei der (rechtlichen Pflicht zur) Übernahme eines Hilfefalls zu einer Garantenpflicht.[59] Im Übrigen sei das Strafrecht personalisiert. Daher obliegen nicht per se jedem Mitarbeiter Garantenpflichten; das Jugendamt treffe keine strafrechtliche Gesamtverantwortung.[60] Eine Sorgfaltspflichtverletzung könne in einem fehlerhaften Verhalten beim Verwaltungshandeln, in fehlender Kenntnis der eigenen Handlungspflichten und -möglichkeiten oder im vorwerfbaren Nichterkennen der bevorstehenden Gefahrverwirklichung liegen.[61] Werde ein Kind oder ein Jugendlicher körperlich oder sexuell misshandelt oder getötet, so bleibe die strafrechtliche Verantwortlichkeit von Fachkräften der Jugendhilfe, die in einen Hilfefall für dieses Kind oder diesen Jugendlichen einbezogen waren, im Kontext des professionellen Helfens auf der Grundlage der öffentlich-rechtlichen Vorschriften.[62] Ein rechtswidriges Versäumnis in diesem

---

56 *Mörsberger* JAmt 2002, 434 (437).
57 *Meysen*, Tod in der Pflegefamilie: Verletzung von Kontrollpflichten im Jugendamt?, NJW 2003, 3369 (3372).
58 *Meysen*, Kein Einfluss des Strafrechts auf die sozialpädagogische Fachlichkeit, ZfJ 2001, 408 (409).
59 *Meysen* ZfJ 2001, 408 (413).
60 *Meysen* ZfJ 2001, 408 (413); siehe auch *Trenczek*, Garantenstellung und Fachlichkeit – Anmerkungen zur strafrechtlich aufgezwungenen, aber inhaltlich notwendigen Qualitätsdiskussion in der Jugendhilfe, ZfJ 2002, 383 (384).
61 *Meysen* ZfJ 2001, 408 (414).
62 *Meysen* ZfJ 2001, 408 (414).

Bereich sei somit nur dann für einen straftatbestandlichen Erfolg kausal, wenn das rechtmäßige Alternativverhalten mit an Sicherheit grenzender Wahrscheinlichkeit zu einer Verhinderung der konkreten Gefahr für das Kindeswohl geführt hätte.[63] Hier sieht *Meysen* Übergriffe der Strafjustiz, wenn diese aus einer wissenden Nachbetrachtung bspw. die „an Sicherheit grenzende" Kausalität des Unterlassens eines Antrags beim Familiengericht für die Herbeiführung einer Rechtsgutsverletzung deshalb annähme,[64] weil auf einen entsprechenden Antrag hin die Entziehung des Aufenthaltsbestimmungsrechts mit an Sicherheit grenzender Wahrscheinlichkeit beschlossen worden wäre.[65]

Trenczek meint, dass eine Garantenstellung der Mitarbeiter der Jugendämter im Einzelfall sehr häufig aus einer zumindest konkludent (stillschweigend) geschlossenen Betreuungsvereinbarung oder doch zumindest auch im Rahmen eines längerfristigen Arbeits- und Betreuungszusammenhangs aus der tatsächlichen, faktischen Übernahme besonderer Schutzpflichten hergeleitet werden könne.[66] Aus der Garantenstellung der Fachkraft ergebe sich für sie eine Garantenpflicht zur Verhinderung von (schwerwiegender) Kindeswohlgefährdung.

2. In der Rechtsprechung

In der Rechtsprechung ist zunächst das Landgericht Osnabrück zu nennen, das in seiner Entscheidung vom 6. März 1996 ausgeführt hat, dass dem SGB VIII keine Vorschrift zu entnehmen sei, die immanent dem Beruf des Sozialarbeiters in der Jugendhilfe Garantenpflichten aufbürde.[67] Wenn das Gesetz, so argumentierte das Gericht weiter, eine Garantenpflicht hätte begründen wollen, so wäre der Gesetzgeber verpflichtet gewesen, dem Garanten Mittel an die Hand zu geben, durch die er in die Lage versetzt worden wäre, drohende Gefahren abzuwenden. Die Jugendhilfe jedoch habe in Bezug auf die die Verantwortung für die Erziehung tragenden Eltern nahezu keinerlei unmittelbare Eingriffsmöglichkeiten.[68] Seien demnach keine für den Beruf der Angeklagten immanenten Garantenpflichten erkennbar, so könne ein Angehöriger des Allgemeinen Sozialdiensts für den Tod des Kindes aber nur aufgrund einer Garantenpflicht verantwortlich sein, die durch Vertrag oder tatsächliche Übernahme begründet werde. Dies sei aber im konkreten Fall nicht geschehen.[69] Schließlich lasse sich eine Garantenpflicht aus gefahrgeneigtem Handeln nicht begründen.[70]

Das OLG Oldenburg hat in seiner Entscheidung vom 2. September 1996 demgegenüber ausgeführt, dass die aus der Einleitung der Familienhilfe gezogene Fol-

---

63 *Meysen* ZfJ 2001, 408 (414).
64 *Meysen* NJW 2003, 3369 (3373).
65 So OLG Stuttgart NJW 1998, 3133.
66 *Trenczek* ZfJ 2002, 383 (384).
67 *Görres*, Anmerkungen zum Urteil des LG Osnabrück vom 6. März 1996, ZfJ 1996, 524 (526).
68 *Görres* ZfJ 1996, 524 (527).
69 *Görres* ZfJ 1996, 524 (527).
70 *Görres* ZfJ 1996, 524 (529).

gerung, eine Garantenstellung der Mitarbeiter des ASD sei dadurch entfallen, rechtlich nicht zutreffend sei.[71] Anknüpfungspunkt der möglichen Garantenstellung ist für das LG Osnabrück allerdings nicht das SGB VIII, sondern der (Arbeits-)Vertrag der Sozialarbeiterin bzw. des Sozialarbeiters.[72]

Das OLG Stuttgart hat eine Garantenstellung aus der tatsächlichen und persönlichen Übernahme der Aufgabenerfüllung der Betreuung der Familie und damit auch des Kindes in Form der Beschützergarantenstellung abgeleitet.[73] Das OLG Stuttgart konzediert im Übrigen auch, dass der angeklagte Sozialarbeiter der Beschützergarantenstellung tatsächlich nachgekommen sei,[74] führt aber weiter aus, dass die eingeleiteten Maßnahmen nicht ausgereicht hätten, vielmehr eine Sorgerechtsentziehung hätte beantragt werden müssen. Die Unterlassung dieser Maßnahme sei es nun gewesen, die pflichtwidrig gewesen sei und den Tod des Kindes (durch einen Dritten) herbeigeführt habe, was ferner vorherzusehen gewesen wäre.

V. Probleme

1. Garantenstellung des Mitarbeiters eines Jugendamts

Die Garantenstellung von Mitarbeitern des Allgemeinen Sozialdiensts wird, wie die obigen Ausführungen ergeben haben, aus verschiedenen Quellen abgeleitet. Es geht zunächst, insoweit besteht wohl Einigkeit, dann, wenn eine Garantenstellung geprüft wird, um eine solche des Beschützergaranten, also um die Stellung, aus der sich die rechtliche Pflicht ergibt, für den Schutz der Rechtsgüter einer anderen Person dann zu sorgen, wenn diese in eine Gefahr oder Gefährdungssituation gerät. Eine Garantenstellung, begründet aus der Pflicht, für den Schutz anderer vor Gefahrenquellen (bspw. misshandelnde oder vernachlässigende Eltern oder Pflegefamilien) zu sorgen (Aufsichts- oder Obhutsgarantenstellung), dürfte nach Auffassung aller nicht in Betracht kommen.

Die Beschützergarantenstellung wird teilweise angenommen wegen der in § 1 SGB VIII enthaltenen Verpflichtung, Gefährdungen von jungen Menschen abzuwenden, teilweise wird sie abgeleitet aus dem in Art. 6 GG sowie in § 1 SGB VIII enthaltenen Wächteramt des Staates (und damit der Sozialverwaltung, die zur Umsetzung des Wächteramts berufen ist). Teilweise wird die Entstehung von Vertrauen (in den Schutz vor Rechtsgutsverletzungen) als Grund einer Garantenstellung benannt. Jedoch ist es keineswegs so, dass sich die Beschützergarantenfunktion „ohne weiteres" aus den Vorschriften des SGB VIII (und hier § 1)

---

71 *Oehlmann-Austermann*, Anmerkungen zum Urteil des OLG Oldenburg vom 2. September 1996, ZfJ 1997, 55 (56).
72 *Oehlmann-Austermann* ZfJ 1997, 55 (57).
73 OLG Stuttgart NJW 1998, 3132.
74 OLG Stuttgart NJW 1998, 3132.

erschließe.[75] Denn es ist allgemein anerkannt, dass nicht jede öffentlich-rechtliche Handlungspflicht zu einer strafrechtlichen Garantenstellung führt.[76]

Zu fragen ist also, unter welchen Bedingungen eine durch das öffentliche Recht vorgeformte Stellung wie die der Mitarbeiter des Allgemeinen Sozialdiensts zu einer strafrechtlich relevanten Garantenstellung wird. Hier wird wesentlich darauf abzustellen sein, welche Möglichkeiten das Gesetz Sozialarbeitern in der Beeinflussung von Gefahren und Risiken im Rahmen von durch Gewalt geprägten Problemfamilien zur Verfügung stehen.[77] Denn die Annahme einer Handlungsäquivalenz eines Unterlassens (und damit eine strafrechtliche Haftung, die über die unterlassene Hilfeleistung des § 323 c StGB hinausreicht) setzt Folgendes voraus:

- Der Träger des gesetzlich geschützten Rechtsguts ist gegenüber der Gefahr, die dem Rechtsgut droht, schutzunfähig,
- dem Unterlassenden ist der Schutz des Rechtsguts rechtlich geboten,
- der Unterlassende beherrscht aufgrund der Schutzposition das tatsächliche Geschehen, das die Bedrohung des Rechtsguts auslöst, so, wie es im Fall des aktiv Handelnden der Tatherrschaft entspricht.[78]

Die erste Voraussetzung ist in den hier behandelten Sachverhalten ohne weiteres anzunehmen. Insbesondere Kleinkinder sind Gefahren, die aus gewalttätigen Familienzusammenhängen resultieren, weitgehend schutzlos ausgesetzt. Sie sind nicht dazu in der Lage, sich durch eigene Handlungen drohender Gewalt zu entziehen, und hinsichtlich effizienter Schutzhandlungen auf Dritte angewiesen.

Die zweite, allgemeine Voraussetzung liegt ebenfalls vor. Der Schutz der Gesundheit und des Lebens von Kindern in einer betreuten Familie obliegt dem Sozialarbeiter, der die Betreuung übernommen hat.

Fraglich ist aber die dritte Voraussetzung, die verlangt, dass aufgrund der Schutzposition eine den Geschehensablauf beherrschende Stellung angenommen werden kann. Erst dann kann von einer Handlungsäquivalenz ausgegangen werden. Diese beherrschende Stellung entspricht auf der Seite des aktiven Handelns dem Konzept der Tatherrschaft. Insoweit bedarf es aber einer Feststellung, dass dem Unterlassenden die maßgebliche Entscheidung über den Eintritt des tatbestandsmäßigen Erfolgs obliegt.[79]

---

75 So aber *Bringewat* UJ 2002, 25 (26).
76 *Schünemann*, in: Gimbernat/Schünemann/Wolter (Hrsg.), Internationale Dogmatik der objektiven Zurechnung und der Unterlassungsdelikte (Fn. 3), S. 49 (64).
77 *Meysen* ZfJ 2001, 408 (411).
78 *Rudolphi*, in: SK-StGB, § 13 Rn. 22.
79 *Rudolphi*, in: SK-StGB, § 13 Rn. 21.

2. Gleichstellung des Unterlassens mit aktivem Tun?

Für eine Gleichstellung des Unterlassens mit aktivem Handeln reicht es aber nicht aus, dass der Erfolg durch ein aktives Tun tatsächlich abgewendet und dass das Unterlassen deshalb als „quasi-kausal" eingestuft werden kann. Vielmehr setzt ein begehungsgleiches Unterlassen voraus, dass im Unterlassen eine dem aktiven Tun vergleichbare Beherrschung des Geschehensablaufs zu Tage tritt. Erst dann wird man von einer Gleichstellung ausgehen können. Dies allerdings setzt wiederum voraus, dass das Geschehen aktuell kontrolliert werden kann, dass also das gefährdete Rechtsgut auf eine Art und Weise beherrscht wird, wie es im Begehungsfall der Tatherrschaft des handelnden Täters entspräche.[80]

Eine solche, dem Begehungsdelikt entsprechende Beherrschung des Geschehens ist freilich im Fall des für die Betreuung einer Familie zuständigen Sozialarbeiters zweifelhaft. Ihm fehlt bereits die rechtliche Möglichkeit, durch Eingriffe direkt auf das Geschehen Einfluss zu nehmen. Denn die Position der Mitarbeiter des Jugendamts erlaubt zwar Leistungen und Angebote; Eingriffe, die das Elternrecht berühren, wie bspw. die Herausnahme eines Kindes aus der Familie, sind aber dem Familiengericht vorbehalten. Die Reform des Kinder- und Jugendhilferechts in Gestalt des Kinder- und Jugendhilfegesetzes hat ja zu Veränderungen geführt, die den Leistungs- und Angebotscharakter sozialfürsorgerischer Tätigkeit ganz in den Vordergrund gerückt haben. Andererseits werden Einverständnis, Konsens sowie Kooperation betont. Insoweit sind die Einflussmöglichkeiten, die auf Eingriffen beruhen, immer nur vermittelt, sei es, dass das Familiengericht dazwischengeschaltet ist, sei es, dass bei Gefahr im Verzug die Polizei in Anspruch genommen werden muss, die im Übrigen selbstständige Entscheidungen über das Vorliegen einer Notsituation sowie die angemessenen Eingriffe trifft.

Auch das Landgericht Osnabrück hat diese Überlegungen aufgegriffen, wenn es betont, dass – mit Ausnahme kurzfristiger Eingriffe in Krisensituationen – das Sozial- und Jugendrecht keine unmittelbaren Weisungs- oder Eingriffsrechte zur Verfügung stellt.[81] Insoweit bestehen aber bedeutsame Unterschiede auch im Vergleich zu den Verwaltungspositionen, für die die höchstrichterliche Rechtsprechung bislang eine Garantenstellung und Garantenpflichten angenommen hat. Dies betrifft den Leiter eines Ordnungsamts, der selbstverständlich die Schließung eines rechtswidrig eröffneten Bordells anordnen darf, sowie den Bürgermeister im Fall einer Gewässereinleitung, da dieser über die Einleitungen sowohl rechtlich als auch tatsächlich unmittelbar verfügen kann.

---

80 *Schünemann*, in: Gimbernat/Schünemann/Wolter (Hrsg.), Internationale Dogmatik der objektiven Zurechnung und der Unterlassungsdelikte (Fn. 3), S. 49 (72).
81 LG Osnabrück ZfJ 1996, 526.

3. Seltene Ereignisse, Prognose und Überprüfbarkeit von Ermessen und Beurteilung

a) Einleitung

Auch wenn man eine Garantenstellung annimmt und darüber hinaus eine Pflicht zur Vermeidung von Rechtsgüterverletzungen samt einer grundsätzlichen Stellung, die eine Beherrschbarkeit des Geschehensablaufs entsprechend aktivem Tun verleiht, so bleibt die Frage des pflichtwidrigen Unterlassens im konkreten Fall und damit die Frage nach den konkreten Pflichten im Zusammenhang mit Maßnahmen, die eingeleitet werden. Die Zurechnung eines tatbestandsmäßigen Erfolgs (auch beim Unterlassungsdelikt) setzt in objektiver Hinsicht eine Pflichtwidrigkeit voraus, also den Verstoß gegen eine Sorgfaltspflicht.

Im Stuttgarter Fall hatte das Oberlandesgericht, wie bereits angesprochen, ausgeführt, dass der angeschuldigte Sozialarbeiter (zunächst) seiner Beschützerpflicht nachgekommen sei.[82] Denn der Angeschuldigte hatte verschiedene Maßnahmen eingeleitet, die allesamt auch darauf gerichtet waren, das offensichtlich gefährdete Kind zu schützen. Gleichwohl handelte es sich aber um Maßnahmen, mit denen offensichtlich versucht wurde, die Mutter-Kind-Beziehung zu erhalten. Angelastet wurde dem Sozialarbeiter insoweit das Nichteinleiten anderer Maßnahmen, in diesem Fall der Antrag auf Entziehung des Aufenthaltsbestimmungsrechts als Konsequenz der Feststellung einer schweren Gefährdung des Kindeswohls. Die Annahme der Notwendigkeit, einen Antrag auf Entzug des Aufenthaltsbestimmungsrechts zu stellen, ist hier selbstverständlich aus einer ex post facto getroffenen Beurteilung entnommen, wobei zusätzlich auf die Besonderheit zu verweisen ist, dass – abgesehen von den Misshandlungs- und Vernachlässigungsproblemen, die ja Anlass für die Einleitung von Maßnahmen durch den Allgemeinen Sozialdienst waren – die dann zum Tod des Kindes führende Handlung eines Dritten (dem im Übrigen hinsichtlich des Todes des Kindes nicht Vorsatz, sondern Fahrlässigkeit vorgeworfen wurde) erst etwa zwei Jahre nach der Beendigung der Beschützergarantenstellung des Mitarbeiters des Allgemeinen Sozialdiensts (und dem Einleiten weiterer Hilfemaßnahmen) auftrat.

b) Prognostizierbarkeit seltener Ereignisse

Im Zusammenhang mit den Fragestellungen für Sachverhalte der Betreuung gewaltgefährdeter Familien muss auf die Wissensbestände zurückgegriffen werden, die zu haftungsauslösenden und prognosegestützten Entscheidungen im Strafrecht in verschiedenen Bereichen vorhanden sind. Hier geht es im Wesentlichen um Fragestellungen der Vorhersagbarkeit schwerer Gewalt sowie der Haftung von Entscheidungsträgern, deren Entscheidungen in der Folge mit dem Auftreten von schwerer Gewalt verbunden sind.

---

82 OLG Stuttgart NJW 1998, 3132.

Ein besonderes Problem ist mit Diagnose und Prognose von erheblicher Gewalt verbunden. Unter dem Begriff der „Gefährlichkeitsprognose" lassen sich die hiermit angesprochenen Fragestellungen zusammenfassen. Das Problem ergibt sich nach wie vor daraus, dass die Erklärung von schweren Straftaten auf Wahrscheinlichkeitsaussagen basiert. Hieraus folgt im Wesentlichen, dass eindeutige bzw. eingliedrige Aussagen über Einzelfälle nicht möglich sind und theoretisch nicht begründet werden können. Die bisherige Orientierung in der praktischen Anwendung von Einzelfallprognosen hat dazu geführt, dass das gewichtige Problem der Theoriekonkurrenz in dem Konzept von Gefährlichkeitsprognosen nicht aufgegriffen und angemessen verarbeitet worden ist. Denn in der Regel wird in Individualprognosen so getan, als ob eine Prognose ohne grundlegende Theorie zu dem Verhalten, das prognostiziert werden soll, möglich wäre. Freilich konkurrieren in der Erklärung von Gewalttätigkeit verschiedene theoretische Ansätze, über die nicht einfach hinweggegangen werden darf.

Fasst man den Forschungsstand zur Prognose gerade schwerer Gewalt zusammen (der im Wesentlichen nordamerikanischen Forschungen zu verdanken ist), dann gilt nach wie vor, dass die Leistungsfähigkeit aller Prognosearten beschränkt ist. Die Forschung hat insbesondere gezeigt, dass die Genauigkeit herkömmlich als besonders leistungsfähig und praktisch brauchbar eingeschätzten klinischen Prognosen deutlich über der anderer Prognoseformen liegt. Jedenfalls existieren bis heute keine Hinweise darauf, dass die Genauigkeit oder Treffsicherheit klinischer Prognosen über derjenigen von statistischen Prognosen liegen würde. Für alle Prognoseformen gilt freilich, dass sie eher pragmatisch und nicht theoretisch ausgelegt sind. Dabei wird (und dies berührt die Rechtspolitik und die Strafrechtspraxis) in Kauf genommen, dass die der Prognose zugrunde liegenden allgemeinen Annahmen weitgehend implizit und deshalb einer Kontrolle unzugänglich bleiben.

Hier gilt es, die forensischen Wissenschaften dazu aufzufordern, das mit Gefährlichkeitsprognosen vorhandene Fehlerpotenzial in der gebotenen Deutlichkeit auch dem Strafrecht und der Strafjustiz gegenüber aufzuzeigen. Denn jede Gefährlichkeitsprognose enthält bekanntermaßen zwei Fehlerrisiken, nämlich das Risiko der falsch positiven sowie das Risiko der falsch negativen Fälle. Der bisherigen Forschung kann entnommen werden, dass gerade die Quote der falsch positiv eingestuften, und damit ein Fehler, der im Kontext erheblicher Grundrechtseingriffe gerade minimiert werden müsste, bisweilen unerträglich hoch ist (soweit dieser Fehler überhaupt, und dies war bislang recht selten der Fall, kontrolliert werden konnte).

Freilich ist bekannt, dass das Risiko einer falschen Prognose umso höher liegt, je seltener das Ereignis ist, das in einer Gruppe auftreten wird, und je „weicher" die Theorien sind, mit denen das Ereignis zu erklären beabsichtigt wird. Das Problem reicht über die Gefährlichkeitsprognose hinaus. Gerade im Zusammenhang mit chronischem kriminellen Verhalten hat die Rückfallforschung bei schwerer Kriminalität ergeben, dass selbst in hoch belasteten Gruppen besonders schwere Gewalt ein relativ seltenes Ereignis darstellt. Es gelingt im Übrigen kaum, das Auftreten von Rückfallkriminalität im strengen Sinne zu erklären, ebenso wenig – so ist zu sagen – wie dies bei allgemeiner Kriminalität gelingt. Lässt man die Forschung Revue passieren, so zeigt sich doch, dass selten mehr als 20 bis 25 % der im Verhaltenskriterium (Rückfall, kriminelles Verhalten) beobachteten Varianz durch einen theoretisch abgeleiteten Satz von Variablen oder durch pragmatisch erhobene Merkmale erklärt werden können. Dies lässt die Prognosekonsequenz noch problematischer erscheinen.

Wenn es um Fragestellungen der Prognose geht, so merkt man der in der Strafrechtswissenschaft wie in der Rechtspraxis verwendeten Sprache das Bemühen an, nicht die Sicherheit eines Naturgesetzes bei der Vorhersage menschlichen Verhaltens zu verlangen, und sieht freilich auch die Botschaft, dass falsche Vorhersagen nicht nur unerwünscht sind, sondern eben gar nicht auftreten dürfen. Auch das Bundesverfassungsgericht hat vor kurzem lapidar festgestellt: „Die Strafaussetzung darf nicht zu einem Rückfallmord führen."[83] Dies steht im Widerspruch zu der in derselben Entscheidung enthaltenen Feststellung, dass nämlich die Berücksichtigung der Sicherheitsinteressen der Allgemeinheit ein vertretbares Restrisiko einschlössen. Diese Restrisiken dürfen aber offensichtlich nicht mit Rückfallkriminalität zusammenhängen.

Die veröffentlichten Ausführungen zu „Restrisiken", Wahrscheinlichkeiten, Prognosen etc. in Rechtsprechung und Rechtspolitik lassen begründet annehmen, dass Forschungen zum Bereich der Gefährlichkeitsprognose nicht zur Kenntnis genommen werden und dass eine „Risiko-Rethorik" Anwendung findet, die der Camouflage dient und keinerlei Kontrolle der Entscheidungsherstellung erlaubt. Tatsächlich sind nämlich den Untersuchungen zur Gefährlichkeitsprognose in den letzten 30 Jahren durchaus Fortschritte zu entnehmen.

Doch sind diese Fortschritte eher im Bereich des Wissens darüber festzustellen, welche Grenzen der Gefährlichkeitsprognose gesetzt sind.[84] So ist, um nur einiges kurz anzusprechen, klar, dass klinische Prognosen, die nicht auf theoretisch begründete statistische Prognoseverfahren zurückgreifen, nicht überzeugen können.[85] Klinische Praktiker unterschätzen sodann Risiken für Frauen systematisch, überschätzen dafür Risiken für männliche Probanden. Baselines der Gewalt sind weitgehend unbekannt, was dafür spricht, dass Prognosen mehr oder weniger (freilich in der Regel eher weniger) elaborierten Heuristiken folgen, die natürlich

---

83 BVerfG NStZ 1998, 374.
84 *Monohan/Steadman* (Hrsg.), Violence and Mental Disorder: Developments in risk assessment, Chicago 1994.
85 *Hinz*, Gutachterliche Vorhersage von Gefährlichkeit, Recht & Psychiatrie 5 (1987), 50; *Villeneuve/Quinsey*, Predictors of General and Violent Recidivism among Mentally Disordered Inmates, Criminal Justice and Behavior 22 (1995), 397 f.

selten nachvollzogen und überprüft werden können.[86] Ferner wird betont, dass hinsichtlich der Sicherheit der Vorhersage schwerer Kriminalität bzw. erheblicher Gewalttätigkeit bescheidene Fortschritte erzielt worden seien.[87] Freilich geht es hier auch nicht einmal annähernd um Sicherheitsgrade in der Beurteilung der Gefährlichkeit, wie sie in Rechtsprechung, Literatur und Rechtspolitik als notwendig präsentiert werden.[88] Selbstverständlich sind kurzfristige Vorhersagen treffsicherer als die Prognose von Langzeitverläufen.[89] Lediglich aus der Retrospektive bleibt die Feststellung aber einfach, gleichwohl nicht weiterführend, eine bestimmte Entscheidung hätte nicht getroffen werden dürfen, weil der in der Folge aufgetretene Rückfallmord oder die Rückfallvergewaltigung hätte vorhergesehen werden können.[90]

Entscheidend ist, dass es nicht auf die nachträgliche Wertung des Risikos durch das Gericht ankommt, sondern auf die prognostische Beurteilung des Entscheidungsträgers im Zeitpunkt der Entscheidung. Die Grenzen des Beurteilungs- und Ermessensspielraums sind nach der Rechtsprechung des Bundesgerichtshofs[91] nur dann überschritten, wenn der Entscheidungsträger von einem unzutreffenden oder unvollständig ermittelten Sachverhalt ausgegangen ist (z.B. weil er frühere Taten oder Lockerungsmissbräuche, die in der Patientenakte festgehalten sind, nicht zur Kenntnis genommen hat), wenn er nicht den richtigen Begriff des Versagungsgrunds zugrunde gelegt hat (z.B. weil er bei der prognostischen Beurteilung sich aufdrängende Gegenindizien wie Lockerungsmissbräuche in jüngster Zeit oder andere Anzeichen einer Krise nicht berücksichtigt hat) oder wenn er sonst die Grenzen des Beurteilungs- und Ermessensspielraums außer Betracht gelassen hat (z.B. durch Verzicht auf die weitere Überwachung hinsichtlich der Durchführung der Lockerungsmaßnahmen oder durch unbegründetes Hinwegsetzen über das bewährte Stufenmodell, das weit reichende Lockerungen oder Beurlaubungen am Beginn einer Behandlung oder kurz nach massivem Lockerungsmissbrauch ausschließt).

Begeht der Patient etwa eine Vergewaltigung, bei der er sein Opfer verletzt, so kann der Arzt hierfür durch die Gewährung einer Vollzugslockerung ursächlich geworden sein und sich der fahrlässigen Körperverletzung schuldig gemacht

---

86 *Rabinowitz/Garelik-Wyler*, Accuracy and Confidence in Clinical Assessment of Psychiatric Inpatients Risk of Violence, International Journal of Law and Psychiatry 22 (1999), 99; *Mason*, The Psychiatric „Supermax"?: Long-Term, High-Security Psychiatric Services, International Journal of Law and Psychiatry 22 (1999), 155 (169 f.); *Monohan/Arnold*, Violence by people with mental illness: A consensus statement by advocates and researchers, Psychiatric Rehabilitation Journal 19 (1996), 67.

87 *Ogloff*, Adversarial Forum. The Risk Assessment Enterprise: Selective Incapacitation or Increased Predictive Accuracy, Law and Human Behavior 22 (1998), 453.

88 Vgl. auch die neuere Zusammenfassung der Gefährlichkeitsforschung bei *Mathiesen*, Selective Incapacitation Revisited, Law and Human Behavior 22 (1998), 455 (458 ff.) sowie *Otto*, Prediction of dangerous behavior: A review and analysis of „second-generation" research, Forensic Reports 5 (1992), 103.

89 *McNiel* u.a., The Relationship Between Confidence and Accuracy in Clinical Assessment of Psychiatric Patients – Potential for Violence, Law and Human Behavior 22 (1998), 655.

90 Vgl. bspw. *Schorsch*, Relapses after Therapeutic Treatment of Prisoners, International Journal of Law and Psychiatry 5 (1982), 219.

91 BGHSt 30, 320.

haben. Das setzt allerdings zweierlei voraus: Er muss pflichtwidrig gehandelt haben und die eingetretene Verletzung muss für ihn vorhersehbar gewesen sein. Diese beiden Elemente der strafrechtlichen Fahrlässigkeit sind in der der Vollzugslockerung vorangehenden Prognose miteinander verknüpft. Der Arzt muss sich die Mühe der Prognose machen; als ungünstig zu beurteilende Prognosen schließen Vollzugslockerungen und Urlaub aus. Die Schwierigkeiten liegen in dem Grad der Wahrscheinlichkeit und in der Beurteilung der Prognose unter Einbeziehung des Gewichts der etwa zu befürchtenden rechtswidrigen Taten, der Dauer des bereits erlittenen Freiheitsentzugs und der Risikoverteilung. Absolute Gewissheit, dass nichts passiert, kann es nicht geben, denn menschliches Verhalten ist nicht exakt vorhersehbar, weder bei Gesunden noch bei Kranken.[92] Der Arzt muss alle ihm zur Verfügung stehenden Erkenntnismöglichkeiten sorgfältig ausschöpfen. Wenn er danach meint, dass die Vollzugslockerung im Sinne eines kalkulierten Risikos verantwortet werden kann, dann kann ihn kein Vorwurf der Pflichtwidrigkeit treffen; eine Bestrafung wegen fahrlässiger Körperverletzung ist dann nicht möglich.[93]

Bislang sind in Deutschland erst drei Verurteilungen von Entscheidungsträgern aus dem Maßregelvollzug bekannt geworden, aus dem Strafvollzug noch keine. Alle drei Entscheidungen ergingen in den 80er Jahren und in allen drei Fällen handelte es sich um schwere Rückfalltaten mehrfach verurteilter Sexualstraftäter.

In einem Berufungsurteil des Landgerichts Göttingen vom 17. Juli 1984[94] wurde ein Facharzt für Psychiatrie, der eine Abteilung eines psychiatrischen Krankenhauses leitete, wegen fahrlässiger Körperverletzung zu einer Geldstrafe von 120 Tagessätzen verurteilt. Er hatte einem 19-jährigen Sexualstraftäter, der von seinem 14. bis zum 18. Lebensjahr mindestens sieben Sexualstraftaten, darunter zwei vollendete Vergewaltigungen im Zustand der Schuldunfähigkeit begangen hatte und deshalb seit seinem 15. Lebensjahr nach § 63 StGB im psychiatrischen Krankenhaus untergebracht war, wenige Monate nach Übernahme der Betreuung Geländeausgänge als Lockerungen gewährt. Er beließ es dabei, obwohl der Untergebrachte acht Monate danach mehrfach das ihm zum Ausgang erlaubte Anstaltsgebäude überschritten hatte und von den Ausgängen zweimal verspätet und angetrunken und einmal mit zerrissener Hose und verdreckten Schuhen zurückgekommen war. Der Untergebrachte missbrauchte dann die weiteren Ausgänge zu drei neuen Sexualstraftaten, darunter eine vollendete Vergewaltigung und eine sexuelle Nötigung mit Oralverkehr.

Das Landgericht stützte die Sorgfaltspflichtverletzung auf die Nichtbeachtung eines Erlasses, in dem sich damals das Justizministerium die Entscheidung über Vollzugslockerungen bei Sexualstraftätern vorbehalten hatte. Einen weiteren

---

92 BVerfG NJW 1998, 2202.
93 Waldliesborner Thesen, Thesen zur Behandlung und Rehabilitation psychisch Kranker im Maßregelvollzug, StV 1985, 478; *Grünebaum*, Zur Strafbarkeit des Therapeuten im Maßregelvollzug bei fehlgeschlagenen Lockerungen, Frankfurter kriminalwissenschaftliche Studien, Band 46, 1996.
94 LG Göttingen NStZ 1985, 410.

Sorgfaltsverstoß sah es darin, dass der Arzt den unbeaufsichtigten Geländeausgang auch unmittelbar nach den beiden Alkoholzwischenfällen aufrecht erhielt,
ohne eine Ausgangssperre zu verhängen. Die Sexualstraftaten seien aufgrund der
Vorgeschichte und der generell relativ hohen Rückfallquote von Sexualtätern
sowie wegen des Vertrauensmissbrauchs vorhersehbar gewesen.

Das AG Oldenburg hat am 13. Dezember 1984[95] eine Fachärztin für Neurologie
und Psychiatrie, die Vertreterin des Leitenden Abteilungsdirektors eines psychiatrischen Krankenhauses war, wegen fahrlässiger Tötung zu einer Geldstrafe von
120 Tagessätzen verurteilt. Sie hatte einem 30jährigen Sexualstraftäter einen drei-
stündigen Geländeausgang gewährt, in dessen Verlauf dieser floh, ein 11jähriges
Mädchen sexuell missbrauchte und es anschließend aus Angst vor Entdeckung
ermordete. Der Straftäter hatte schon mehrere einschlägige Straftaten begangen,
wegen deren er früher zwei Jugendstrafen verbüßt hatte. Im Anschluss an die letzte
Jugendstrafe war er seit fast zehn Jahren in psychiatrischen Krankenhäusern nach
§ 63 StGB untergebracht. Während der Aufenthalte in verschiedenen Krankenhäusern hatte er bereits mindestens in drei Fällen Lockerungen zur Flucht und zum
anschließenden sexuellen Missbrauch von Jungen benutzt. Der letzte Vorfall lag
zum Tatzeitpunkt ein Jahr zurück; damals war er ebenfalls von einem Geländeausgang nicht zurückgekehrt und hatte einen Jungen sexuell missbraucht. Der Patient
hatte nach mehreren erfolglosen Androcurbehandlungen sechs Monate vor der Tat
einen Kastrationsantrag gestellt, über den noch nicht entschieden war. Auf der
Flucht hatte er vor Ermordung des Mädchens innerhalb weniger Tage noch vier
Jungen sexuell missbraucht.

Das Amtsgericht stützt den Fahrlässigkeitsvorwurf gegenüber der Ärztin hauptsächlich auf die Vorhersehbarkeit eines Sexualdelikts beim Absetzen von Andro-
cur ohne anderweitige Behandlung der Triebproblematik. Es bejaht auch die Vorhersehbarkeit des tödlichen Ausgangs. Die Sorgfaltspflichtverletzung wird
hauptsächlich auf die fehlende Beiziehung eines früheren Gutachtens gestützt,
das etwa ein Jahr vorher erstattet worden war.

Das LG Paderborn verurteilte am 28. Februar 1986[96] den Leitenden Arzt des Son-
derbereichs eines psychiatrischen Krankenhauses wegen fahrlässiger Körperverletzung zu einer Geldstrafe von 100 Tagessätzen. Er hatte einem ca. 40-jährigen
Patienten „Einzelpflegerausgang" gewährt, der sich bereits seit 15 Jahren im
Maßregelvollzug befand und viermal wegen Vergewaltigung verurteilt war,
zuletzt in Tateinheit mit versuchtem Mord zu einer Freiheitsstrafe von 13 Jahren
neben einer Unterbringung nach § 63 StGB. Die letzte Tat lag bei der Locke-
rungsentscheidung zwei Jahre zurück, das Urteil war erst kurz vorher rechtskräf-
tig geworden. Nach Abbruch einer Androcurbehandlung sah der Arzt, der die
Gefährlichkeit des Patienten richtig einschätzte, die Kastration als einzige geeignete Behandlungsmöglichkeit an. Fünf Monate vor seinem Ausscheiden aus dem

---

95 AG Oldenburg, Urteil vom 13. Dezember 1984 – 707 Js 08891/84.
96 LG Paderborn, Urteil vom 28. Februar 1986 – 12 Js 383/84.

Dienst gestattete er auf telefonisch übermittelte Anregung der Mehrheit des Mitarbeiterteams anstelle der bisherigen „Ausführung mit zwei Pflegern" Einzelpflegerausgang mit der Einschränkung, dass der „Stimmungsstand des Patienten ausgeglichen" sein müsse. Die weitere Durchführung überließ er den Pflegern. Etwa sechs Monate danach und sechs Wochen nach dem Ausscheiden des Arztes kam es zu einem Entweichen beim Einzelpflegerausgang, die der Patient erneut zu einem versuchten Tötungsdelikt in Tateinheit mit sexueller Nötigung missbrauchte. Das Landgericht sah schon in der Gewährung des Einzelpflegerausgangs die entscheidende Sorgfaltspflichtverletzung.

Insgesamt zeigt sich, dass die Strafjustiz im Zusammenhang mit ärztlichen Entscheidungen zur vorzeitigen Entlassung bzw. zu Vollzugslockerungen nur in außergewöhnlich krassen Fällen zur Strafbarkeit des Entscheidungsträgers bei Lockerungsmissbrauch gelangt ist. Ärzte und Therapeuten, die bei Lockerungsentscheidungen bisherige Erfahrungen nicht ignorieren, sondern in ihre Entscheidungsvoraussetzungen aufnehmen, müssen so gut wie kein Strafbarkeitsrisiko befürchten. Eine Orientierungshilfe bieten dabei die so genannten Waldliesborner Thesen, die von einem forensisch-psychiatrischen Expertenkreis am 10. Dezember 1984 erarbeitet worden sind und die die wissenschaftlich anerkannten Grundsätze in der Prognosebildung wiedergeben.

c) Konsequenzen

Wendet man die Grundsätze, die im Zusammenhang mit ärztlicher Haftung bei risikobehafteten und zu schwerer Gewalt führenden Entscheidungen im Kontext des Strafrechts sowie im Zusammenhang mit anderen (riskanten) professionellen Tätigkeiten entwickelt worden sind, auf die hier interessierenden Sachverhalte der Sozialarbeit an, so dürfte dem Entscheidungsträger eine pflichtwidrige Entscheidung nur dann vorgeworfen werden können, wenn ex ante bekannte Entscheidungsgrundlagen und Handlungsalternativen nicht beachtet und in der Entscheidung berücksichtigt worden sind. Im Wesentlichen ist es dann aber nicht die inhaltliche Prüfung der eingeleiteten Maßnahmen bzw. des Entscheidungsergebnisses, die aus einer strafrechtlichen Perspektive vorzunehmen ist, sondern eine Prüfung, die der Kontrolle von Verwaltungsermessen entspricht.

So, wie der Polizei oder Umweltverwaltungsbehörden Ermessenspielräume zur Verfügung stehen, wenn zu entscheiden ist, mit welchen Mitteln gegen Störungen oder Rechtsgefährdungen eingeschritten wird, so steht auch den Mitarbeitern des Allgemeinen Sozialdiensts ein Ermessen zu, wenn darüber entschieden wird, welche Maßnahmen dafür geeignet sind, Gefahren für ein Kleinkind durch und in der Familie in effizienter Art und Weise zu begegnen. Erst wenn eine Situation entsteht, in der das Ermessen auf null reduziert ist, kann sich deshalb aus der Schutzfunktion eine Erfolgsabwendungspflicht entwickeln.[97] Eine solche Situation kann freilich nur dann angenommen werden, wenn ein konkreter Rechtsgutsangriff

---

97 *Roxin*, Strafrecht Allgemeiner Teil, Band II, 2003, S. 743.

vorliegt, der zur Vermeidung schwerer Schäden für das Rechtsgut ein sofortiges Eingreifen verlangt.[98] Die Annahme einer strafrechtlichen Haftung im Fall eines durch Dritte verursachten Todes eines gegenwärtig betreuten (oder in der Vergangenheit betreuten) Kindes ist in den weiter oben vorgestellten Fällen offensichtlich nichts anderes als das Ergebnis eines Erfolgsstrafrechts, das den Grund der Haftung aus dem Vorliegen des Todes (und damit post factum) ableitet.

Die in den erörterten Fällen vorfindbare Situation entspricht ferner den Situationen, auf die in der Bestimmung von Garantenpflichten die Prinzipien des „erlaubten Risikos" bzw. der Anwendungsangemessenheit von (rettungsbestrebten) Maßnahmen angewendet werden.[99] Die Begrenzung von Garantenpflichten entsteht auch dadurch, dass bei dem Vorliegen mehrerer den Schutz des Rechtsguts grundsätzlich ermöglichender Handlungen eine angemessene Handlung gewählt wird, wobei die Angemessenheit sich auf die Eignung zur Erfolgsabwendung bezieht.

Vergleicht man nun die verschiedenen Maßnahmen, die einem Sozialarbeiter zur Abwendung von Gefahren für das Kindeswohl im Zusammenhang mit Sachverhalten familiärer Gewalt oder Vernachlässigung zu Verfügung stehen, so dürfte die Schlussfolgerung eindeutig sein. Denn aus der Feststellung eines oder mehrerer Vernachlässigungs- oder Misshandlungssachverhalte den Schluss zu ziehen, es sei (zur Vermeidung weiterer Misshandlung oder gar der Verhinderung eines gewaltsamen Todes) die Herausnahme des Kindes die einzige angemessene Option, müsste strukturell zu einem zu weit gehenden und damit unverhältnismäßigen Gebrauch des Sorgerechtsentzugs führen. Die eingangs geschilderten Verteilungen von Gewalterfahrungen einerseits und Todesfällen von Kindern andererseits sprechen im Übrigen nicht dafür, dass derartige Strategien zu einer Verringerung des Todesrisikos führen würden. Vielmehr würden andere Risiken für das Kindeswohl wohl drastisch erhöht. Insoweit ist aber, jedenfalls in der Regel, festzustellen, dass sich grundsätzlich für die Förderung des Kindeswohls geeignete Unterstützungsmaßnahmen im Rahmen der Garantenpflichten bewegen, da sie angemessen sind und „angemessenere" Optionen nicht festgestellt werden können.

Die Entwicklung des Sorgerechtsentzugs und der Heimplatzierung von Kindern in den Ländern, in denen drastische Anzeigepflichten eingeführt wurden, belegt einerseits die Risiken, die damit dem Kindeswohl aufgebürdet werden, ferner auch die besondere Belastung, die in ethnischen Minderheiten entsteht. Andererseits wird auch beobachtet, dass die damit verbundene Konzentration auf die Misshandlung (oder den sexuellen Missbrauch, die strafbare Vernachlässigung etc.) und damit die Fokussierung der strafrechtlichen Perspektive den Rechtsgüterschutz wohl nicht verbessert bzw. das Risiko des Todes eines Kindes durch Gewalt oder Vernachlässigung nicht verringert.[100]

---

98 *Pawlik*, Der Polizeibeamte als Garant zur Verhinderung von Straftaten, ZStW 1999, 335 (355).
99 *Vogel*, Norm und Pflicht bei den unechten Unterlassungsdelikten, 1993, S. 172 ff.
100 *Waldfogel*, Child Protection (Fn. 19), S. 104.

Verringert wird allein das strafrechtliche Haftungsrisiko der sozialfürsorgerischen bzw. ärztlichen Berufe, die sich nunmehr auf das (begrenzte) Risiko der Sanktionierung wegen unterlassener Anzeige einzulassen haben. Diese Verringerung des Haftungsrisikos wird aber um den Preis der drastischen Reduzierung strategischer sozialpolitischer und individueller Gestaltungsspielräume erkauft. Ein solcher Zusammenhang, nämlich eine Reduzierung des zugunsten der Erreichung des Kindeswohls grundsätzlich eingeräumten Gestaltungsspielraums als Folge der Minimierung strafrechtlicher Risiken, wird überall dort auftreten, wo eine strafrechtliche Post-facto-Bewertung und (prognostische) Beurteilung von Kausalverläufen und der Verantwortung für kausale Bedingungen eine eindeutige Basis für die Zurechnung nur unterstellt und dabei die Komplexität und Variabilität in den ggf. langfristigen Verläufen sowie die Ex-ante-Geeignetheit von Handlungsalternativen aus der Betrachtung entfernt.[101] Dies enthält eine Entlastungsstrategie, die den Schwerpunkt auf solche gesetzlich ermöglichten Handlungsoptionen legt, mit der die Verantwortung verschoben wird. Gleichzeitig ist damit aber eine Reduzierung der, in diesem Fall auf Kinder und Familien bezogenen, Unterstützungspotenziale samt den hiermit verbundenen professionellen Auswahlstrategien gekoppelt.

VI. Europäisches Ausland

1. Schweiz[102]

In der Schweiz werden erwartungsgemäß zivilrechtliche und strafrechtliche Ebenen bei der Behandlung des Problems von Kindesmisshandlungen unterschieden. Im Bereich Kindesschutz überwiegen freilich eindeutig die zivilrechtlichen Aspekte. Der Kindesschutz ist in der schweizerischen Gesetzgebung in den Art. 307 bis 317 schweizerisches Zivilgesetzbuch (schweizZGB) geregelt. Diese bundesrechtlichen Normen formulieren, welche Maßnahmen die Behörden zu treffen haben, wenn sie Kenntnis von Handlungen haben, welche das Kindeswohl gefährden. Die von ihnen genannten Handlungen stellen zweifelsohne solche Gefährdungen dar. Diese materiellen Normen sind abschließend und gelten in der gesamten Schweiz. Allerdings erscheinen sie recht vage und allgemein gefasst, was den Nachweis einer strafrechtlich relevanten Unterlassung von Seiten der Behörden wohl in der Praxis sehr erschwert.

Die Umsetzung des Kindesschutzes ist Sache der Kantone. Jeder Kanton hat dazu in seinen Einführungsgesetzen zum ZGB (schweizEGZGB) oder anderen Erlassen auf kantonaler Ebene (z.B. Verordnung über das Vormundschaftswesen) die Organisation, die Zuständigkeiten und die Aufgaben der verschiedenen Behörden

---

101 *Meysen* ZfJ 2001, 408.
102 Weiterführende Literatur: Informationsbulletin der Zentralstelle für Familienfragen, Bern, Staatliche Eingriffe in Elternrechte: zwischen Zurückhaltung und Verpflichtung, Heft 2–3/2002; *Cheseaux*, Mauvais traitment envers les enfants, Zeitschrift für Vormundschaftswesen (ZVW) 2002, 19; *Affolter*, Kindesschutz zwischen Elternhaus und Schule, ZVW 2000, 175.

geregelt. Die Organisation ist entsprechend dem föderalistischen Aufbau der Schweiz vollkommen unterschiedlich. In einigen Kantonen oder Gemeinden existieren tatsächlich so genannte Jugendämter (z.B. in den Kantonen Bern, Fribourg), in anderen Kantonen sind Jugendämter völlig unbekannt (z.B. Innerschweizer Kantone).

Generell kann gesagt werden, dass grundsätzlich die Vormundschaftsbehörde zuständig ist, den Schutz der Kinder bestmöglich zu garantieren. In den meisten Kantonen sind dies der Gemeinderat oder eine selbstständige Kommission, in der Westschweiz eher eine Gerichtsbehörde (juge de paix).

Ob nun eine Behörde wegen Unterlassung einer notwendigen Handlung strafrechtlich verfolgt werden kann, hängt vom Einzelfall ab. Materiellrechtlicher Ansatzpunkt ist nach schweizerischem Verständnis die Unterlassung einer Nothilfe. Strafbarkeit ist danach gegeben, wenn einem Menschen in unmittelbarer Lebensgefahr nicht geholfen wird, obwohl diese Hilfeleistung zumutbar gewesen wäre (Art. 128 schweizStGB[103]). Der eigentlich kritische Punkt ist auch hier die Frage, ob die Kausalität begründet werden kann, und zwar konkret der Kausalzusammenhang zwischen dem Unterlassen der Behörde und dem Eintritt des schädigenden Ereignisses. Entsprechende Fälle sind jedoch kaum bekannt geworden. In einem Fall in Winterthur, bei dem es um den Tod eines Pflegekindes ging, welches von den Pflegeeltern zu Tode gequält worden war, konnte eine strafrechtlich relevante Unterlassung bei den Behörden und den Vollzugspersonen des Vormundschaftsrechts nicht nachgewiesen werden. Noch heftiger diskutiert wurde dies in einem Genfer Fall, in dem ein Kind verhungert ist, weil es allein zu Hause gelassen wurde, während die Mutter inhaftiert war. Der zuständige vormundschaftliche Beistand des Kindes hatte sich nicht darum gekümmert.

Zusätzlich zur strafrechtlichen Verfolgung besteht auch die Möglichkeit, aus dem schweizZGB (Art. 420) eine Vormundschaftsbeschwerde wegen Nicht-tätig-Werden der Behörde bei der Aufsichtsbehörde einzureichen. Aber auch insoweit kann allenfalls eine Verantwortlichkeit geltend gemacht werden, welche anschließend zu Schadensersatz führen könnte. Und selbst hier sind die Erfolgsaussichten in der Praxis äußerst schwierig, es sei denn, dass es um wirklich krasse Unterlassungen geht.

2. Österreich

a) Allgemeines zur Rechtslage

Deutlich anders als in der Schweiz mit ihrem eher zivilrechtlichen Regelungsschwerpunkt stellt sich die Situation in Österreich dar. Hier besteht zum einen das Risiko der Unterlassungsstrafbarkeit, die sich im Grundsatz nach ähnlichen Kriterien bestimmt wie in Deutschland. Zum anderen hat sich in dem Nachbarland

---

103 In der aktuellen Fassung seit 1. Januar 1990 in Kraft.

aber auch noch eine zweite, besondere „Strafbarkeitsschiene" herausgebildet: Danach ist die Verletzung der behördlichen Anzeigepflicht gem. § 84 öStPO (siehe dazu sogleich unter b) für die Mitarbeiter nach einhelliger Rechtsprechung zugleich auch als Missbrauch der Amtsgewalt durch Unterlassen gem. § 302 i. V. m. § 2 öStGB strafbar.[104] Voraussetzung für Letzteres ist allerdings „Wissentlichkeit".

b) Anzeigepflicht

Dreh- und Angelpunkt der strafrechtlichen Beurteilung ist die in der österreichischen StPO ausdrücklich geregelte Anzeigepflicht aller Behörden und öffentlichen Dienststellen (§ 84 Abs. 1 öStPO). Interessant ist die Verfolgung der gesetzgeberischen Änderungen, die diese Bestimmung in den letzten zehn Jahren erfahren hat. Denn sie lässt eine deutliche Akzentverschiebung hin zu einer vom Gesetzgeber ausdrücklich gewünschten Verschärfung der strafrechtlichen Verantwortung der Jugend- und Jugendwohlfahrtsbehörden und der mit ihnen zusammenarbeitenden Berufsträger sichtbar werden.

Damit hat sich eine Entwicklung umgekehrt, die im Jahr 1993 zunächst in eine ganz andere Richtung gegangen war. Österreich hatte damals nämlich sehr weit reichende Vertrauensschutzbestimmungen eingeführt, die auch weit umfassendere förmliche Zeugnisverweigerungsrechte als in Deutschland einschlossen.[105] In diesem Zuge wurde zunächst § 84 Abs. 2 öStPO eingeführt,[106] der die Anzeigepflicht für Fälle amtlicher Vertrauensverhältnisse aufgehoben hat. Nach dem Gesetzeswortlaut besteht u. a. dann keine Anzeigepflicht, „wenn die Anzeige eine amtliche Tätigkeit beeinträchtigen würde, deren Wirksamkeit eines persönlichen Vertrauensverhältnisses bedarf". Hierauf konnten sich nach einhelliger Meinung neben Bewährungshelfern und Mitarbeitern von Sozial-, Familien- und Drogenberatungsstellen auch die Mitarbeiter von Jugendämtern berufen.[107] Erweiterte berufsspezifische Schweigepflichten rundeten diesen Reformschritt ab.[108]

Allerdings wurde dieser Ausschluss der Anzeigepflicht einschränkend ausgelegt und beseitigte die mögliche strafrechtliche Inhaftungnahme nicht generell. Denn nach allgemeinen strafrechtlichen Garantengrundsätzen hatte der jeweilige Behördenleiter ungeachtet der Suspendierung der besonderen gesetzlichen Anzeigepflicht auch weiterhin eine so genannte „berufsspezifische Interessenabwägung" vorzunehmen, ob nicht doch überwiegende Interessen im Einzelfall für eine Anzeige sprechen. Insbesondere dann, wenn „der substantiierte Verdacht einer Kindesmisshandlung oder eines sexuellen Übergriffs bestand, [war] im Einzelfall

---

104 *Pilnacek*, Anzeigepflicht der Jugendwohlfahrtsbehörden nach dem Strafprozeßänderungsgesetz 1993, Der Österreichische Amtsvormund (ÖAV) 1994, 83.

105 Ausführlich *Jesionek*, Anzeige- und Aussageverhalten bei Kindesmissbrauch, in: FS Platzgummer, 1995, S. 367.

106 Strafprozeßänderungsgesetz 1993, BGBl 1993/526.

107 *Wedrac*, Das Vorverfahren in der StPO, 1996, S. 135; *Foregger/Kodek*, StPO, 7. Aufl. 1997, § 84 Anm. III; *Pilnacek* ÖAV 1994, 83; *Seiler*, Strafprozessrecht, 5. Aufl. 2002, Rn. 514.

108 Auch dazu ausführlich *Jesionek*, in: FS Platzgummer (Fn. 105), S. 367.

zu prüfen, ob überwiegende Interessen (das Wohl) des Kinds für eine Anzeige sprechen".[109]

Dieser Vorrang des Vertrauensverhältnisses wurde im Jahre 2000 zu einem wichtigen Teil wieder eingeschränkt. Durch die Strafprozessnovelle 2000[110] wurde § 84 öStPO um den neuen Absatz 2a ergänzt. Dieser lautet: „Die Behörde oder öffentliche Dienststelle hat jedenfalls alles zu unternehmen, was zum Schutz des Verletzten oder anderer Personen vor Gefährdung notwendig ist; erforderlichenfalls ist auch in den Fällen des Absatzes 2 Anzeige zu erstatten." Der Gesetzgeber hat die staatliche Schutzpflicht damit ausdrücklich als vorrangig gegenüber dem Vertrauensverhältnis ausgestaltet. Der Justizausschuss führt dazu aus, dass „insbesondere im Interesse des Schutzes gefährdeter Personen dem öffentlichen Interesse Vorrang (gegenüber der unbeeinträchtigten Ausübung amtlicher Tätigkeit, die eines Vertrauensverhältnisses bedarf) einzuräumen" ist.[111] Nach der Intention des Gesetzgebers soll (strafrechtlicher) Opferschutz nunmehr vor Vertrauensschutz gehen.

Flankiert wird die „neue" Anzeigepflicht durch Änderungen im Jugendwohlfahrtsgesetz, die bereits 1999 in Kraft traten:[112]

Nach § 2 Abs. 4 öJWG hat „der Jugendwohlfahrtsträger Meldungen über den Verdacht der Vernachlässigung, Misshandlung oder des sexuellen Missbrauchs von Minderjährigen […] personenbezogen zu erfassen und unverzüglich zu überprüfen".

Und durch § 37 Abs. 2 und 3 öJWG wird außerdem eine Meldepflicht an die Jugendämter konstituiert sowie die berufsbedingte Schweigepflicht für die meldenden Personen aufgehoben:

„(2) Ergibt sich für in der Begutachtung, Betreuung und Behandlung Minderjähriger tätige Angehörige eines medizinischen Berufes sowie für in der Jugendwohlfahrt tätige oder beauftragte Personen, die aufgrund berufsrechtlicher Vorschriften zur Verschwiegenheit verpflichtet sind, der Verdacht, dass Minderjährige misshandelt, gequält, vernachlässigt oder sexuell missbraucht worden sind, haben sie […] dem Jugendwohlfahrtsträger Meldung zu erstatten.

(3) Soweit die Wahrnehmungen der in der Jugendwohlfahrt tätigen oder beauftragten Personen, die aufgrund berufsrechtlicher Vorschriften zur Verschwiegenheit verpflichtet sind, drohende oder sonstige bereits eingetretene Gefährdungen des Kindeswohls betreffen, sind diese zur Meldung an den Jugendwohlfahrtsträger berechtigt […]."

Mit anderen Worten: Auch etwaige Garanten außerhalb der eigentlichen Jugendämter können sich nicht mehr auf Schweigepflichten berufen. Die Anzeigepflicht

---

109 *Pilnacek* ÖAV 1994, 83 (85).
110 BGBl I 2000/108.
111 Stellungnahme des Justizausschusses in 289 der Beilagen zu den Stenographischen Protokollen des Nationalrates (BlgNR) XXI GP, S. 3 f.
112 Jugendwohlfahrtsgesetz-Novelle 1998, BGBl I 1999/53.

begründet nach der österreichischen Rechtsprechung regelmäßig die Garantenstellung.[113] Diese wird im Übrigen recht weit ausgelegt: So verurteilte der Oberste Gerichtshof 1990 den Leiter eines Jugendamts wegen Amtsmissbrauchs, weil er keine Anzeige erstattete, obwohl er wusste, dass die Mutter (!) eines unter Vormundschaft des Jugendamts stehenden Kindes als Minderjährige vom Stiefvater missbraucht worden war.[114]

Somit gilt in Österreich nunmehr eine eindeutige, durch eine Meldepflicht an die Jugendämter flankierte Anzeigepflicht der Jugendämter. Für Letztere (insbesondere die Behördenleiter) mit den oben (VI. 2. a) beschriebenen weit reichenden strafrechtlichen Konsequenzen (Amtsmissbrauch), für andere in der Jugendwohlfahrt Tätige nach allgemeinen Unterlassungsgrundsätzen. Unabhängig von diesen Melde- und Anzeigepflichten gilt für alle das allgemeine Anzeigerecht nach § 86 öStPO.

c) Urteile

Ungeachtet des im Vergleich zu Deutschland eindeutig höheren strafrechtlichen Risikos finden sich in der Literatur nur sehr wenige Hinweise auf tatsächlich erfolgte Verurteilungen. Dies kann allerdings damit zusammenhängen, dass in Österreich Urteile sehr viel seltener als in Deutschland veröffentlicht werden, und besagt keinesfalls, dass es nicht tatsächlich auch zu Verurteilungen käme. So wurde Ende der 90er Jahre eine strafrechtliche Entscheidung bekannt, in der eine Mutter gemäß dem österreichischen Einheitstätersystem wegen Beihilfe durch Unterlassung bestraft wurde, da sie, als ihr Partner das Kind missbrauchte, untätig blieb. Eine entsprechende strafrechtliche Wertung würde analog auch bei behördlicher Obsorge und wohl auch bei einem Betreuungsverhältnis erfolgen.

Aus der Rechtsprechung des Obersten Gerichtshofs sind zwei Entscheidungen dokumentiert. In der ersten wurde ein Volksschuldirektor wegen Amtsmissbrauchs verurteilt, weil er die sexuelle Belästigung von Schülerinnen durch einen seiner Lehrer nicht angezeigt hatte.[115] Hinzu kommt das schon erwähnte Urteil aus dem Jahre 1990.[116] Im Oktober 2003 gab es im Übrigen eine Entscheidung des Oberlandesgerichts Wien in einem Fall, in dem eine Frau von ihrem zuvor schon mehrfach durch massive Gewalttätigkeiten aufgefallenen Ehemann erschossen worden war. Auf eine entsprechende revisionsgerichtliche Vorgabe des Obersten Gerichtshofs hin[117] bejahte das Oberlandesgericht im zweiten Verfahrenszug eine zivilrechtliche Amtshaftung, weil die Behörden nicht rechtzeitig eingeschritten waren, was sie nach Ansicht des Gerichts hätten tun müssen.[118]

---

113 Ausführlich dogmatische Ausführungen dazu bei *Medigovich*, Unterlassung der Anzeige nach § 84 StPO – Amtsmissbrauch?, JBl 1992, 420 ff.
114 Vgl. *Pilnacek* ÖAV 1994, 83; *Medigovic* JBl 1992, 420 (424 Fn. 24).
115 SSt 26/44, zit. bei *Medigovic* JBl 1992, 420 (424 Fn. 24).
116 12 Os 14/90 vom 5. April 1990 (unveröffentlicht).
117 1 Ob 282/00b vom 27. Februar 2001 (unveröffentlicht).
118 Obsiegender Kläger war der Sohn der getöteten Frau; 14 R 112/03y vom 15. Oktober 2003 (unveröffentlicht).

3. Frankreich

a) Grundsätze der Unterlassungsstrafbarkeit

Auch in Frankreich existiert grundsätzlich eine das aktive Tun ergänzende Unterlassungsstrafbarkeit, die – insoweit vergleichbaren Grundätzen wie im deutschen Recht folgend – an die Verletzung einer Garantenpflicht anknüpft. Danach macht sich strafbar, wer etwas unterlässt, wozu er rechtlich verpflichtet wäre, z. B. eine Hilfeleistung. Allerdings unterscheidet das französische Strafrecht stärker als das deutsche danach, ob der Erfolg durch Handlung oder durch Unterlassen eingetreten ist. So hat sich, wer den Eintritt des Todes nicht verhindert, nicht wegen Tötung strafbar gemacht, sondern (nur) wegen unterlassener Hilfeleistung. Alle Unterlassungsdelikte beinhalten die Nichtbeachtung einer Verpflichtung als notwendige Voraussetzung.[119] Neben diesen vorsätzlichen Delikten gibt es wie im deutschen Recht auch die Kategorie der Fahrlässigkeitsdelikte; auch sie können zu einer Strafbarkeit entweder aufgrund eines Begehens oder eines Unterlassens führen (z. B. fahrlässige Tötung).

Im materiellen Strafrecht[120] gibt es drei Vorschriften, die eine Garantenpflicht des Jugendamts dem Grundsatz nach begründen können:

- unterlassene Hilfeleistung (Art. 223-6 frzStGB),
- unterlassene Anzeigepflicht bei Verbrechen (Art. 434-1 frzStGB),
- unterlassene Anzeigepflicht bei Misshandlungen von Jugendlichen unter 15 Jahren (Art. 434-3 frzStGB).

Allerdings existieren bislang keine höchstrichterlichen Entscheidungen darüber, ob und inwieweit Sozialarbeiter Garanten ihrer Klienten sind.[121]

b) Anzeigepflicht

Zweifelhaft ist insbesondere, inwieweit die genannten Anzeigepflichten im Bereich der Sozialarbeit überhaupt zur Anwendung kommen können. Eine wichtige Einschränkung gilt zunächst für die Anzeigepflicht von allgemeinen Verbrechen gem. Art. 434-1 frzStGB; denn alle Sozialarbeiter, die der Strafvorschrift über die Einhaltung von Berufsgeheimnissen gem. Art. 226-13 frzStGB unterliegen, sind gem. Art. 434-1 letzter Satz frzStGB von der Strafbarkeit wegen Verstoßes gegen die allgemeine Anzeigepflicht ausgenommen. Jedoch erfährt die Geheimhaltungspflicht des Art. 226-13 durch Art. 226-14 frzStGB eine wichtige Einschränkung im Fall von Sexualstraftaten. Der Gesetzeswortlaut wird von der Rechtsprechung allerdings dahin gehend interpretiert, dass die Vorschrift des Art. 226-14 frzStGB dem Sozialarbeiter lediglich die Möglichkeit eröffnet, eine Sexualstraftat anzuzeigen, ohne wegen Bruchs des Berufsgeheimnisses

---

119 *Desportes/Le Gunehec*, Droit penal general, 2002, S. 378 ff.
120 Nouveau Code pénal, Ed. Dalloz, 101ème édition, Paris 2004.
121 Siehe zur Garantenpflicht des Jugendamts auch *Buffeteau*, La parole et le silence des travailleurs sociaux, Medecine et droit, 1995, sept.-oct.

(Art. 226-13 frzStGB) gerichtlich verfolgt zu werden; in einer Gesetzesergän-
zung vom Januar 2004 wurde diese Straffreistellung auch auf mögliche disziplinarrechtliche Folgen erweitert.[122] Dieses Anzeigerecht konstituiert also keine
Anzeigepflicht, so dass die Nichtanzeige auch nicht zu einer strafrechtlichen Verfolgung führen kann.

Schwieriger zu beurteilen ist die Rechtslage im Hinblick auf die Anzeigepflicht
bei Misshandlungen von Jugendlichen unter 15 Jahren gem. Art. 434-3 frzStGB.
Denn diese Strafbestimmung wird durch eine Sonderregelung im Sozialgesetzbuch ergänzt. Gem. Art. L 221-6 des Code de l'action sociale wird die strafbe-
wehrte Schweigepflicht der Sozialarbeiter[123] bei Misshandlung Minderjähriger
durch eine behördeninterne Meldepflicht innerhalb des Jugendamts eingeschränkt. Kann die Nichtbeachtung dieser behördeninternen Meldepflicht zur
Strafbarkeit aufgrund Art. 434-3 frzStGB führen? Nach Absatz 1 dieses Artikels
wird die Nichtanzeige von Misshandlung, Missbrauch oder Vernachlässigung
von Minderjährigen unter 15 Jahren an die Justiz mit Freiheitsstrafe bis zu drei
Jahren oder Geldstrafe bis zur Höhe von 45.000 EUR bestraft werden. Ähnlich
wie im Fall des Art. 434-1, so werden auch nach Art. 434-3 Abs. 2 frzStGB diejenigen Personen von der Strafbarkeit ausgenommen, die dem Berufsgeheimnis
unterliegen; anders als in Art. 434-1 sieht Art. 434-3 Abs. 2 frzStGB aber die
Möglichkeit vor, dass das Gesetz die Situation anders geregelt hat.

Faktisch enthält das Gesetz also drei Konstellationen:

* eine Anzeigepflicht an die Justizbehörde nach Art. 434-3 Abs. 1 frzStGB,

* eine Ausnahme zu dieser Anzeigepflicht für die dem Berufsgeheimnis Verpflichteten nach Art. 434-3 Abs. 2 frzStGB sowie

* eine Ausnahme zu dieser Ausnahme – und damit möglicherweise eine Anzeigepflicht – gem. Art. 434-3 Abs. 2 frzStGB in Verbindung mit einer entsprechenden gesetzlichen Ausnahmebestimmung.

Streitig ist, ob die erwähnte Anzeigepflicht *an das Jugendamt* gem. Art. L 221-6
des Code de l'action sociale als eine allgemeine Anzeigepflicht *an die Justiz* interpretiert werden kann. Wäre dies der Fall, könnte ein Sozialarbeiter, der eine Misshandlung nicht gemeldet hat, tatsächlich nach Art. 434-3 frzStGB strafbar sein.

Mit Erlass vom 14. Mai 1993 hatte das Justizministerium Art. 434-4 nach dem
Grundsatz der restriktiven Auslegung strafrechtlicher Gesetzestexte so ausgelegt,
dass diejenigen Gesetze, die eine Anzeigepflicht vorsehen, deren Unterlassen
nicht mit Strafe bewehrt ist, also nicht ausdrücklich auf Art. 434-4 frzStGB verweisen, vorsehen, der Ausnahme- und nicht der Ausnahme-Ausnahmekategorie
des Absatzes 2 unterfallen. Hierzu zählte das Ministerium ausdrücklich auch

---

122 Art. 224-14 frzStGB stellt nunmehr im letzten Satz klar, dass die Anzeige auch keine Disziplinarstrafe zur
Folge haben darf. Änderung gem. Art. 11 des Gesetzes Nr. 1/2004 vom 2. Januar 2004 zur Fürsorge und
zum Schutz von Kindern.
123 Vgl. Art. 226-13 und 226-14 frzStGB.

Art. L 221-6 des Code de l'action sociale. Diese Vorschrift konstituiere nur eine interne Meldepflicht innerhalb des Jugendamts, so dass die Nichtbeachtung auch nur Disziplinarmaßnahmen nach sich ziehen dürfe. Davon unberührt bleibt in diesem Fall allerdings die Möglichkeit, den Sozialarbeiter wegen unterlassener Hilfeleistung gem. Art. 223-6 frzStGB zu belangen.[124]

c) Verurteilungen

Im Gegensatz zu der Interpretation des Justizministeriums wird die Frage der Anzeigepflicht von der Rechtsprechung anders ausgelegt. Nach einer Entscheidung des Cour de cassation vom 24. Januar 1995[125] besteht im Rahmen der Erfüllung eines gerichtlichen Auftrags eine Anzeigepflicht für den Beauftragten der Erziehungsmaßnahme. In einer weiteren Entscheidung hat der Cour de cassation am 8. Oktober 1997[126] der Anzeigepflicht wiederum Vorrang vor dem Berufsgeheimnis eingeräumt. Ist der Fachmann auf der Grundlage eines gerichtlichen Auftrags tätig, kann er sich gegenüber der Justizbehörde nicht auf seine Schweigepflicht berufen. Beide Entscheidungen betreffen allerdings noch den alten Code pénal.

In zwei Entscheidungen vom 8. Oktober 1997 gegen den Leiter eines Jugendamts bzw. vom 9. April 1997 gegen die Diözeseleiterin einer katholischen Schule bekräftigte der Cour de cassation im Übrigen, dass Sozialarbeiter, auch wenn sie sich nicht wegen Verstoßes gegen die Anzeigepflicht strafbar gemacht haben, wegen unterlassener Hilfeleistung belangt werden können. Insoweit bietet die Berufung auf das Berufsgeheimnis dann keinen Schutz mehr.

4. Italien

a) Allgemeines[127]

Aufgrund der Bestimmungen des neuen Gesetzes Nr. 419/98 über die Dezentralisierung der Sozial- und Fürsorgeaufgaben zu den Gebietskörperschaften[128] und entsprechend dem Präsidentenerlass Nr. 616/97 besteht für das Amt für Sozial- und Fürsorgeangelegenheiten der Gemeinden und der staatlichen Krankenkassen, die in Italien auch die Funktion des Jugendamts ausüben, eine Zusammenarbeits-

---

124 *Alt-Maes*, Un exemple de depénalisation: la liberté de conscience accordée aux personnes tenues au secret professionnel, Rev. Sc. Crim. 1998, S. 301; *Guery*, Le defaut de protéction de l'enfant par le professionnel: un nouveau délit?, Dalloz 2001 S. 3293 ff.
125 Bull. Nr 32; Dalloz 1996 jusprudence S. 384, note *Dekeuwer/Waxin*; JCP G 1995, IV, 1074.
126 Bull. Nr 329; Droit penal 1998, commentaire nr 50, note *Veron*.
127 Vgl. folgende allgemeine Monografien zum Thema: *Barbero*, Giustizia Minorile e servizi sociali, Milano 1997; *Ricciotti*, Il diritto minorile e dei servizi sociali (interventi amministrativi e penali), 2. Aufl., Rimini 1985; *Coppi*, Maltrattamenti in famiglia, Perugina 1979; *ders.*, I reati sessuali, Torino 2000. Weitere Aufsätze zu einzelnen Aspekten: *Bultrini*, Mancato intervento da parte dei servizi sociali (Osservazioni a Corte eur. Dir: Z. e altri contro Regno Unito), Il Corriere giuridico, 2001, fasc. 11, S. 1519; *ders.*, Mancata comunicazione di un elemento fondamentale da parte dei servizi sociali al Tribunale (Osservazioni a Corte eur. Dir: T. P. e K. M. contro Regno Unito), Il Corriere giuridico, 2001, fasc. 11, S. 1520; *Forno*, Le ragioni del sì. L'obbligo di denuncia penale degli operatori delle comunità una sfida all'omertà Minorigiustizia, 2001, fasc. 2, S. 100; *Fortino*, Solidarietà e protezione dei minori, Familia, 2003, fasc. 1, S. 91.
128 Art. 23 c ff. Gesetz Nr. 419/98.

pflicht mit den Jugendgerichten. Dies gilt insbesondere in den Fällen, in denen sich Minderjährige aufgrund des Verhaltens der Eltern in kritischem Zustand befinden und für die gem. Art. 333 italZGB ein behördliches Förder-, Sorge- oder Betreuungsverhältnis besteht. Die Mitarbeiter der Sozialämter haben also aufgrund ihrer Position als öffentlich Bedienstete eine gesetzliche Garantenstellung.

b) Anzeigepflicht

Vergleichbar der Rechtslage in Österreich sind Beauftragte eines öffentlichen Diensts[129] auch in Italien gesetzlich verpflichtet, Straftaten zur Anzeige zur bringen. Diese Anzeigepflicht ist gem. Art. 331 italStPO auf solche Taten beschränkt, die ohne Strafantrag zu verfolgen sind.

Die Liste der einschlägigen Straftaten, die ohne Strafantrag zu verfolgen sind, umfasst seit 1996 die meisten Sexualstraftaten gegen Minderjährige. Dies sind insbesondere:

- sexuelle Handlungen jeder Art (mit oder ohne Zwang) gegenüber Minderjährigen, die zum Zeitpunkt der Straftat noch nicht zehn Jahre alt waren (Art. 609*quater* und *septies* italStGB),

- sexueller Missbrauch mit Gewalt, unter Drohung oder Missbrauch von einer Autoritätsstellung bzw. durch Ausnutzung der psychischen oder physischen Unterlegenheit des Opfers, soweit der Minderjährige noch nicht 14 Jahre alt ist (Art. 609*bis*, *ter* und *septies* italStGB),

- sexueller Missbrauch eines Opfers, das zum Zeitpunkt der Straftat noch nicht das 16. Lebensjahr erreicht hat, wenn die Straftat durch einen Elternteil (auch adoptiv), einen mit dem Elternteil zusammenlebenden Partner, einen Vormund oder eine Person, der der Minderjährige zur Betreuung, Unterrichtung oder Aufsicht anvertraut wurde, begangen wurde (Art. 609*ter*, *septies* italStGB).

Ohne Strafantrag zu verfolgen – und damit anzeigepflichtig – sind ferner:

- Misshandlungen von Kindern durch einen Elternteil oder beide Eltern gem. Art. 572 italStGB. Hierunter fallen nach der Rechtsprechung allerdings nur solche Tathandlungen, die einen sich wiederholenden Charakter besitzen. Darüber hinaus müssen die Taten sowohl physisch als auch psychisch das Wohlbefinden der Minderjährigen beeinträchtigen; Letzteres ist erfüllt, wenn die familiären Beziehungen als „gewöhnlich schmerzhaft" empfunden werden;[130]

- der Missbrauch von Erziehung und Züchtigungsmitteln (Art. 571 italStGB).

Eine weitere Anzeigepflicht ist gem. Art. 9 des Gesetzes Nr. 184/83 vorgesehen bei Fällen, in denen sich Minderjährige in einer verwahrlosten Lage befinden. Die

---

129 Die Legaldefinition des Begriffs findet sich in Art. 358 italStGB.
130 So der italienische Kassationsgerichtshof in seinem Urteil 189558/92.

Verwahrlosung kann sowohl physischer als auch seelischer Natur sein. Sie muss geeignet sein, die ausgewogene Entwicklung des Kindes zu beeinträchtigen.

In allen genannten Fällen haben die für die Jugend zuständigen Sozialämter keinen inhaltlichen Beurteilungsspielraum. Bei Vorliegen entsprechender Verdachtsmomente haben sie der Anzeigepflicht zu folgen. Die Prüfung der Frage, ob die anzeigte Straftat tatsächlich stattgefunden hat oder nicht, also der möglichen Begründetheit der Anzeige, wird im italienischen Strafprozessrecht im Rahmen einer Voruntersuchung vom zuständigen Richter durchgeführt. Die Unterlassung der Anzeige ist nach Art. 362 italStGB strafbar; die für Verstöße vorgesehene Geldstrafe beträgt allerdings maximal 100 EUR. Gravierender als diese Strafandrohung sind mithin die möglichen Rechtsfolgen einer unterlassenen Strafanzeige im Hinblick auf eine daraus abzuleitende mögliche Unterlassungsstrafbarkeit wegen Verstoßes gegen die Garantenpflicht. Diesbezügliche Verurteilungen sind allerdings nicht bekannt.

Neben diesen Fällen der von Amts wegen zu verfolgenden Straftaten (mit entsprechender Anzeigepflicht) kennt das italienische Strafrecht weitere Straftaten, die (nur) auf Antrag verfolgbar sind. Hier besteht keine gesetzliche Anzeigepflicht. Der Strafantrag muss innerhalb von sechs Monaten gestellt werden und ist, soweit Belange des Opferschutzes tangiert werden, nicht widerruflich. Der Strafantrag kann auch von einem Minderjährigen gestellt werden, sofern er mindestens 14 Jahre alt ist; bei Minderjährigen, die das Mindestalter von 14 Jahren noch nicht erreicht haben, durch die Person, die über den Minderjährigen elterliche Befugnis hat (Art. 120 italStGB). Im letzteren Fall sehen Art. 121 italStGB und Art. 338 italStPO vor, dass der Antrag bei einem Interessenkonflikt mit einem zum Strafantrag befugten Elternteil auch von einem gerichtlich bestellten Rechtspfleger gestellt werden kann. Die Bestellung des Rechtspflegers erfolgt auf Antrag des Voruntersuchungsrichters, des Staatsanwalts oder des für die Jugend zuständigen Sozialamts.

5. Schweden[131]

a) Garantenstellung

Auch das schwedische Strafrecht kennt grundsätzlich eine Unterlassungsstrafbarkeit. Auf Fälle, in denen es jemand unterlässt, einen bestimmten Erfolg abzuwenden, obwohl er dazu Anlass hat, wird eine – gesetzlich nicht geregelte – Garantenlehre angewendet, die sich eng an die deutsche Dogmatik anlehnt.

Besondere Pflichten für Jugendfürsorgebehörden ergeben sich aus dem Jugendfürsorgegesetz (LVU).[132] Das Gesetz ist insoweit kürzlich um § 11 Abs. 5 LVU ergänzt worden. Danach ist die Jugendfürsorgebehörde neben den Sorgeberech-

---

131 Siehe allgemein zum Thema *Clevesköld/Lundgren/Thunved*, Handläggning inom socialtjänsten, 5. Aufl. 2001.
132 Lag 1990:52 med särskilda bestämmelser om vård av unga, LVU.

tigten dafür verantwortlich, dass die grundlegenden Rechte von Kindern und Jugendlichen, die in Kap. 6 § 1 des Elterngesetzbuches[133] geregelt sind, beachtet werden. Durch diese Vorschrift soll klargestellt werden, dass auch die Jugendfürsorgebehörde eine eigene Verantwortung dafür hat, dass diese Rechte respektiert werden. Eine *strafrechtliche* Garantenstellung dürfte die Vorschrift allerdings nicht begründen (vgl. unten).

Weiterhin ergeben sich aus § 13 LVU Überwachungs- und Überprüfungspflichten der Jugendfürsorgebehörde für die Fälle, in denen ein Kind oder Jugendlicher Fürsorge nach dem LVU erhält. Aus Kap. 5 § 1a des Sozialfürsorgegesetzes (SoL)[134] ergibt sich darüber hinaus eine Kooperationspflicht der Behörden bei Verdacht einer Misshandlung von Kindern.

b) Anzeigepflicht

Bis zum 31. Dezember 2001 war die maßgebliche Vorschrift, aus der sich behördliche Anzeigepflichten ergaben, § 71 SoL a. F (1980).[135] Mit der Neufassung des Sozialfürsorgegesetzes[136] wurde § 71 gleich lautend übernommen in Kap. 14 § 1 SoL n. F. Auf der Grundlage von § 71 SoL a. F. wurden einige Rechtsfälle behandelt (siehe unten VI. 6. c). Nach § 71 Abs. 2 a. F. müssen die Mitarbeiter der verschiedenen Behörden aus den Bereichen Gesundheits- und Sozialwesen die Jugendfürsorgebehörde sofort informieren, wenn sie in ihrer Tätigkeit von einem Umstand erfahren, der ein Eingreifen der Jugendfürsorgebehörde erforderlich machen könnte. Dabei sind sie verpflichtet, alle Informationen, die für die Untersuchung des Falls von Bedeutung sein können, weiterzugeben. In der Familienberatung Tätige trifft die Meldepflicht nur, wenn sie durch ihre Tätigkeit von häuslichen Misshandlungen oder häuslicher sexueller Ausnutzung Minderjähriger erfahren (§ 71 Abs. 3 SoL a. F.).

c) Rechtsfälle

Zunächst ist festzustellen, dass strafrechtliche Verurteilungen nicht gefunden werden konnten. In lediglich einem Fall existiert eine verwaltungsrechtliche Entscheidung zu der Problematik.[137] Der Fall behandelt die Unterlassung einer gem. § 71 SoL a. F. gebotenen Anzeige durch Personal im Gesundheitswesen. Diese führte nicht zu Disziplinarmaßnahmen nach § 4 des Gesetzes über Disziplinarmaßnahmen im Bereich des Gesundheitswesens.[138] Daraus lässt sich schließen, dass erst recht keine strafrechtliche Sanktion in Frage kommt.

---

133 Elterngesetzbuch (Föräldrabalken).
134 Sozialfürsorgegesetz (Socialtjänstlagen), SoL.
135 SoL in der Fassung 1980:26.
136 Gesetz Nr. 2001:453, in Kraft getreten am 1. Januar 2002.
137 RÅ Ref. 1997:17.
138 Lag 1994:954 om disciplinpåföljd på hälso och sjukvårdens område (Gesetz über Disziplinarmaßnahmen im Bereich des Gesundheitswesens).

Ansonsten gibt es, soweit ersichtlich, nur Rügen des Justiz-Ombudsmanns des schwedischen Parlaments,[139] der allerdings selbst keine Sanktionen verhängen kann. In dem jüngsten Bericht sind zwei einschlägige Fälle verzeichnet. Im ersten Fall[140] hatte die Psychiatrie einen Verdacht des sexuellen Missbrauchs eines Kindes durch den neuen Lebensgefährten der Mutter nicht an die Jugendfürsorgebehörde gemeldet (Verstoß gegen § 71 SoL a. F.). Der Ombudsmann kritisierte dies scharf und mahnte insoweit eine bessere Ausbildung des Pflegepersonals an. Der andere Fall[141] behandelt die Pflicht der Jugendfürsorgebehörde, dem Erziehungsberechtigten den Verdacht einer Misshandlung im Pflegeheim mitzuteilen. Der Ombudsmann kritisierte, dass die Erziehungsberechtigten erst drei Monate nach dem Übergriff informiert wurden.

Insgesamt scheint es, als ob die Einrichtung des parlamentarischen Ombudsmanns in dem schwedischen System einen Gutteil der „strafrechtlichen Brisanz" solcher Fälle entschärft. Die strafrechtliche Unterlassungshaftung, die sich im Prinzip auch nach schwedischem Strafrecht begründen ließe, bleibt in diesen Fällen jedoch dogmatische Theorie.

6. England und Schottland

a) Allgemeines

Andere rechtliche Regeln als in den vorgenannten kontinentaleuropäischen Rechtsordnungen gelten schließlich in Großbritannien, wo die Bedeutung einzelner Gerichtsurteile im Hinblick auf ihre Präjudizfunktion sehr viel größer ist als auf dem Kontinent. Dabei ergibt der Blick auf die dogmatischen Grundsätze zunächst, dass die Situation in England und Schottland in Bezug auf die Unterlassungsstrafbarkeit ziemlich ähnlich der hiesigen ist. Eine Unterlassung kann demnach strafbar sein, wenn der Täter eine Garantenpflicht und eine Handlungspflicht hat (so genannte pre-exisiting duty of care).[142] Eine Garantenpflicht bzw. eine generelle Handlungspflicht kann sich ergeben aus:

- einer „abhängigen" Verwandtschaft (z.B. zwischen Eltern und Kindern),
- Vertrag oder vertragsähnlicher Übernahme einer Fürsorgepflicht,
- Gesetz,
- gefährdendem Tun.

Die Unterlassungsstrafbarkeit, die in Common-Law-Ländern grundsätzlich anerkannt wird, findet eine Grenze offensichtlich in der weitgehend einheitlich eingeführten Pflicht, bei Verdacht einer Kindesmisshandlung oder Kindesvernachläs-

---

139 Justitieombudsman (JO).
140 JO 2002/03, S. 290.
141 JO 2002/03, S. 239.
142 "Omissions liability (…) is premised on a failure to fulfil a duty"; siehe *Ashworth*, Principles of Criminal Law, Oxford University Press 3rd ed. 1999, S. 113; *dies.*, "The scope of criminal liability for omissions", 1989 (England); *McCall Smith/Sheldon*, Scots Criminal Law 2nd ed. 2003, S. 29 f.

sigung diese einer hierauf spezialisierten Behörde anzuzeigen. Offensichtlich wird hierin auch ein Akt des Gesetzgebers gesehen, mit dem weiter gehende Haftungsrisiken (durch Unterlassen) ausgeschlossen werden sollten.[143]

b) Bisherige Rechtsprechung

Freilich ergibt die Suche nach einschlägigen Gerichtsentscheidungen sehr schnell, dass sich diese primär mit privatrechtlichen Ansprüchen aus der Verletzung der allgemeinen Fürsorgepflicht befassen. Der leading case in diesem Bereich ist X vs. Bedfordshire County Council.[144] Dort wird die Verantwortlichkeit des Jugendamts für den Kindesschutz vor einer Herausnahme aus der Familie behandelt (so genannte pre-care situation). Die Situation eines Missbrauchs nach einer Fremdplatzierung wird in dem Fall Barrett vs. Enfield London Borough Council[145] geregelt. Dieses Verfahren behandelte die Klage von fünf Kindern, die geltend machten, dass sie vier Jahre lang von den verantwortlichen Behörden nicht geschützt wurden. Als die Kinder aus der Familie genommen wurden, litten alle unter schweren psychischen Störungen (Traumatisierung).

Das Oberhaus wies die entsprechende Schadensersatzklage ab. Es wurde entschieden, dass die entsprechende Regelung des in Frage stehenden Gesetzes (§ 17 des Children Act 1989) keine im Einzelfall einklagbaren Pflichten begründet. Aus dem Gesetz ergäbe sich nur eine allgemeine Pflicht der Behörden zum Schutz und zur Fürsorge. Kommentatoren beklagen, dass das Kind im common law gegen die Fürsorgebehörde bzw. die entsprechenden einzelnen Mitglieder keine Klage wegen fahrlässiger Pflichtverletzung führen könne, solange X vs. Bedforshire Präjudiz bleibe.[146] Raum für eine Neubewertung könnte sich allerdings aus der Tatsache ergeben, dass die Kläger zwischenzeitlich beim Europäischen Gerichtshof für Menschenrechte mit einer Beschwerde gegen diesen Entscheid wegen Verletzung von Art. 3 Erfolg hatten.[147]

Vor dem Hintergrund der obigen Entscheidung überrascht es nicht, dass Gerichtsentscheidungen, in welchen Mitglieder der in Frage stehenden Behörde (Vormundschaft) wegen unterlassenem Kindesschutz auch strafrechtlich verfolgt oder gar bestraft worden wären, nicht zu finden waren. Interessant ist in unserem Kontext auch, dass in Kanada ein entsprechender Fall dokumentiert ist, in dem es tatsächlich zu einem Strafprozess kam. Im August 1997 wurde neben der Mutter als Täterin erstmals auch eine Sozialarbeiterin wegen fahrlässiger Tötung angeklagt. Die Sozialarbeiterin, die mit dem Fall der 19-jährigen Mutter und deren frühgeborenem Kind, das an Unterernährung starb, betraut war, wurde – ebenso wie die Mutter – aus Mangel an Beweisen freigesprochen.[148]

---

143 *Raffles*, The Guilty Bystander: Leet v. State. Stetson Law Review 22 (1992), S. 323 (348 f.).
144 X vs. Bedfordshire County Council (1995) 2 AC 633.
145 Barrett vs. Enfield London Borough Council (1999) 3 WLR 79.
146 Siehe *Bailey-Harris/Harris*, Local Authorities and Child Protection – The Mosaic of Accountability, Child and Family Law Quarterly 2002, S. 117.
147 Z and others vs. UK, Urteil vom 10. Mai 2001, Verfahren Nr. 29392/95.
148 R v. Heikamp and Martin, 3. Dezember 1999.

c)   Aktuelle Gesetzgebung

Gewisse Änderungen der derzeitigen Situation könnten sich allerdings auch durch neue Entwicklungen in der Gesetzgebung ergeben. Nachdem in letzter Zeit verschiedene Fälle von Kindesmissbrauch bekannt geworden waren, bei welchen die verantwortlichen Behörden Kenntnis der Missstände hatten, mitunter sogar explizit vor Eskalation gewarnt worden waren, wurden verschiedene Gesetzesinitiativen für einen besseren Kindesschutz in die Wege geleitet. Von Bedeutung war in diesem Zusammenhang insbesondere der Fall der zu Tode gequälten achtjährigen Victoria Climbie;[149] die Umstände ihres Todes waren Gegenstand einer Untersuchungskommission, die in ihrem Schlussbericht auf zahlreiche zum Teil gravierende Versäumnisse der Jugend(wohlfahrts)behörden aufmerksam machte.[150] Auf der Basis der Empfehlungen der von Lord-Richter Laming geführten Climbie-Kommission veröffentlichte die Blair-Regierung im September 2003 unter dem symbolträchtigen Titel „Every Child Matters" das Green Paper für ein neues Kinderschutzgesetz, das im März 2004 in das Parlament eingebracht wurde.[151] Durch dieses Gesetz wird u.a. das Amt eines zentralen Kinderschutzbeauftragten geschaffen, das mit richterlicher Untersuchungsgewalt ausgestattet werden wird. Darüber hinaus sollen klare Interventionsbefugnisse und -pflichten für Jugendbehörden und Jugendeinrichtungen konstituiert werden.

Noch weitreichender erscheint darüber hinaus eine auf der Grundlage des Erziehungsgesetzes aus dem Jahr 2002[152] erlassene neue Kinderschutzverordnung. Diese so genannte Children's Services Guidance mit dem Titel „Safeguarding Children"[153] richtet sich nicht nur an Schulen und andere Erziehungseinrichtungen, sondern an sämtliche Stellen, die mit Kindern und Jugendlichen zu tun haben. Kernstück ist eine explizite Anzeigepflicht nebst einem Katalog sehr detaillierter Vorschriften, wie die eingeschalteten Behörden einschließlich der Polizei mit den Anzeigen zu verfahren haben. In Diagrammen werden dabei die Dienstwege, einzuleitenden Schritte und individuellen Verantwortlichkeiten exakt vorgegeben. Unter anderem ist geregelt, dass Sozialarbeiter bzw. ihre Vorgesetzten innerhalb eines Tages tätig werden und im Fall des Verdachts einer Straftat zum frühestmöglichen Zeitpunkt die Polizei einschalten müssen. Dies würde gegenüber der bisherigen Rechtslage eine eindeutige Verstrafrechtlichung der Kontrolle bedeuten.

---

149 Vgl. http://news.bbc.co.uk/1/hi/in depth/uk/2002/victoria climbie inquiry/default.stm.
150 Siehe http://www.victoria-climbie-inquiry.org.uk/finreport/summary-report.pdf.
151 Children Act 2003. Links zum Gesetzestext, dem vorbereitenden Green Paper sowie weiteren Materialien zum Gesetzgebungsverfahren finden sich unter http://www.dfes.gov.uk/everychildmatters.
152 § 175 Education Act 2002. Dieser Paragraf wurde vom Erziehungsminister mit Wirkung vom 1. April 2004 in Kraft gesetzt.
153 Die Verordnung soll zum 1. Juni 2004 in Kraft treten und den bisherigen Circular 10/95 ersetzen. Der Text sowie weitere Materialien finden sich unter http://www.publications.doh.gov.uk/safeguardingchildren.

VII. Fazit/Hinweise für die Praxis

1. Strafbarkeitsrisiken für Angehörige von Sozialberufen im Hinblick auf Rechtsgutsverletzungen, die im Gefolge sozialarbeiterischer Tätigkeit auftreten, ergeben sich auf der Grundlage einer möglichen Unterlassungsstrafbarkeit (in Form der unechten Unterlassungsdelikte). Diese Strafbarkeitsfigur bietet tatsächlich ein erhebliches Potenzial an Strafbarkeitserweiterung, das mit der zunehmenden Sensibilisierung der Öffentlichkeit für die Schutzbedürftigkeit bestimmter Opfergruppen an Bedeutung gewinnt. Dabei stellen sich hier dem Grundsatz nach ähnliche Probleme wie bei der allgemeinen Frage, ob und inwieweit professionell geprägte Tätigkeiten einer strafrechtlichen Überprüfung im Hinblick auf die Voraussetzungen und das Zutreffen der in ihnen angelegten Prognosen, Beurteilungen und Einschätzungen unterliegen.

2. Bezogen auf die Angehörigen von Sozialberufen ist die Garantenstellung der Mitarbeiter jedenfalls aus tatsächlicher Schutzübernahme begründet.

3. Fraglich ist aus guten Gründen aber der Umfang der Garantenpflichten. Denn das Gesetz beschränkt die Verpflichtungen auf Leistungen und Angebote und rückt damit auch Kooperation und Freiwilligkeit in den Vordergrund.

4. Die Pflicht wird grundsätzlich darauf zu beschränken sein, dass der Sozialarbeiter eine durch professionelle Vorgaben gesteuerte Ermessensentscheidung getroffen hat. Hierfür muss er den Sachverhalt bestimmen und alle in Frage kommenden Handlungsoptionen in Erwägung ziehen. Eine Ermessensreduzierung auf null wird ggf. in akuten Notsituationen angenommen werden können. Eine solche akute Notsituation wurde aber bislang in den tatsächlich der Strafverfolgung ausgesetzten Sachverhalten nicht thematisiert bzw. beobachtet.

5. Eine solche Betrachtungsweise würde die Haftungsvoraussetzungen für Sozialarbeit denjenigen in anderen Berufen und für andere (strukturell vergleichbare) Entscheidungen, die Rechtsgutsverletzungen zur Folge haben können, angleichen. Insbesondere geht es hier um eine vergleichende Betrachtung der Entscheidungen zu Vollzugslockerungen bei Gefangenen oder Untergebrachten.

6. Eine wesentlich auf eine Post-facto-Beurteilung abstellende – und damit fast reine – Erfolgshaftung würde Sozialpolitik durch Kriminalpolitik ersetzen und im Übrigen angesichts des seltenen Ereignisses schwerer Misshandlungsfolgen auch Zufallsstrafrecht darstellen.

7. Auch in den hier analysierten ausländischen Rechtsordnungen existiert fast durchweg eine Unterlassungsstrafbarkeit. Diese besteht jedoch zumeist eher in der dogmatischen Theorie denn in der strafgerichtlichen Praxis.

8. Mitunter strengere Regelungen als in Deutschland finden sich in manchen Ländern freilich im Hinblick auf konkrete Anzeigepflichten. Insbesondere in Österreich, in etwas eingeschränkterer Form auch in Frankreich und Italien, können sich aus der Nichtbefolgung dieser Anzeigepflichten für die Mitarbeiter im Sozialbereich größere Strafbarkeitsrisiken ergeben als hierzulande. In diesen Ländern hat sich in den letzten Jahren auch das Spannungsverhältnis zwischen Anzeigepflichten auf der einen und beruflichen Geheimhaltungspflichten auf der anderen Seite verschärft. Insbesondere in Fällen sexuellen Missbrauchs von Kindern bzw. bei entsprechendem Verdacht gerät das Berufsgeheimnis in die Defensive.

9. Insgesamt am augenfälligsten wird diese rechtspolitische Wende in Österreich. Dort gibt der Gesetzgeber einem primär strafrechtlich verstandenen Opferschutz nunmehr klaren Vorrang vor dem Konzept autonom-sozialarbeiterischer Verantwortlichkeits- und Entscheidungskompetenz, wie es – konkret umgesetzt in der Ausweitung von beruflichen Geheimhaltungspflichten und Zeugnisverweigerungsrechten – noch der Vorgängerreform zu Beginn der 90er Jahre zugrunde gelegen hatte. Einzigartig ist auch, dass die Nichtanzeige dort zusätzlich auch als Amtsmissbrauch verfolgt werden kann.

10. Hingegen folgt man in Schweden nach wie vor primär nichtstrafrechtlichen Lösungsstrategien. Nicht nur strafrechtliche, sondern auch disziplinarrechtliche Konsequenzen gesetzeswidriger Nichtweitergabe von Verdachtsfällen kommen dort so gut wie nicht vor.

11. Auch in Common-Law-Ländern findet die Unterlassungsstrafbarkeit eine Grenze in den weitgehend gleichmäßig eingeführten Anzeigepflichten an eine Spezialbehörde. Damit sollen offensichtlich weiter gehende Haftungsrisiken (durch Unterlassen) ausgeschlossen werden. Eine gewisse Verstrafrechtlichung der Kontrolle wird sich in Großbritannien allerdings auf der Grundlage neuer gesetzlicher Bestimmungen zum Umgang mit Fällen, in denen der Verdacht einer Straftat besteht, einstellen. Hier wird das bisherige Prinzip einer ausschließlich sozialbehördlichen Problemlösungskompetenz künftig durchbrochen werden. Ob dies freilich mit einer Erhöhung persönlicher Strafbarkeitsrisiken für die betroffenen Mitarbeiter einhergehen wird, lässt sich vor der endgültigen Implementierung der geplanten neuen Rechtsvorschriften noch nicht abschließend beurteilen.

Kapitel 8

Zur Aufgabenstellung der Polizei bei Vernachlässigung, Misshandlung und sexuellem Missbrauch von Kindern und Jugendlichen

von Paul Haben

I. Spannungsfeld zwischen Gefahrenabwehr und Strafverfolgung

Die originären Aufgaben der Polizei liegen im Bereich der Gefahrenabwehr (§ 1 Abs. 2 SaarlPolG), der Strafverfolgung (§ 163 StPO) und der Verfolgung von Ordnungswidrigkeiten (§ 53 OWiG). Dies bedeutet, dass ihr die Aufgabe zugewiesen ist, Gefahren für die öffentliche Sicherheit oder Ordnung abzuwenden, aber auch, Straftaten zu erforschen und alle keinen Aufschub gestattenden Anordnungen zu treffen, um die Verdunklung einer Sache zu verhüten. Dieser gesetzliche Auftrag ist nicht disponibel, so dass die Verantwortung von der Polizei übernommen werden muss und auch wird.

Gerade durch die Verpflichtung, sowohl gefahrenabwehrend als auch strafverfolgend tätig werden zu müssen, kann sich bei Fällen des grob gefährdenden Erziehungsversagens und dem damit entstandenen Schutzbedürfnis von Kindern und Jugendlichen ein Spannungsfeld ergeben.

So werden Personen, wie z.B. Lehrer und Nachbarn, die sich an die Polizei wenden, weil sie ein Erziehungsversagen in Familien vermuten und die alleine die Intention haben, die bestehenden Gefahren für Kinder und Jugendliche in diesen Familien abzuwenden, automatisch zu Zeugen im Strafverfahren, weil die Polizei gemäß dem Legalitätsprinzip tätig werden muss. Diese Personen werden als Mitteiler somit zwangsweise zu Anzeigenerstattern und auch Zeugen, denen kein Zeugnisverweigerungsrecht gem. § 52 StPO zusteht. Um nun nicht dem Staat im Rahmen eines Strafverfahrens als Zeuge zur Verfügung stehen zu müssen, sind Situationen denkbar, in denen Personen zwar eine hohe Gefährdung für Kinder oder Jugendliche in bestimmten Familien vermuten, jedoch tatenlos wegsehen, um nicht in die Pflicht genommen zu werden. Hier kann nur zu mehr Zivilcourage geraten werden, denn Gefahrenabwehr und Strafverfolgung schließen sich nicht aus. Beispielsweise besteht gerade im Zusammenhang mit einem Strafverfahren die Chance, nicht das Opfer, sondern den Täter per Platzverweis oder Haftbefehl aus der Wohnung zu entfernen, um weitere Straftaten zu verhindern.

Ein zweites Spannungsfeld zwischen Strafverfolgung und Gefahrenabwehr könnte darin gesehen werden, zum Schutz des Kindes quasi als „Gegenleistung" eine ausführliche Aussage und aktive Mitwirkung am Strafverfahren zu verlangen, wodurch es in die Gefahr der sekundären Viktimisierung geraten kann.

Im strafrechtlichen Verfahren ist das kindliche Opfer aber keineswegs schutzlos. Im Bereich des Opferschutzes sind vielmehr in den vergangenen Jahren einige Regelungen zur Verbesserung der Stellung des Opfers im Strafverfahren getroffen worden. Zu nennen sei hier nur die Möglichkeit der Beiordnung eines Opferanwalts, die Vernehmung bzw. Anhörung der Opfer in einem speziellen Kindervernehmungszimmer oder auch die Weitervermittlung der Opfer an professionelle Stellen wie den Weißen Ring, Nele e.V. oder die Psychotraumatologie der Klinik

Berus. Eine Mitteilung an die Polizei schließt die Hilfe anderer Einrichtungen nicht aus, so wird auch das zuständige Jugendamt von der Polizei über Gefährdungen für Kinder und Jugendliche unterrichtet.

II. Kindeswohlgefährdung als Aufgabe der Polizei

1. Vernachlässigung, Misshandlung, sexueller Missbrauch von Kindern und Jugendlichen

Die Polizei im Saarland legt bei ihrer Arbeit eine qualifizierte Beschreibung der Gefährdungssituationen für Kinder und Jugendliche zugrunde, wobei eine Differenzierung zwischen Vernachlässigung, Misshandlung und sexuellem Missbrauch stattfindet. Die Beschreibungen der jeweiligen Gefährdungssituationen wurden auf Erkenntnisse der Sozialwissenschaften, insbesondere der Entwicklungspsychologie, gestützt. Außerdem wurden hier die Ergebnisse von wissenschaftlichen Forschungen zu den Formen des sexuellen Missbrauchs sowie der persönlichen Motivations- und psychosozialen Lebenslagen der Täter berücksichtigt.

2. Polizeiliche Kriminalstatistik und Fallzahlen

Die polizeiliche Kriminalstatistik macht keine konkreten Angaben über Straftaten, die zum Nachteil von Kindern und Jugendlichen im intrafamiliären Kontext verübt werden. Vollständige und damit verlässliche Statistiken über Ausmaß und Verbreitung der Kindesmisshandlung in der Bundesrepublik liegen nicht vor.[1]

Wie viele Kinder von Vernachlässigung betroffen sind, lässt sich daher nur schwer in Zahlen fassen. Einerseits fehlen repräsentative Untersuchungen und andererseits wird die Vernachlässigung von Kindern meistens zusammen mit Kindesmisshandlung erfasst oder ist keinem konkreten Straftatbestand zuordenbar. Erschwerend kommt hinzu, dass von einer großen Dunkelziffer auszugehen ist. Untersuchungen in Deutschland zeigen, dass nur 5 bis 10 % aller Fälle aktenkundig werden.

Im Rahmen der Misshandlung von Kindern und Jugendlichen in Deutschland geht man von einer Lebenszeitprävalenz[2] der Gewalterfahrung in der Kindheit für körperliche Gewalt von 11,8 % der Männer und 9,9 % der Frauen aus. Sexuelle Misshandlungen mit Körperkontakt in der Kindheit werden von 2,8 % der befragten Männer und 8,6 % der Frauen zwischen 16 und 69 Jahren berichtet.[3] In der

---

1   *Rönau/Wille*, Kindesmisshandlung, in: Forster/Balduin, Praxis der Rechtsmedizin, 1986, S. 428.
2   Unter Prävalenz versteht man in der Epidemiologie die Häufigkeit, in der ein bestimmtes Merkmal in einer bestimmten Bevölkerung (Population) vorkommt.
3   Arbeitsgemeinschaft der Wissenschaftlichen Medizinischen Fachgesellschaft, Leitlinien der Deutschen Gesellschaft für Sozialpädiatrie und Jugendmedizin, 2002, S. 5.

bundesweit repräsentativen, retrospektiven Prävalenzstudie des Kriminologischen Forschungsinstituts Niedersachsen (KFN) e. V. wurde festgestellt, dass ein Fünftel aller Erwachsenen in ihrer Kindheit mit schwerwiegenden bzw. häufigen Formen der sexuellen und physischen Gewalt konfrontiert waren.[4]

III. Kinder- und Jugendarbeit der Polizei im Saarland

1. Aufbau- und ablauforganisatorische Zuordnung

Die Bearbeitung von Jugendsachen bei der saarländischen Vollzugspolizei obliegt der Landespolizeidirektion und dem Landeskriminalamt im jeweiligen Zuständigkeitsbereich. Bei Fragen, die über den Einzelfall hinaus von Bedeutung sind, ist eine Koordination herbeizuführen.

Die Aufgabenfelder der Jugendsachbearbeitung in der Polizei beinhalten sowohl operative als auch administrative Maßnahmen. Sie werden in den jeweils örtlich und sachlich zuständigen Organisationseinheiten der saarländischen Vollzugspolizei wahrgenommen.[5]

a) Angliederung in den Polizeibezirken

Die Jugendsachbearbeitung wird grundsätzlich in den Kriminaldiensten der Polizeiinspektionen und im Kriminaldienst Saarbrücken, von speziell ausgebildeten Jugendsachbearbeiter/inne/n durchgeführt. Der Kriminaldienst Saarbrücken, der im Dienstbezirk des Polizeibezirks Saarbrücken-Stadt die Aufgabe der dezentralen Kriminalitätsbekämpfung wahrnimmt, verfügt über ein eigenes Jugendsachgebiet (Sachgebiet 1).[6]

Insgesamt stehen zurzeit 91 ausgebildete Jugendsachbearbeiter in den Kriminaldiensten zur Verfügung. Im Bereich der häuslichen Gewalt, von der neben Frauen auch Kinder und Jugendliche betroffen sind, ist eine Schwerpunktbearbeitung ebenfalls in den Kriminaldiensten vorgesehen.

b) Angliederung in der Kriminalpolizeiinspektion

Die Kriminalpolizeiinspektion als integrierter Bestandteil der Landespolizeidirektion ist sachlich für die spezialisierte Verbrechensbekämpfung zuständig und bearbeitet im Kriminalkommissariat 1, Sachgebiet 11 in Saarbrücken sowie in den Kriminalkommissariaten Saarlouis und Neunkirchen, Sachgebiete 11, Straftaten gegen die sexuelle Selbstbestimmung, ist also zuständig für die einschlägigen Straftatbestände in Bezug auf den sexuellen Missbrauch von Kindern und Jugendlichen. Auch wenn Vernachlässigung, Misshandlung oder sexueller

---

4 KFN, Prävalenzstudie zur Verbreitung sexueller und körperlicher Gewalt gegen Kinder, 1992.
5 Landesteil zur PDV 382 „Bearbeitung von Jugendsachen", Stand: 1998.
6 Verwaltungsvorschrift über Organisation und Aufgabenverteilung der Behörden der saarländischen Vollzugspolizei vom 15. März 2001.

Missbrauch mit dem Tod des Kindes oder Jugendlichen enden, ist eine sachliche Zuständigkeit der o. g. Kriminalkommissariate gegeben.[7] Darüber hinaus wird auch das Kriminalkommissariat 6, Sachgebiet 61 – Kriminaldauerdienst – tätig, wenn es um die Durchführung des Auswertungsangriffs geht, der je nach Lage selbstständig durch das Sachgebiet 61 oder in Form der Unterstützung der Fachdienststelle geleistet wird. Insgesamt sind somit 64 Mitarbeiter/innen mit der Sachbearbeitung dieses Deliktsfelds betraut.

c) Aufgabe des Führungsstabs der Landespolizeidirektion

Grundsatzfragen der Jugendsachbearbeitung werden im Stabsbereich 1 der Landespolizeidirektion bearbeitet. Hier ist auch der Opferschutzbeauftragte im Sachbereich 14 angegliedert, der als Ansprechpartner in allen Fragen des Opferschutzes bei geschädigten Kindern und Jugendlichen zur Verfügung steht.

d) Angliederung in der Landespolizeidirektion

Bei der Landespolizeidirektion – Führungsstab – (LPF-FÜStB), den Polizeibezirken (PB), der Verkehrspolizei (VPI) und der Kriminalpolizeiinspektion (KPI) werden Beauftragte für Jugendsachen (BfJ) ausgewiesen. Sie sollen grundsätzlich dem gehobenen Dienst angehören und als Jugendsachbearbeiter/innen ausgebildet sein.

Die Beauftragten für Jugendsachen sind Ansprechpartner für die Belange der Jugendsachbearbeitung in ihren Zuständigkeitsbereichen. Ihnen obliegen im Hinblick auf die Bearbeitung von Verfahren gegen Junge Intensivtäter (JIT) im jeweiligen Zuständigkeitsbereich im Wesentlichen folgende Aufgaben:

- Koordination der polizeilichen Jugendarbeit (Jugendsachbearbeitung, Jugendschutz, Jugendmedienschutz);

- Unterstützung und Beratung des Leiters/der Leiterin LPD, PB, VPI, KPI;

- Förderung, Beratung der Jugendsachbearbeiter/innen, Entscheidungsfindung zur Festlegung eines Jungen Intensivtäters;

- Erstellen und Analysieren eines Lagebilds für den Dienstbezirk;

- Koordination der polizeilichen Zusammenarbeit mit Einrichtungen und Trägern der Jugendarbeit sowie den zuständigen Stellen der Justizbehörden zur Entwicklung individueller Maßnahmenbündel zur Verhinderung weiterer Straffälligkeiten des Jungen Intensivtäters;

- Einbringung der spezifischen Erfahrung in die regionalen Jugendhilfeausschüsse.

---

7   Erlass über die Abgrenzung der Aufgaben der Landespolizeidirektion und des Landeskriminalamts im Rahmen der sachlichen Zuständigkeit der Vollzugspolizei vom 18. Februar 2002.

e) Angliederung im Landeskriminalamt

Das Landeskriminalamt ist Zentralstelle für polizeiliche Jugendsachen für das Saarland und meldet Sachverhalte von überregionaler Bedeutung (personenbezogene Daten sind hierbei anonymisiert) an die bundesweite Zentralstelle „Jugendgefährdung und Jugendkriminalität", die aus folgenden Bereichen Erkenntnisse, Erfahrungen und Materialien bundesweit sammelt:

- Jugenddelinquenz,
- Jugendgefährdung/Minderjährige als Opfer,
- Jugendschutz und
- polizeiliche Jugendarbeit.

Ziel ist es, die Zusammenarbeit durch einen regelmäßigen Austausch zu intensivieren, um so letztendlich eine effizientere Vorbeugung und Bekämpfung der Jugenddelinquenz und eine Verbesserung des Jugendschutzes zu erreichen.

Grundsatzfragen der Jugendsachbearbeitung werden im Landeskriminalamt durch die Abteilung 1 und hier speziell im Dezernat 11, Sachgebiet 111 bearbeitet.

Mit der Polizeilichen Kriminalprävention auch im Bereich der Kinder- und Jugendarbeit beschäftigt sich im Landeskriminalamt das Dezernat 14.

f) Zusammenarbeit mit der Staatsanwaltschaft

Zwischen der Staatsanwaltschaft Saarbrücken und den zuständigen Fachdienststellen für den Bereich des Deliktsfelds „Jugendsachen" besteht eine enge Zusammenarbeit. Diese wird dadurch deutlich, dass alle Delikte, in denen Kinder oder Jugendliche als Opfer oder als Täter eine Rolle spielen, in der Abteilung IX der Staatsanwaltschaft Saarbrücken bearbeitet werden, so dass dort feste Ansprechpartner/innen zur Verfügung stehen.

g) Mitwirkung in Jugendhilfeausschüssen[8]

Das Landeskriminalamt entsendet eine/n Vertreter/in als beratendes Mitglied in den Landesjugendhilfeausschuss. Die örtlich zuständigen Polizeibezirke entsenden jeweils eine/n Vertreter/in als beratendes Mitglied in die entsprechenden Jugendhilfeausschüsse bei den Landkreisen und im Stadtverband Saarbrücken.

---

8   Erstes Gesetz zur Ausführung des Kinder- und Jugendhilfegesetzes vom 9. Juli 1993 (Amtsblatt des Saarlandes vom 2. September 1993).

2. Aufgabenbeschreibung/Aus- und Fortbildung

a) Aufgabenbereiche

Für die Bearbeitung von Jugendsachen werden grundsätzlich speziell ausgebildete Jugendsachbearbeiter/innen eingesetzt. Die Aus- und Fortbildung vermittelt Kenntnisse in den Bereichen Jugendrecht, Pädagogik, Psychologie, Soziologie und über spezifische Regelungen in allgemeinen Rechtsbereichen (Polizeirecht, Strafverfahrensrecht etc.). Dadurch sollen die Beamt/inn/en in die Lage versetzt werden, der individuellen Situation der Kinder und Jugendlichen, die bei der Polizei auch als Opfer auffällig werden, gerecht zu werden, Gefährdungen zu erkennen und den für die Hilfe zuständigen Stellen sachbezogene Hinweise zu geben.

Jugendsachbearbeiter/innen werden grundsätzlich in der abschließenden Bearbeitung von Jugendsachen eingesetzt. Ihre Aufgabenschwerpunkte liegen in der Gefahrenabwehr bei gefährdeten Minderjährigen, in der Bekämpfung von Jugenddelinquenz sowie in der Prävention von Jugendkriminalität und Jugendgefährdung.

b) Ausbildung

Da die speziellen Jugendsachbearbeiter/innen wegen des Umfangs an Delinquenz in diesem Bereich nicht in der Lage sind, alle spezifischen Fälle zu bearbeiten, wird die Bearbeitung einfach gelagerter Fälle von sonstigen geeigneten Beamt/inn/en durchgeführt. Hierzu ist anzumerken, dass das Thema Kinder und Jugendliche bereits in der allgemeinen Ausbildung behandelt wird, um die Kolleg/inn/en vor Ort in die Lage zu versetzen, eine sachgerechte Bearbeitung in Form des „Ersten Angriffs"[9] bzw. bei einfach gelagerten Fällen bis zur Endbearbeitung zu gewährleisten.[10] So wird bereits im Grundstudium an der Fachhochschule für Verwaltung in den Fächern Kriminologie und Soziologie auf folgende Themen eingegangen:

- Viktimologie,
- Opfertypologien,
- Kriminalität in Abhängigkeit von Geschlecht und Alter (Ursachen, Erklärungsansätze),
- Gewaltkriminalität (Gewaltbegriff, Einstellung zur Gewalt, Erscheinungsformen, Ursachen der Gewalt, Gewalttäterkarrieren),
- Einfluss der Kindheit auf das Leben,
- Sozialisation,
- primäre Sozialisation,

---

9   Polizeiliche Dienstvorschrift (PDV) 100, Anlage 6: Unaufschiebbare Feststellungen und Maßnahmen zur Aufklärung einer Straftat oder Ordnungswidrigkeit in der Regel durch Sicherungs- und Auswertungsangriff.
10 Studienplan der Fachhochschule für Verwaltung, Fachbereich Polizeivollzugsdienst, Stand: 2002.

- kriminogene Bedeutung von Erziehungsstilen,

- sekundäre Sozialisation,

- Bedeutung der Schule,

- Gewalt an Schulen,

- Präventionsmöglichkeiten und

- Jugendkriminalität (Wesen und Erscheinungsformen, Entwicklung und Strukturen, Sozialprofile junger Rechtsbrecher, Erklärungsversuche, ausgewählte Personen der Jugenddelinquenz, Präventionsstrategien).

Im Hauptstudium lernen die Studierenden im Fach Kriminalistik die Besonderheiten der Behandlung von minderjährigen Straftätern kennen. Unter dem Unterrichtsthema „Jugendsachbearbeitung" werden die Sexualdelikte behandelt und wird auf die Zeugenvernehmung bei Kindern und Jugendlichen eingegangen. Inhaltlich werden angesprochen:

- Begriff, Stellenwert, Besonderheit des Jugendstrafrechts,

- Grundsätze der PDV 382,

- Aufgaben der Polizei,

- Besonderheiten bei einzelnen Ermittlungsmaßnahmen und

- Diversionsverfahren, Täter-Opfer-Ausgleich.

Im Hauptstudium wird im Fach Eingriffsrecht auf die Aufgaben und Befugnisse der Polizei im Bereich des Jugendschutzes eingegangen. Es werden die Vorschriften des Jugendschutzrechts, der allgemeine Jugendschutz und der Jugendmedienschutz behandelt. Darüber hinaus wird die Zusammenarbeit zwischen Polizei und den Jugendämtern in Bezug auf den Informationsaustausch, Jugendschutzkontrollen und Maßnahmen der Polizei thematisiert und auf das Schulpflichtgesetz eingegangen.

Auch findet sich das Thema inhaltlich in der Wahlpflichtgruppe „Kinder und Jugendliche im Strafverfahren" mit einem Zeitansatz von 40 Stunden und im Vertiefungsstudium der Fachgruppe „Organisations- und Gesellschaftswissenschaften" (O+G) und „Polizeiwissenschaften" wieder. In der Fachgruppe O+G werden im Leitthema „Zielgruppen polizeilicher Arbeit", im Unterthema „Jugendliche" die Problemfelder „Entwicklungspsychologische Zusammenhänge", „Ursachen und Erscheinungsformen jugendlicher Auffälligkeit und Interventionsansätze", „Vernehmungspsychologische Besonderheiten von Kindern und Jugendlichen" und „Die polizeiliche Organisation der Jugendsachbearbeitung unter besonderer Berücksichtigung externer Hilfeeinrichtungen und Institutionen der Jugendhilfe" behandelt.

In der Fachgruppe Polizeiwissenschaften werden unter dem Leitthema „Häusliche Gewalt" u.a. die Unterthemen „Vernehmung" (auch von Kindern und Jugendlichen als Opfer) sowie „Besonderheiten bei minderjährigen Opfern" besprochen.

c) Fortbildung

Auch im Bereich der Fortbildung sind Themen zum Umgang mit Kindern und Jugendlichen als Opfer von grobem Erziehungsversagen enthalten. So haben seit 2000 244 Polizeivollzugsbeamt/inn/en das Seminar „Jugendsachbearbeitung – Ein Überblick" besucht, in dem jugendspezifische Gesetze und Regelungen und ihre Auswirkungen auf die polizeiliche Arbeit behandelt und ein Überblick über die Entwicklungspsychologie Jugendlicher gegeben wird. Durch dieses Ausbildungsmodul wird eine breit gefächerte Sensibilisierung der Beamt/inn/en außerhalb der spezialisierten Jugendsachbearbeitung erreicht, so dass bereits im Erstkontakt mit Situationen des grob gefährdenden Erziehungsversagens die notwendige Kompetenz im Umgang mit dieser Problematik gewährleistet ist.

An dem fünftägigen Grundseminar „Jugendsachbearbeitung" haben in den letzten vier Jahren 62 Kolleg/inn/en teilgenommen. Inhaltlich wurden hier Grundkenntnisse in den Bereichen Jugendgefährdung und Jugendkriminalität, insbesondere die polizeiliche Sachbearbeitung, Jugendrecht, kriminologische und psychologisch-soziologische Erkenntnisse und der Umgang mit minderjährigen Opfern vermittelt.

Als weiteres Modul wurde zu diesem Grundseminar das Aufbauseminar „Jugendsachbearbeitung" angeboten. An diesen vier Tage dauernden Seminaren konnten seit dem Jahr 2000 51 Polizeibeamt/inn/en teilnehmen und ihr Grundwissen in den Bereichen Jugendrecht, Kriminologie/Viktimologie vertiefen. Weiterhin wurden dort Besonderheiten in der Jugendsachbearbeitung in bestimmten Schwerpunktbereichen sowie die Zusammenarbeit mit anderen Institutionen behandelt.

In Seminaren zum „Täter-Opfer-Ausgleich" mit 47 Teilnehmer/inne/n seit 2000 wurden die rechtlichen Grundlagen des Täter-Opfer-Ausgleichs sowie die Aufgaben der Polizei bei der praktischen Umsetzung in der Jugendsachbearbeitung vermittelt. Grund- und Aufbauseminar Jugendsachbearbeitung sowie das Seminar zum Täter-Opfer-Ausgleich bilden die Grundlage für die spezialisierte Jugendsachbearbeitung in den Organisationseinheiten der Vollzugspolizei.

Nennenswert sind in diesem Zusammenhang auch Seminare zur „Häuslichen Gewalt", die seit dem Jahr 2001 im Fortbildungsplan der Polizei angeboten werden und an denen bis jetzt 120 Kolleg/inn/en teilnehmen konnten. Neben den betroffenen Frauen sind bei häuslicher Gewalt auch die in den Familien vorhandenen Kinder als Opfer betroffen. In den Seminaren wird auf die häusliche Gewalt aus kriminologischer und soziologischer Sicht, die rechtlichen Instrumentarien, den Opferschutz, die Zusammenarbeit der Behörden und Institutionen eingegangen. Seit 2003 finden jährlich Workshops für Beauftragte für Jugendsachen statt, in denen schwerpunktmäßig Themen wie „Kommunale Kriminalprävention" oder „Junge Intensivtäter" behandelt werden.

IV. Fallbearbeitung

1. Polizei im Erstkontakt

a) Erlangen von Informationen

Die Polizei ist u. a. auf Informationen über strafbare Handlungen angewiesen, um tätig werden zu können. Hinweise auf die Gefährdung eines Kindes oder Jugendlichen durch grobes Erziehungsversagen in Form von Vernachlässigung, Misshandlung oder sexuellen Missbrauch erhält die Polizei in der Regel durch

- die Strafanzeige des Opfers bei der Polizei,

- die Mitteilung eines Zeugen oder Hinweisgebers,

- anonyme Anzeigen,

- amtliche Feststellungen während der Dienstausübung,

- Mitteilung von Jugendamt, Feuerwehr, Familiengericht, Schule u. a. Einrichtungen oder

- ärztliche Feststellungen im Rahmen von Behandlungen.

b) Ablauforganisatorischer Umgang mit Informationen

In den meisten Fällen richten sich die Mitteilungen bzw. Anzeigen an die Polizeibezirksinspektionen bzw. Polizeiinspektionen. Die Ermittlungsansätze werden vom Inhalt der Anzeige/Mitteilung bestimmt. Je konkreter das Anzeigevorbringen oder die Mitteilung an die Polizei ausfällt, desto effizienter können die Ermittlungen sein. Die mitgeteilten Tatsachen müssen nach kriminalistischer Erfahrung einen strafrechtlichen Anfangsverdacht bzw. eine konkrete Gefährdung erkennen lassen, um weiter gehende strafprozessuale oder gefahrenabwehrende Maßnahmen durchführen zu können. Bloße Vermutungen rechtfertigen es nicht, jemanden einer Strafverfolgung auszusetzen (§ 152 StPO).

Bei Vorliegen eines strafrechtlich relevanten Sachverhalts werden die Kolleg/inn/en des Wach- und Wechseldiensts eine Strafanzeige fertigen, in der zunächst nur der grobe Sachverhalt erfasst wird. Diese hierzu durchgeführten Befragungen sind zwecks Abklärung des Sachverhalts und einer strafrechtlichen Einordnung zwingend notwendig. Sie beziehen sich daher nur auf die notwendigsten Fragen bezüglich des Delikts, Tathergangs, Tatorts, Täters, pp. („7 goldene Ws").

Die weitere Sachbearbeitung wird dann von der sachlich zuständigen Fachdienststelle, wie bspw. dem Kriminaldienst oder dem jeweiligen Kriminalkommissariat, durchgeführt. Da bei allen diesen Fachdienststellen Bereitschaftsdienste eingerichtet sind, ist bei zeitlich dringlichen Fällen unverzüglich die/der zuständige „Fachfrau/-mann" erreichbar, welche/r sofort die Ermittlungen weiterführt. Gerade im Bereich der Sexualstraftaten steht darüber hinaus auch der Kriminaldauerdienst bei der Kriminalpolizeiinspektion als „Rund-um-die-Uhr-Dienststelle" zur Verfügung, so dass die Sachverhalte ohne Zeitverzug direkt von den Polizeiinspektionen weitergemeldet werden können. Insbesondere beim Vorliegen zeitlich dringlicher, also akuter Gefährdungssituationen für Kinder oder Jugendliche ist somit eine Bewertung der Gefährdungslage und ein sofortiges gefahrenabwehrendes Handeln möglich.

c) Vernehmung/Anhörung der Opfer

Die weiteren Ermittlungen richten sich in erster Linie auf die Vernehmung des Opfers, der Zeugen, die Sicherung von Spuren und die Überprüfung der Angaben des Beschuldigten, wenn erforderlich unter Hinzuziehung von Sachverständigen (Glaubwürdigkeitsprüfung). Hauptinformationsquelle ist regelmäßig das Opfer der Straftat. Da es sich bei Sexualstraftaten und Straftaten der Eltern gegen ihre Kinder um Beziehungsdelikte handelt, sind Augenscheinzeugen in der Regel nicht vorhanden. Außerdem haben Opfer ihren beschuldigten Angehörigen gegenüber ein Zeugnisverweigerungsrecht. Gerade bei kindlichen Opfern unter elf Jahren fehlt es (laut der einschlägigen Rechtsprechung) an der notwendigen Verstandesreife, die Belehrung bezüglich dieses Rechts zu verstehen.[11] In diesen Fällen ist vor der Anhörung des Kindes ein Ergänzungspfleger zu bestellen, der die Aufgabe hat, zu entscheiden, ob das Kind aus seiner Sicht unter dem Aspekt des Kindeswohls eine Aussage machen oder von seinem Zeugnisverweigerungsrecht Gebrauch machen soll. Er muss auch über die Frage entscheiden, ob er seine Zustimmung zu einer körperlichen oder aussagepsychologischen Untersuchung erteilt.

Das Opfer sollte so schnell wie möglich nach der Anzeigenerstattung umfassend vernommen bzw. angehört werden, da die Erinnerungsleistung mit zunehmendem zeitlichem Abstand erfahrungsgemäß nachlässt. Zudem besteht die Gefahr der suggestiven Beeinflussung des Opfers durch Dritte im Prozess der Aufarbeitung des Geschehens und der Auseinandersetzung mit der Tat. Die Erstaussage bildet die Grundlage für den Gang der weiteren Ermittlungen und ist später ein wichtiger Bestandteil der Aussageanalyse im Rahmen einer eventuell notwendig werdenden Glaubwürdigkeitsbeurteilung des Opfers.

Zum Zwecke der Beweissicherung werden insbesondere bei sexuellen Übergriffen durch Angehörige die Opfer solcher Taten nach der Anzeigenerstattung richterlich vernommen. Dies geschieht für den Fall, dass später von dem Zeugnisverweigerungsrecht Gebrauch gemacht wird. Im Fall einer späteren Aussageverweigerung würde ohne die richterliche Erstaussage kein verwertbares Aussagematerial des Opfers mehr vorliegen, und die Überführung des Täters wäre gefährdet.

---

11 Vgl. Bundesministerium der Justiz, Bundeseinheitliche Handreichung zum Schutz kindlicher (Opfer-)Zeugen im Strafverfahren, 1998, S. 22; OLG Stuttgart, Beschl. vom 12. Juni 2001 – 1 Ws 101/01.

d) Objektive Beweismittel

Weitere Informationen liefern die objektiven Spuren der Tat am Tatort und an den beteiligten Personen, insbesondere dem Opfer. Bereits im Zusammenhang mit der Anzeigenaufnahme erfolgt, soweit noch beweiserheblich, die ärztliche Untersuchung des Opfers und die Sicherstellung aller relevanten Spuren. Arztberichte sollen die Verletzungen exakt dokumentieren. Durch die Polizei oder den Gerichtsmediziner werden Fotos von den Verletzungen gemacht, um nach dem Abklingen oder dem Verheilen derselben noch das Ausmaß und den Grad der Verletzung nach der Tat feststellen zu können. Bestehen Unsicherheiten bei der Erklärung einer Verletzung bzw. der Verifizierung ihrer Ursache, wird der Gerichtsmediziner (auch im Bereitschaftsdienst) auf Anforderung hinzugezogen. Das ist insbesondere bei Kindesmisshandlung von Vorteil.

Bei Sexualdelikten hat die Sicherung der biologischen Spuren vorrangige Bedeutung, da mit Hilfe der DNA-Analyse und des Spurenvergleichs der Spurenverursacher mit 99 %-iger Sicherheit festgestellt werden kann. Auch die Sicherstellung von Gegenständen, die bei der Durchführung von sexuellen Übergriffen benutzt worden sind, und die Sicherstellung der Bekleidung des Opfers sind von großer Wichtigkeit.

e) Zeugen vom Hören/Sagen

Weitere Ermittlungsansätze ergeben sich aus Zeugenaussagen der Zeugen vom Hören/Sagen. Das sind Personen, die vom Opfer oder Dritten etwas über die Straftat erfahren haben. Als mittelbare Zeugen kommen Angehörige, Freunde und alle dem Opfer vertrauten Personen in Betracht, denen das Tatgeschehen anvertraut wurde. Das können insbesondere auch Sozialarbeiter/innen, Lehrer/innen des Vertrauens, Mitarbeiter/innen von Beratungsstellen, Ärzt/inn/e/n, Psycholog/inn/en sein, soweit diese ggf. von ihrer Schweigepflicht aus einem Patienten- oder Betreuungsverhältnis entbunden werden.

2. Zusammenarbeit mit Jugendbehörden

a) Bereiche der Zusammenarbeit

Eine Zusammenarbeit zwischen Polizei und Jugendämtern kommt insbesondere in Betracht bei:[12]

- polizeilichen Ermittlungen in Verfahren, in denen Kinder und Jugendliche eine mit Strafe bedrohte Tat begangen haben und gefahrenabwehrende Maßnahmen erforderlich werden;

- Ermittlungsverfahren gegen Jugendliche und Heranwachsende, in denen die Mitwirkung des Jugendamts nach dem Jugendgerichtsgesetz erforderlich ist;

---

12 PDV 382 SL, Stand: Juli 1998.

- Ermittlungsverfahren wegen Taten, durch die Kinder und Jugendliche in wesentlichen Rechtsgütern geschädigt wurden, insbesondere sexuelle und körperliche Gewaltdelikte;

- Minderjährigen als Vermissten;

- Suizidversuchen; sowie

- im Rahmen des gesetzlichen Jugendschutzes und des erzieherischen Jugendschutzes.

Die Art der Zusammenarbeit ist vielfältig. Sie reicht von direkten persönlichen Kontakten in einzelnen Ermittlungsvorgängen über die schriftliche Weitergabe personenbezogener Informationen bis hin zur einzelfallunabhängigen Kommunikation und Kooperation.[13]

b)   Pflichten zur Mitteilung an das Jugendamt

Eine Übermittlung personenbezogener Informationen an die Jugendbehörden erfolgt nach § 34 Abs. 1 SaarlPolG, soweit die Kenntnis dieser Informationen zur Erfüllung der Aufgaben notwendig erscheint oder dies zur Abwehr von Gefahren erforderlich ist (so genannte Gefährdungsmitteilungen). Die Informationsübermittlung ist eine Ermessensentscheidung des/der polizeilichen Sachbearbeiters/ Sachbearbeiterin. Der Zeitpunkt richtet sich nach der Dringlichkeit. Art und Umfang sind abhängig von dem zugrunde liegenden Sachverhalt. Die Datenübermittlung ist in der Akte zu dokumentieren.

Durch die erst kürzlich in Kraft getretene Handlungsanleitung zum Thema „Häusliche Gewalt", die Polizeibeamt/inn/e/n vor Ort in die Lage versetzen soll, mit diesem Deliktbereich angemessen umgehen zu können, wird die Benachrichtigung des zuständigen Jugendamts im Sinne einer Gefährdungsmitteilung empfohlen, wenn bspw. in einer häuslichen Gemeinschaft „häufige Familienstreitigkeiten mit tätlichen Auseinandersetzungen" festgestellt werden.[14] Die Handlungsanleitung stellt die Auswirkungen von „häuslicher Gewalt" deutlich heraus.[15]

c)   Rückmeldungen aus der polizeilichen Praxis/Problembereiche

Die Rückmeldungen aus der polizeilichen Praxis zum Thema Zusammenarbeit zwischen Polizei und Jugendamt fallen sehr unterschiedlich aus.[16] So wird die Zusammenarbeit mit den Jugendämtern von den Polizeibezirken überwiegend als gut, da sehr kooperativ, effizient, kollegial und vertrauensvoll bewertet. Besonders positiv werden monatliche Treffen zwischen Jugendsachbearbeiter/inne/n und Vertreter/inne/n des Jugendamts empfunden, die Gelegenheit bieten, die

---

13 PDV 382 SL, Stand: Juli 1998.

14 Ministerium für Inneres und Sport (MfIS), Handlungsanleitung „Häusliche Gewalt", 2003.

15 Hierzu etwa aus jüngster Zeit *Kindler*, Partnerschaftsgewalt und Kindeswohl, JAmt 2003, 217; *Kohaupt/ Weber-Hornig*, Partnerschaftsgewalt in der Familie – Das Drama des Kindes und Folgerungen für die Hilfe, FPR 2003, 315.

16 Aktuelle Anfrage der Kriminaldienste und Kriminalkommissariate Bezug nehmend auf vorliegenden Arbeitstitel.

jeweiligen Möglichkeiten im persönlichen Gespräch zu erörtern und Rückkopplungen zu erhalten, was zum gegenseitigen Verständnis für getroffene Maßnahmen und Verhaltensweisen beiträgt. Auch gemeinsam durchgeführte Jugendschutzkontrollen aus besonderen Anlässen sind positiv erwähnt.

Von den Fachdienststellen, die für den sexuellen Missbrauch von Kindern und Jugendlichen zuständig sind, wird ein ganz anderes Bild gezeichnet. Hier wird die Zusammenarbeit mit den Jugendämtern als eine Einbahnstraße angesehen. Während die Polizei ihrer Benachrichtigungspflicht nachkommt, wird der fehlende Rückfluss an Informationen an die Polizei bemängelt. Auch empfindet man es als bedauerlich, wenn die Polizei von anderer Seite über mögliches strafbares Verhalten von Eltern ihren Kindern gegenüber Kenntnis erhält und bei den Ermittlungen feststellen muss, dass das Jugendamt in diesen Familien bereits seit längerer Zeit tätig ist. Hier ist aus Sicht der Polizei ein dringender Handlungsbedarf gegeben. Auch wird das Spannungsfeld angesprochen, wenn sowohl Jugendamt als auch Polizei von entsprechenden Straftaten Kenntnis erlangt haben. Während das Jugendamt nur bestrebt ist, seine Maßnahmen im familiären Bereich zu treffen und das Kind ggf. aus der Gefahrensituation zu nehmen, liegt das Hauptinteresse der Strafverfolgungsbehörden in der Überführung und späteren Sanktionierung des Täters. In diesen Fällen kann es vorkommen, dass im familienrechtlichen Verfahren die Kinder durch einen Psychologen befragt werden, um eine Begutachtung zu ermöglichen, die jedoch den durch den Bundesgerichtshof vorgegebenen strafrechtlichen Aspekten[17] in der Regel keine Rechnung tragen, so dass eine erneute Begutachtung des Kindes im Strafverfahren erforderlich wird. Gerade aus diesem Umstand heraus kann es zu einer weiteren Viktimisierung bzw. Traumatisierung des Kindes kommen.

Zur Bewältigung dieser Problembereiche könnte eine von der Polizei gewünschte engere Zusammenarbeit dienen, die durch einen (im Rahmen der datenschutzrechtlichen Bestimmungen) besseren Informationsaustausch gekennzeichnet ist.

3. Polizeiarbeit auf Hinweis der Jugendämter

Eine Abfrage bei den zuständigen Dienststellen bezüglich der Praxis einer Informationsweitergabe durch die Jugendämter hat gezeigt, dass in der Regel die beim Jugendamt vorhandenen Erkenntnisse dem polizeilichen oder staatsanwaltschaftlichen Ermittlungsverfahren ohne konkrete Anforderung nicht zur Verfügung gestellt werden. Bei Anforderung solcher Jugendamtsakten stellt sich bspw. nicht selten heraus, dass dort bereits Straftatbestände wie z.B. Misshandlungen aktenkundig sind. Zur aktiven Anzeigenerstattung durch die Jugendämter bei der Polizei kommt es in den seltensten Fällen.[18]

---

17 BGH, Urt. vom 30. Juli 1999 – 1 StR 618/98.
18 Vgl. Schreiben des Leiters des K1, SG 11 Saarbrücken, Herr KHK *Kessler* vom 15. Oktober 2003 sowie Schreiben des Leiters des KK Saarlouis, SG 11, Herr KHK *Gitzinger* vom 14. Oktober 2003.

Die zum Absehen von einer Anzeige führenden Entscheidungsabläufe mögen zwar unter dem Gesichtspunkt des Kindeswohls aktuell vertretbar erscheinen. In letzter Zeit kommt es jedoch vor, dass Fälle, in denen der sexuelle Missbrauch dem Jugendamt bereits bekannt ist, die Erstattung einer Anzeige aber abgelehnt wurde, von anderer Seite den Strafverfolgungsbehörden zur Kenntnis gebracht werden. Die Strafverfolgungsbehörden wiederum sind aber aufgrund des Legalitätsprinzips dann zur Ermittlung verpflichtet.

Liegt der Missbrauch – insbesondere bei kleineren Kindern – bereits längere Zeit zurück, so hat sich dadurch u. U. die Beweissituation verschlechtert, so dass eine Verurteilung des Täters nicht mehr erfolgt. Der Freispruch aber kann für die psychische Situation des Kindes noch weit belastender sein als das Durchhalten im Verfahren mit all seinen Belastungen zu einem früheren Zeitpunkt.[19] Für eine Anzeigenerstattung bzw. eine Mitteilung durch das Jugendamt bei der Polizei können folgende weitere Gründe sprechen:

- der Wunsch des Opfers nach Bestrafung des Täters, häufig verbunden mit der Hoffnung auf Schutz für andere mögliche Opfer;
- das formale Ende der Gefahr weiterer Übergriffe für das Kind;
- die Chance, mit diesem formellen Abschluss den Beginn des Heilungsprozesses zu fördern;
- mit der Strafanzeige wird das Geheimnis öffentlich und die Schuld gegebenenfalls dem Schuldigen eindeutig zugewiesen;[20]
- es besteht auch die Chance, dass ungerechtfertigte Vorwürfe gegen Verdächtige ausgeräumt werden können.

In diesem Zusammenhang wäre es wünschenswert, wenn die Jugendbehörden die vorgenannten Aspekte bei der Prüfung einer Informationsweitergabe an Polizei und Staatsanwaltschaft stärker berücksichtigen würden.

Wenn eine Tat stattgefunden hat, dann wird, auch wenn sie sich innerhalb einer Familie abspielte, nicht „noch mehr zerstört", wie Vorurteile lauten. Die zu treffenden Maßnahmen werden sich gegen den Täter und nicht gegen das Kind richten. Sie sind notwendig, denn die Alternative heißt, alles zu belassen, wie es ist. Damit ist niemandem gedient, am allerwenigsten den betroffenen Kindern oder Jugendlichen, die sich selbst nicht wehren können und Hilfe benötigen. Kinderschänder sind häufig Wiederholungstäter. Sexueller Missbrauch ist in der Regel ein Dauerdelikt. Es erscheint schon deshalb nicht verantwortbar zu schweigen. Schweigen heißt Dulden, und dulden dürfen wir den „Mord an Kinderseelen" nicht.[21]

---

19 *Freudenberg*, Sexuelle Gewalt gegen Kinder aus Sicht der Strafverfolgungsbehörden – Was tun im Spannungsfeld zwischen Opferschutz und Prävention, Tataufklärung und Unschuldsvermutung, Kooperation und Konfrontation der beteiligten Institutionen?, 1997, S. 58 ff.
20 *Dörsch/Aliochin*, Gegen sexuellen Missbrauch, Das Handbuch zur Verdachtsklärung und Intervention, 1998, S. 84.
21 O. A., Sexuelle Gewalt gegen Kinder aus der Sicht des Ermittlungsbeamten, Polizei dein Partner, 2001.

V. Anregung

1. Regelungs- und Kooperationsmöglichkeit in der Praxis

Der beste Schutz vor Belastungen für das Kind ist eine intensive, transparente und vorausschauende Zusammenarbeit aller Beteiligten im Verfahren, bei welcher die jeweilige Verantwortung bestehen bleibt und vorhandene Reibungsflächen nicht auf dem Rücken der Kinder ausgetragen werden. Dies geschieht in der Regel durch Vernetzungsprojekte.

2. „Göttinger Modell"[22]

Das so genannte „Göttinger Modell" ist ein Grundkonzept zum Vorgehen bei Fällen sexuellen Missbrauchs durch Eltern oder andere i. S. v. § 52 StPO verwandte Personen, das unter dem Gesichtspunkt der Minimierung der Belastung des Opfers durch Ermittlungsverfahren entwickelt wurde. Die Überzeugung und Arbeitsschritte sind selbstverständlich auch bei Fällen einsetzbar und umsetzbar, die nicht den sexuellen Missbrauch, sondern die Misshandlung von Schutzbefohlenen zum Gegenstand haben.

Bei den an der Entwicklung des Konzepts beteiligten Personen und Institutionen besteht Einigkeit darüber, dass die Überlegungen und Arbeitsschritte des Konzepts einen Grundkonsens darstellen sollen, dessen Anwendung im Einzelfall aktualisiert werden muss. Ein wesentlicher Gesichtspunkt im Sinne der Minimierung der Belastung des Opfers ist die Reduzierung der Anzahl der Vernehmungen des Opfers auf möglichst eine, die im Regelfall als richterliche Vernehmung durchzuführen ist. Ein anderer wesentlicher Punkt ist die Absicherung der Opferaussage durch zusätzliche Beweismittel.

a) Umsetzung in der Praxis

Ein Fall sexuellen Missbrauchs wird bei der Polizei und der Staatsanwaltschaft angezeigt – z.B. durch Geschädigte selbst, Erziehungsberechtigte oder auch dritte Personen. In diesem Fall werden die Ermittlungen der Polizei in Absprache mit der/dem zuständigen Dezernentin/Dezernenten bei der Staatsanwaltschaft geführt. Sofern es sich bei dem/der Beschuldigten um einen Elternteil handelt, sollen folgende Stellen sofort eingeschaltet werden:

- das Jugendamt zur Klärung der Frage, ob das Kind vorübergehend aus dem Familienverband herausgenommen werden müsste;

- der Anwalt oder die Anwältin des Kindes. Auch weitere Angehörige der Anwaltschaft, die zur Arbeit mit Opfern des sexuellen Missbrauchs bereit und nach Möglichkeit entsprechend fortgebildet sind oder werden, sind gern

---

22 *Freudenberg*, Sexuelle Gewalt gegen Kinder aus Sicht der Strafverfolgungsbehörden (Fn. 19), S. 63 ff.

gesehen, um die Interessen des Kindes zu wahren, insbesondere um die Frage der Durchführung des Strafverfahrens und der aktiven Beteiligung hieran aus der Sicht des Opfers abzuklären (im Saarland der Sozialdienst der Justiz). Die Anwälte des Kindes arbeiten ausdrücklich und ausschließlich parteilich für das Opfer und können diesem auch die Begleitung durch eine Beratungsstelle – Nele e. V., Kinderschutzbund, Weißer Ring u. a. – vermitteln. Die Kosten des Anwalts können bei bereits eingeleitetem Ermittlungsverfahren durch Beiordnung unter Gewährung von Prozesskostenhilfe über § 406 g StPO oder durch Beratungsschecks, die der Weiße Ring zur Verfügung stellt, gedeckt werden.

- Vor einer richterlichen Vernehmung erfolgt seitens der Staatsanwaltschaft gegebenenfalls die Einschaltung des Familiengerichts zur Einrichtung einer Ergänzungspflegschaft; diese Ergänzungspflegschaft muss alle mit dem Verfahren in Zusammenhang stehenden Aspekte umfassen, also nicht nur die Abklärung der Aussagebereitschaft und Zustimmung zur Aussage, sondern auch Zustimmungserklärungen zur körperlichen Untersuchung und gegebenenfalls zu einer Begutachtung und zur Verwertung der Ergebnisse dieser Begutachtung.

- Es erfolgt eine kurzfristige Absprache zwischen Polizei, Staatsanwaltschaft, Jugendamt und dem Anwalt des Kindes zur Frage, ob sofort eine richterliche Vernehmung des Kindes erfolgen soll, ob zunächst andere Ermittlungen durchgeführt werden sollen oder ob die Vorgehensweise parallel erfolgt.

b)   Weitere wichtige Hinweise

Bei der Anzeigenerstattung müssen die Anzeigeerstatter sowie alle weiteren beteiligten Personen darauf hingewiesen werden, dass keinesfalls weitere insistierende Befragungen des Kindes erfolgen sollten, um die Glaubhaftigkeit der Kinderaussage später nicht in Frage zu stellen. Insbesondere Pflegeeltern, Lehrer/innen, Kindergärtne/r/innen oder Fachkräfte im Jugendamt etc. sollten von einer Befragung vor Durchführung der richterlichen Vernehmung unbedingt absehen.

Um dem Ziel gerecht werden zu können, möglichst wenige Vernehmungen des Kindes durchführen zu müssen, sollte die richterliche Vernehmung in Absprache und unter Teilnahme mit folgenden Personen stattfinden:

- Ermittlungsrichter/in,

- Staatsanwaltschaft,

- Anwalt/Anwältin des Kindes,

- eventuell der/die Familienrichter/in,

- eventuell der Pfleger bzw. Ergänzungspfleger, der die Aussagegenehmigung und die Zustimmung zur Aufzeichnung der Vernehmung auf Videoband zu prüfen und zu erteilen hätte sowie

- ggf. der/die Verteidiger/in des/der Beschuldigten.

Die Teilnahme eines psychologischen Sachverständigen an der richterlichen Vernehmung, der zu einem späteren Zeitpunkt gegebenenfalls eine Aussagebegutachtung vornehmen muss, ist im Grundsatz nicht vorgesehen, bleibt aber der Entscheidung im Einzelfall überlassen. Wenn eine Aussagebegutachtung durchgeführt wird, sollte der Gutachterauftrag, sofern auch sorgerechtliche Entscheidungen in Betracht kommen, möglichst in Abstimmung mit dem Familiengericht erteilt werden, damit das Gutachten auch dort Verwendung finden kann.

Die richterliche Vernehmung in der Staatsanwaltschaft soll zentral in einem kindgerecht eingerichteten Vernehmungszimmer mit der Möglichkeit der technischen Aufzeichnung auf Videoband erfolgen. Die Polizei des Saarlandes verfügt derzeit über zwei solcher speziellen „Kindervernehmungszimmer". Die Anzahl der an der richterlichen Vernehmung räumlich anwesenden Personen sollte so weit wie möglich unter Beachtung der gesetzlich unabdingbar Beteiligten reduziert werden. Gegebenenfalls ist die Übertragung der Videovernehmung auch schon bei der richterlichen Vernehmung in einen Nebenraum, in dem weitere Vernehmungsbeteiligte den Ablauf verfolgen, zu prüfen und zu gewährleisten. Ist das kindliche Opfer zur Durchführung einer Videovernehmung nicht bereit, muss die Vernehmung aus Gründen der authentischen Dokumentation auf Band aufgezeichnet werden.

Um eine zusätzliche Belastungsminimierung für das Opfer zu erreichen, soll parallel zu einer richterlichen Vernehmung in geeigneten Fällen zur Verifizierung oder zur Falsifizierung die weitere Beweissicherung – gynäkologische Untersuchung im Hinblick auf sexuelle Handlungen, ärztliche bzw. rechtsmedizinische Untersuchung im Hinblick auf Spuren von Gewaltanwendung oder Ähnlichem, umfassende kriminalistische Tatortuntersuchung – eingeleitet werden.

Sollte Erlass eines Haftbefehls gegen den Beschuldigten in Betracht kommen, muss die Absprache zwischen den beteiligten Stellen – insbesondere Polizei/Staatsanwaltschaft, Jugendamt und Anwälten des Kindes – telefonisch kurzfristig erfolgen, damit unter dem Gesichtspunkt drohender Verdunklungsgefahr die richterliche Vernehmung des Kindes vor Kenntnisnahme des Beschuldigten von den Ermittlungen durchgeführt werden kann.

VI. Fazit/Hinweise für die Praxis

1. Die Gefahrenabwehr und die Strafverfolgung als originäre Aufgaben der Polizei können in ein Spannungsfeld geraten. Es ist an die Zivilcourage zu appellieren, bei vermuteten Kindesmisshandlungen hinzusehen, sich an die Polizei zu wenden und sich auch in Anbetracht einer später möglichen Zeugenrolle in einem Strafverfahren nicht davon abhalten zu lassen. Kindliche Opfer sind in Strafverfahren besonders zu schützen.

2. Es gibt keine verlässlichen Zahlen, über das Ausmaß und die Verbreitung von Kindesmisshandlung in der Bundesrepublik. Es ist von einer großen Dunkelziffer auszugehen. Untersuchungen zeigen, dass nur etwa 5 bis 10 % aller Fälle aktenkundig werden.

3. Die Jugendsachbearbeitung wird im Saarland von speziell ausgebildeten Jugendsachbearbeiter/inne/n durchgeführt. Bei Straftaten gegen die sexuelle Selbstbestimmung findet eine Spezialisierung in eigenen Sachgebieten der Kriminalpolizeiinspektionen statt, auch in Bezug auf sexuellen Missbrauch von Kindern und Jugendlichen. Für den Opferschutz gibt es einen eigenen Beauftragten, der auch bei allen Fragen im Zusammenhang mit geschädigten Kindern und Jugendlichen Ansprechpartner ist.

4. In den Landespolizeidirektionen werden als Ansprechpartner/innen für alle Belange der Jugendsachbearbeitung speziell ausgebildete Beauftragte für Jugendsachen ausgewiesen. Ihnen obliegen insbesondere die Bearbeitung von Verfahren gegen so genannte Junge Intensivtäter. Das Landeskriminalamt ist Zentralstelle für polizeiliche Jugendsachen. Auf Seiten der Staatsanwaltschaft stehen ebenfalls feste Ansprechpartner/innen für alle Delikte zur Verfügung, in denen Kinder oder Jugendliche als Opfer oder als Täter eine Rolle spielen.

5. Die Befähigung zur Bearbeitung von Jugendsachen setzt umfangreiche Aus- und Fortbildung voraus. Um der individuellen Situation von Kindern und Jugendlichen gerecht werden zu können, brauchen die Jugendsachbearbeiter/innen insbesondere spezielle Kenntnisse in den Bereichen Jugendrecht, Pädagogik, Psychologie, Soziologie und über spezifische Regelungen in allgemeinen Rechtsbereichen (Polizeirecht, Strafverfahrensrecht etc.).

6. Erlangt die Polizei Informationen von Kindesmisshandlungen, müssen diese nach kriminalistischer Erfahrung einen konkreten strafrechtlichen Anfangsverdacht bzw. eine konkrete Gefährdung erkennen lassen, um weiter gehende strafprozessuale oder gefahrenabwehrende Maßnahmen durchführen zu können. Die Fertigung einer Strafanzeige erfolgt dabei durch den Wach- und Wechseldienst, die weitere Sachbearbeitung obliegt den sachlich zuständigen Fachdienststellen und den dort tätigen Fachleuten.

7. Die Kinder und Jugendlichen sollten so schnell wie möglich nach der Anzeigenerstattung umfassend vernommen bzw. angehört werden, da die Erinnerungsleistung bei zunehmendem zeitlichem Abstand erfahrungsgemäß nachlässt und die Gefahr der suggestiven Beeinflussung des Opfers durch Dritte im Zusammenhang mit der Auseinandersetzung mit der Tat besteht. Insbesondere bei sexuellen Übergriffen durch Angehörige ist wegen möglicher späterer Zeugnisverweigerung eine richterliche Vernehmung angezeigt. Vor der Anhörung von Kindern im Alter unter elf Jahren ist ein Ergänzungspfle-

ger zu bestellen, der im Interesse des Kindes entscheidet, ob es eine Aussage oder von seinem Recht auf Zeugnisverweigerung Gebrauch machen soll.

8. Die Polizei übermittelt personenbezogene Informationen an das Jugendamt, wenn die Kenntnis zur Erfüllung der Aufgaben notwendig erscheint und die Übermittlung zur Abwehr von Gefahren erforderlich ist (Gefährdungsmitteilungen). Die Information des Jugendamts steht im Ermessen der zuständigen Sachbearbeiter/innen und richtet sich in Zeitpunkt, Art und Umfang nach der Dringlichkeit und den Umständen des Einzelfalls.

9. Bei der Kooperation mit Jugendämtern stellen sich monatliche Treffen zwischen Jugendsachbearbeiter/inne/n und Fachkräften aus dem Jugendamt, in denen im persönlichen Gespräch ein gegenseitiges Verständnis für getroffene Maßnahmen und Verhaltensweisen entwickelt wird, als besonders förderlich heraus.

10. Bei der Zusammenarbeit der Jugendämter mit den Fachdienststellen, die für den sexuellen Missbrauch von Kindern und Jugendlichen zuständig sind, ist der fehlende Rückfluss an Informationen an die Polizei zu bemängeln. Insgesamt gesehen sind die Jugendämter nur bestrebt, Maßnahmen im familiären Bereich zu treffen und die Gefahr für die Kinder und Jugendlichen abzuwehren, und tragen den Erfordernissen einer Verfolgung der Straftäter keine oder zumindest nicht ausreichend Rechnung.

11. Eine Anzeigenerstattung durch die Jugendämter ist eine seltene Ausnahme. Da Kinderschänder häufig Wiederholungstäter sind, erscheint es nicht verantwortbar, wenn die Kinder- und Jugendhilfe schweigt und damit indirekt den „Mord an Kinderseelen" duldet.

12. Zur Minimierung der Belastung der Kinder und Jugendlichen als Opfer von sexuellem Missbrauch durch strafrechtliche Ermittlungsverfahren ist eine Reduzierung der Anzahl der Vernehmungen anzustreben. Dies wird am besten gewährleistet, wenn durch Polizei und Staatsanwaltschaft sofort eine Kooperation mit dem Jugendamt, den Anwält/inn/en des Kindes oder Jugendlichen und dem Familiengericht initiiert wird.

Kapitel 9

Kindeswohl unter sozialstrukturellen Gesichtspunkten

von Prof. Dr. Dieter Filsinger

I. Kindliche Wohlfahrt

Die erziehungswissenschaftliche, psychologische und sozialpädagogische Forschung verfügt über umfangreiche Wissensbestände über förderliche, prekäre und riskante Bedingungen des Aufwachsens bzw. für eine gelingende Sozialisation von Kindern und Jugendlichen. Dieses Wissen in Form von Theorien und empirischen Befunden ist jedoch als Reflexionswissen zu verstehen und nicht geeignet, daraus Handlungsprämissen abzuleiten.

Folgt man entwicklungspsychologischen Erkenntnissen, dann disponiert die körperliche Ausstattung des Menschen zum Individuum. Die „im besten Fall zur Ausbildung persönlicher Individualität führenden Anlagen, (können) sich jedoch nur und ausschließlich im Medium der leiblichen Interaktion, der sprachlichen Kommunikation sowie der intersubjektiven Kooperation entfalten."[1] Kinder und Jugendliche sind zu ihrer *Identitätsentwicklung* unabdingbar angewiesen auf emotionale Zuwendung in Primärbeziehungen, auf die Zugehörigkeit zu tragenden Gemeinschaften, auf soziale Anerkennung im umfassenden Sinn.[2] Niemand kann sein Selbstverständnis alleine ausbilden, sondern ist dazu stets auf „die Kenntnisnahme, den Zuspruch und die Infragestellung anderer angewiesen."[3] Für die Erziehung, also für das Verhältnis zwischen Erwachsenen und Kindern, ist die „*Beherrschung des Generationenverhältnisses*"[4] durch die Erwachsenen zentral, die die Voraussetzung dafür bildet, dass Erziehung nicht zur Beherrschung der Kinder führt.

Zur *Lebensbewältigung* im Sinne einer Fähigkeit zur autonomen Lebensführung, auf welche die Erziehung und Bildung in Familie, Schule und außerschulischen Institutionen vorzubereiten haben, benötigen Kinder und Jugendliche den Zugang zu Ressourcen. Als Kriterium für das Kindeswohl kann vor diesem Hintergrund und mit Verweis auf die normativen Gehalte der Verfassung die *umfassende Teilhabe an und der ungehinderte Zugang zu den sozialen, ökonomischen, ökologischen und kulturellen Ressourcen der Gesellschaft* bestimmt werden.[5]

Durch die Verknüpfung von Erkenntnissen der sozialwissenschaftlichen Kindheitsforschung und der Sozialindikatorenforschung ist es möglich, *Dimensionen kindlicher Wohlfahrt* zu bestimmen, nämlich die Hauptdimensionen „Besitzbedürfnis", „Zugehörigkeitsbedürfnis", „Bedürfnis nach Selbstverwirklichung" und „gesellschaftsbezogene Bedürfnisse."[6]

---

1 Vgl. *Brumlik*, Gerechtigkeit zwischen den Generationen, 1995, S. 36.
2 Vgl. *Honneth*, Kampf um Anerkennung. Zur moralischen Grammatik sozialer Konflikte, 1994.
3 *Brumlik*, Gerechtigkeit zwischen den Generationen (Fn. 1), S. 36.
4 *Brumlik*, Gerechtigkeit zwischen den Generationen (Fn. 1), S. 34 ff.
5 Vgl. Bundesministerium für Familie, Senioren, Frauen und Jugend (BMFSFJ, Hrsg.), Elfter Kinder- und Jugendbericht. Bericht über die Lebenssituation junger Menschen und die Leistungen der Kinder- und Jugendhilfe, 2002, S. 53 ff.; vgl. dazu auch die Studie von *Sen*, Der Lebensstandard, 2000.
6 Vgl. *Joos*, Die soziale Lage der Kinder. Sozialberichterstattung über die Lebensverhältnisse von Kindern in Deutschland, 2001; vgl. ferner *Nauck*, Sozialberichterstattung zu den Lebensverhältnissen von Kindern, in: Noll (Hrsg.), Sozialberichterstattung in Deutschland, 1997, S. 167; *Leu* (Hrsg.), Sozialberichterstattung zu Lebenslagen von Kindern, 2002.

Zur allgemeinen Bestimmung des Kindeswohls ist auch ein Rückgriff auf den *Gesundheitsbegriff* der Weltgesundheitsorganisation (WHO) ratsam, der die Aufmerksamkeit auf das körperliche, geistige und soziale Wohlbefinden richtet.[7]

Diese Kriterien enthalten sowohl sozialwissenschaftliche als auch normative Begründungen; sie sind hinreichend allgemein und damit auch konsensfähig.

II. Armut als Beeinträchtigung des Kindeswohls

Armut bedeutet eine Beeinträchtigung des Kindeswohls in Form einer Beschneidung des Entwicklungspotenzials und der Lebenschancen von Kindern. Dies bestätigen die vorliegenden empirischen Befunde. Armut ist überdies ein zentraler Risikofaktor für Misshandlung.

Armut ist in der wissenschaftlichen Diskussion nicht einheitlich bestimmt.[8] Gewöhnlich wird zwischen *„absoluter Armut"*, in der ein physisches Existenzminimum bzw. Mindestversorgungsniveau in den verschiedenen Lebensbereichen nicht gewährleistet ist, und *„relativer Armut"*, bei der ein soziokulturelles Existenzminimum unterschritten bzw. ein Mindestversorgungsniveau zur Teilhabe an der Gesellschaft nicht erreicht wird, unterschieden.[9] Sofern Sozialhilfe geleistet wird, ist von *bekämpfter Armut* die Rede; werden Ansprüche auf Sozialhilfe nicht geltend gemacht, wird dies als *„verdeckte Armut"* bezeichnet. Sofern ein Mindestversorgungsniveau nicht erreicht wird, ist die Rede von einer *„Unterversorgung"*. Zu unterscheiden sind ferner die Ressourcendefinition und der Lebenslagenansatz.

Der *Ressourcenansatz* berücksichtigt – in der Regel bezogen auf eine Bedarfsgemeinschaft wie die Familie – Markt-Einkommen, Vermögen und Sozialtransfers (Leistungen aus dem sozialen Sicherungssystem und staatliche Transfers wie etwa Kindergeld), die zur Vermeidung einer Armutslage erforderlich sind, nicht jedoch deren Verwendung. Der *Lebenslagenansatz* ist ein mehrdimensionales Konstrukt, das nicht nur die Einkommensdimension berücksichtigt, sondern auch andere wohlfahrtsrelevante Dimensionen wie Wohnen, Bildung, Arbeit, Gesundheit, soziale und gesellschaftliche Integration, und überdies die subjektive Zufriedenheit mit der Lebenssituation mit einbezieht.[10] In der neueren wissenschaftlichen Sozialberichterstattung bzw. empirischen Wohlfahrtsforschung, die auf die Indikatoren des Lebenslagenkonzepts rekurriert, wird im Übrigen die Wohlfahrt von

---

7 Vgl. *Filsinger/Homfeldt*, Gesundheit/Krankheit, in: Otto/Thiersch (Hrsg.), Handbuch Sozialarbeit/Sozialpädagogik, 2001, S. 705; *Franzkowiak/Wenzel*, Gesundheitserziehung und Gesundheitsförderung, ebd., S. 716, die neuere Gesundheitsforschung lehrt allerdings, Gesundheit und Krankheit nicht dichotomisch zu fassen.

8 Vgl. *Hauser*, Armutsberichterstattung, in: Noll, Sozialberichterstattung (Fn. 6), S. 19.

9 Im Hinblick auf die „relative Armut" gibt es in der Europäischen Union eine Verständigung darüber, dass arm ist, wer über weniger als 50 % des durchschnittlich gewichteten Netto- bzw. Nettoäquivalenzeinkommens verfügt.

10 *Hradil*, Sozialstrukturanalyse in einer fortgeschrittenen Gesellschaft, 1987; *Clemens*, „Lebenslage" als Konzept sozialer Ungleichheit – Zur Thematisierung sozialer Differenzierung in Soziologie, Sozialpolitik und Sozialarbeit, ZfS 1994, 141; für einen guten Überblick vgl. *Hübinger*, Prekärer Wohlstand: neue Befunde zu Armut und sozialer Ungleichheit, 1996.

Einzelnen und Bevölkerungsgruppen nicht ausschließlich über die objektive Lebenssituation bestimmt. Vielmehr wird die *subjektive Zufriedenheit* (Bewertung) mit einbezogen, die zusammen mit der objektiven Lebenssituation die Wohlfahrtsposition darstellt.[11] In der Auseinandersetzung mit den objektiven Lebensbedingungen kann sich Well-Being, Adaption, aber auch Deprivation einstellen.[12]

Aus soziologischer Perspektive ist Armut als eine *soziale Tatsache* zu behandeln. Armut ist demnach ein gesellschaftlich hergestellter *Status,* wobei dieser erhebliche Konsequenzen für das Verhältnis zwischen Armen und Gesellschaft und für das Selbstbild der Betroffenen nach sich zieht.[13] Damit kommen die Folgen von Armut genauer in den Blick, und diese berühren zentral die Frage „sozialer Anerkennung" bzw. „sozialer Missachtung".[14]

Ein dem Stand der wissenschaftlichen Debatte entsprechendes Armutskonzept kann nicht auf die materielle Dimension beschränkt werden, wenngleich deren Zentralität nicht zu bestreiten ist. Es muss andere relevante Dimensionen (Bildung, Gesundheit, Wohnen, soziale Integration u. a.) einbeziehen (*Lebenslagenansatz*) und die *Milieueinbindung* berücksichtigen (*Lebensweisenansatz*). Überdies ist die familiale Einbindung von Kindern und Jugendlichen in Rechnung zu stellen, d. h., die Sozialisations- und Bildungsbedingungen in der Familie sind in der Analyse der Lebenslagen von Kindern und Jugendlichen zu thematisieren. Damit gerät auch das elterliche Erziehungsverhalten in den Blick. Schließlich sind die außerfamilialen Bedingungen des Kinderlebens (Schule, Freizeit, Peers usw.) in den Blick zu nehmen. Besondere Aufmerksamkeit verdient die Frage, wie ökonomische Verarmung (der Eltern) „im Kontext einer medialisierten und kommerzialisierten Kindheit wirkt und verarbeitet wird … und wie diese beiden Charakteristika … das Armutsempfinden von Kindern verändern".[15] Lebenslagenorientierte Armutsanalysen sind demnach mit *subjektorientierten Ansätzen*, die eine *Rekonstruktion der Lebenswelt* der Kinder erlauben, zusammenzuführen.[16]

---

11 *Zapf* (Hrsg.), Lebenslagen im Wandel: Sozialberichterstattung im Längsschnitt, 1996.

12 *Schupp/Habich/Zapf*, Sozialberichterstattung im Längsschnitt – Auf dem Weg zu einer dynamischen Sicht der Wohlfahrtsproduktion, in: Zapf, Lebenslagen im Wandel (Fn. 11), S. 11.

13 Vgl. *Coser*, Soziologie der Armut: Georg Simmel zum Gedächtnis, in: Leibfried/Voges (Hrsg.), Armut im modernen Wohlfahrtsstaat, Sonderheft der Kölner Zeitschrift für Soziologie und Sozialpsychologie, 1992, S. 34.

14 Vgl. *Honneth*, Kampf um Anerkennung (Fn. 2).

15 *Beisenherz*, Sozioökonomische und -kulturelle Dimensionen der Kindheit, in: Deutsches Jugendinstitut (Hrsg.), Jahresbericht 1996, 1997, S. 147; *Beisenherz*, Kinderarmut in der Wohlfahrtsgesellschaft. Das Kainsmal der Globalisierung, 2001.

16 Zur „Kinderarmut" vgl. den ausgesprochen instruktiven Überblick in Bundesministerium für Familie, Senioren, Frauen und Jugend, Zehnter Kinder- und Jugendbericht. Bericht über die Lebenssituation junger Menschen und die Leistungen der Kinder- und Jugendhilfe, 1998, S. 85 ff.; vgl. auch *Butterwege/Klundt/ Zeng*, Kinderarmut in Ost- und Westdeutschland. Ein empirischer Vergleich der Lebenslagen, 2003; *Klocke/Hurrelmann* (Hrsg.), Kinder und Jugendliche in Armut. Umfang, Auswirkungen und Konsequenzen, 2001; *Ostner/Honig*, Das Ende der fordistischen Kindheit, ebd., S. 153; *Mansel/Neubauer* (Hrsg.), Armut und soziale Ungleichheit bei Kindern, 1998; *Merten*, Kinderarmut. Zum doppelten Integrationsdefizit einer Lebensphase, in: Treptow/Hörster (Hrsg.), Sozialpädagogische Intervention. Entwicklungsperspektiven und Konfliktlinien, 1999, S. 155; *Palentien*, Kinder- und Jugendarmut in Deutschland, 2003; speziell zur Kindheit vgl. *Honig/Leu/Nissen*, Kinder und Kindheit. Soziokulturelle Muster und sozialwissenschaftliche Perspektive, 1996.

III. Quantitative Dimension von Kinderarmut

Die amtliche und die wissenschaftliche Sozialberichterstattung weisen im vergangenen Jahrzehnt eine erhebliche Zunahme von *Kinderarmut* aus.

Ökonomische Dimension: Nach Angaben des Statistischen Bundesamts waren Ende 1999 von 1.000 Kindern und Jugendlichen 68 im Westen und 59 im Osten Deutschlands Sozialhilfeempfänger,[17] 1980 waren es nur 21, 1991 allerdings bereits 55 im Westen und 26 im Osten Deutschlands. Bezogen auf Gesamtdeutschland waren 65 von 1.000 Kindern und Jugendlichen (jünger als 18 Jahre), also 6,5 % der Altersgruppe Sozialhilfeempfänger/innen. Von Armut betroffen sind insbesondere Haushalte mit mehreren Kindern und überproportional allein erziehende Frauen und ihre Kinder. 26,2 % solcher Haushalte bezogen 2001 Sozialhilfe. Der „Erste Armuts- und Reichtumsbericht der Bundesregierung" (2001) informiert darüber, dass Ende 1998 Kinder und Jugendliche mit rund 1,1 Mio. (von 2,9 Mio.) Beziehern von Hilfen zum Lebensunterhalt (HLU) die mit Abstand größte Gruppe bilden. Die Sozialhilfequote ist mit 6,8 % fast doppelt so hoch wie im Bevölkerungsdurchschnitt. Eine altersklassenspezifische Differenzierung zeigt, dass die Sozialhilfequote mit 9,5 % in der Gruppe der unter dreijährigen Kinder am höchsten ist.[18]

Besonders betroffen sind allein erziehende Haushalte, Ehepaare mit mehr als zwei Kindern und Familien mit Migrationshintergrund. Arbeitslosigkeit und Trennung/Scheidung sind die Hauptanlässe, in materielle Armut zu geraten.

Bildungsarmut: Bildung ist Kapital auf den Arbeitsmärkten und bestimmt zentral die Lebensmöglichkeiten und Zukunftschancen von (jungen) Menschen.[19] Der von *Allmendinger* eingeführte Begriff der *„Bildungsarmut"* greift diese Dimension auf.[20] In einer neueren Veröffentlichung werden zwei Definitionsgrundlagen benannt:[21] Bildungszertifikate und Bildungskompetenzen. Als absolut bildungsarm ist jemand zu bezeichnen, der/die einen Mindeststandard nicht erreicht: „Dieses Minimum könnte durch Alphabetisierung, Absolvieren der Hauptschul- und Berufsschulpflicht oder das Erreichen bestimmter Kompetenzen bestimmt werden. Ein relativer Maßstab würde auf das ganze Bildungs-Ressourcengefüge abheben, auf die Positionierung in einem Verteilungsspektrum. So wären etwa

---

17   Laufende Hilfe zum Lebensunterhalt außerhalb von Einrichtungen.

18   Erster Armuts- und Reichtumsbericht der Bundesregierung, BT-Drucks. 14/5990; vgl. auch *Beisenherz*, Kinderarmut in der Wohlfahrtsgesellschaft (Fn. 15); vgl. auch *Hock/Holz/Simmedinger/Wüstendörfer*, Gute Kindheit – schlechte Kindheit? Armut und Zukunftschancen von Kindern und Jugendlichen in Deutschland, 2000.

19   Bildungstheoretisch betrachtet ist Bildung nicht auf Kompetenzen für die Berufstätigkeit zu reduzieren. Bildung hat die „Erziehung zur Mündigkeit" (*Adorno*) im Blick; sie ist zentrale Ressource der Lebensbewältigung und nicht zuletzt Voraussetzung für eine humane Gestaltung des gesellschaftlichen Zusammenlebens.

20   *Allmendinger*, Bildungsarmut. Zur Verschränkung von Bildungs- und Sozialpolitik, Soziale Welt 1990/1, S. 35.

21   Vgl. *Allmendinger/Leibfried*, Bildungsarmut, Aus Politik und Zeitgeschichte 2003, B 21–22, S. 12.

alle im unteren Quintil oder Quartil der Bildungsverteilung (relativ) bildungs-arm."[22]

Empirisch lässt sich ein beträchtlicher Umfang von absoluter Bildungsarmut zeigen, insbesondere unter zugewanderten Kindern und Jugendlichen bzw. Kindern und Jugendlichen mit Migrationshintergrund. Etwa 10 % der deutschen Jugendlichen und immerhin mehr als 20 % der jungen Migrant/inn/en verlassen die Schule ohne einen Hauptschulabschluss bzw. bleiben ohne Berufsausbildung.[23]

Kinderarmut stellt sich sehr differenziert dar. *Hock* u. a. kommen aufgrund einer umfangreichen Studie zu folgenden Befunden:

- Arme Kinder und Jugendliche gibt es in allen Regionen, auch in ländlichen Gegenden. In größeren Städten ist jedoch eine deutliche Häufung festzustellen. Armut tritt also auch außerhalb von sozialen Brennpunkten und nicht nur räumlich auf.[24]

- Arme Kinder und Jugendliche leben überwiegend in „vollständigen" Familien bzw. mit beiden (leiblichen) Eltern. Es sind also – trotz höherer Armutsgefährdung – nicht nur Kinder aus Ein-Eltern-Familien von Armut betroffen.

- Kinder aus kinderreichen Familien sind zwar deutlich armutsgefährdeter, aber auch viele Kinder und Jugendliche aus Kleinfamilien fallen unter die Armutsgrenze.

- Auch in armen Familien sind die Väter mehrheitlich berufstätig. Ist der Vater in einer „vollständigen" Familie jedoch arbeitslos, steigt die Armutsgefährdung für die Kinder deutlich an.[25]

IV. Aufwachsen unter der Bedingung von Armut

Der Forschungsstand zu den Auswirkungen von Armut im Sinne ökonomischer Deprivation auf das psychosoziale Wohlbefinden und die Entwicklung von Kindern und Jugendlichen ist insgesamt noch unzureichend.[26] Die Auswirkungen von (materieller) Armut hängen von einer Reihe von Faktoren ab, insbesondere vom Vorhandensein protektiver Faktoren in der Familie und im sozialen Umfeld. Negative Folgen sind insbesondere bei länger andauernder Armut zu verzeich-

---

22 *Allmendinger/Leibfried* Aus Politik und Zeitgeschichte 2003, B 21–22, S. 12 (13).
23 Vgl. *Allmendinger*, Bildungsarmut: Zur Verschränkung von Bildungs- und Sozialpolitik, Soziale Welt 1999/1, S. 35.
24 Vgl. *Strohmeier*, Kinderarmut in der Stadtgesellschaft, Neue Praxis 2001, 311.
25 Vgl. *Hock/Holz/Simmedinger/Wüstendörfer*, Gute Kindheit – schlechte Kindheit? (Fn. 18); Zusammenfassung von *Deligöz*, Rezepte gegen die Kinderarmut, Blätter der Wohlfahrtspflege 2001, 54.
26 Vgl. *Walper*, Kinder und Jugendliche in Armut, in: Bieback/Milz (Hrsg.), Neue Armut, 1995, S. 181; verwiesen sei in diesem Zusammenhang auf eine frühe Studie von *Friedrich* u. a., Soziale Deprivation und Familiendynamik, 1979, die im Übrigen eine Differenzierung „armer Familien" verlangt haben, eine Forderung, der angesichts der Heterogenität von Armutslagen verstärkt Rechnung zu tragen ist.

nen.[27] Haushalten mit äußerst knappen Ressourcen droht die zeitweise oder auch dauerhafte Ausgrenzung aus normalen Integrations- und Reproduktionszusammenhängen (*Exklusion*). Sie ist deshalb zentral unter der Perspektive sozialer und gesellschaftlicher Teilhabechancen (*Inklusion*) zu thematisieren.

Armut bedeutet nicht nur eine erhebliche Beschränkung der Möglichkeiten, die Lebensbedingungen, die üblich sind, aufrechtzuerhalten bzw. zu erreichen.[28] Finanzielle Einbußen führen häufig dazu, dass Kinder auf „übliche" Kleidung, Spielsachen und Veranstaltungsteilnahme verzichten müssen (z.B. Klassenfahrten). Insbesondere bei lang andauernder Armut neigen Eltern dazu, die *Bildungslaufbahn* ihrer Kinder (insbesondere der Mädchen) zu verkürzen und den Eintritt in das Berufsleben zu befördern, was dem Bedürfnis von Jugendlichen nach finanzieller Unabhängigkeit zuweilen entgegenkommt.

Bildungsarmut beeinträchtigt nicht nur die individuellen Lebensmöglichkeiten und Zukunftsperspektiven. „Ungleichgewichte von Bildung führen (auch) zu massiven Verwerfungen wie Analphabetismus (bei manchen) und Ausschluss (für nicht wenige) von normalen Integrationsformen wie Hauptschule und dualem System. Diese Defizite im Generationenverband hinterlassen Spuren und werden vergleichsweise leicht weitergegeben."[29]

V. Psychosoziales Wohlbefinden von Kindern und Jugendlichen in Armut

Klocke[30] berichtet über eine Repräsentativerhebung bei Schülern im Alter zwischen sieben und 18 Jahren in Nordrhein-Westfalen, im Rahmen deren die soziale Lebenslage[31] und das psychosoziale Wohlbefinden[32] untersucht wurde (im Folgenden: NRW-Survey). Ausgehend von der Annahme, dass eine gelungene soziale und personale Identitätsbildung sowie die Fähigkeit, sich im sozialen Leben zurechtzufinden, in Indikatoren des persönlichen Wohlbefindens ausdrückbar ist, aber sich auch in der Integration und Teilnahme an Aktivitäten der

---

27 Vgl. *Walper*, Auswirkungen von Armut auf die Entwicklung von Kindern, in: Deutsches Jugendinstitut (DJI), Kindliche Entwicklungspotenziale: Normalität, Abweichung und ihre Ursachen, Materialien zum Zehnten Kinder- und Jugendbericht, Band 1, 1999, S. 291; *Walper*, Ökonomische Knappheit im Erleben ost- und westdeutscher Kinder und Jugendlicher: Einflüsse der Familienstruktur und Auswirkungen auf die Befindlichkeit, in: Klocke/Hurrelmann, Kinder und Jugendliche in Armut (Fn. 16), S. 169.

28 Vgl. *Townsend*, Poverty in the United Kingdom: A Survey of Household Ressources and Standards of Living, 1979.

29 *Allmendinger/Leibfried* Aus Politik und Zeitgeschichte 2003, B 21–22, S. 12; vgl. auch *Walper*, Auswirkungen von Armut auf die Entwicklung von Kindern (Fn. 27), S. 291.

30 *Klocke*, Aufwachsen in Armut. Auswirkungen und Bewältigungsformen der Armut im Kindes- und Jugendalter, Zeitschrift für Sozialisationsforschung und Erziehungssoziologie 1996, S. 390.

31 *Indikatoren der sozialen Lebenslage der Kinder und Jugendlichen*: Berufsprestige Vater, Berufsprestige Mutter, Bildung Mutter, Bildung Vater, Automobilbesitz, eigenes Zimmer, Finanzielle Lage der Familie, Urlaubsreisen im letzten Jahr; *Sozialmerkmale* der Kinder und Jugendlichen: Nationalität, Haushaltstyp, Wohnort, Schulbesuch.

32 Additiv, ungewichteter Index aus den Variablen allgemeines Wohlbefinden, Selbstvertrauen, Hilflosigkeit und Einsamkeit.

Gleichaltrigengruppe zeigt, wurde geprüft, „in welchem Umfang Jugendliche in Armut an den jugendlichen Alltagsroutinen teilhaben" (z.B. Mitgliedschaft in Vereinen und Cliquen). Die Ergebnisse zeigen, dass Jugendliche aus der „Armutsgruppe" signifikant seltener Mitglied in Vereinen und Cliquen sind, und auch der Anteil der Jugendlichen, die angaben, zurzeit keinen Freund zu haben, ist um das Vierfache größer als in der Vergleichsgruppe. Dennoch gibt es hinsichtlich des Gefühls, sich öfter als Außenseiter zu fühlen, keine gravierenden Unterschiede. „Dieses kontrastierende Ergebnis, des objektiven Ausschlusses und des subjektiven Zugehörigkeitsgefühls (kein Außenseiter zu sein), kann so interpretiert werden, dass Kinder und Jugendliche aus Scham oder aufgrund unterschiedlicher Bewertungsmaßstäbe eine vergleichsweise positive Bewertung ihrer Lebenssituation vornehmen."[33]

Insgesamt zeigen die Ergebnisse einen signifikanten Einfluss der sozialen Lebenslage auf das von den Kindern und Jugendlichen berichtete Wohlbefinden. Kinder und Jugendliche aus der „Armutsgruppe" bewerten ihre psychosoziale Situation deutlich schlechter als solche aus anderen sozialen Schichten. Nahezu jede/r Dritte aus den „übrigen sozialen Schichten" bewertet das eigene Wohlbefinden positiv, aber nur jede/r Vierte aus der Armutsgruppe kommt zu dieser Bewertung. Die vorgelegten Befunde zeigen, dass Kinder und Jugendliche aus der Armutsgruppe seltener über *Selbstvertrauen* verfügen, sich öfter *hilflos* fühlen und häufiger über *Gefühle der Einsamkeit* berichteten.[34] Die Werte der psychosozialen Befindlichkeit verschlechtern sich bei den untersten 10 % der befragten Kinder und Jugendlichen „dramatisch".[35]

Von Bedeutung ist aber, dass die gemessene Armut nicht von allen Befragten subjektiv als Armut wahrgenommen wird; eine große Zahl der Kinder und Jugendlichen berichtet über ein positives und stabiles psychosoziales Befinden, was als *gelungene Adaptionsleistung* interpretiert werden kann. Armut wird von Kindern und Jugendlichen also offensichtlich unterschiedlich bewältigt (Adaption vs. Deprivation). Im Anschluss an die Belastungs- und Bewältigungsforschung sind „Einfluss- und Schutzfaktoren" angenommen, die kompensierend wirken. Im NRW-Survey waren dies Gesundheitsverhalten, Elternunterstützung, Peer-Group-Einbindung, Freizeittypus und Schulklima. Nach den Ergebnissen des Surveys wirkt sich in der Gruppe der Armutsbetroffenen ein durch Sport gekennzeichneter Lebensstil positiv auf das Wohlbefinden aus. Positives Wohlbefinden geht mit positivem Gesundheitsverhalten einher und umgekehrt; ein ungünstiges Gesundheitsverhalten scheint demnach eine Verarbeitungsweise einer deprivierten Lebenssituation. Dass sich die Ergebnisse zur Einbindung in die Peer-Group zwischen den beiden Gruppen nicht unterscheiden, weist auf eine Akzeptanz innerhalb der Gruppe der Gleichaltrigen hin, von der offenbar keine Stigmatisie-

---

33 *Klocke*, Aufwachsen in Armut (Fn. 30), S. 399.
34 *Klocke*, Aufwachsen in Armut (Fn. 30), S. 400 ff.
35 Indexmittelwert des psychosozialen Wohlbefindens (4-stufige Skala): Insgesamt 2.38; Adaptionsgruppe 3.15; Deprivationsgruppe 1.33.

rung ausgeht. Als zentral erwiesen sich in der Studie die Faktoren „Elternunterstützung" und „Schulklima". Diejenigen Kinder und Jugendlichen aus der Gruppe der Armutsbetroffenen mit einem positiven psychosozialen Wohlbefinden konnten insbesondere von einem positiv wahrgenommenen *elterlichen Unterstützungswerk* sowie einem positiv empfundenen *Schulklima* profitieren.

Die empirische Forschung zeigt eindrücklich, dass Personen mit *niedrigem sozioökonomischem Status* (d.h. niedriger Bildung, niedrigem beruflichem Status und/ oder niedrigem Einkommen) zumeist einen besonders *schlechten Gesundheitszustand* aufweisen, dass sie kränker sind und früher sterben als Personen mit einem höheren sozioökonomischen Status. „Diese ‚gesundheitliche Ungleichheit' ist so oft belegt worden, dass an ihrer Existenz nicht mehr gezweifelt werden kann."[36]

In diesem Zusammenhang sind die Ergebnisse des neuesten WHO-Jugendgesundheitssurvey von Interesse. *Hurrelmann* u.a. berichten von verschiedenen Untersuchungen, die ergeben haben, dass Kinder aus sozial schwachen Familien, d.h. mit niedrigem sozioökonomischem Status, häufiger Sprach- und Sprechstörungen, körperliche und intellektuelle Entwicklungsrückstände sowie psychische Auffälligkeiten zeigen.[37] Auch in einer eigenen Studie konnten sie belegen, dass sich soziale Benachteiligung negativ auf die Gesundheit von Jugendlichen auswirkt. Jugendliche aus unteren sozialen Schichten berichten über eine signifikant höhere psychosoziale Morbidität (z.B. mehr Ängstlichkeit und Hilflosigkeit, geringeres Selbstvertrauen).

Die vermehrten gesundheitlichen Beeinträchtigungen sozial benachteiligter Kinder wirken sich – so die Autoren – wiederum auf soziale und psychische Befindlichkeiten aus. Allerdings empfinden nicht alle Jugendlichen aus sozial schwachen Familien ihre Lebensumstände als gleichermaßen belastend. Unter ihnen befinden sich *invulnerable Gruppen*, d.h. diejenigen, die sich trotz ungünstiger Lebensbedingungen gut entwickeln und ihren Gesundheitszustand nicht schlechter einschätzen als Jugendliche aus mittleren und oberen sozialen Schichten. „Dennoch ist ein Haupttrend zu erkennen: Jugendliche aus sozial schwachen Familien zeigen sowohl eine deutliche Beeinträchtigung ihrer psychosozialen Gesundheit als auch unerwünschte Muster des Gesundheitsverhaltens. Gerade das Zusammenspiel dieser beiden Faktoren kann im weiteren Lebensverlauf eine ungünstige gesundheitliche Entwicklung zur Folge haben."[38]

Insbesondere bei von Armut betroffenen Kindern und Jugendlichen weist „das Zusammenspiel von einerseits unerwünschten Gesundheitsverhaltensmustern und andererseits schon vorliegenden gesundheitlichen Beeinträchtigungen auf eine *ungünstige Gesundheitsbiografie* der Kinder und Jugendlichen aus sozial

---

36 *Mielck*, Sozial bedingte Ungleichheit von Gesundheitschancen, ZfS 2003, 370.
37 *Hurrelmann/Klocke/Melzer/Ravens-Sieberer*, WHO-Jugendgesundheitssurvey – Konzept und ausgewählte Ergebnisse für Deutschland, Erziehungswissenschaft 2003/27, 79 (95).
38 *Hurrelmann/Klocke/Melzer/Ravens-Sieberer* Erziehungswissenschaft 2003/27, 79 (95 f.).

schwachen Familien hin".[39] Die Autoren kommen ferner zu dem Befund, dass das „soziale Kapital" (also Netzwerkressourcen) im Hinblick auf die Gesundheit von Kindern und Jugendlichen besonders wichtig ist. „Niedriges soziales Kapital wirkt sich noch ungünstiger auf die Gesundheit aus als Armut im Sinne multipler materieller Deprivationslagen." Ausreichende Versorgung mit sozialem Kapital bewirkt, dass Kinder und Jugendliche „‚resistenter' gegen Armutsrisiken" sind.[40]

VI. Familiale Bedingungen des Aufwachsens in Armut

Länger andauernde Arbeitslosigkeit (des „Ernährermanns") ist unbestritten ein zentrales Armutsrisiko. Als (mögliche) Folgen von länger andauernder Arbeitslosigkeit und ökonomischer Deprivation nennt *Walper* auf der Basis von US-amerikanischen Studien insbesondere Probleme in der Sprach- und Intelligenzentwicklung der Kinder, in der schulischen Leistungsfähigkeit – und unabhängig von familienstrukturellen Charakteristika – emotionale Beeinträchtigungen, die sich in Minderwertigkeitsgefühlen, Ängstlichkeit und Depressivität, aber auch in Ärgerreaktionen, Feindseligkeit, Aggressivität und erhöhter Bereitschaft zu Normverstößen manifestieren (können); benannt werden aber auch Risiken der Fehlernährung und gesundheitsbezogene Probleme.[41]

Elterliche Arbeitslosigkeit und ökonomische Deprivation stellen eine erhebliche Quelle von *Belastungen* für die Betroffenen, für die (Ehe-)Partner/in und die Kinder dar, wobei die Arbeitslosigkeit des Vaters in einer Zwei-Eltern-Familie gravierendere Auswirkungen hat als die Arbeitslosigkeit allein erziehender Frauen. Insbesondere die der Arbeitslosigkeit geschuldete häufige Anwesenheit des Vaters stellt eine erhebliche Belastung dar, insbesondere in Familien mit stark traditioneller Arbeitsteilung. Bisher gültige Rollenteilungen werden infrage gestellt. Nicht selten kommt es zu tief greifenden Konflikten zwischen den Partnern. Partnerkonflikte wiederum führen dazu, dass sich die Eltern mehr mit sich selbst als mit ihren Kindern befassen. Die Erziehungskompetenz wird geschwächt. Partnerprobleme beeinträchtigen die Eltern-Kind-Beziehung und erhöhen das Risiko einer Ablehnung von Kindern (durch den Vater) bzw. von unangemessenen Erziehungspraktiken (z.B. unangemessen harte Strafen). Dieses Risiko ist auch bei allein erziehenden Müttern gegeben.[42]

Einkommensarmut und Unterversorgung in zentralen Lebensbereichen (z.B. Wohnen, Bildung, Gesundheit) – zumeist infolge längerer elterlicher Arbeitslosigkeit – bedeuten erhebliche Risiken für die Entwicklung von Kindern und

---

39 *Hurrelmann/Klocke/Melzer/Ravens-Sieberer* Erziehungswissenschaft 2003/27, 79 (96).
40 *Hurrelmann/Klocke/Melzer/Ravens-Sieberer* Erziehungswissenschaft 2003/27, 79 (97).
41 Vgl. *Walper*, Kinder und Jugendliche in Armut (Fn. 26).
42 Vgl. *Walper*, Auswirkungen von Armut auf die Entwicklung von Kindern (Fn. 27).

Jugendlichen, gleich ob diese aus der Überforderung der Eltern[43] und den häufig damit einhergehenden mangelhaften Sozialisations- und Erziehungsleistungen resultieren oder unmittelbarer Ausdruck ökonomischer Deprivation sind. Solche *Entwicklungsrisiken* sind insbesondere gefährdete Identitätsbildung, Orientierungs- und Perspektivlosigkeit usw. Angesichts der gestiegenen Erwartungen an Kinder und Jugendliche im Hinblick auf soziale Flexibilität, Reflexionsfähigkeit, Kommunikations- und Integrationsfähigkeit, zur Affekt- und Selbstkontrolle und Eigenständigkeit,[44] die gerade eine gelungene Sozialisation und Identitätsbildung (Selbstvertrauen) verlangen, erhöhen Armutslagen das Risiko des Scheiterns biographischer Entwürfe und Lebensgestaltungspraxen. Sozialisationsdefizite und lebensweltliche Mangelzustände können überdies als Prädikatoren für Schulversagen und deviantes Verhalten betrachtet werden.

Die von *Walper*[45] ausgewerteten Studien zeigen, dass für den Umgang mit den Belastungen die *Qualität der Ehe-/Partnerbeziehung* (z.B. auch Rollenteilung) und die *Familienkohäsion* vor Eintritt der ökonomischen Deprivation besonders bedeutsam sind. Auch die Bildungsressourcen der Eltern erweisen sich als relevant für die Reaktionen der Familien auf Einkommensverluste.

Eine Untersuchung Berliner Familien (West), die von mehr oder minder starken Einkommensverlusten betroffen waren, mit einer Vergleichsgruppe nicht-deprivierter Familien zeigt, dass Beeinträchtigungen des Selbstwertgefühls und eine erhöhte Bereitschaft zu problematischem Verhalten der deprivierten Kinder und Jugendlichen weitgehend durch Belastungen der Familienintegration und der mütterlichen Unterstützung erklärbar sind. Die Befunde aus dieser Vergleichsuntersuchung legen ferner nahe, dass finanzielle Einbußen etwa den Anschluss von Jugendlichen an deviante Gleichaltrige begünstigen, wenn die Familienkohäsion gering ist.

Die Veränderungen der Familienbeziehungen und vor allem das *elterliche Erziehungsverhalten* erweisen sich in verschiedenen Studien als weitgehend ausschlaggebend für die aus der Armut resultierenden *Entwicklungsrisiken* der Kinder. So berichten etwa *Elder* et al. über erhöhte antisoziale Tendenzen der Kinder

---

43 In diesem Zusammenhang ist darauf hinzuweisen, dass Arbeitslosigkeit im Kontext von ökonomischen Modernisierungsprozessen zu betrachten ist. Arbeitslosigkeit betrifft somit nicht nur die materiellen Existenzgrundlagen, sondern auch die ideellen, d.h., die milieuspezifischen Sicherheiten geraten unter Druck oder gehen gar ganz verloren. Mit dem Verlust milieuspezifischer Sicherheiten schwindet somit auch der soziale (familiale) Rückhalt für die Kinder und Jugendlichen, der als eine essenzielle Voraussetzung für eine gelingende Sozialisation, für Verselbstständigungs- und Ablösungsprozesse zu betrachten ist (vgl. *Haupert*, Modernisierungsverlierer – Hooligans, Jugendliche in der Ausweglosigkeit? Biographische Fall- und Milieurekonstruktion mit dem Verfahren der objektiven Hermeneutik, in: Jakob/Wensierski [Hrsg.], Rekonstruktive Sozialpädagogik, 1997, S. 193).

44 Vgl. *Sünker*, Kinder in Armut, Neue Praxis 1991, 316.

45 *Walper*, Kinder und Jugendliche in Armut (Fn. 26), die Autorin bezieht sich insbesondere auf folgende Studien: *Walper*, Familiäre Konsequenzen ökonomischer Deprivation, 1988; *Silbereisen/Walper/Albrecht*, Family income loss and economic hardship: Antecetents of adolescents' problem behaviour, in: McLoyd/ Flanagan (Hrsg.), Economic stress: Effects on family life and child development, New Directions of Child Development, Band 46, 1990, S. 27; *Elder/Conger/Foster/Ardelt*, Families under economic pressure, Journal of Family Issues 1992/13, 5; vgl. auch *Walper*, Auswirkungen von Armut auf die Entwicklung von Kindern (Fn. 27).

aus deprivierten Familien und führen diese auf eine Zunahme elterlicher Feindseligkeiten gegenüber den Kindern zurück. Interessant ist in diesem Zusammenhang, dass es unter den jüngeren Kindern vor allem die Jungen waren, die in ihrer Entwicklung beeinträchtigt wurden und zu vermehrtem Problemverhalten, Unsicherheit und mangelnder Kompetenz neigten, während Mädchen aus deprivierten Familien sogar für ihre Kompetenzentwicklung profitierten. Bei Jungen wirkten sich die eingeschränkten Finanzen direkt aus, bei Mädchen waren negative Folgen nur bei ablehnendem Verhalten des Vaters beobachtbar.

Inwieweit sich materielle Armut auf Familie und die Kinder nachteilig auswirkt, hängt also vor allem von den familiären Ressourcen bzw. der Verletzbarkeit des Familiensystems ab, wobei das *Ausmaß an sozialer Integration in soziale Netzwerke* einen protektiven Einflussfaktor darstellt.

Zwar stellt sich die Belastung der Familienkohäsion bzw. der Eltern/Mutter-Kind-Interaktion als zentraler Faktor für die Reaktionen der Kinder und Jugendlichen heraus. Es lässt sich aber neben den indirekten Auswirkungen (Einschränkung der elterlichen Zuwendung, vermehrt inkonsistentes Erziehungsverhalten und in der Folge depressive Verstimmungen und Gefühle der Einsamkeit auf Seiten der Kinder) auch ein direkter Einfluss ökonomischer Deprivation zeigen.

Die *Inanspruchnahme von außerfamiliären Betreuungseinrichtungen* erweist sich im Übrigen als belastungsreduzierend und günstig für die schulische und Sozialentwicklung der Kinder und Jugendlichen.

VII. Sozialisationsbedingungen von Kindern in Armutsquartieren

Vorliegende – zumeist qualitative – Fallstudien zeigen,[46] dass so genannte strukturell benachteiligte Armutsquartiere, d.h. solche, in denen Haushalte mit Niedrigeinkommen bzw. Sozialhilfebezug und niedrigen Bildungsabschlüssen überproportional oder gar fast ausschließlich vertreten sind, zumeist sozialinfrastrukturell unterversorgt sind und sich durch räumliche und soziale Randständigkeit ausweisen. In solchen Quartieren ist eine *starke Binnen- und Familienorientierung* der Bewohner/innen zu beobachten, die einhergeht mit einer Abschottung nach außen, die auch im Zusammenhang mit Stigmatisierungsprozessen zu betrachten ist. Zwar gibt es kaum Isolation; aber die sozialen Netzwerke haben zuweilen auch stark ausgrenzenden Charakter. Die Kinder unterliegen zumeist deutlichen Einschränkungen hinsichtlich der Kontaktmöglichkeiten (außerhalb des Wohngebiets) und hinsichtlich der Anregungen aus der Umwelt.

Generell verweisen die Studien darauf, dass die Familiensituation stark geprägt ist von Arbeitslosigkeit, extensivem Alkoholkonsum, Gewalt, Aggressivität,

---

46 Vgl. etwa *Klein*, Auswirkungen von Armut – Eine Analyse kindlicher Lebenswelt am Beispiel (...), Saarbrücken: Diplomarbeit an der Katholischen Hochschule für Soziale Arbeit, 1995.

räumlicher Enge sowie knappen finanziellen Mitteln. Eine Unterversorgung der Kinder ist insbesondere im Hinblick auf angemessene Ernährung zu beobachten, die erhöhte gesundheitliche Risiken beinhaltet. Darüber hinaus berichten die Studien über eine *Unterversorgung hinsichtlich emotionaler Zuwendung und ein prekäres Erziehungsverhalten*, dem klare Orientierungsmaßstäbe, Konsistenz und Kontinuität fehlen. Die Eltern sind in der Bewältigung ihrer eigenen schwierigen Lebenssituation und mit der Erziehungsaufgabe (tendenziell) überfordert. Deutlich gezeigt werden kann die *Tradierung von Armutslagen und Integrationsdefiziten.*[47]

VIII. Soziale Verhältnisse und Kindesmisshandlung[48]

Die Forschung über die Folgen von Armut und Arbeitslosigkeit zeigt, dass deprivierende Lebensbedingungen einen sehr bedeutsamen (Risiko-)Faktor für die Beeinträchtigung bzw. Gefährdung des Kindeswohls darstellen. Eine zugespitzte Gefährdung des Kindeswohls stellt die „Gewalt gegen Kinder" dar.[49] Unter dieser Kategorie werden körperliche und psychische Misshandlung, körperliche, erzieherische und emotionale Vernachlässigung sowie sexueller Missbrauch gefasst.[50] Eindeutige Definitionen von Kindesmisshandlung können jedoch nicht vorausgesetzt werden. Engere Misshandlungsdefinitionen haben Fälle im Blick, bei denen Kinder körperlich verletzt werden. Weiter gefasste Definitionen schließen Handlungen und Unterlassungen ein, die nur bedingt zu körperlichen Verletzungen führen und/oder in geringem Maße als Normabweichung gelten.[51]

---

47 Vgl. *Hilpert*, Ausländer zwischen Integration und Marginalisierung. Zur Bedeutung kommunaler Quartierbildung und Traditionalisierung von Integrationsdefiziten beim Wechsel der Generationen, 1997.

48 Einen guten Überblick über den Stand der Forschung liefert *Deegener*, Literatur-Datenbank: Gewalt gegen Kinder, Gewalt in der Familie, Gewalt in der Gesellschaft, Deutscher Kinderschutzbund Landesverband Saarland e. V. (CD-Rom), 2003.

49 Vgl. hierzu die hervorragenden Studien von *Wahl*, Studien über Gewalt in Familien, 1990; *Honig*, Verhäuslichte Gewalt, 1992.

50 Vgl. *Engfer*, Kindesmisshandlung und sexueller Missbrauch, in: Markefka/Nauck (Hrsg.), Handbuch der Kindheitsforschung, 1993, S. 617; *Gilbert*, Combatting Child Abuse: International Perspectives and Trends, 1997.

51 Weite Definitionen von Gewalt haben den Vorteil, dass sie den Horizont für mögliche Verletzungen der physischen und psychischen Integrität erweitern, aber den Nachteil der zumeist mangelnden Operationalisierbarkeit und damit Beobachtbarkeit und des inflationären Gebrauchs des Gewaltbegriffs. Dies gilt insbesondere, wenn damit auch Handlungen und Unterlassungen verstanden werden, die Personen daran hindern, ihr Entwicklungspotenzial zu realisieren. Enge Definitionen, die sich auf Angriffe auf die physische Integrität konzentrieren, erleichtern zwar die Operationalisierbarkeit, sind aber zu unterkomplex. Unter präventiven Gesichtspunkten erscheint weite Gewalt- bzw. Misshandlungsdefinition begründet. Nur so können Hilfen für gefährdete Familien angeboten und begründet werden. *Engfer* (Kindesmisshandlung und sexueller Missbrauch [Fn. 50], S. 617 f.) rechtfertigt eine weite Definition damit „dass die Grenzen zwischen Gewalthandlungen und Misshandlungen im engeren Sinne fließend sind, Handlungen und Unterlassungen im Vorfeld der körperlichen Schädigung weniger tabuisiert und deshalb der Beobachtung zugänglicher sind, (...) und dass die Frage, welche Handlungen oder Unterlassungen die kindliche Entwicklung beeinträchtigen, auf diese Weise empirisch geklärt werden kann." Zur Problematik der Messung von (häuslicher) Gewalt, der Datenquellen und der Methoden vgl. *Gelles*, Gewalt in der Familie, in: Heitmeyer/Hagan (Hrsg.), Internationales Handbuch der Gewaltforschung, 2002, S. 1043.

Der Forschungsstand zum Gegenstandsbereich ist bisher alles andere als befriedigend,[52] jedoch lassen sich im Hinblick auf Risiko- und Schutzfaktoren[53] Trendaussagen formulieren.[54]

Generell gilt, dass sich das Auftreten von Gewalt gegen Kinder in Familien oder in Intimbeziehungen *keinesfalls durch einen einzelnen Faktor* erklären lässt. „Die Frage, welche Familienmitglieder unter welchen Umständen misshandelt werden, hängt von den besonderen Eigenschaften der Kinder, Eltern, Partner, Familien, der sozialen Situation, der Community und der Gesellschaft ab. Persönliche und emotionale Merkmale und in der Community liegende Faktoren, wie etwa die kulturelle Haltung zur Gewalt, werden durch die Familienstruktur und durch familiäre Situationen moderiert und beeinflusst. Dazu kommt, dass fast sämtliche Formen familiärer und intimer Gewalt durch die Ausübung von Macht und Kontrolle gekennzeichnet sind."[55] Auch ist mit einer *Akkumulation von Risiken* zu rechnen. Eine Häufung von Risikofaktoren (z.B. Armut, Wohnumfeld, allein erziehende Familie) kann die Schutzfaktoren (wie etwa soziale Unterstützung) überwiegen. Schließlich können Kindesmisshandlungen in einer Prozessperspektive als Ergebnis *eskalierender Konfliktsituationen* im familialen Zusammenhang interpretiert werden. Massiv eingeschränkte materielle und psychosoziale Ressourcen vermindern die Chancen zur Lösung oder zumindest zur Eingrenzung und Kompensation von Konflikten. Die Ressourcenknappheit (persönliche Ressourcen, Ressourcen aus dem Netzwerk, aber auch häufig nicht in Anspruch genommene professionelle Hilfen) führt häufig zur Konfliktverschärfung und Zuspitzung und einer Ausweitung auf bisher noch konfliktarme (familiale) Bereiche. Je knapper die Ressourcen, je schwieriger das soziale Umfeld, je herausfordernder die Situation und das Verhalten des Kindes, um so wahrscheinlicher ist eine Überforderung der Erziehenden und damit das Risiko, dass Konflikte eskalieren und die Beziehungsstörung zwischen Eltern und Kind sich zu einer Gefährdung des Kindes verdichtet.[56]

---

52 Auf die empirische Verbreitung von Kindesmisshandlung wird im Rahmen dieses Beitrags nicht eingegangen. Verwiesen wird auf die Datenbank von *Deegener* (Fn. 48); *Gilbert*, Combatting Child Abuse: International Perspectives and Trends, 1997; Volkswagen AG Kommunikation, Deutscher Kinderschutzbund Bundesverband e.V. (Hrsg.), Taschenbuch der Kinderpresse 2001, S. 275.

53 *Gelles* (Gewalt in der Familie [Fn. 51], S. 1043 [1061]) weist in seiner international vergleichenden Überblicksstudie ausdrücklich darauf hin, dass „Risikofaktoren" in erster Linie ein *heuristischer Wert* beizumessen ist, da sie bspw. im Fall „häuslicher Gewalt" nur eine relativ geringe Korrelation aufweisen.

54 Im Folgenden wird im Wesentlichen auf die Übersichtsarbeiten von *Engfer*, Kindesmisshandlung und sexueller Missbrauch (Fn. 50); *Gelles*, Gewalt in der Familie (Fn. 51) und *Garbarino/Bradshaw*, Gewalt gegen Kinder, in: Heitmeyer/Hagan (Hrsg.), Internationales Handbuch der Gewaltforschung, 2002, S. 899 zurückgegriffen.

55 *Gelles*, Gewalt in der Familie (Fn. 51), S. 1043 (1072).

56 Vgl. ausführlicher *Schone/Gintzel/Jordan/Kalscheuer/Münder*, Kinder in Not. Vernachlässigung im frühen Kindesalter und Perspektiven Sozialer Arbeit, 1997; *Finger-Tresch/Krebs* (Hrsg.), Misshandlung, Vernachlässigung und sexuelle Gewalt in Erziehungsverhältnissen, 2000; *Martinius/Frank* (Hrsg.), Vernachlässigung, Missbrauch und Misshandlung von Kindern. Erkennen, Bewusstmachen, Helfen, 1990; Kinderschutz-Zentrum Berlin (Hrsg.), Risiken und Ressourcen. Vernachlässigungsfamilien, kindliche Entwicklung und präventive Hilfen, 1996; Kinderschutz-Zentrum Berlin (Hrsg.), Kindesmisshandlung. Erkennen und Helfen, 8. Aufl. 2000.

Betroffenheit: Das Misshandlungsrisiko scheint für Kinder der jüngsten Altersgruppe am größten, besonders mit Blick auf Gewaltformen mit potenziell tödlichem Ausgang. Gewalttaten an älteren Kindern und Jugendlichen werden wesentlich seltener angezeigt.[57] Während Kinder unter zwei Jahren eher von ihren Eltern misshandelt werden, sind für Gewaltakte gegen Jugendliche eher Fremde oder Gleichaltrige verantwortlich.[58] Kinder im Schulalter haben zu Beginn ihrer Schulzeit ein höheres Risiko, von anderen Schulkindern angegriffen zu werden. Ebenso werden körperlich ausgereifte Jugendliche eher von Gleichaltrigen sexuell missbraucht als von Erwachsenen. Kinder, die mit nur einem Elternteil leben, haben ein besonders hohes Misshandlungsrisiko; genauer gesagt: „Das Risiko, misshandelt zu werden, ist für Kinder allein erziehender Eltern doppelt so hoch wie für andere Kinder. Ebenso haben Kinder, die in Haushalten mit zwei oder drei Kindern leben, ein doppelt so hohes Misshandlungsrisiko; hier steigt das Risiko mit der Zahl der im Haushalt lebenden Kinder."[59] Misshandlungsrisiken sind auch im Entwicklungszusammenhang zu betrachten. Das Risiko, einer Gewalthandlung zum Opfer zu fallen, kann in bestimmten Entwicklungs- und Übergangsphasen erhöht sein.[60]

Vorerfahrungen mit Gewalt und Ablehnung in der eigenen Kindheit erhöhen das Risiko späterer Misshandlungen. Jedoch ist nur bei einem Teil der Eltern eine Weitergabe selbst erfahrener Gewalt beobachtbar, was mit Schutzfaktoren in Verbindung gebracht wird, die etwa in der Einbindung in tragfähige Beziehungen zu Erwachsenen (z.B. nicht misshandelnder Elternteil, späterer Lebenspartner) und sozial-emotionale Unterstützung durch Partner und Freunde zu sehen sind. Eine gute Partnerschaft scheint eine der wichtigsten Faktoren gegen die *intergenerationale Übertragung und Tradierung* von Gewalt zu sein;[61] hier ist aber auch die materielle Situation zu berücksichtigen.[62]

Mütterliche Persönlichkeitsmerkmale und Erziehungseinstellungen (vor allem Depressionen, Selbstwertprobleme, rigide und machtorientierte Erziehungseinstellungen) scheinen bedeutsam. Sie erschweren offenbar einen geduldigen Umgang mit Säuglingen, sind sehr entscheidend für die Wahrnehmung kindlicher Verhaltensweisen, spielen offenbar eine Rolle bei der Verarbeitung belastender Lebensereignisse und sind möglicherweise mit dafür verantwortlich, dass Mütter mit Problemen im Umgang mit ihren Kindern zu wenig soziale Unterstützung erfahren.[63]

---

57 Vgl. *Gelles*, Gewalt in der Familie (Fn. 51).
58 Nach Angaben von *Garbarino/Bradshaw*, Gewalt gegen Kinder (Fn. 54), S. 899 (904) stand der weitaus größte Teil aller Kindesmisshandler bereits vor der Misshandlung in irgendeiner Weise in Beziehung zu seinen Opfern. Etwa ein Drittel misshandelten ihr eigenes Kind oder Stiefkind.
59 Vgl. *Garbarino/Bradshaw*, Gewalt gegen Kinder (Fn. 54), S. 899 (905). Die Anwesenheit anderer Familienmitglieder in einem Haushalt mit hohem Risiko kann auch als Puffer wirken, z.B. durch Beaufsichtigung der Kinder und die Mithilfe bei den Haushalts- und Erziehungspflichten (ebd.).
60 *Garbarino/Bradshaw*, Gewalt gegen Kinder (Fn. 54), S. 899 (902). Vgl. auch *Esser*, Die vergessenen Kinder. Ablehnung und Vernachlässigung im Säuglingsalter, 1994 bezüglich des Übergangs vom Kleinkind zum Grundschulalter.
61 Vgl. *Engfer*, Kindesmisshandlung und sexueller Missbrauch (Fn. 50), S. 617 (620).
62 Vgl. *Gelles*, Gewalt in der Familie (Fn. 51), S. 1043 (1063 f.).
63 Vgl. *Engfer*, Kindesmisshandlung und sexueller Missbrauch (Fn. 50), S. 617 (620).

Belastungen, Überforderung und Mangel an sozialer Unterstützung können als Korrelate von Misshandlungen verstanden werden, „ihr relativer Beitrag zum eigentlichen Misshandlungsgeschehen ist jedoch anderen Faktoren (z. B. den persönlichen Ressourcen von Müttern) untergeordnet." *Soziale Isolation* scheint eher ein Merkmal vernachlässigender als misshandelnder Eltern zu sein. Als Stressoren mit einem erhöhten Misshandlungsrisiko spielen *Partnerschaftskonflikte* und die *schwierige (materielle) Lebenssituation allein erziehender Mütter* eine Rolle.[64] Vor allem allein Erziehende und hier besonders allein erziehende Mütter berichten von Gefühlen der Einsamkeit, des Kontrollverlusts und von einer erdrückenden Haushaltslast.[65]

Kindliche Verhaltensweisen bzw. Auffälligkeiten erscheinen als Auslöser von Misshandlungen und harten Bestrafungen. Allerdings sind in entsprechenden Studien manche Verhaltensauffälligkeiten (z. B. Bindungsunsicherheit, Unruhe) vor der eigentlichen Misshandlung beobachtbar und kaum von den Problemen zu unterscheiden, die als Auswirkungen von Kindesmisshandlungen in der Literatur beschrieben werden.[66]

Insbesondere im Hinblick auf Fälle von Vernachlässigung lässt sich ein deutlicher Zusammenhang mit *Armut und Randständigkeit* zeigen.[67] Mit Ausnahme des sexuellen Missbrauchs liegt die Gewaltrate in Familien mit einem Einkommen unter der Armutsgrenze höher als in Familien, deren Einkommen über der Armutsgrenze liegt. Arbeitslosigkeit, finanzielle Probleme, allein erziehend oder im Teenageralter Mutter geworden zu sein, stehen mit „häuslicher Gewalt" bzw. mit Gewalt gegen Kinder in Verbindung.[68] Im Hinblick auf soziale Einbindung bzw. soziale Isolation ist jedoch zumeist nicht eindeutig feststellbar, ob die soziale Isolation der Gewalt vorausgeht oder als Folge zu betrachten ist. Jedoch ist anzunehmen, dass Menschen, die isoliert leben, vermehrt zu häuslicher Gewalt neigen, wohingegen soziale Unterstützung durch Familienangehörige, Freunde und Nachbarn als Schutzfaktor zu betrachten ist. „Je mehr eine Familie in die Gemeinschaft integriert ist und je mehr Gruppen und Vereinigungen sie angehört, desto geringer die Wahrscheinlichkeit gewalttätiger Handlungen."[69]

Armut, Arbeitslosigkeit der Eltern, beengte Wohnverhältnisse und Geldsorgen beeinträchtigen das Familienleben, das Erziehungsverhalten und begünstigen Konflikte. Stress und Konflikte innerhalb der Familie verkürzen oft die Zeit elterlicher Zuwendung und erschweren es den Eltern, sich in die Perspektive und die

---

64 Vgl. *Engfer*, Kindesmisshandlung und sexueller Missbrauch (Fn. 50), S. 617 (620).
65 Vgl. *Garbarino/Bradshaw*, Gewalt gegen Kinder (Fn. 54), S. 899 (904).
66 Vgl. *Engfer*, Kindesmisshandlung und sexueller Missbrauch (Fn. 50), S. 617 (621).
67 Vgl. *Engfer*, Kindesmisshandlung und sexueller Missbrauch (Fn. 50), S. 617 (621). Die Autorin verweist aber auch auf Zusammenhänge mit psychischen Erkrankungen (insbesondere Depressionen), geistigen Behinderungen und Drogenproblemen der Eltern.
68 Vgl. *Gelles*, Gewalt in der Familie (Fn. 51).
69 *Gelles*, Gewalt in der Familie (Fn. 51), S. 1043 (1063).

Gefühle hineinzuversetzen. Es fehlt zumeist an geeigneten Konfliktlösungsstrategien. Dies gilt insbesondere für jugendliche Eltern.[70]

Das Wohnumfeld kann das Risiko von Gewaltakten an Kindern verringern oder erhöhen. Offensichtlich gibt es einen Zusammenhang zwischen wirtschaftlicher Benachteiligung, hoher Wohnungsmobilität und Kindesmisshandlungsrate. Ein hoher Anteil von Menschen in Armutslagen, mangelnde Stabilität in der Community oder eine hohe Kinderbetreuungslast erhöhen das Misshandlungsrisiko. Die Erziehung von Kindern in instabilen, verarmten und isolierten Quartieren stellt Eltern vor besondere Probleme. Arme Eltern in instabilen Umgebungen tragen übrigens selbst ein höheres Risiko, zu Gewaltopfern zu werden. Diese Eltern haben oft nur eingeschränkten Zugang zu sicheren Wohnverhältnissen, medizinischen Versorgungsleistungen und Kinderbetreuungsangeboten.

Darüber hinaus tragen Faktoren wie eine begrenzte soziale Unterstützung, frühere Gewalt in der Familie, das Bildungsniveau der Eltern, der Zugang zu Kinderbetreuungseinrichtungen und das Haushaltseinkommen signifikant zum Risiko einer Kindesmisshandlung bei. Das Aufwachsen in materiell und sozial verarmten Gebieten, denen es an sozialer Integration fehlt und die eine hohe Konzentration finanziell unter Druck stehender Familien, kaum positive Nachbarschaftserlebnisse und eine hohe Wohnfluktuation aufweisen und darüber hinaus für die Familien mit einem höheren Stressniveau bei ihren täglichen Aktivitäten verbunden sind, erhöhen das Misshandlungsrisiko durch die Eltern und die Community.[71] *Bange* verweist auf Forschungen, die belegen, dass sich Täter aus dem außerfamilialen Nahbereich bevorzugt emotional verunsicherte Kinder als Opfer auswählen. Diese Kinder suchen oft Zuneigung und soziale Zuwendung und bekommen von den Tätern Dinge, die sie sich nicht leisten können. Überdies führt die angespannte Familiensituation häufig dazu, dass sich die Kinder nicht ihren Eltern anvertrauen: „Die ‚Infantilisierung der Armut' hilft den Tätern, also Opfer zu finden und minimiert für sie zudem das Risiko, entdeckt zu werden."[72]

Im Rahmen einer Langzeitstudie kommt *Esser* zu dem Ergebnis, dass schwere Fälle von Ablehnung, Vernachlässigung und Misshandlung überwiegend in Familien mit psychosozialem Risiko auftreten: subjektive Überforderung der Eltern, Arbeitslosigkeit, Armut, Wohnungsprobleme und damit verbundene soziale Ausgrenzung.[73]

Neuere Forschungen kommen zu dem Ergebnis, dass Gewalt gegen Mütter und Gewalt gegen Kinder eng miteinander zusammenhängen. „Wenn häusliche

---

70 Vgl. *Garbarino/Bradshaw*, Gewalt gegen Kinder (Fn. 54), S. 899 (905).
71 Vgl. *Garbarino/Bradshaw*, Gewalt gegen Kinder (Fn. 54), S. 899 (906).
72 *Bange*, Armut von Kindern und Jugendlichen, in: ders./Körner (Hrsg.), Handwörterbuch Sexueller Missbrauch, 2002, S. 17.
73 Vgl. auch *Lenz*, Prävention kontra Prävention? SOS Dialog – Fachmagazin des SOS-Kinderdorfs e.V., Heft 1, 1996, S. 16.

Gewalt stattfindet, dann besteht eine hohe Wahrscheinlichkeit, dass auch Kinder misshandelt, sexuell missbraucht oder vernachlässigt werden."[74]

Im Hinblick auf den *sexuellen Missbrauch* kann davon ausgegangen werden, dass der relative Anteil von Mädchen und Jungen unter den Opfern bei 2:1 bis 4:1 liegt.[75] Jungen werden häufiger als Mädchen außerfamilial und eher von Gleichaltrigen missbraucht. Frauen spielen als (Mit-)Täterinnen in maximal 10 bis 15 % der Fälle eine Rolle. Sexuelle Übergriffe sind überwiegend einmalige Ereignisse. Jedoch werden Mädchen von Familienmitgliedern und nahen Verwandten wiederholt und schwerwiegend missbraucht. Gefährdet erscheinen vor allem Mädchen, deren Familien – offenbar schichtunabhängig – vielfältige Belastungsmerkmale aufweisen (z.B. Drogenmissbrauch, psychische Vernachlässigung und/oder übertriebene Strenge). Jedoch ist – etwa bei Retrospektivbefragungen – nicht entscheidbar, ob diese Familienprobleme Ursache oder Folge des sexuellen Missbrauchs sind.[76] Die langfristigen Folgen des sexuellen Missbrauchs sind offenbar vor allem bei Kindern gravierend, die innerhalb der Familie wiederholt und schwerwiegend missbraucht wurden.[77]

IX. Konsequenzen

1. Grundlegende Orientierungen

Grundlegendes Prinzip der politischen Gestaltung der Bedingungen des Aufwachsens von Kindern und Jugendlichen durch Kinder- und Familienpolitik muss es sein, *allen* Kindern und Jugendlichen Lebens- und Entwicklungsmöglichkeit und Teilhabechancen zu eröffnen. Die Rechte, Interessen und Bedürfnisse der Kinder werden im Allgemeinen im Zusammenwirken mit den Eltern, als primär zur Sorge für ihre Kinder berechtigten und verpflichteten Personen, gefördert. Unbeschadet der primären Verantwortung der Eltern ist es Aufgabe des Staates

---

74 Vgl. *Kavemann*, Kinder und häusliche Gewalt, SozialExtra 2003/4, S. 12.
75 Vgl. *Engfer*, Kindesmisshandlung und sexueller Missbrauch (Fn. 50), S. 617 (623 ff.); Nach Angaben von *Garbarino/Bradshaw* (Gewalt gegen Kinder [Fn. 54], S. 899 [905]) entfallen in den USA ein Viertel aller sexuellen Übergriffe auf Kinder unter zwölf Jahren. Das Risiko eines sexuellen Missbrauchs ist im Alter zwischen sechs und zehn Jahren am größten. Mädchen werden fast dreimal so häufig sexuell missbraucht wie Jungen.
76 Vgl. *Engfer*, Kindesmisshandlung und sexueller Missbrauch (Fn. 50), S. 617 (624); zum sexuellen Missbrauch vgl. ausführlicher *Bange/Deegener*, Sexueller Missbrauch an Kindern. Ausmaß, Hintergründe, Folgen, 1996; *Bange/Körner*, Handwörterbuch Sexueller Missbrauch (Fn. 72); *Neubauer*, Sexueller Missbrauch an Kindern, in: Hurrelmann/Palentien/Wilken (Hrsg.), Anti-Gewalt-Report. Handeln gegen Aggression in Familie, Schule, und Freizeit, 1995, S. 94; Deutsches Jugendinstitut (Hrsg.), Sexueller Missbrauch von Kindern. Dokumentation der Nationalen Nachfolgekonferenz, 2002; *Richter-Appelt/Tiefensee*, Soziale und familiäre Gegebenheiten bei körperlichen Misshandlungen und sexuellen Missbrauchserfahrungen in der Kindheit aus Sicht junger Erwachsener, Psychotherapie, Psychosomatik, Medizinische Psychologie 1996, 367; *Wetzel*, Gewalterfahrungen in der Kindheit. Sexueller Missbrauch, körperliche Misshandlung und deren langfristige Konsequenzen, 1997.
77 Vgl. etwa *Egle/Hoffmann/Joraschky* (Hrsg.), Sexueller Missbrauch, Misshandlung, Vernachlässigung. Erkennung und Therapie psychischer und psychosomatischer Folgen früher Traumatisierungen, 2000; Deutsches Jugendinstitut, Sexueller Missbrauch von Kindern (Fn. 76).

und der Gesellschaft, für die Sozialisation, Erziehung und Bildung Verantwortung zu übernehmen und deren Entwicklung zu fördern. Dazu bedarf es eines bedarfsgerechten Angebots an Kindertagesstätten, Schulen und Einrichtungen außerschulischer Kinder(bildungs)arbeit bzw. von Gelegenheitsstrukturen für außerfamiliäre und außerschulische Tätigkeiten.

Die *Familie* ist die „Basisinstitution der Entstehung von Formen menschlicher Gegenseitigkeit", eine Elementarform des Sozialen,[78] „erste Bildungsstätte der Kinder",[79] insbesondere im Hinblick auf die Entwicklung von Fähigkeiten zur *Lebensbewältigung*,[80] die im Fünften Familienbericht *„Daseinskompetenzen"* genannt werden.[81]

Vor dem Hintergrund ökonomischer und sozialer Wandlungsprozesse, wachsender Unübersichtlichkeit und gewachsener Ansprüche an die Familie ist von einer *tendenziellen Überforderung* auszugehen, insbesondere unter der Bedingung des Mangels an ökonomischem, kulturellem und sozialem Kapital der Eltern. Gelingt es Familien, Kindern solche Daseinskompetenzen zu vermitteln und ihren Alltag gemeinsam konstruktiv zu gestalten, gewinnt nicht nur die Familie, sondern vor allem auch die Schule. Umgekehrt gilt: Gelingt dies nicht, werden die Anforderungen der Schule zu einer Belastung für die Familie. Aus dieser Erkenntnis ergibt sich zwingend, die Familie als basale Institution durch eine gezielte und nachhaltige *Lebenslagenpolitik* zu stützen und zu fördern.

Der Wissenschaftliche Beirat für Familienfragen beim BMFSFJ hat in einer Bilanzierung des Forschungsstands darauf hingewiesen, „dass Schulleistungen und -erfolge in vielerlei Hinsicht Resultat familialer Anstrengungen sind, auf denen die Schule im günstigsten Fall aufbauen, die sie im ungünstigsten Fall kaum kompensieren kann."[82] Anstrengungen anderer Instanzen, solche Kompetenzen zur Lebensführung und Lebensbewältigung zu vermitteln, können nur dann fruchtbar sein, wenn die familialen Verhältnisse entgegenkommend sind, also nicht durch übergroße Belastungen deren Handlungs- und Gestaltungsspielräume einschränken. „Die Schlussfolgerung daraus kann nur lauten, den Haushalt zu unterstützen: durch die Vermittlung von Kompetenzen, denn diese Einheit gemeinsam wirtschaftender Menschen ist ein entscheidender Schnittpunkt unserer Sozialwelt."[83]

---

78 Vgl. *Allert*, Die Familie. Zur Unverwüstlichkeit einer Lebensform, 1998.
79 *Krappmann*, Kompetenzförderung im Kindesalter, Aus Politik und Zeitgeschichte 2003, B 9, S. 14.
80 Zur Bedeutung von Bildung als Ressource der Lebensbewältigung vgl. *Krappmann*, Bildung als Ressource der Lebensbewältigung. Der Beitrag von Familie, Schule, und Einrichtungen der Kinder- und Jugendhilfe zum Bildungsprozess in Zeiten der Pluralisierung und Flexibilisierung der Lebensverhältnisse, in: Münchmeier/Otto/Rabe-Kleberg (Hrsg.), Bildung und Lebenskompetenz, 2002.
81 Bundesministerium für Familie und Senioren (Hrsg.), Fünfter Familienbericht: Familien und Familienpolitik im geeinten Deutschland – Zukunft des Humanvermögens, 1994.
82 Vgl. Bundesministerium für Familie, Senioren, Frauen und Jugend (Hrsg.), Wissenschaftlicher Beirat für Familienfragen. Die bildungspolitische Bedeutung der Familie – Folgerungen aus der PISA-Studie, 2002.
83 *Krappmann* Aus Politik und Zeitgeschichte 2003, B 9, S. 14 (19).

Dies erübrigt jedoch keinesfalls, die *Gelegenheitsstrukturen für außerschulische und außerfamiliäre Lern- und Bildungsprozesse*, etwa in der Jugendarbeit, verstärkt in den Blick zu nehmen und solche systematisch zu fördern, etwa im Kontext der „Ganztagsschule" bzw. der Schulsozialpädagogik/-sozialarbeit. Nicht zuletzt um der Überforderung von Familien entgegenzuwirken bzw. deren Potenzial zur Geltung bringen zu können, bedarf es der sozialpädagogischen Unterstützung der Schule und der Förderung außerschulischer Lern- und Bildungsgelegenheiten, vor allem aber auch eines (neuen) Arrangements zwischen den Instanzen, die für das Aufwachsen von Kindern und Jugendlichen Verantwortung tragen bzw. deren Verantwortung einzufordern ist (Familie, Schule, Kinder- und Jugendhilfe/außerschulische Bildungsinstitutionen, Zivilgesellschaft).[84]

Im Zusammenhang mit der Debatte über die Ergebnisse der PISA-Studie hat die *Jugendhilfe* den Begriff der *„Lebenskompetenz"* herausgestellt und damit die Aufmerksamkeit auf die Besonderheit nicht-formeller Bildungsprozesse und die Förderung informeller Bildung für die Entfaltung der Persönlichkeit durch Institutionen der Jugendhilfe gerichtet,[85] die als „Befähigung zur aktiven und emanzipativen Gestaltung individueller und gesellschaftlicher Verhältnisse verstanden werden kann",[86] die jedoch Bedingungen und Gelegenheiten zur „Aneignung von Welt"[87] voraussetzt. Damit wird ein Bildungsverständnis angesprochen, das einer funktionalistischen Verkürzung von Bildung als Ressource auf den Arbeitsmärkten widerspricht, das aber gleichzeitig die Frage nach den Schlüsselproblemen der Gegenwart und den Herausforderungen der Zukunft aufwirft und überdies nicht umhinkommt, Fragen sozialer Ungleichheit und Exklusion bzw. sozialer Gerechtigkeit zu thematisieren.

Für die Jugendhilfe stellt sich die Aufgabe, Wissen und Konzepte darüber zu entwickeln, wie in den Angeboten von Jugendhilfe ein *Möglichkeitenraum* eröffnet wird, der die Aneignung der zur Lebenskompetenz zugehörigen Teilkompetenzen erlaubt. Die Frage nach der Bereitstellung eines solchen Möglichkeitenraums wird damit zu einem zentralen Qualitätskriterium für die Jugendhilfe, speziell für die Jugendhilfeplanung.[88] Dazu ist eine Verständigung der Jugendhilfe auf ihren Bildungsbegriff ebenso notwendig wie entsprechende Rahmenbedingungen, die es der Jugendhilfe erlauben, ihre Bildungsaufgabe wahrzunehmen. Im wohlver-

---

84 Vgl. Bundesministerium für Familie, Senioren, Frauen und Jugend, Elfter Kinder- und Jugendbericht (Fn. 5); *Rauschenbach*, Außerschulische Bildung – ein vergessenes Thema der PISA-Debatte, Neue Praxis 2002, 499; *Filsinger*, Die Bildung des Sozialen, in: Welschbillig/Filsinger/Friesenhahn (Hrsg.), Apprendre à et au-deládel école. Lernen in und außerhalb der Schule, European Community Studies. Materialien zur internationalen und interkulturellen Pädagogik, Schriftenreihe des Pädagogischen Instituts der Johannes Gutenberg-Universität, Band 22, 2004, S. 43.

85 Vgl. Arbeitsgemeinschaft Jugendhilfe (AGJ), Bundesjugendkuratorium und Sachverständigenkommission für den Elften Kinder- und Jugendbericht, Bildung ist mehr als Schule. Leipziger Thesen zur aktuellen bildungspolitischen Debatte, 2002; *Münchmeier/Otto/Rabe-Kleberg*, Bildung und Lebenskompetenz (Fn. 80).

86 Vgl. *Baier*, Bildung, Lebenskompetenz und Zukunftsfähigkeit, Neue Praxis 2003, 379.

87 Vgl. Bundesministerium für Familie, Senioren, Frauen und Jugend, Zukunftsfähigkeit sichern! Eine Streitschrift des Bundesjugendkuratoriums, 2001.

88 *Baier* Neue Praxis 2003, 379 (386).

standenen Interesse von Kindern und Jugendlichen erscheint eine auf Abgrenzung abzielende Verständigung der Jugendhilfe auf einen gemeinsamen Bildungsbegriff aber problematisch. Vielmehr ist eine Verständigung zwischen den mit Bildung befassten Professionellen gefragt, die die zwingend notwendige Kooperation erleichtern kann und „aus der heraus sich professionelle Zuständigkeiten für Angebote im Bereich formaler, nonformaler und informeller Bildung argumentativ begründen lassen".[89]

2. Materielle Ausstattung der Familien

Generell bedarf es der Herstellung bzw. Gewährleistung von sozioökonomischen Rahmenbedingungen, die es Frauen und Männern ermöglichen, eine Familie zu gründen und die damit verbundenen Sorge-, Sozialisations- und Erziehungsaufgaben angemessen wahrnehmen zu können.[90] Erforderlich ist deshalb eine Politik, die allen (jungen) Frauen und Männern den Zugang zur Erwerbsarbeit und damit die Chance zu einer eigenständigen Lebensführung mit Kindern eröffnet. Sozialpolitische Aufgabe ist, ggf. mit Hilfe von sozialstaatlichen Transfers, allen Frauen und Männern die Teilhabe an der Gesellschaft, an den ökonomischen, sozialen und kulturellen Ressourcen zu ermöglichen. Der Armutsvermeidung – Armut verstanden als Unterversorgung in zentralen Lebensbereichen – muss hohe Priorität eingeräumt werden. Hierfür kommt in erster Linie die durchgängige Berücksichtigung des Bedarfsprinzips in der Sozialversicherung bzw. ein „Basic Income" in Frage. Kinder zu haben, darf keine ungebührliche finanzielle Belastung oder gar ein Armutsrisiko bedeuten.[91]

Nicht zuletzt zur Absicherung von neuen (transitorischen) Risiken (z.B. Scheidung, allein erziehende Elternschaft, verzögerter Einstieg in die Arbeitswelt) erscheint die Forderung nach einer angemessenen Mindestsicherung bzw. einem „Basic Income" (Garantismus) mehr als dringlich.[92] Der Garantismus ist nicht zuletzt aus demokratie- bzw. verfassungstheoretischer Perspektive gut begründbar. Soziale Grundrechte, (ökonomische) Bürgerrechte, ein Mindestmaß an sozialer Sicherheit erfahren ihre Begründung durch den Anspruch auf Teilhabegerechtigkeit, genauer: durch den Anspruch der „Befähigung aller Gesellschaftsmitglieder zur Bewältigung ihres Lebensschicksals".[93]

---

89 *Baier* Neue Praxis 2003, 379 (387); vgl. dazu auch die Überlegungen von *Coelen*, „Ganztagsbildung" – Ausbildung und Identitätsentwicklung von Kindern und Jugendlichen durch die Zusammenarbeit von Schulen und Jugendeinrichtungen, Neue Praxis 2002, 53.

90 Vgl. dazu die Vorschläge der Arbeitsgruppe „Gewaltprävention" in Bericht der Arbeitsgruppe „Gewaltprävention", Ächtung von Gewalt und Stärkung der Erziehungskraft von Familie, vorgelegt der Konferenz der Ministerpräsidenten der Länder am 27. März 2003 in Berlin, 2003, S. 15 f.

91 *Vobruba* (Arbeit und Einkommen nach der Vollbeschäftigungsgesellschaft, 2001) weist darauf hin, dass künftig Einkommen vermehrt über „Income-Mixes" erworben werden muss (Einkommen aus Erwerbsarbeit, Sozialtransfers u.a.).

92 Vgl. *Mückenberger/Ostner*, A Basic Income Guaranteed by the State: A Need of the Moment in Social Policy, in: Offe (Hrsg.), Modernity and the State, 1996, S. 201.

93 *Frankenberg*, Die Verfassung der Republik. Autorität und Solidarität in der Zivilgesellschaft, 1997, S. 195.

3. Vereinbarkeit von Familie und Beruf

Der Wandel der Lebens- und Familienformen erfordert es, der Einkommenssicherung und der Vereinbarkeit von Ausbildung/Beruf und Elternschaft/Familie für beide Geschlechter hohe Priorität einzuräumen. Dazu gehört die Bereitstellung bzw. der Ausbau von Betreuungsangeboten für Kinder bis zu drei Jahren und im Grundschulalter, aber auch darüber hinaus von außerunterrichtlichen Betreuungsangeboten im Kontext der Schule bzw. von bedarfsgerechten, kostenfreien familienergänzenden Angeboten der Betreuung und Erziehung.[94]

Der Wissenschaftliche Beirat für Familienfragen beim Bundesministerium für Familie, Senioren, Frauen und Jugend stellt in seinem 1998 erschienenen Gutachten „Eine Politik für Kinder im Kontext von Familienpolitik"[95] fest, dass Familienpolitik nicht nur familiale Lebensformen zu schützen und zu fördern habe, sondern auch die Familienmitglieder in ihren unterschiedlichen Positionen innerhalb und außerhalb der Familie und in ihren familialen Rollen mit spezifischen Rechten und Pflichten.

Für eine bessere Vereinbarkeit von Elternschaft/Familie und Ausbildung/Beruf und damit für den Ausbau von Betreuungseinrichtungen (z.B. im Kontext der „Ganztagsschule") spielt die „Beschäftigungsfähigkeit" aller Frauen und Männer eine zentrale Rolle. Dieser Fokus läuft jedoch Gefahr, die Bedürfnisse und Ansprüche von Kindern tendenziell zu vernachlässigen.[96] Außerunterrichtliche Betreuungsangebote im Kontext der Schule, außerschulische Angebote von freien Trägern und familienergänzende Angebote bedürfen einer (sozial)pädagogischen bzw. kinder-/jugendpädagogischen Begründung und Konzeptualisierung.[97]

4. Familienunterstützung

Im Zusammenhang mit Kindesmisshandlung, mit Gewalt an und von Kindern und Jugendlichen wird in öffentlichen und politischen Diskursen vor allem die Erziehungsverantwortung der Eltern eingeklagt und die Förderung und Stärkung von Erziehungskompetenz herausgestellt.[98] Damit geraten klassische Konzepte der Elternarbeit (Elternbildung), wie sie etwa von Familienbildungsstätten vertreten werden, aber auch Ehe-, Familien-, Erziehungs- und Lebensberatungsstellen

---

94 Vgl. auch Arbeitsgruppe „Gewaltprävention" (Fn. 90), S. 15 f.
95 Vgl. *Liegle*, Kinder und ihre Kindheit in Deutschland: Eine Politik für Kinder im Kontext von Familienpolitik, Neue Praxis 1998, 107.
96 *Ostner*, Am Kind vorbei – Ideen und Interessen in der jüngeren Familienpolitik, Zeitschrift für Soziologie der Erziehung und Sozialisation 2002, 247; zur Vereinbarkeit von Arbeit und Leben und speziell zu Fragen der bedarfsgerechten Kinderbetreuung vgl. das Themenheft „Moderne Zeiten: Entgrenzung von Arbeit und Leben" der Zeitschrift Diskurs (Deutsches Jugendinstitut), Heft 3, 2002; ein Überblick über (alternative) Kinderbetreuungsangebote ist zu finden in: DJI-Projekt Familienunterstützende Kinderbetreuungsangebote (Hrsg.), Familienunterstützende Betreuungsangebote. Eine Recherche zu alternativen Angebotsformen, 2002.
97 Vgl. *Coelen* Neue Praxis 2002, 53; Deutsches Jugendinstitut (Hrsg.), Orte für Kinder. Auf der Suche nach neuen Wegen der Kinderbetreuung, 1995.
98 Vgl. Arbeitsgruppe „Gewaltprävention" (Fn. 90), S. 8 f., 15.

in den Blick, deren Mittelschichtorientierung des Öfteren bereits bemerkt wurde.[99] Der Ansatz von Bildung und Beratung unterschlägt die Tatsache, dass insbesondere sozial benachteiligte Familien häufig in der alltäglichen Lebensführung überfordert sind, die verschiedenen Lebensbereiche und Anforderungen zu integrieren. Dies wiederum verweist auf die Notwendigkeit einer Verbesserung von strukturellen Bedingungen für Familien (z.B. Ausbau von Betreuungsangeboten; siehe oben). Am Beispiel der „Mütterzentren" – von denen es mittlerweile in Deutschland über 400 gibt – kann gezeigt werden, dass *offene Angebote* für Mütter, Kinder und die ganze Familie, die eine nachbarschaftlich orientierte soziale Infrastruktur herstellen, nach dem „Laien mit Laien-Prinzip", also in Richtung Selbsthilfe und „Empowerment" konzeptualisiert sind,[100] eine solche strukturelle Unterstützung darstellen. Sie scheinen besonders geeignet, auch Frauen mit ihren Kindern aus eher bildungsferneren und belasteteren Familien zu erreichen.[101] Die bisher vorliegenden Erkenntnisse aus verschiedenen Modellprojekten sprechen dafür, Orte, Gelegenheiten und soziale Netze für Kinder und ihre Familien zu schaffen, die auf eine Erweiterung des Familiensystems, auf wechselseitige Unterstützung in der Lebensführung und in der Bewältigung des Alltags ggf. mit institutioneller und professioneller Unterstützung ausgerichtet sind. Professionelle Leistungsangebote müssen aber so ausgerichtet sein, dass die Kompetenzen der Eltern stärker zum Tragen kommen können.[102]

Neben der materiellen Absicherung und der Bereitstellung sozialer Infrastruktur spielt gerade in der Armutsprävention auch die Erweiterung und Stärkung von Fähigkeiten zur Alltags- und Lebensbewältigung, also Bildung, eine wichtige Rolle. Dazu gehören insbesondere auch „Haushaltsführungskompetenzen".[103] Fragen des Kompetenzerwerbs bzw. der Kompetenzerweiterung außerhalb der Schule wird künftig mehr Aufmerksamkeit zu schenken sein. Dabei geht es um informelle Lernorte wie Familie und Jugendarbeit, um die Verbindung von Lernorten und damit des Kompetenztransfers.[104]

Im vergangenen Jahrzehnt sind eine ganze Reihe von Familienunterstützungsprogrammen entwickelt und erprobt worden (vgl. BMFSFJ 1998), die zur Unterstützung bei der Alltags- und Lebensbewältigung und bei der Wahrnehmung erziehe-

99 *Gerzer-Sass*, Forschung im Spannungsfeld zwischen Praxis und Politik: Von der traditionellen Elternarbeit zu einer neuen Sicht auf Familien, DJI-Bulletin, Heft 64, 2003, S. 6; *dies.*, Familienselbsthilfe und ihr Potenzial für eine Reformpolitik von „unten". Individuelle, familiale und gemeinwesenbezogene Wirkungen und Leistungen von Familienselbsthilfe. Ausgewählte Ergebnisse des Forschungsprojektes: Evaluation der Familienselbsthilfe, in: Deutsches Jugendinstitut (Hrsg.), Das Forschungsjahr '99, 2000, S. 56.
100 Vgl. *Stark*, Empowerment. Neue Handlungskompetenzen in der psychosozialen Praxis, 1996.
101 Bundesministerium für Familien, Senioren, Frauen und Jugend, Familienselbsthilfe und ihr Potenzial für eine Reformpolitik von unten, in: Materialien zur Familienpolitik Nr. 15, 2002; *Sowa*, Mütterzentren als Bildungsstätten für Kleinkinder, Blätter der Wohlfahrtspflege 2003, 14.
102 Damit ist die „Familienselbsthilfe" angesprochen; vgl. *Gerzer-Sass*, Potenziale und Leistungen von Familienselbsthilfe, Blätter der Wohlfahrtspflege 2003, 100.
103 *Daumüller*, „Das bisschen Haushalt …". Armutsprävention und Milderung defizitärer Lebenslagen durch Stärkung von Haushaltsführungskompetenzen, Blätter der Wohlfahrtspflege 2002, 54.
104 Vgl. Deutsches Jugendinstitut (Hrsg.), Das Deutsche Jugendinstitut, 2003, S. 14 f.

rischer Aufgaben beitragen sollen.[105] In diesem Zusammenhang erscheinen unter der Bedingung von Freiwilligkeit auch Unterstützungsansätze in Form von Hausbesuchsprogrammen aussichtsreich.

Das *Programm „Opstapje"*, das gegenwärtig als Modellprojekt erprobt wird,[106] zielt auf die frühe Förderung von Kindern aus sozial benachteiligten Familien. Zielgruppe sind sozial benachteiligte deutsche Familien, Migrantenfamilien und so genannte Multiproblemfamilien. Opstapje ist ein in den Niederlanden entwickeltes Lern- und Spielprogramm. Es ist als Hausbesuchsprogramm (wöchentliche etwa 30-minütige Hausbesuche einer semi-professionellen Laienhelferin, die selbst Mutter aus der Zielgruppe ist; zusätzlich finden alle 14 Tage Gruppentreffen der Mütter statt) konzipiert. Das Konzept zielt auf „Empowerment", also die Nutzung und Erweiterung vorhandener Kompetenzen und Ressourcen der Familien. Schwerpunkt ist die Verbesserung der Mutter- bzw. Vater-Kind-Interaktion. Erste Erfahrungen zeigen, dass die größte Schwierigkeit darin besteht, sozial benachteiligte deutsche Familien zur Teilnahme zu gewinnen. Die ersten Ergebnisse der Begleitforschung versprechen eine Wirksamkeit des Programms für Eltern, Kinder und Familie.

Garbarino und *Bradshaw* berichten über Erfahrungen des amerikanischen Prenatal and Early Infancy Project (PEIP), im Rahmen dessen für junge Frauen mit niedrigem sozioökonomischen Status, die ihr erstes Kind erwarteten, Hausbesuche durch Krankenschwestern organisiert wurden. In den ersten drei Jahren suchten die Schwestern die Mütter rund 30 Mal zu Hause auf, um während der Schwangerschaft und der ersten Lebensjahre des Kindes gesundheitsfördernde Verhaltensweisen, eine gute Betreuung der Kinder sowie die Zukunftsplanung der Mütter zu unterstützen (z.B. im Hinblick auf die Familienplanung und die Eingliederung in das Erwerbsleben). Nach ihren Angaben konnte in langfristig angelegten Folgeuntersuchungen nachgewiesen werden, „dass das Projekt nicht nur die Häufigkeit von Kindesmisshandlungen und Kindesvernachlässigungen reduzierte, sondern darüber hinaus auch noch andere positive Wirkungen auf die allein erziehenden Mütter hatte (z.B. eine signifikant verringerte Abhängigkeit von Wohlfahrtsleistungen sowie eine Senkung ihrer Gesamtkinderzahl und krimineller Verhaltensweisen)."[107] Sie verweisen auch auf die positiven Wirkungen auf Kinder und Mütter anderer Hausbesuchsprogramme wie etwa das Healthy Start Program.

Unterstützung für Familien mit Migrationshintergrund

Zuwandererfamilien bzw. Familien mit Migrationshintergrund sind häufig in Konflikte verstrickt, die der Migration, genauer dem dadurch hervorgerufenen

---

105 Vgl. Bundesministerium für Familie, Senioren, Frauen und Jugend, Zehnter Kinder- und Jugendbericht (Fn. 16); Bundesministerium für Familie, Senioren, Frauen und Jugend, Handbuch Sozialpädagogische Familienhilfe, 3. Aufl. 1999.
106 Vgl. *Sann/Thrum*, Frühförderung für Kinder aus sozial benachteiligten Familien: Guter Start mit Opstapje, DJI-Bulletin, Heft 60/61, 2003, S. 3.
107 *Garbarino/Bradshaw*, Gewalt gegen Kinder (Fn. 54), S. 899 (916).

Modernisierungsdruck geschuldet sind.[108] Nicht selten wird über erhebliche Erziehungsprobleme berichtet. Unterstützung durch die Institutionen der Einwanderungsgesellschaft werden – nicht zuletzt aufgrund der starken Familienorientierung – nur zögerlich oder gar nicht angenommen. In der Inanspruchnahme von Jugendhilfeleistungen sind Kinder und Jugendliche aus Zuwandererfamilien bzw. deren Eltern bisher noch unzureichend repräsentiert.[109] In der Interaktion zwischen Professionellen und Klient/inn/en mit Migrationshintergrund gibt es nach wie vor noch erhebliche Probleme.[110] Interkulturelle Öffnung und Kompetenz der Kinder- und Jugendhilfe muss als Qualitätsstandard betrachtet werden (wie das Gender-Mainstreaming), dem in den Konzepten (Stichwort: Niedrigschwelligkeit), in der Jugendhilfeplanung, in der Aus- und Fortbildung, in der Personalentwicklung (Einstellung von Personen mit Migrationshintergrund bzw. mit interkultureller Kompetenz) und in der Organisationsentwicklung Rechnung zu tragen ist.[111]

5.　Prävention als Unterstützung[112]

Die meisten primärpräventiven Ansätze, insbesondere zum sexuellen Missbrauch, zielen auf die Stärkung des kindlichen Selbstbewusstseins, setzen auf Elternbildung und Elternarbeit, auf Aufklärung der Öffentlichkeit. Diese Präventionsarbeit, so notwendig sie ist, greift jedoch zu kurz. Es bedarf darüber hinaus einer *„strukturbezogenen Perspektive"*, die Zugang zu den Lebenszusammenhängen der Betroffenen ermöglicht, der professionellen Unterstützung, „die die Auseinandersetzung mit ihren sozialen Beziehungen und die Aktivierung ihrer sozialen Unterstützungsressourcen zum zentralen Ziel" hat.[113] Selbstverständlich kommt es zentral darauf an, (weitere) Misshandlungen, insbesondere den Missbrauch, zu vermeiden bzw. zu beenden. Der Blick wird in dieser Perspektive nicht nur auf die biographischen Verletzungen, individuellen Kompetenzdefizite und die innerfamiliäre Beziehungsdynamik gerichtet, sondern auf die Wahrnehmung und Analyse ihrer unmittelbaren, alltäglichen, sozialen und materiellen Umwelt.

---

108 Vgl. etwa *Kiss-Surányi*, Erziehungsprobleme traditionell-patriarchalischer Migrantenfamilien in der sozialen Beratung, Sozialmagazin 2001/12, 12; *Mercheril/Miandashti/Plößer/Raithel*, Aspekt einer dominanzempfindlichen und differenzkritischen Arbeit mit Migranten und Migrantinnen, Neue Praxis 2001, 296; *Veit*, Eltern-Kind-Konflikte in ausländischen Familien, o. J.

109 Vgl. *Filsinger*, Interkulturelle Öffnung Sozialer Dienste. Expertise im Auftrag der Regiestelle E&C Berlin, 2002 (www.eundc.de); *Trede*, Nichtdeutsche junge Menschen in den Hilfen zur Erziehung, KOMDAT Jugendhilfe 2000/2, 2.

110 Vgl. etwa *Eberding*, Kommunikationsbarrieren bei der Erziehungsberatung von Migrantenfamilien aus der Türkei. Ergebnisse einer qualitativen Untersuchung, 1994.

111 *Auernheimer* (Hrsg.), Interkulturelle Kompetenz und pädagogische Professionalität. Interkulturelle Studien 13, 2002; *Barwig/Hinz-Rommel* (Hrsg.), Interkulturelle Öffnung sozialer Dienste, 1995; *Hinz-Rommel*, Interkulturelle Kompetenz. Ein neues Anforderungsprofil für die soziale Arbeit, 1994; *Handschuck/Schröer*, Interkulturelle Orientierung als Qualitätsstandard sozialer Arbeit, in: Auernheimer (Hrsg.), Migration als Herausforderung für pädagogische Institutionen, 2001, S. 147.

112 Auf (weitere) spezielle Präventionsmaßnahmen wird an dieser Stelle nicht eingegangen, da vorrangig die Thematik „Kindeswohl aus sozialstruktureller Perspektive" zu erörtern war. Hinweise darauf finden sich insbesondere bei *Mörsberger*, Kap. 2, S. 25 (41 f.) und *Deegener/Blank*, Kap. 5, S. 111 in diesem Buch.

113 Vgl. *Lenz*, Prävention kontra Prävention?, S. 16.

Besondere Bedeutung kommt der Aktivierung informeller Unterstützungsressourcen zu, denn ein ressourcenreiches Netzwerk ermöglicht es, Menschen, Krisen, Konflikte und Belastungen besser zu bewältigen.[114]

6. Sozialraumentwicklung, Soziale Infrastruktur und Gemeinwesenarbeit

Zur Verbesserung der Lebensbedingungen insbesondere von sozial benachteiligten Kindern, Jugendlichen und ihrer Familien bedarf es einer *gezielten integrierten Stadtteils- und Quartiersentwicklung* im Rahmen einer gemeinwesenorientierten Stadtpolitik, die zentral die Lebenswelt, die sozialen Verhältnisse und die soziale Infrastruktur im Blick hat.[115] Prozessen der bewussten Auseinandersetzung mit den sozialen Beziehungen, der Erschließung von Ressourcen, insbesondere der Aktivierung informeller Unterstützungsressourcen und der Stützung sozialer Milieus kommt in diesem Zusammenhang eine große Bedeutung zu. *Gemeinwesenarbeit als Arbeitsprinzip* ist ein bewährtes Programm, durch das grundsätzlich alle Bewohner/innen eines Stadtteils bzw. Quartiers angesprochen werden.[116] Sie ist als eine „intermediäre Instanz" zu verstehen, deren Aufgabe darin besteht, „auf biographische Signale, auf Lebensprobleme, auf Risse und Brüche des Sozialen so zu reagieren bzw. präventiv zu agieren, dass persönliche, soziale und institutionelle Ressourcen gestärkt bzw. ausgeschöpft werden."[117] Der soziale Nahraum wird jedoch nur dann als Ressource wirksam werden können, wenn eine bedarfsgerechte Ausgestaltung der Rahmenbedingungen erfolgt.[118]

Das Programm „Soziale Stadt" und das Programm „Entwicklung und Chancen junger Menschen in sozialen Brennpunkten" (E&C) eröffnen die Möglichkeit, eine gemeinwesenorientierte Soziale Arbeit zu implementieren.[119] Deren längerfristige Absicherung bedarf jedoch einer entgegenkommenden kommunalen Politik, die der Verbesserung der Lebensbedingungen von strukturell benachteiligten Familien Priorität einräumt.

Sozialraumorientierung gehört mittlerweile zu den zentralen Prinzipien Sozialer Arbeit und der Jugendhilfe.[120] Der Programmatik steht aber bislang eine nur

---

114 Vgl. *Lenz*, Prävention kontra Prävention?, S. 17.
115 Vgl. Kommission Erster Saarländischer Kinder- und Jugendbericht (Hrsg.), Armut bei Kindern und jungen Menschen im Saarland. Expertisen im Rahmen des Ersten Saarländischen Kinder- und Jugendberichts, 1997; *Häußermann*, Armut und Stadtentwicklung, Zeitschrift für Sozialpädagogik 2003/1, 38.
116 Vgl. *Hinte/Lüttringhaus/Oelschlägel*, Grundlagen und Standards der Gemeinwesenarbeit, 2001.
117 *Kraimer*, Die Rückgewinnung des Pädagogischen, 1994, S. 54.
118 Dem „sozialen Nahraum" kommt vor allem auch im Hinblick auf die Integration von Migrantenfamilien eine zentrale Bedeutung zu; vgl. *Erler/Jaeckel*, „Eigentlich sind wir hier schon das Vereinte Europa" – Integration vor Ort gestalten – Handlungsmodelle für eine nachhaltige Integration von Familien mit Migrationshintergrund in Kommune und Stadtteil, 2003.
119 Vgl. Institut für Soziale Arbeit e.V., Sozialraumorientierte Planung. Expertise im Auftrag der Regiestelle E&C der Stiftung SPI, 2001 (www.isa-muenster.de).
120 Vgl. *Hinte*, Sozialraumorientierung und das Kinder- und Jugendhilferecht – ein Kommentar aus sozialpädagogischer Sicht, in: Sozialpädagogisches Institut im SOS-Kinderdorf e.V. (Hrsg.). Sozialraumorientierung auf dem Prüfstand, 2001, S. 125.

bescheidene Praxis gegenüber. Wenn Jugendhilfe präventiv, wirkungsvoll und nachhaltig handeln will, muss sie in den Lebensfeldern ihrer potenziellen Adressaten präsent sein und ihre Adressaten als Akteure ernst nehmen. Zielsetzung muss sein, ihre Leistungen als integralen Bestandteil von Gemeinwesen zu entwickeln, was eine regional und dezentral an Sozialräumen ausgerichtete Weiterentwicklung ihrer Angebotsstrukturen erfordert.[121]

7. Notwendigkeit der Evaluation von Einrichtungen, Programmen und Maßnahmen

Der Evaluation von Einrichtungen, Programmen, Projekten und Interventionen muss künftig ein größerer Stellenwert zukommen, wobei diese zuvörderst der Qualitätsentwicklung dienen soll, der Verbesserung von Struktur-, Prozess- und Ergebnisqualität. Die kontinuierliche, systematische, d.h. methodisch kontrollierte und nachvollziehbare Dokumentation und Evaluation der Kinder- und Jugendhilfepraxis muss als Qualitätsstandard betrachtet werden.[122] Evaluationen können zur besseren Transparenz von Handlungsvoraussetzungen (Rahmenbedingungen), von (Hilfe-)Entscheidungskriterien und -prozessen sowie von Ergebnissen beitragen. Sie erlauben es überdies, Schwachstellen zu identifizieren und Hinweise auf die Angemessenheit und Wirksamkeit von Konzepten, Arbeitsformen/Methoden und Maßnahmen zu gewinnen, die sowohl für Entscheidungen über die Allokation personeller und finanzieller Ressourcen als auch für solche über institutionelle Arrangements genutzt werden können.[123]

Ein wesentlicher Schritt zur Implementation einer „Evaluationskultur" in den Einrichtungen der Kinder- und Jugendhilfe ist in der Förderung der *„Selbstevaluation"* in Arbeitsgruppen und Teams zu sehen, die der Unterstützung von internen Evaluationsexperten bedarf. Im Fall der Selbstevaluation sind sie gleichzeitig fall- und evaluationsverantwortlich. Die Selbstevaluation ist in den Alltag integriert und ihre Ergebnisse finden zeitnah Verwendung im Sinne einer Optimierung des professionellen Handelns.[124]

Die Kinder- und Jugendhilfe steht vor dem berechtigten Anspruch der Politik und der Öffentlichkeit, die *Qualität und die Wirksamkeit* ihrer Leistungen zu dokumentieren und nachzuweisen. Hierzu sollte sie sich der freilich noch auszubauenden Evaluationsforschung bedienen. Unter Evaluationsforschung sind solche Evaluationen zu verstehen, die sich sozialwissenschaftlicher Forschungsverfah-

---

121 Vgl. *Bürger*, Erziehungshilfen im Umbruch, 1999.
122 Vgl. *Beywl*, Evaluation in der Jugendhilfe, Neue Praxis 2000, 190; vgl. auch *Filsinger*, Kap. 10, S. 283 in diesem Buch.
123 Vgl. *Heil/Heiner/Feldmann*, Evaluation sozialer Arbeit, 2001; *Heiner*, Evaluation, in: Otto/Thiersch, Handbuch Sozialarbeit/Sozialpädagogik (Fn. 7), S. 481; *Müller*, Sozialpädagogische Evaluationsforschung. Ansätze und Methoden praxisbezogener Untersuchungen, in: Rauschenbach/Thole (Hrsg.), Sozialpädagogische Forschung, 1998, S. 157; *Müller-Kohlenberg/Münstermann* (Hrsg.), Qualität von Humandienstleistungen, 2000.
124 Vgl. *Müller-Kohlenberg/Beywl*, Standards der Selbstevaluation, 2003 (www.degeval.de).

ren als Mittel der Erkenntnisgewinnung bedienen und sich den Standards der empirischen Sozialforschung, sei es in der quantitativen oder in der qualitativen Variante, verpflichtet wissen. Die Messung von *Wirkungen und (unbeabsichtigten) Folgen* ist aufgrund der spezifischen Struktur des Gegenstands (Humandienstleistungen)[125] schwierig; Gleiches gilt für die *Messung von Qualität*, insbesondere, insofern sie sich auf die Interaktion zwischen Professionellen und Klient/inn/en bezieht.[126]

Dennoch sollten die Träger der Kinder- und Jugendhilfe dafür Sorge tragen, dass die Wirkungen und (unbeabsichtigten) Folgen auf Programme, Projekte und Maßnahmen durch eine *unabhängige* (Evaluations-)Forschung zumindest abgeschätzt werden und die soziale Verträglichkeit geprüft wird. Zu bevorzugen sind (vergleichende) *Längsschnittstudien*. Nur solche Studien erlauben eine angemessene Bewertung und tragen dem Aspekt der Nachhaltigkeit Rechnung. In diesem Zusammenhang bedarf es der Bestimmung von quantitativen und qualitativen Indikatoren (z.B. im Rahmen der Jugendhilfeplanung). Anzustreben sind ein regelmäßiges Monitoring und regelmäßige Reviews.[127]

Zur Evaluation von Hilfeprozessen und der dabei anfallenden Entscheidungen eignen sich bevorzugt qualitativ-rekonstruktive *Fallstudien*, deren Ergebnisse auch zur Steigerung der Reflexions- und Handlungsfähigkeit der Professionellen beitragen können.[128]

Das zentrale Problem von Evaluationen ist die *Bewertung* von deskriptiven Analysen, von Qualität bzw. Güte und des Nutzens. Die Evaluationsforschung kann dazu durch empirische Analysen und dadurch einen Beitrag leisten, dass sie Bewertungen „als empirische beobachtbare Leistung der Alltagspraxis" erhebt, rekonstruiert, auswertet und die Ergebnisse in Diskurse und Bewertungsverfahren der Praxis eingibt.[129]

X. Fazit/Hinweise für die Praxis

1. Sollen Schutz und Hilfe bei Kindeswohlgefährdung gewährleistet werden, verlangt dies nicht nur den Blick auf den Einzelfall, sondern auch insgesamt auf die Situation von Kindern in unserer Gesellschaft, ihre Entwicklungs-

---

125 Vgl. dazu ausführlicher *Filsinger*, Kap. 10, S. 283 in diesem Buch; *Kromrey*, Die Bewertung von Humandienstleistungen. Fallstricke bei der Implementations- und Wirkungsforschung sowie methodische Alternativen, in: Müller-Kohlenberg/Münstermann, Qualität von Humandienstleistungen (Fn. 123), S. 19.
126 Insofern verbietet sich auch eine ausschließlich betriebswirtschaftliche Betrachtungsweise.
127 Es entspricht den „Standards der Evaluationsforschung", dass die relevanten Feld-Akteure in angemessener Weise beteiligt sind. Überdies bietet sich an, Verfahren der Fremd- und der Selbstevaluation miteinander zu verknüpfen (vgl. *Beywl* Neue Praxis 2000, 190).
128 Für einen Überblick über die (sozialpädagogische) Evaluationsforschung vgl. *Lüders/Haubrich*, Qualitative Evaluationsforschung, in: Schweppe (Hrsg.), Qualitative Forschung in der Sozialpädagogik, 2003, S. 305; *Stockmann* (Hrsg.), Evaluation in Deutschland, 2000.
129 Vgl. *Lüders*, Evaluationsforschung, in: Bohnsack/Marotzki/Meuser (Hrsg.), Hauptbegriffe Qualitativer Sozialforschung, 2003, S. 55.

möglichkeiten und Teilhabechancen. Voraussetzung hierfür ist die umfassende Teilhabe an und der ungehinderte Zugang zu den sozialen, ökonomischen, ökologischen und kulturellen Ressourcen der Gesellschaft.

2. Unsere Gesellschaft muss mehr Rücksicht nehmen auf Grundbedürfnisse von Kindern, insbesondere Armut beschneidet deren Entwicklungspotenzial und Lebenschancen. Nicht nur Kinder müssen lernen, sich an Verhältnisse und Gegebenheiten anzupassen. Die Erwachsenen sind verantwortlich dafür, dass die Verhältnisse und Gegebenheiten möglichst so gestaltet werden, dass sie den Bedürfnissen von Kindern gerecht werden, notfalls mit der Folge, dass eigene Ansprüche reduziert werden müssen.

3. Bildung ist nicht nur Kapital auf den Arbeitsmärkten, sondern auch eine zentrale Ressource in der Lebensbewältigung. Sie bestimmt zentral die Lebenschancen und Lebensmöglichkeiten von (jungen) Menschen. Nicht zuletzt ist Bildung Voraussetzung für eine humane Gestaltung des gesellschaftlichen Zusammenlebens. Insofern muss die besondere Aufmerksamkeit auf die Bekämpfung der „Bildungsarmut" gerichtet werden.

4. Kinder und Jugendliche, die in Armut leben, verfügen seltener über Selbstvertrauen, fühlen sich öfter hilflos und berichten häufiger über Gefühle der Einsamkeit. Auch ist ihr Gesundheitszustand zumeist schlechter als bei Personen mit höheren sozioökonomischen Status.

5. Das Ausmaß an sozialer Integration in soziale Netzwerke stellt einen protektiven Einflussfaktor für Kinder dar. Kinder sind unabdingbar auf emotionale Zuwendung in Primärbeziehungen und auf die Zugehörigkeit zu tragenden Gemeinschaften angewiesen. Deshalb kommt der Familie zentrale Bedeutung zu. Sie ist die Basisinstitution der Entstehung von Formen menschlicher Gegenseitigkeit, eine Elementarform des Sozialen. Auch die Inanspruchnahme von außerfamiliären Betreuungseinrichtungen erweist sich als belastungsreduzierend.

6. In so genannten strukturell benachteiligten Armutsquartieren ist eine starke Binnen- und Familienorientierung der Bewohner/innen zu beobachten. Abschottung nach außen und Stigmatisierungsprozesse sind häufige Folge. Es gibt zwar kaum Isolation, die sozialen Netzwerke haben jedoch stark ausgrenzenden Charakter, was sich negativ auf die Kontaktmöglichkeiten von Kindern auswirkt. Dies kann zur Tradierung von Armutslagen und Integrationsdefiziten führen.

7. Bei Fällen der Vernachlässigung von Kindern besteht ein deutlicher Zusammenhang mit Armut und Randständigkeit. Mit Ausnahme des sexuellen Missbrauchs liegt die Gewaltrate in Familien mit einem Einkommen unter der Armutsgrenze höher als in Familien mit höheren Einkommen. Eine gezielte Lebenslagenpolitik zugunsten von Kindern und ihren Familien muss daher hohe Priorität haben. Dazu gehören Maßnahmen zur angemessenen

materiellen Ausstattung von Familien, die es Frauen und Männern ermöglichen, ihre Sorge-, Sozialisations- und Erziehungsaufgaben (Entwicklung von
„Daseinskompetenzen") angemessen wahrzunehmen.

8. Das Wohnumfeld kann das Risiko von Gewalttaten an Kindern verringern
oder erhöhen. Deshalb und aufgrund des Zusammenhangs zwischen wirtschaftlicher Benachteiligung, hoher Wohnungsmobilität und Kindesmisshandlungsrate ist der Armutsvermeidung, d.h. der Vermeidung von Unterversorgung in zentralen Lebensbereichen (Einkommen, Wohnen, Bildung,
Gesundheit u.a.) hohe politische Priorität beizumessen.

9. Weitere Maßnahmen zur Vereinbarkeit von Ausbildung/Beruf und Eltern-
schaft/Familie für beide Geschlechter sind unabdingbar. Dazu gehören insbesondere der Ausbau von Betreuungseinrichtungen für Kinder bis zu drei Jahren und im Grundschulalter und bedarfsgerechte, kostenfreie Angebote von
familienergänzenden Angeboten der Betreuung und Erziehung.

10. Künftig stärker zu fördern sind Gelegenheitsstrukturen für außerschulische
und außerfamiliäre Lern- und Bildungsprozesse, etwa in der Arbeit mit Kindern und Jugendlichen. Nicht zuletzt, um der Überforderung von Familien
entgegenzuwirken bzw. deren Potenzial zur Geltung bringen zu können,
bedarf es der sozialpädagogischen Unterstützung der Schule und der Förderung außerschulischer Lern- und Bildungsgelegenheiten, vor allem aber auch
eines (neuen) Arrangements zwischen den Instanzen, die für das Aufwachsen
von Kindern und Jugendlichen Verantwortung tragen bzw. deren Verantwortung einzufordern ist.

11. Konzepte der Elternarbeit (Elternbildung), wie sie etwa von Familienbildungsstätten vertreten werden, aber auch Ehe-, Familien-, Erziehungs- und
Lebensberatungsstellen, müssen neue Anstrengungen unternehmen, damit
sie auch die Adressaten tatsächlich erreichen, die einen besonderen Unterstützungsbedarf haben. Offene Angebote für Mütter, Kinder und ganze Familien, die eine nachbarschaftlich orientierte soziale Infrastruktur herstellen,
nach dem „Laien mit Laien-Prinzip", also in Richtung Selbsthilfe und Empowerment, sollten ausgebaut werden.

12. Zur Verbesserung der Lebensbedingungen, insbesondere von sozial benachteiligten Kindern, Jugendlichen und ihren Familien, bedarf es einer gezielten
integrierten Stadtteil- und Quartiersentwicklung im Rahmen einer gemeinwesenorientierten Stadtpolitik, die zentral die Lebenswelt, die sozialen Verhältnisse und die soziale Infrastruktur im Blick hat. Prozessen der bewussten
Auseinandersetzung mit den sozialen Beziehungen, der Erschließung von
Ressourcen, insbesondere der Aktivierung informeller Unterstützungsressourcen und der Stützung sozialer Milieus kommt in diesem Zusammenhang
eine große Bedeutung zu. Gemeinwesenarbeit als Arbeitsprinzip ist ein
bewährtes Programm. Der soziale Nahraum wird jedoch nur dann als Res-

source wirksam werden können, wenn eine bedarfsgerechte Ausgestaltung der Rahmenbedingungen erfolgt.

13. Wenn Jugendhilfe präventiv, wirkungsvoll und nachhaltig handeln will, muss sie in den Lebensfeldern ihrer potenziellen Adressaten präsent sein und ihre Adressaten als Akteure ernst nehmen. Zielsetzung muss sein, ihre Leistungen als integralen Bestandteil von Gemeinwesen zu entwickeln, was eine regional und dezentral an Sozialräumen ausgerichtete Weiterentwicklung ihrer Angebotsstrukturen erfordert.

14. Der Evaluation von Einrichtungen, Programmen und Interventionsprozessen muss künftig zur Verbesserung von Struktur-, Prozess- und Ergebnisqualität besondere Aufmerksamkeit gewidmet werden. Die kontinuierliche, systematische, d.h. methodisch kontrollierte und nachvollziehbare Dokumentation und Evaluation der Kinder- und Jugendhilfepraxis muss als Qualitätsstandard betrachtet werden. Zu empfehlen sind sowohl Verfahren der Selbst- als auch der Fremdevaluation.

15. Evaluation ist Voraussetzung und Chance, die Reflexions- und Handlungsfähigkeit der Professionellen durch empirische Informationen zu unterstützen; sie kann beitragen zur Transparenz von (Hilfe-)Prozessen und Ergebnissen und letztlich auch Antworten auf Fragen nach Wirksamkeit und Nachhaltigkeit geben, die vor dem Hintergrund knapper Ressourcen verstärkt zu stellen sind. Zu erwarten sind somit Hinweise für eine bessere Allokation der vorhandenen finanziellen und personellen Ressourcen. In diesem Zusammenhang sind Bewertungskriterien sowohl empirisch aufzuklären als auch in den Einrichtungen zu verhandeln. Eine rein betriebswirtschaftliche Betrachtungsweise ist hierbei nicht angemessen.

16. Die Kinder- und Jugendhilfe steht insgesamt vor der Aufgabe, Wissen und Konzepte darüber zu entwickeln, wie in ihren Angeboten ein Möglichkeitenraum eröffnet werden kann, der die Aneignung der zur Lebenskompetenz zugehörigen Teilkompetenzen erlaubt. Die professionellen Leistungsangebote sollten dabei so ausgerichtet sein, dass die vorhandenen Kompetenzen der Eltern zum Tragen kommen können. Gerade kulturelle Unterschiede in den Familien stellen hier eine besondere Herausforderung dar.

Kapitel 10

Anforderungsprofile für Fachkräfte: Aus-, Fort- und Weiterbildung

von Prof. Dr. Dieter Filsinger

I. Grundlegende Orientierungen und Erfordernisse[1]

Die Anforderungen an sozialpädagogische Fachkräfte in der Kinder- und Jugendhilfe sind beträchtlich. Daraus folgt, dass es vor allem darauf ankommt, die professionelle Kompetenz der Mitarbeiter/innen – im Sinne von Zuständigkeit und Fähigkeit – zu fördern und zu stärken.

Professionelles Handeln hat es mit komplexen, zumeist schlecht strukturierten, nicht-standardisierbaren Problemstellungen zu tun, die im Kontext personenbezogener Dienstleistungen[2] nur in Kooperation („Ko-Produktion") mit den Klient/inn/en bzw. Nutzer/inne/n bearbeitbar sind.[3] Eine Routinisierung der Problembearbeitung ist folglich ausgeschlossen. Professionelles Handeln geschieht unter der Bedingung *„Unsicherheit"*,[4] von *„Paradoxien"*[5] und einem *„Technologiedefizit"*.[6] In dem hier in Rede stehenden Tätigkeitsfeld ist professionelles Handeln zudem immer ein *„Handeln mit Risiko"*.[7]

Das Adressatendilemma (*Schütze*) ist besonders ausgeprägt und die Gefahr ausgesprochen groß, ausschließlich in „Opfer"- und „Täter"-Kategorien zu denken und das Interaktionsgefüge zu vernachlässigen, gerade bei sehr jungen Kindern. Das in der Struktur des sozialen Gegenstands liegende „Technologiedefizit" spricht übrigens keinesfalls gegen eine Methodisierung professionellen Handelns (Methoden verstanden als Heuristiken), deren Grenzen und unbeabsichtigte Folgen sind aber im Auge zu behalten.[8]

---

1   Für kritische Anmerkungen und Anregungen danke ich Prof. Dr. *Margret Dörr* (Katholische Hochschule für Soziale Arbeit, Saarbrücken).
2   Vgl. *Bauer*, Personenbezogene soziale Dienstleistungen. Begriff, Qualität, Zukunft, 2001. Mittlerweile setzt sich aus gutem Grund der Begriff *„Humandienstleistungen"* stärker durch.
3   „Ko-Produktion" erzwingt geradezu Aushandlungsprozesse.
4   *Dewe*, Professionelles soziales Handeln. Soziale Arbeit im Spannungsfeld zwischen Theorie und Praxis, 1993.
5   *Schütze*, Schwierigkeiten bei der Arbeit und Paradoxien des professionellen Handelns, Zeitschrift für qualitative Bildungs-, Beratungs- und Sozialforschung 2000/1, 49 (78 f.) nennt insgesamt 15 Paradoxien, darunter z.B. unter (4.) das Mehrwissen des professionellen und die Bedrohlichkeit dieses Mehrwissens für die Klienten einerseits und die Untergrabung der Vertrauensgrundlagen zwischen Klient und Professionellem durch das Verschweigen des Mehrwissens andererseits; (11.) das Dilemma des Sicherheitswerts der Routineverfahren im professionellen Handeln einerseits und der damit verbundenen Einschränkung der professionellen Handlungsaufmerksamkeit andererseits; (13.) das Adressatendilemma: Fokussierung des Professionellen auf einen einzelnen Klienten bzw. eine Klientenpartei oder Fokussierung auf das gestalthafte gemeinsame Interaktions- und Beziehungsgeflecht des Klienten.
6   Vgl. *Luhmann/Schorr*, Das Technologiedefizit der Erziehung und der Pädagogik, in: dies. (Hrsg.), Technologie und Selbstreferenz, 1982, S. 11.
7   Vgl. *Schrapper*, Helfen mit Risiko? – Kinderschutz als Auftrag und Aufgabe professioneller Sozialarbeit in der Kinder- und Jugendhilfe, in: Fabian/Haller (Hrsg.), Gefährdete Kinder. Was tun?, 2003, S. 49.
8   Zur Methodisierbarkeit sozialpädagogischen Handelns vgl. *Galuske*, Methoden der Sozialen Arbeit. Eine Einführung, 1998, S. 15 ff.

Diese Bedingungen erfordern ein hohes Maß an *Autonomie* der Professionellen und zugleich an *(Selbst-)Reflexivität*.[9] Die notwendige Kontrolle erfolgt über verbindliche normative Standards der Berufsausübung, über eine hohe Begründungsverpflichtung, eine kollegiale (Selbst-)Kontrolle (z.B. durch Supervision, kollegiale Beratung, Selbstevaluation) auf der Grundlage der (für das Tätigkeitsfeld) relevanten Wissensbestände, über die Verpflichtung zur kontinuierlichen Fort- und Weiterbildung, d.h. zum lebenslangen Lernen, und Weiterentwicklung und Qualitätssteigerung der Arbeit.[10] Die zu bearbeitenden Problematiken verlangen überdies die Bereitschaft und die Fähigkeit zur interdisziplinären Zusammenarbeit.[11]

Vom Studium der Sozialen Arbeit, aber auch der Pädagogik wird eine „Berufsqualifizierung" erwartet. Fachhochschulen und Universitäten sind gefordert, die Grundlagen für die Berufstätigkeit zu legen. Dem unverkennbaren Bedarf an einer Begleitung der Berufseinmündungsphase, an Fort- und Weiterbildung sowie an Evaluation und praxisbegleitender Forschung müssen sich Universitäten und Fachhochschulen verstärkt stellen.

Fort- und Weiterbildung, Supervision und Praxisberatung sind jedoch keinesfalls vorrangige oder gar alleinige Aufgabe der Hochschulen, sondern vor allem auch der Jugendhilfeträger, die für entsprechende Vorkehrungen im Hinblick auf die Berufseinmündung und die kontinuierliche Fort- und Weiterbildung der Mitarbeiter/innen Sorge zu tragen haben.

---

9   Der Anspruch der (Selbst-)Reflexivität erfordert insbesondere die Aufforderung zur Reflexion und gegebenenfalls Revision von Wahrnehmungs-, Deutungs- und Handlungsmustern. Auf diese Notwendigkeit hat zuletzt *Roth* („Die wussten einfach nicht, wie sie mir helfen sollten." – Ergebnisse einer Studie zum institutionellen Umgang mit sexuellem Missbrauch, Sozialmagazin 2002/1, S. 24) im Zusammenhang mit sexuellem Missbrauch und dessen professioneller bzw. institutioneller Bearbeitung hingewiesen. Die Dringlichkeit der Forderung nach bzw. der Förderung von (Selbst-)Reflexivität *bei allen relevanten Berufsgruppen* bestätigt auch die Studie über „Missbrauchsmythen" von *Hofmann/Wehrstedt/Stark*, „Missbrauchsmythen" – Unrealistische Überzeugungen zu sexuellem Kindesmissbrauch und ihre mögliche Bedeutung für Aussagen von professionellen Zeugen in der Hauptverhandlung, MschrKrim 2003, 44: Die höchste Zustimmung zu „mythischen" Aussagen fanden sich bei der Kontrollstichprobe aus der Normalbevölkerung, gefolgt von den Lehrern, den Polizisten, den Erziehern, den Ärzten, den Jugendamtsmitarbeitern und schließlich den Psychologen mit der geringsten Mythenakzeptanz.

10   Vgl. etwa *Pfaffenberger*, Professionelle sozialpädagogische Handlungskompetenz – ein Schlüsselbegriff der Weiterentwicklung der Sozialarbeit/Sozialpädagogik zur Profession und Disziplin, in: ders. (Hrsg.), Identität – Eigenständigkeit – Handlungskompetenz der Sozialarbeit/Sozialpädagogik als Beruf und Wissenschaft, 2001, S. 87; *ders.*, Qualität und Qualitätssicherung in der Sozialarbeit/Sozialpädagogik – auch eine Frage der Handlungskompetenz, ebd., S. 199.

11   Der Autor richtet diese Forderung zunächst an die eigene Disziplin bzw. Profession. Die Bereitschaft und Fähigkeit zur interdisziplinären Zusammenarbeit steht jedoch auch den anderen pädagogischen Professionen und den anderen relevanten Berufsgruppen bzw. Professionen (Medizin, Jurisprudenz, Psychologen/Therapeuten) gut an. Ein diesbezüglicher Bedarf scheint unbestritten.

Professionelles Handeln ist auf *entgegenkommende Rahmenbedingungen*[12] *und Strukturen* angewiesen, die nur dann gegeben sind, wenn die Einrichtungen der Jugendhilfe die Gestalt einer *„professionellen Organisation"* annehmen.[13] Damit ist auch die *Trägerkompetenz* angesprochen. Ohne entgegenkommende Strukturen in den Jugendämtern und den anderen Einrichtungen der Jugendhilfe können Bildungs- und Qualifizierungsanstrengungen der Fachkräfte nur sehr eingeschränkt Wirkung entfalten.[14] Es müssen personelle und organisatorische Ressourcen bereitgestellt werden, die dazu dienen, den sozialpädagogischen Handlungs- und Entscheidungsrahmen sowie die Kompetenzen der Mitarbeiter und Mitarbeiterinnen in den Jugendämtern zu stärken.[15]

Fallverstehen und Hilfeplanung erfordern nämlich erheblich mehr als den notwendigen Erwerb individueller fachlicher Kompetenzen. „Sozialpädagogische Fachkräfte – so kompetent sie im Einzelnen auch sind – müssen eingebunden sein in stabile Organisationen, tragfähige Handlungskonzepte und kollegiale Arbeitszusammenhänge (…)."[16]

Es sind aber auch die Grenzen professionellen Handelns im Auge zu behalten. Der Zehnte Kinder- und Jugendbericht weist zu Recht darauf hin, dass „Jugendhilfe im besten Falle die Folgen sozialer Missstände für Kinder und Eltern mindern, nicht aber sich verschärfende Problemlagen und damit Bedingungen, die Gewalt gegen Kinder begünstigen, verändern. Ein verbesserter Schutz für Kinder

---

12 Im „Zehnten Kinder- und Jugendbericht" (1998) heißt es dazu: „Sozialarbeiter haben die fachliche Verantwortung für eine qualifizierte Prognoseentscheidung in der Frage, im welchem Maß das Wohl eines Kindes gefährdet ist. Um ihre Arbeit verantwortlich tun zu können, brauchen sie entsprechende Rahmenbedingungen:
  • Es fehlen hinreichend verlässliche Kriterien für eine Risikoabwägung. Forschung und Praxis sollen für die fachliche Arbeit entscheidungsrelevante Mindestkriterien für das notwendige Maß an Versorgung und Förderung eines Kindes entwickeln;
  • es sind Analysetechniken zu entwickeln, die erlauben, im Falle scheiternder Hilfe- und Kooperationsprozesse die Abläufe zu explorieren und damit einen Schritt in Richtung Qualitätssicherung zu gehen;
  • ausreichende Möglichkeiten der Supervision und der kollegialen Beratung in Jugendämtern/Allgemeinen Sozialen Diensten sind für eine fachlich qualifizierte Arbeit unerlässlich;
  • um das Risiko von Fehlentscheidungen zu minimieren, wird empfohlen, die Entscheidungen bei schwierigen Prognosen im Team zu treffen;
  • es sind Leitlinien für Kontrakte zwischen Jugendamt und freien Trägern zu entwickeln, die auch die Verteilung der Verantwortlichkeiten zwischen beiden Stellen regeln."
  (Bundesministerium für Frauen, Senioren, Familie und Jugend [Hrsg.], Zehnter Kinder- und Jugendbericht. Bericht über die Lebenssituation junger Menschen und die Leistungen der Kinder- und Jugendhilfe, 1998, S. 277); zu Kriterien für die „Basisvorsorge" vgl. etwa *Schuster*, Gefährdete Familien – gefährdete Kinder. Wie Fachkräfte Kindeswohlgefährdungen erkennen können, Blätter der Wohlfahrtspflege 2002, 21.
13 In diesem Zusammenhang stellt sich zuweilen die Frage nach (den Kriterien) der Auswahl von Leitungspersonal in der öffentlichen Jugendhilfe, d.h., inwieweit die Auswahl wirklich strikt nach fachlichen Gesichtspunkten oder nicht durch politische Interessen und Kalküle überlagert wird.
14 Vgl. *Wiesner*, Qualität in der Jugendhilfe – die Perspektive des KJHG, Zeitschrift für Sozialpädagogik 2003/1, 25; siehe auch *Langenfeld/Wiesner*, Kap. 3, S. 45 (69 ff.) in diesem Buch.
15 Vgl. *Hamburger/Müller/Porr*, Innovation und Steuerung aus der Praxis. Bericht über ein Modellprojekt zur Weiterentwicklung der Hilfen zur Erziehung in Rheinland-Pfalz (hrsg. vom Ministerium für Kultur, Jugend, Familien und Frauen des Landes Rheinland-Pfalz), Schriftenreihe: Erziehungshilfen in Rheinland-Pfalz, Band 1, 1998, S. 228.
16 *Ader/Schrapper*, Wie aus Kindern in Schwierigkeiten „schwierige Fälle" werden. Erfahrungen und Befunde aus einem neuen Forschungsprojekt zu einem alten Thema, Forum Erziehungshilfen 2002/1, 27.

ist langfristig nur zu erreichen über eine klare politische Schwerpunktsetzung, die zum Ziel hat, *Lebenslagen für Kinder und Eltern zu verbessern.*"[17]

II. Differenzierung

Die Soziale Arbeit bedarf unbestritten einer weiteren Professionalisierung und der Steigerung der fachlichen Qualität auf verschiedenen Ebenen (siehe Abschnitt 1). Dies gilt generell und speziell für professionelles Handeln im Kontext von Misshandlung bzw. von sexueller Gewalt gegen Kinder und Jugendliche. Unverkennbar gibt es einen erheblichen *Forschungsbedarf.* Dieser betrifft nicht nur die erforderlichen Kompetenzen der Fachkräfte, sondern vor allem auch die angemessenen rechtlichen und institutionellen Rahmenbedingungen.[18]

1. Professionelle müssen unter zumeist prekären Bedingungen (Tabuisierung, zumeist vorausgegangene Problemdefinition durch andere Akteure, unzureichendes Problembewusstsein der Eltern und ungewisse Mitwirkungsbereitschaft der Betroffenen/Beteiligten usw.) anamnestisch und diagnostisch tätig werden, d.h., eine eigenständige Fallanalyse als Voraussetzung für eine Hilfeplanung/Intervention leisten.[19] Die professionelle Arbeit findet zumeist in einem Zwangskontext

---

17 Bundesministerium für Frauen, Senioren, Familie und Jugend (Hrsg.), Zehnter Kinder- und Jugendbericht (Fn. 12), S. 277; vgl. auch *Mörsberger*, Fragen und Erwiderungen: Was kann vom Jugendamt erwartet werden? Was hilft Kindern wirklich?, in: Sozialpädagogisches Institut im SOS-Kinderdorf e.V. (Hrsg.), Jugendämter zwischen Hilfe und Kontrolle, 2001, S. 32.

18 Diesem Forschungsbedarf trägt etwa das vom BMFSFJ geförderte (Praxis-)Forschungsprojekt „Kindeswohlgefährdung und Allgemeiner Sozialer Dienst" Rechnung, das im Zeitraum 2002 bis 2004 am Deutschen Jugendinstitut (DJI) in München durchgeführt wird (vgl. www.dji.de unter Projekte; Familie und Familienpolitik, Projekt „Kindeswohlgefährdung und ASD").
Forschungsziel ist die Beschreibung geeigneter rechtlicher und struktureller Rahmenbedingungen sowie die Erarbeitung angemessener fachlicher Grundhaltungen und Methoden für die Arbeit des ASD mit Familien in kindeswohlgefährdenden Situationen. Der gewählte *Forschungsansatz* kann als entwicklungsorientierte Praxisforschung bezeichnet werden, d.h., als ein dialogischer Prozess deskriptiv-explorativer Felderkundung. Theoretische Basis dieses Ansatzes bilden u.a. die Systemtheorie, der Ressourcenansatz sowie Erkenntnisse aus der Entwicklungspsychologie, der Resilienz- und Evaluationsforschung. Erforscht werden sollen u.a. strukturelle Rahmenbedingungen, Zeitbudgets, Kooperation und Vernetzung (u.a. mit Familiengerichten), Formen der Dokumentation und Evaluation, Besonderheiten von Familien und kindeswohlgefährdenden Risikositationen, Gestaltung des Erstkontakts, Kriterien fachlicher Qualität, Selbstverständnis des ASD im Spannungsfeld zwischen Schutzauftrag und Hilfeangebot. Die *Durchführung und Auswertung* der qualitativen Erhebungen erfolgt mit unterschiedlichen Schwerpunkten an verschiedenen Modellorten in enger Kooperation mit der Jugendhilfepraxis. Projektbegleitend finden Fachtagungen statt, um die vorgefundenen Fragestellungen mit der Fachpraxis und interdisziplinären Experten zu diskutieren. Ein erstes Ergebnis liegt in Form einer Expertise vor, vgl. *Gruber/Rehrl*, Wege zum Können. Ansätze zur Erforschung und Förderung der Expertise von Sozialarbeitern im Umgang mit Fällen von Kindeswohlgefährdung. Eine Expertise im Auftrag des Projekts „Kindeswohlgefährdung und Allgemeiner Sozialer Dienst (ASD)", 2003 (kindler@dji.de).

19 Zu den Bedingungen und den daraus resultierenden Erfordernissen vgl. ausführlicher *Fabian/Haller*, Gefährdete Kinder. Was tun?, 2003; Kinderschutz-Zentrum Berlin (Hrsg.), Risiken und Ressourcen. Vernachlässigungsfamilien, kindliche Entwicklung und präventive Hilfen, 1996; Kinderschutz-Zentrum Berlin (Hrsg.), Kindesmisshandlung. Erkennen und Helfen, 8. Aufl. 2000; *Schone*, Familien unterstützen und Kinder schützen – Jugendämter zwischen Sozialleistung und Intervention, in: Sozialpädagogisches Institut im SOS-Kinderdorf e.V., Jugendämter zwischen Hilfe und Kontrolle (Fn. 17), S. 51; *Schrapper*, Helfen mit Risiko? (Fn. 6), S. 49.

(„unfreiwillige Klienten") statt, in dem Hilfen ein hohes Risiko des Scheiterns innewohnt.[20]

2. Sie müssen, insbesondere im Fall von sexuellem Missbrauch, eindeutige und parteiliche Kindesschutzmaßnahmen anbieten, ohne die Rechte und Pflichten der Eltern aus dem Blick zu verlieren.[21] Das SGB VIII räumt mit guten Gründen Kindern und Jugendlichen einen Rechtsanspruch auf die Möglichkeit der Beratung oder eine gewünschte Inobhutnahme auch ohne Inkenntnissetzung der Sorgeberechtigten ein, gewährleistet aber zugleich ausdrücklich den Personensorgeberechtigten Rechte auf Information und Mitwirkung. Verlangt wird also eine eigenständige, begründete Entscheidung der fallverantwortlichen Fachkraft, ein Konzept, das dieser Ambivalenz,[22] aber auch der Erkenntnis Rechnung trägt, dass sowohl die Kinder und Jugendlichen als auch die Eltern Adressaten von Jugendhilfemaßnahmen sind. Gefordert ist demnach die Kunst der Unterscheidung von Adressaten und Aufgaben bzw. deren Prozessierung unter der Bedingung, dass die anfallenden Aufgaben nicht konfliktfrei miteinander verbunden, aber auch nicht ohne Wahrnehmung des Zusammenhangs angemessen bearbeitet werden können. Erforderlich ist deshalb ein Habitus *„reflexive Parteilichkeit"*, der den unauflösbaren, aber bearbeitbaren Ambivalenzen Rechnung trägt.[23]

3. Professionalität im Kontext von Misshandlung ist zentral zu bestimmen über die Fähigkeit zur *(multiperspektivischen) Fallanalyse* und Fallbearbeitung (zumeist in Form von Krisenintervention), die *Spezialwissen* (theoretisches Wis-

---

20 *Schrapper*, Helfen mit Risiko? (Fn. 7), S. 49.

21 *Hartwig/Hensen*, Sexueller Missbrauch und Jugendhilfe. Möglichkeiten und Grenzen sozialpädagogischen Handelns im Kinderschutz, 2003, S. 110.

22 Vgl. *Hebenstreit-Müller*, Parteilichkeit allein genügt nicht – zur Diskussion um die Problematik sexueller Gewalt aus der Sicht der Jugendhilfe, Zeitschrift für Frauenforschung 1993, 84; *dies.*, Zwischen Kindeswohl und Elternrechten. Arbeit mit sexuell missbrauchten Kindern und Jugendlichen, Jugendwohl 1994, 296.

23 Die Frage der Parteilichkeit wird in der Fachöffentlichkeit und Fachpraxis kontrovers diskutiert. Eine Position postuliert eine eindeutige Parteilichkeit zugunsten von sexuell missbrauchten Kindern und Jugendlichen, die die vom KJHG geforderte Einbeziehung von Eltern nicht zulassen. Demgegenüber argumentiert *Hebenstreit-Müller* (Zeitschrift für Frauenforschung 1993, 84 [88 ff.]), dass das KJHG lediglich die Widersprüche und Ambivalenzen widerspiegele, „in denen die betroffenen Kinder und Jugendlichen selbst stecken". „Sexuell missbrauchte Kinder wollen beides, dass der Missbrauch aufhört und dass in der Familie alles wieder gut wird". Es gebe zwar Fälle, so die Autorin, in denen die Jugendhilfe das Kind vor dem vermuteten Täter, gerade auch wenn dieser aus der eigenen Familie kommt, schützen muss. Eine „einfache Parteilichkeit" sei jedoch höchst problematisch. „Hier würde Jugendhilfe über die Lebenssituation der Betroffenen hinweggehen, wollte sich zur selbsternannten Beschützerin der Kinder machen, die besser weiß, was für sie gut ist". Der Jugendhilfe wird eine zweifellos schwierige Balance abverlangt. „Die Beachtung rechtsstaatlichen Vorgehens (konkret hier: der Ansprüche und Verfahrensrechte der Eltern ebenso wie der Kinder nach dem KJHG) ist deshalb kein fachfremdes Oktroi (...), sondern ist als genuine Aufgabe sozialpädagogischer Fachlichkeit zu verstehen, die sich um die Spannung von Hilfe und Eingriff gerade in diesem Feld nicht herumdrücken darf". In Fällen, in denen die geforderte Balance zu Ungunsten von Kindern und Jugendlichen zu kippen drohe, könne „eine qualifizierte, gemeinsam verantwortete Arbeitsteilung" weiterhelfen. *Hartwig/Hensen* (Sexueller Missbrauch und Jugendhilfe S. 117, 122) sehen ebenfalls die fallverantwortliche Fachkraft „im Spannungsfeld zwischen Elternrechten und notwendigen Maßnahmen zum Kindesschutz", kritisieren aber die zunehmende Gleichsetzung von lebensweltorientierter Jugendhilfe mit „der Stärkung Familien unterstützender und -erhaltender Hilfen": „Sie wird somit Teil einer Familien idealisierenden Jugendpolitik, die Gefahr läuft, ihre eigene Zielgruppe, nämlich Kinder und Jugendliche, aus dem Blick zu verlieren".

sen und Feldwissen) einschließt,[24] über die Fähigkeit zur Beziehungsgestaltung bzw. zur Gestaltung von *„Arbeitsbündnissen"*[25] und im Falle sexuellen Missbrauchs auch der eindeutigen *moralischen Stellungnahme*, die aber weitere Hilfsangebote nicht ausschließt.

4. Professionelle der Sozialen Arbeit sind in diesem Handlungsfeld regelmäßig auf die *Zusammenarbeit mit anderen Professionen und Institutionen* angewiesen.[26] Prozesse des Abklärens, der Abstimmung und Konsensbildung sind in diesem Zusammenhang besonders wichtig. Für diese Zusammenarbeit benötigen sie *soziale Kompetenzen*, die Fähigkeit zur *Perspektivität* und zur *Expertise*, d.h. zur Darstellung und Begründung des eigenen Urteils.

III. Konsequenzen für Aus-, Fort- und Weiterbildung in der Sozialen Arbeit

1. Theoretische Fundierung

Die Begriffe Kind, Kindheit, Kindeswohl und Kinderschutz, aber auch der der Familie, können nicht wie selbstverständlich vorausgesetzt werden. Vielmehr bedarf es theoretischer Anstrengungen zur Konzeptualisierung. Kindheits- und familientheoretische Kenntnisse und Reflexionen und Kenntnisse der (empirischen) sozialwissenschaftlichen Kindheits-, Jugend- und Familienforschung sind dazu unumgänglich. Insbesondere eine solche kindheitstheoretische Reflexion wird auch die Bedeutung von Kindern im sozialen Leben und das (erwachsene) Denken über die Kinder und Kindheit zu thematisieren haben.[27]

---

24 Vgl. *Hartwig/Hensen*, Sexueller Missbrauch und Jugendhilfe, S. 110 ff.: „Eine solche Sozialpädagogik, die das Wohl des Einzelnen auch vor ein vermeintliches Familienwohl zu stellen vermag, benötigt eine hohe Kompetenz im Fallverstehen bezogen auf die *Biographie* von Kindern, eine klare Feldkompetenz im Hinblick auf die Erscheinungsformen und Auswirkungen innerfamilialer Gewalthandlungen, wie zugleich eine sozialpolitische Kompetenz in der Einforderung angemessener Gesetze und Verfahrensregeln".

25 Vgl. *Dörr*, Zur triangulären Struktur des „Arbeitsbündnisses" einer klinischen Praxis Sozialer Arbeit, in: dies. (Hrsg.), Klinische Sozialarbeit – eine notwendige Kontroverse, 2002, S. 143.

26 Vgl. die Ergebnisse einer empirischen Studie zur Zusammenarbeit von Jugendamtsmitarbeiter/inne/n mit Familiengerichten, *Münder*, Kindeswohl zwischen Jugendhilfe und Justiz – das Handeln des Jugendamts bei der Anrufung des Gerichts, Neue Praxis 2001, 238; *Münder/Mutke/Schone*, Kindeswohl zwischen Jugendhilfe und Justiz. Professionelles Handeln in Kindeswohlverfahren, 2000.

27 Vgl. Zentrum für Kindheits- und Jugendforschung (Hrsg.), Wandlungen der Kindheit. Reihe Kindheitsforschung, Band 1, 1993; *Honig/Leu/Nissen* (Hrsg.), Kinder und Kindheit. Soziokulturelle Muster und sozialisationstheoretische Perspektiven, 1996; *Honig*, Entwurf einer Theorie der Kindheit. Eine generationale Ordnung, 1999; *Schweppe* (Hrsg.), Generation und Sozialpädagogik, 2002; *Honig*, Soziale Frage, Frauenfrage – Kinderfrage. Dokumente der politischen Sozialberichterstattung über Kinder: Eine vergleichende Lektüre, SLR 42 (2001), S. 59.

Die notwendige Auseinandersetzung mit (Krisen-)Interventions- und Präventionskonzepten des Kindesschutzes kann durch kindheitstheoretische Reflexionen an Substanz gewinnen.[28] In diesem Zusammenhang sind die Konzepte *„Prävention"* (stellt auf die Vermeidung von Gefährdungen und Risiken ab) und *„Gesundheitsförderung"* (setzt am Interesse an angemessenen Lebensbedingungen an) zu unterscheiden.[29]

Eine notwendigerweise *geschlechterreflexive* und zugleich *migrationssensible bzw. interkulturell reflexive* Kinder- Jugendhilfe[30] setzt eine theoretische Durchdringung der Kategorien voraus, aber auch eine kritische Reflexion der eigenen Deutungspraxen.

2. Fallanalysen und Fallbearbeitung

Fallanalytische Kompetenzen und solche zur Fallbearbeitung gehören zu den Kernkompetenzen der sozialpädagogischen/sozialarbeiterischen Profession. Fallanalytische Kompetenzen werden im Studium idealiter anhand von Fallmaterial aus der Praxis Sozialer Arbeit eingeübt. Als zentrale Konzepte sozialpädagogischer Fallanalysen, d.h. des sozialpädagogischen Fallverstehens, sind Biographie, Lebenslage, Lebenswelt, Milieu und Geschlecht zu betrachten.[31]

Sicherzustellen ist, dass nicht nur ein fundiertes Wissen über Konzepte der Fallanalyse und deren Reichweite bzw. Leistungsfähigkeit vermittelt wird, sondern auch ein ausreichendes Lehrangebot zur systematischen Einübung von Fallanalysen (Fallseminare), zur gedankenexperimentellen Entwicklung von möglichen Lösungen (im Rahmen einer Hilfeplanung) und zur Abschätzung von Risiken und Folgen vorhanden ist. Solche Fallanalysen müssen notwendigerweise den institutionellen Kontext, die Gesamtheit der *Strukturbedingungen* professionellen Handelns im Rahmen von Jugendhilfe zwingend mitreflektieren. Sie weisen Gemeinsamkeiten mit fallrekonstruktiver Forschung (z.B. im Rahmen von „Forschungswerkstätten")[32] auf und können von diesen erheblich profitieren; professionelles Handeln ist im Gegensatz zum forscherischen Handeln aber nicht hand-

---

28 Vgl. *Graeßner/Mauntel/Püttbach* (Hrsg.), Gefährdungen von Kindern. Reihe Kindheitsforschung, Band 2, 1993 mit kritischer Rezension von *Honig* SLR 27 (1993), S. 107.

29 Vgl. *Filsinger/Homfeldt*, Gesundheit/Krankheit, in: Otto/Thiersch (Hrsg.), Handbuch Sozialarbeit/Sozialpädagogik, 2001, S. 705; *Franzkowiak/Wenzel*, Gesundheitserziehung und Gesundheitsförderung, ebd., S. 716; *Müller*, Prävention – Versuch einer Entwirrung eines Begriffs, Neue Praxis 2001, 287.

30 Vgl. *Teuber*, Migrationssensibles Handeln in der Kinder- und Jugendhilfe, in: Sozialpädagogisches Institut im SOS-Kinderdorf e.V. (Hrsg.), Migration und Jugendhilfe, 2002, S. 73.

31 Die Forschung über Misshandlung spricht dafür, die biographische Dimension stärker und systematischer in den Blick zu nehmen; vgl. dazu stellvertretend *Hanses* (Hrsg.), Biographie und Soziale Arbeit, 2004.

32 Vgl. *Kraimer*, Sozialpädagogisches Fallverstehen, professionelles Handeln, Forschungswerkstatt, in: Homfeldt/Schulze-Krüdener/Honig (Hrsg.), Qualitativ-empirische Forschung in der Sozialen Arbeit, 1999, S. 15. In diesem Band finden sich weitere Beiträge zur sozialpädagogisch-hermeneutischen Diagnostik und zum Fallverstehen.

lungsentlastet; insofern sind Forschungsverfahren gleich welcher Couleur nicht unbesehen auf die professionelle Praxis übertragbar.[33]

Fallanalytische/-rekonstruktive Kompetenzen, die es ermöglichen, das „Besondere" des „Einzelfalls", den lebensweltlichen und biographischen Kontext und die darin vorfindbaren Ressourcen wie auch die institutionellen Ressourcen zu erkennen, sind die Voraussetzung für kontrolliertes und reflektiertes Handeln in Hilfeprozessen. Die Vermittlung und Aneignung von Fallbearbeitungskompetenzen zielt auf eine Methodisierung sozialpädagogischen Handelns, deren Grenzen zu beachten sind. Interpretations- und Handlungsspielräume in der Deutung und Bearbeitung des Einzelfalls lassen sich nämlich durch standardisierte Vorgehensweisen kaum verringern.[34] Vielmehr müssen Professionelle auch in Situationen der Ungewissheit handlungsfähig bleiben. Das Konzept der „multiperspektivischen Fallarbeit" von *B. Müller* erscheint in dem in Rede stehenden Handlungsfeld in besonderer Weise geeignet, das professionelle Handeln zu strukturieren.[35]

Fallanalysen sind als *hochschuldidaktisches Konzept*[36] zu verstehen, das bereits in Form von „Forschungswerkstätten" in verschiedenen Universitäten und Fachhochschulen ausgearbeitet und in das Lehrangebot integriert ist. Solche Angebote sollten künftig an allen Hochschulen zum Regelangebot gehören. Sie eignen sich besonders für die Begleitung der Praxissemester bzw. der Praktika, da hier die Gelegenheit besteht, an Fällen zu arbeiten, an denen die Praktikant/inn/en selbst beteiligt sind.

Soziale Arbeit hat immer mit Menschen in Interaktionszusammenhängen zu tun. In der Erziehung, im Falle von Vernachlässigung, Misshandlung und sexuellem Missbrauch sind ihr Gegenstand (misslingende) kommunikative Prozesse, in denen Kinder und Jugendliche auch als Akteure erscheinen. Insofern ist es für die Jugendhilfe, die dem Prinzip der *Beteiligungsorientierung* folgt, geradezu zwingend, die Perspektive der Kinder, ihre Situationsdefinitionen und ihr Leben einzubeziehen. Das Studium, weiterbildende Studien und Fortbildung müssen – insbesondere in der Methodenausbildung – die damit zusammenhängenden

---

33 Vgl. *Müller*, Praktiker als Forscher – Forschen als Praxis: Eine Wahlverwandtschaft?, Neue Praxis 2001, 3; die Beiträge von *Fischer*, Fallrekonstruktionen im professionellen Kontext: Biographische Diagnostik, Interaktionsanalyse und Intervention, 2004; *Riemann*, Die Befremdung der eigenen Praxis, in: Hanses (Hrsg.), Biographie und Soziale Arbeit (Fn. 31), S. 62 ff. bzw. S. 190 ff.; siehe auch *Ader/Schrapper/Thiesmeier* (Hrsg.), Sozialpädagogisches Fallverstehen und sozialpädagogische Diagnostik in Forschung und Praxis, 2001; zu der damit verbundenen professionstheoretischen Debatte vgl. *Dörr*, Klinische Sozialarbeit – eine notwendige Kontroverse, 2002 (darin insbesondere die Beiträge von *Dewe*, *Dörr*, *Haupert*, *Kraimer* und *Mühlum*); zur Unterscheidung von Fallanalyse und Fallrekonstruktion vgl. *Riemann* (S. 59 bis 60) und *Bude* (S. 60 bis 62), in: Bohnsack/Marotzki/Meuser (Hrsg.), Hauptbegriffe qualitativer Sozialforschung, 2003.
34 Vgl. *Dewe*, Professionelles soziales Handeln (Fn. 4).
35 *Müller*, Sozialpädagogisches Können. Ein Lehrbuch zur multiperspektivischen Fallarbeit, 1993, S. 15: „Unter multiperspektivischem Vorgehen verstehe ich (...) eine Betrachtungsweise, wonach sozialpädagogisches Handeln bewusste Perspektivenwechsel zwischen unterschiedlichen Bezugsrahmen erfordert. Multiperspektivisches Vorgehen heißt z.B., die leistungs- und verfahrensrechtlichen, die pädagogischen, die therapeutischen und die fiskalischen Bezugsrahmen eines Jugendhilfe-Falles nicht miteinander zu vermengen, aber dennoch sie als wechselseitig füreinander relevante Größen zu behandeln".
36 Vgl. *Gorges*, Fallanalysen im Studium der Sozialen Arbeit, Neue Praxis 2002, 373.

theoretischen, methodologischen und methodischen Fragen – nicht zuletzt im Hinblick auf eine „Erziehungsfolgenabschätzung" – zum Gegenstand haben.[37]

3. Evaluationskompetenz

Zum professionellen Handeln gehört unabdingbar die Fähigkeit zur nachvollziehbaren Dokumentation und (Selbst-)Evaluation der Tätigkeit sowie zur Berichterstattung. Evaluation ist als ein unverzichtbarer Teil professioneller Standards in der Sozialen Arbeit zu verstehen, als Voraussetzung und Chance, die Reflexions- und Handlungsfähigkeit durch empirische Informationen, die u. a. durch Fallrekonstruktionen gewonnen werden können, zu unterstützen.[38] Sie gewinnt überdies vor dem Hintergrund von gestiegenen Anforderungen im Hinblick auf Transparenz von (Hilfe-)Prozessen und Ergebnissen und des Nachweises der Wirksamkeit und nicht zuletzt der Effizienz von Einrichtungen und Maßnahmen an Bedeutung.[39] Sozialpädagogische Evaluation muss sich schließlich in Bezug auf andere Verfahren wie Neue Steuerung/Controlling und Qualitätsmanagement positionieren.[40]

Eine Einführung in Evaluation und Evaluationsforschung,[41] insbesondere auch in Verfahren der Selbstevaluation, ist deshalb (künftig) als Pflichtangebot im Rahmen der Methodenausbildung vorzusehen. Eine vertiefte Auseinandersetzung mit evaluationstheoretischen Methoden und evaluationspraktischen Fragestellungen sowie mit Konzepten und Verfahren des Qualitätsmanagements oder anderer Verfahren ist durch Fort- und Weiterbildung an Hochschulen sicherzustellen. Professionelle in der Jugendhilfe sollten nicht nur in der Lage sein, ihre eigene Arbeit bzw. die ihres Teams selbst methodisch kontrolliert zu evaluieren; zumin-

---

37 Vgl. *Liegle*, Erziehungs- und Lebenssituation im Erleben des Kindes. Möglichkeiten und Grenzen, die „Perspektive des Kindes" zu erfassen, Neue Praxis 2000, 92; speziell zum sexuellen Missbrauch die Beiträge von *Deegener* (Befragung von Kindern; S. 26 ff.), *Balloff* (Glaubhaftigkeitsuntersuchung und diagnostische Erkenntnisprozesse in Fällen sexuellen Missbrauchs; S. 162 ff.) und *Steinhage* (Kinderzeichnungen; S. 296 ff.) in *Bange/Körner* (Hrsg.), Handbuch Sexueller Missbrauch, 2002.

38 Fallrekonstruktionen können dazu beitragen, aus Fehlern zu lernen. „Wir ziehen aus Fehlern wichtige Lehren und nutzen sie als eine Chance zur Verbesserung unserer Arbeit. Wir unterziehen also kritische Vorfälle, d. h., wenn wir mit unserem Dienstleistungsangebot in der Jugendhilfe nicht erfolgreich sind und es zu Fehlern, Unglücksfällen oder sogar Katastrophen im beruflichen Alltag gekommen ist, (...) stets einer umfassenden Untersuchung." (*Wolff*, Statement im Rahmen der 1. Tagung der Expertengruppe „Kindeswohlgefährdung", 2002 [vgl. www.dji.de unter Projekte; Familie und Familienpolitik, Projekt „Kindeswohlgefährdung und ASD"]).

39 Vgl. *Filsinger*, Praxisorientierte Forschung in der Sozialen Arbeit, Zeitschrift Forschung und Wissenschaft Soziale Arbeit 2002/2, 5; zur Bewertung von Humandienstleistungen vgl. *Kromrey*, Die Bewertung von Humandienstleistungen. Fallstricke bei der Implementations- und Wirkungsforschung sowie methodische Alternativen, in: Müller-Kohlenberg/Münstermann (Hrsg.), Qualität von Humandienstleistungen, 2000, S. 19.

40 *Beywl* u. a., Evaluation in der Jugendhilfe, Neue Praxis 2000, 190; *Haupert*, Evaluation der Sozialarbeit – Ein Überblick. Sozialarbeit, Fachzeitschrift des Schweizerischen Berufsverbands 21 (1989), S. 3; *Heil/Heiner/Feldmann*, Evaluation sozialer Arbeit, 2001; *Müller-Kohlenberg/Münstermann* (Hrsg.), Qualität von Humandienstleistungen, 2000; *Merchel*, Qualitätsmanagement in der Sozialen Arbeit. Ein Lehr- und Arbeitsbuch, 2001.

41 Für einen Überblick über die (sozialpädagogische) Evaluationsforschung vgl. *Lüders/Haubrich*, Qualitative Evaluationsforschung, in: Schweppe (Hrsg.), Qualitative Forschung in der Sozialpädagogik, 2003, S. 305; *Stockmann* (Hrsg.), Evaluation in Deutschland, 2000.

dest in größeren Einrichtungen sollten auch entsprechend qualifizierte Professionelle vorhanden sein, die kleinere bis mittlere interne Evaluationen selbstständig konzipieren, fachlich fundiert durchführen und die Ergebnisverwendung strukturieren und moderieren können und im Falle von externen Evaluationen als kompetente Ansprechpartner, Ko-Produzenten und Moderatoren zur Verfügung stehen. Darüber hinaus braucht es Evaluationsexperten aus der sozialarbeiterischen/sozialpädagogischen Profession, die in der Lage sind, größere externe Evaluationen durchzuführen. Die erforderlichen Kompetenzen sind im Rahmen eines Aufbau- bzw. eines weiterbildenden Studiums zu erwerben. Entsprechende Studienangebote sind in der Entwicklung.[42]

Von Begleit- und Evaluationsstudien sind Hinweise auf die Tragfähigkeit und Erfolgsaussichten von sozialpädagogischen Arbeitsformen, fachlichen Konzepten und institutionellen Strukturen zu erwarten.

4. Soziale Kompetenz

Professionelles Handeln setzt „soziale Kompetenzen" voraus, deren Bedeutung als „Schlüsselqualifikation" mittlerweile allgemein anerkannt ist, wenngleich bislang keine eindeutige Definition vorliegt.[43] „Soziale Kompetenz" ist nicht nur als eine Schlüsselqualifikation für die Soziale Arbeit bzw. für pädagogische, soziale und therapeutische Berufe zu verstehen, sondern auch anderen Professionen – in unserem Fall der juristischen Profession – und administrativen Akteuren abzuverlangen. Soziale Kompetenzen werden in der Interaktion zwischen Professionellen und Klienten benötigt, aber auch in der Kooperation zwischen beruflich Handelnden/Professionellen und nicht zuletzt für die Gestaltung von Arbeitsprozessen und institutionellen Strukturen. Der Bedarf an sozialer Kompetenz ist überdies begründet in der Modernisierung von Institutionen (z.B. neue Steuerungsmodelle) und der zwingend gebotenen interdisziplinären und interinstitutionellen Zusammenarbeit bei der Bearbeitung komplexer Problemstellungen, die bei den beteiligten Akteuren Fähigkeiten zur Kommunikation, Koordination und Vernetzung spezialisierter Expertise voraussetzt.[44]

Soziale Kompetenz lässt sich konkreter bestimmen über Fähigkeiten zur Selbstwahrnehmung und Selbstreflexion; soziale Diagnosefähigkeit, die über die professionsspezifische Beobachtungsfähigkeit hinausgeht; Fähigkeiten zur (auch interkulturellen) Kommunikation, Gesprächsführung und Moderation; Teamfähigkeit;

---

42 Zum Wintersemester 2004/2005 bieten die Universität des Saarlandes, die Hochschule für Technik und Wirtschaft des Saarlandes und die Katholische Hochschule für Soziale Arbeit Saarbrücken einen Aufbaustudiengang „Master of Evaluation" an, der als ein Schwerpunktfach auch die „Evaluation sozialer Dienstleistungen" vorsieht (www.master-evaluation.de).

43 Zur Debatte um den Begriff „Soziale Kompetenz" vgl. etwa *Hörmann*, Soziale Kompetenz (– für wen?), Rezensionsaufsatz, SLR 46 (2003), S. 35.

44 Vgl. dazu *Blank/Deegener*, Kap. 5, S. 113 zu Fragen der Kooperation und Vernetzung, *Langenfeld/Wiesner*, Kap. 3, S. 45 (76 f., 77 f.) speziell zur Kooperation mit Familienrichter/inne/n und *Haben*, Kap. 8, S. 229 zur Kooperation mit der Polizei, alle in diesem Buch.

Fähigkeiten zur Berichterstattung und (mediengestützten) Präsentation; Fähigkeiten zur Strukturierung und Organisierung von Arbeitsprozessen und Projekten.

Der Erwerb sozialer Kompetenz sollte bereits im grundständigen Studium ermöglicht und verlangt werden, wobei sich von der Sache her ein den Studiengang übergreifendes Angebot geradezu anbietet. Ferner sind entsprechende Angebote in der Fort- und Weiterbildung erforderlich, die wiederum berufsgruppen- bzw. professionsübergreifend zu konzipieren sind.

IV. Interdisziplinäre Fort- und Weiterbildung

Das Studium kann lediglich die Vorbildung eines professionellen Habitus leisten. Dessen Ausgestaltung muss zumindest in der Anfangsphase der beruflichen Praxis durch erfahrene Professionelle („Mentoren") unterstützt werden. Hierzu bedarf es institutioneller Vorkehrungen und kontinuierlicher (hochschulischer) Fort- und Weiterbildung (z. B. für „Praxisanleiter" und „Mentoren").

Das grundständige Studium ist zudem nur begrenzt in der Lage, Spezialwissen für spezielle Tätigkeitsfelder der Sozialen Arbeit zu vermitteln. Dies ist Aufgabe der wissenschaftlichen Weiterbildung an Hochschulen und von Fortbildung, die auch von außerhochschulischen Einrichtungen angeboten wird. Die Interdependenzen von Makro-, Mezzo- und Mikrostrukturen von Misshandlung sowie Ergebnisse der Evaluations- und Resilienzforschung müssen in allen (Fach-)Hochschulen Gegenstand von wissenschaftlicher Weiterbildung und Fortbildung sein.

Die wissenschaftliche Weiterbildung soll insbesondere dazu dienen, (1.) das theoretische und empirische Wissen zu aktualisieren und zu erweitern (Stand der Forschung und der Fachdiskussion), (2.) eine systematische Auseinandersetzung mit Konzepten, Methoden und Verfahren ermöglichen, (3.) die Weiterentwicklung fallanalytischer und evaluativer Kompetenzen, also des beruflichen Könnens fördern und (4.) Möglichkeiten zur Weiterentwicklung von Kompetenzen zur „*kollegialen Beratung*"[45] eröffnen. Integration neuen Wissens, Weiterentwicklung beruflichen Könnens und Steigerung der professionellen (Selbst-)Reflexionsfähigkeit dienen der Entwicklung und Stärkung von Fachlichkeit und Professionalität. Die Methode der „Forschungswerkstatt" erscheint gerade für die Fort- und Weiterbildung besonders geeignet; sie stellt eine unverzichtbare Ergänzung zur Supervision dar, die bereits als Qualitätsstandard betrachtet wird.

Sie ist auch der Ort, an dem die Rolle der Sozialen Arbeit in den sozialen, institutionellen, (sozial)politischen Verhältnissen, die ihre Arbeit rahmen und in die sie eingewoben ist, zum Gegenstand der Reflexion und fachlich begründeter Stellungnahme gemacht werden kann.

---

45 Vgl. dazu die Überlegungen von *Gruber/Rehrl*, Wege zum Können (Fn. 18) zur Bildung von „*communities of experts*" und die ernüchternden Befunde der Studie von *Münder* Neue Praxis 2001, 238.

Evaluation, Qualitätsentwicklung und Qualitätsmanagement sind zwar schon im grundständigen Studium einzuführen. Eine vertiefte Auseinandersetzung mit entsprechenden Theorien, Methoden und Verfahren ist jedoch vornehmlich im Rahmen von weiterbildenden Studien zu leisten.

Das Weiterbildungsangebot sollte auch die Fortbildung und Begleitung von Erzieher/inne/n und von Laienhelfer/inne/n systematisch berücksichtigen.

Die disziplin- bzw. professionsspezifische Fort- und Weiterbildung sollte ergänzt werden durch regelmäßige *interdisziplinär und interprofessionell angelegte Fortbildungen* für die in dem in Rede stehenden Handlungsfeld tätigen Professionen und Berufsgruppen (Staatsanwälte, Jugend- und Familienrichter, Polizei, [Grundschul-]Lehrer/innen, Ärzt/inn/e/n, Therapeut/inn/en u. a.), durch die die notwendige Kooperation verbessert werden kann.

Es gibt eine gesetzliche Verpflichtung der Träger der öffentlichen Jugendhilfe zur Fortbildung und Praxisberatung der Mitarbeiter/innen des Jugendamts, aber ihre Erfüllung unterliegt der kommunalen Selbstverwaltung. Zur Sicherung eines *regional bedarfsgerechten und qualitativ hochwertigen Fort- und Weiterbildungsangebots* sollten regionale Verbünde (Fort- und Weiterbildungsnetzwerke) geschaffen werden (Fortbildungsbeauftragte der Jugendämter, regional angesiedelte Fortbildungs- und Praxisforschungsinstitute, Hochschulen), die nicht nur das Angebot – orientiert an regionalen/lokalen Problem- und Bedarfslagen – abstimmen, sondern auch für die Qualitätssicherung und Qualitätsentwicklung von Fort- und Weiterbildungsangeboten Sorge tragen.[46] Eine kontinuierliche *Evaluation von Fort- und Weiterbildungsangeboten* ist dafür unumgänglich. Die Träger der Jugendhilfe müssen jedoch selbst die Voraussetzungen schaffen, „damit das fachliche Steuerungsinstrument professioneller Organisationen ‚Fort- und Weiterbildung' zielgerechter eingesetzt werden kann."[47]

Besonders Erfolg versprechend erscheinen Projekte, die Fort- und Weiterbildung mit Praxis-, Organisations-/Personal- und Qualitätsentwicklungsvorhaben bzw. auch mit Praxisforschungs- und Evaluationsprojekten verbinden.

Therapeutische Zusatzausbildungen und Fortbildungen haben zwar ihre Berechtigung. Im Interesse der Stärkung sozialarbeiterischer und sozialpädagogischer Identität und Kompetenz im Feld der Jugendhilfe sollten zum einen Hochschulen mit sozialpädagogischen Studiengängen verstärkt als Kooperationspartner für die Fort- und Weiterbildung gewonnen werden und zum anderen die Entwicklung von Fortbildungsangeboten gefördert werden, die handlungsfeldbezogen, aber träger- und *professionsübergreifend* und überdies eingebunden sind in eine regionale Entwicklungsstrategie.

Leitungskräfte in der Jugendhilfe benötigen eine sozialwissenschaftlich fundierte Weiterbildung, die es ihnen erlaubt, Leitungs- und Führungsaufgaben in einer

---

46 Vgl. dazu das Konzept von „communities of experts" bei *Gruber/Rehrl*, Wege zum Können (Fn. 18).
47 Vgl. *Hamburger/Müller/Porr*, Innovation und Steuerung aus der Praxis (Fn. 15), S. 230.

professionellen (pädagogischen) Organisation angemessen wahrzunehmen. Eine (ausschließlich) an betriebswirtschaftlich orientierten Managementmodellen orientierte Weiterbildung wird dem Auftrag der Jugendhilfe nicht gerecht. Solche Weiterbildungen sollten

- die für Leitungs- und Führungsaufgaben in der Jugendhilfe notwendigen Kenntnisse vermitteln bzw. vertiefen,

- Gelegenheiten zum Studium und zur (wissenschaftlich begleiteten) Anwendung von Methoden, Instrumenten und Verfahren der Organisations-, Personal- und Qualitätsentwicklung der Vernetzung sowie der Evaluation schaffen,

- den Erwerb bzw. die Erweiterung von Fähigkeiten zur Leitung und Personalführung und der dafür erforderlichen kommunikativen und sozialen Kompetenzen fördern und

- Raum bieten für die (Selbst-)Reflexion der wahrgenommenen Leitungs- und Führungsaufgabe.

V. Aus- und Weiterbildung von Erzieher/inne/n

Erzieher/innen sind als sozialpädagogische Fachkräfte Teil der Jugendhilfe und mit Fragen der Vernachlässigung, der Misshandlung und des sexuellen Missbrauchs in spezifischer Weise konfrontiert. Sie haben – insbesondere in Regeleinrichtungen wie Kindertagesstätten – regelmäßig Kontakt mit Kindern und Eltern. Von ihnen ist notwendigerweise ein Beitrag zur Prävention von Kindeswohlgefährdung zu erwarten. Dies erfordert insbesondere die verstärkte theoretische Auseinandersetzung mit Fragestellungen und Problemen der Sozialisation, Erziehung und Bildung, aber vor allem auch Fähigkeiten zur Beobachtung und Diagnose[48] sowie zur Interaktion und Kooperation mit Erziehungsberechtigten und anderen Berufsgruppen.

Für die gestiegenen Anforderungen an die Tätigkeit ist die fachschulische Ausbildung verbesserungsbedürftig. Die Anforderungen und die erwartbare Diversifikation des Berufsfelds (etwa auch im Zusammenhang Bildungsaufgaben oder im Zusammenhang mit „Betreuungs"aufgaben im Kontext der „Ganztagsschule") sprechen für eine Professionalisierung dieser Berufsgruppe, die eine Ausbildung in Form eines *(Fach-)Hochschulstudiums* voraussetzt.[49]

Die von der Sache her notwendige *Kooperation zwischen Fachschule, Fachhochschulen und Universitäten* (z.B. Lehrerbildung) ist bisher unzureichend entwi-

---

48 Vgl. dazu die Studie zu „Missbrauchsmythen" von *Hofmann/Wehrstedt/Stark* MschrKrim 2003, 44, die zeigt, dass Erzieher/innen eine relativ hohe Mythenakzeptanz aufweisen.

49 Vgl. etwa *Rauschenbach*, Der Bildungsauftrag des Kindergartens – Neubesinnung nach dem PISA-Schock, in: Prölß (Hrsg.), Bildung ist mehr! Die Bedeutung verschiedener Lernorte. Konsequenzen aus der PISA-Studie zur Gestaltung der Jugendhilfe in der kommunalen Bildungslandschaft, 2003, S. 75.

ckelt.[50] Eine solche Kooperation ist nicht zuletzt zur Definition von Fachlichkeit in den Handlungsfeldern der Jugendhilfe erforderlich, an der alle Ausbildungseinrichtungen beteiligt sein müssen.

VI. Fazit/Hinweise für die Praxis

1. Professionelles Handeln im Kontext von Kindeswohlgefährdungen hat es mit komplexen, nicht-standardisierbaren Problemstellungen zu tun, die nur in Kooperation („Ko-Produktion") mit den Klient/inn/en bearbeitbar sind. Es ist immer ein „Handeln mit Risiko". Professionelle müssen unter zumeist prekären Bedingungen anamnestisch und diagnostisch tätig werden, d.h., eine eigenständige Fallanalyse als Voraussetzung für eine Hilfeplanung/Intervention leisten.

2. Professionalität im Kontext von Misshandlung ist zentral zu bestimmen über die Fähigkeit zur (multiperspektivischen) Fallanalyse, über die Fähigkeit zur Gestaltung von „Arbeitsbündnissen" und nicht zuletzt über die Fähigkeit zur Expertise, d.h. zur Darstellung und Begründung des eigenen Urteils. Erforderlich ist hierbei ein Habitus reflexiver Parteilichkeit, der den unauflösbaren, aber bearbeitbaren Ambivalenzen Rechnung trägt.

3. Nicht nur zu den erforderlichen Kompetenzen von Fachkräften, sondern vor allem zur Angemessenheit der rechtlichen und institutionellen Rahmenbedingungen gibt es einen erheblichen Forschungsbedarf.

4. Fachhochschulen und Universitäten sind gefordert, im Studium der Sozialen Arbeit oder der Pädagogik mit einer Qualifizierung die Grundlagen für die Berufstätigkeit zu legen. Dem unverkennbaren Bedarf an Begleitung der Berufseinmündungsphase, an Fort- und Weiterbildung, an Evaluation und praxisbegleitender Forschung müssen sich die Hochschulen verstärkt stellen.

5. Im grundständigen Studium der Sozialarbeit sind kindheits- und familientheoretische Kenntnisse und der Stand der sozialwissenschaftlichen Kindheits- und Familienforschung zu vermitteln, vor deren Hintergrund erst eine Auseinandersetzung mit Interventions- und Präventionskonzepten des Kindesschutzes stattfinden kann.

6. Zentral ist die Vermittlung bzw. Aneignung von Konzepten der sozialpädagogischen Fallanalyse. Bereits im grundständigen Studium müssen ausreichend Möglichkeiten zur Einübung in das sozialpädagogische Fallverstehen (Fallanalysen) zur Verfügung stehen, aus denen Fähigkeiten zur prognostischen Entscheidung und zur Risiko- bzw. Folgenabschätzung entwickelt werden können.

---

50 *Göller*, Bericht über das AGJ-Symposium „Zwischen Ausbildungsreform und Jugendhilfepraxis" vom 2./ 3. November 2000 in Berlin, Neue Praxis 2001, 95; Stadt Dormagen (Hrsg.), Qualitätsentwicklung Kommunaler Sozialarbeit. Dokumentation der Fachtagung am 17. Januar 2002 in Dormagen, 2002.

7. Zum professionellen Handeln gehört unabdingbar die Fähigkeit zur nachvollziehbaren Dokumentation und der (Selbst-)Evaluation der Tätigkeit. Evaluation ist Voraussetzung und Chance, die Reflexions- und Handlungsfähigkeit der Professionellen durch empirische Informationen zu unterstützen; sie kann beitragen zur Transparenz von (Hilfe-)Prozessen und Ergebnissen und letztlich auch Antworten auf Fragen nach Wirksamkeit und Nachhaltigkeit geben, die vor dem Hintergrund knapper Ressourcen verstärkt zu stellen sind.

8. „Soziale Kompetenz" ist als Schlüsselqualifikation allgemein anerkannt. Sie ist nicht nur in der Interaktion mit den Klient/inn/en gefordert, sondern auch in der interdisziplinären und interinstitutionellen Zusammenarbeit bei der Bearbeitung komplexer Problemstellungen braucht es Fähigkeiten zur Kommunikation, Koordination und Vernetzung spezialisierter Expertise.

9. Die Struktur der zu bearbeitenden Probleme erfordert ein hohes Maß an Autonomie der Professionellen und zugleich an „(Selbst-)Reflexivität". Die Verpflichtung zur Selbstkontrolle (z.B. durch Supervision, kollegiale Beratung, Evaluation), zur kontinuierlichen Fort- und Weiterbildung und die Bereitschaft und Fähigkeit zu interdisziplinärer Zusammenarbeit gehören zu den Standards der Berufsausübung. Professionelles Handeln ist aber auch auf entgegenkommende Rahmenbedingungen und Strukturen in den Einrichtungen der Kinder- und Jugendhilfe angewiesen.

10. Die disziplin- bzw. professionsspezifische Fort- und Weiterbildung sollte ergänzt werden durch regelmäßige interdisziplinär und interprofessionell angelegte Fortbildungen für die in dem in Rede stehenden Handlungsfeld tätigen Professionen und Berufsgruppen (Staatsanwält/inn/e/n, Jugend- und Familienrichter/inn/e/n, Polizei, [Grundschul-]Lehrer/innen, Ärzt/inn/e/n, Therapeut/inn/en u.a.), durch die die notwendige Kooperation verbessert werden kann. Besonders Erfolg versprechend erscheinen Projekte, die Fort- und Weiterbildung mit Praxis-, Organisations-/Personal- und Qualitätsentwicklungsvorhaben beziehungsweise auch mit Praxisforschungs- und Evaluationsprojekten verbinden.

11. Zur Sicherung eines regional bedarfsgerechten und qualitativ hochwertigen Fort- und Weiterbildungsangebots sollten regionale Verbünde (Fort- und Weiterbildungsnetzwerke) geschaffen werden, die nicht nur das Angebot – orientiert an regionalen/lokalen Problem- und Bedarfslagen – abstimmen, sondern auch für die Qualitätssicherung und Qualitätsentwicklung von Fort- und Weiterbildungsangeboten Sorge tragen.

12. Leitungskräfte in der Kinder- und Jugendhilfe benötigen eine sozialwissenschaftlich fundierte Weiterbildung. Ausschließlich an betriebswirtschaftlich orientierten Managementmodellen orientierte Weiterbildung erlaubt es nicht, in einer professionellen (pädagogischen) Organisation die Leitungs- und Führungsaufgaben angemessen wahrzunehmen.

13. Die fachschulische Ausbildung von Erzieher/inne/n ist im Bereich der Fragen von Vernachlässigung, Misshandlung und sexuellem Missbrauch verbesserungsbedürftig. Es gilt daher, die insoweit notwendige Kooperation von Fachschulen, Fachhochschulen und Universitäten ausreichend zu entwickeln.

Autorenverzeichnis

Prof. Dr. Hans-Jörg Albrecht

Jurist, Direktor des Max-Planck-Instituts für ausländisches und internationales Strafrecht, Freiburg im Breisgau

Udo Blank

Pfarrer und Vorsitzender der Geschäftsführung des Diakonischen Werks an der Saar, Neunkirchen

Prof. Dr. Günther Deegener

Diplom-Psychologe und psychologischer Psychotherapeut, Klinik für Kinder- und Jugendpsychiatrie und Psychotherapie der Universitätskliniken Homburg und Deutscher Kinderschutzbund, Vorsitzender des Landesverbandes Saarland, Homburg

Prof. Dr. Dieter Filsinger

Pädagoge und Soziologe, Rektor der Katholischen Hochschule für Soziale Arbeit, Saarbrücken

Paul Haben

Polizeibeamter, Direktor der Landespolizeidirektion Saarland, Saarbrücken

Prof. Dr. Christine Langenfeld

Juristin, Georg-August-Universität, Professorin für Öffentliches Recht, Göttingen

Dr. Thomas Meysen

Jurist, Fachlicher Leiter des Deutschen Instituts für Jugendhilfe und Familienrecht (DIJuF) e. V., Heidelberg

Thomas Mörsberger

Jurist, 1. Vorsitzender des Deutschen Instituts für Jugendhilfe und Familienrecht (DIJuF) e. V., Heidelberg, und Leiter des Landesjugendamts Baden, Karlsruhe

Prof. Dr. Dr. h. c. Reinhard Wiesner

Jurist, Leiter des Referats Kinder- und Jugendhilfe im Bundesministerium für Familie, Senioren, Frauen und Jugend, Berlin